税务干部业务能力升级学习丛书

行政管理

《行政管理》编写组　编

中国税务出版社

图书在版编目（CIP）数据

行政管理/《行政管理》编写组编．--北京：中
国税务出版社，2020. 1（2020.11重印）
ISBN 978－7－5678－0908－6

Ⅰ.①行… Ⅱ.①行… Ⅲ.①税务部门－行政管理－
中国－岗位培训－教材 Ⅳ.①F812. 42

中国版本图书馆 CIP 数据核字（2019）第 256859 号

书　　名：行政管理
作　　者：《行政管理》编写组　编
责任编辑：王忠丽
实习编辑：孙　琳
责任校对：姚浩晴
技术设计：刘冬珂
出版发行：中国税务出版社
北京市丰台区广安路 9 号国投财富广场 1 号楼 11 层
邮政编码：100055
http：//www. taxation. cn
E-mail：swcb@ taxation. cn
发行中心电话：（010）83362083/85/86
传真：（010）83362047/48/49
印　　刷：北京天宇星印刷厂
规　　格：787 毫米×1092 毫米　1/16
印　　张：25. 25
字　　数：399000 字
版　　次：2020 年 1 月第 1 版　2020 年 11 月第 5 次印刷
书　　号：ISBN 978－7－5678－0908－6
定　　价：68. 00 元

编 者 说 明

为满足税务系统学习培训的需要，帮助行政管理相关岗位税务干部提升业务能力，我们结合税收实际工作，组织编写了《行政管理》。

本书属于《税务干部业务能力升级学习丛书》之一，具有以下特点：一是紧贴税收工作实际，按照税务干部应知应会的知识要点进行编写，尽量做到“干什么”“学什么”全覆盖；二是反映最新工作要求，本书中涉及的内容，均是按照最新工作要求进行编写，体现了最新的政策规定；三是反映税务干部学习需求，从税务干部学习的角度编写内容，对相关知识点进行系统筛选、梳理、讲解，配套编写相关习题，便于读者更好掌握相关知识内容。

由于时间及能力所限，书中疏漏在所难免，不妥之处恳请读者批评指正。具体修改意见和建议，请填写书后调查问卷并发送至邮箱：ywnlcs@163. com，或者与 QQ：2676857559 联系，以便修订时更正。

编　者

CONTENTS 目 录

第一章

政务管理

>> 知识架构

- **政务管理**
  - 公文处理
    - 公文种类　*2*个知识点
    - 公文格式　*13*个知识点
    - 行文规则　*4*个知识点
    - 公文办理　*3*个知识点
    - 公文归档和管理　*2*个知识点
  - 税收宣传
    - 税收宣传基础知识　*5*个知识点
    - 新闻稿件采写　*1*个知识点
    - 新闻发布会管理　*6*个知识点
    - 新媒体运用　*3*个知识点
  - 涉税舆情管理
    - 涉税舆情概述　*2*个知识点
    - 涉税舆情分析研判　*3*个知识点
    - 涉税舆情引导与管理　*1*个知识点
  - 政务信息
    - 税收信息工作概述　*2*个知识点
    - 税收信息管理流程　*5*个知识点
    - 税收信息写作技能　*4*个知识点
  - 会议管理
    - 会议分类　*3*个知识点
    - 会议管理　*5*个知识点
    - 会议座次安排　*3*个知识点
  - 政府信息公开
    - 政府信息公开概述　*6*个知识点
    - 信息公开流程　*10*个知识点
  - 保密工作
    - 税务工作国家秘密范围和密级　*3*个知识点
    - 税务机关保密工作机构与工作职责　*2*个知识点
    - 保密工作管理　*8*个知识点
  - 信访工作
    - 信访工作概述　*3*个知识点
    - 信访事项处理程序　*4*个知识点

- 政务管理
  - 督查督办
    - 督查督办概述 3个知识点
    - 督查督办工作的基本流程 4个知识点
    - 督查督办工作的常用方法 5个知识点
    - 督查督办工作的保障 2个知识点
  - 应急管理
    - 应急管理概述 2个知识点
    - 涉税突发事件及其应对原则 2个知识点
    - 涉税突发事件的应对和处置 3个知识点
    - 处置结束与恢复重建 1个知识点
  - 印信管理
    - 印信概述 1个知识点
    - 印信的管理与使用 5个知识点
    - 涉税事项证明的开具要求 2个知识点
    - 印信管理风险 1个知识点
  - 档案管理
    - 档案的概述 4个知识点
    - 档案的管理 5个知识点
    - 档案的利用与开发 3个知识点

>> 第一节 公文处理

一 公文种类

【知识点1】税务机关常用公文种类

根据《全国税务机关公文处理办法》（国税发〔2012〕92号）规定，税务机关的公文种类主要有：命令（令）、决议、决定、公告、通告、意见、通知、通报、报告、请示、批复、函、纪要。

1. 命令（令）适用于依照有关法律、行政法规发布税务规章，宣布施行重大强制性行政措施，嘉奖有关单位及人员。

2. 决议适用于会议讨论通过的重大决策事项。

3. 决定适用于对重要事项作出决策和部署、奖惩有关单位和人员、变更或者撤销下级机关不适当的决定事项。

4. 公告适用于向国内外宣布重要事项或者法定事项。

5. 通告适用于在一定范围内公布应当遵守或者周知的事务性事项。

6. 意见适用于对重要问题提出见解和处理办法。

7. 通知适用于发布、传达要求下级机关执行和有关单位周知或者执行的事项，批转、转发公文。

8. 通报适用于表彰先进，批评错误，传达重要精神和告知重要情况。

9. 报告适用于向上级机关汇报工作、反映情况，回复上级机关询问。

10. 请示适用于向上级机关请求指示、批准。

11. 批复适用于答复下级机关请示事项。

12. 函适用于不相隶属机关之间商洽工作、询问和答复问题、请求批准和答复审批事项。

13. 纪要适用于记载会议主要情况和议定事项。

【知识点2】正确选用文种

1. 根据行文方向选用文种

向上级机关的请示、汇报工作或对重要问题提出建议时用“请示”“报告”“意见”；同平级机关商洽工作，请求批准有关事项用“函”；向下级机关行文可用“通知”“批复”“通报”“决定”“意见”；对社会公开发布可用“令”“公告”“通告”。

2. 根据隶属关系选用文种

对有隶属关系的下级税务机关来文请示有关事项，使用“批复”直接答复，若请示的问题具有普遍性，可使用“通知”或其他文种行文，不再单独批复请示单位，其中，上级税务机关针对下级税务机关有关特定税务行政相对人的特定事项如何适用税收法律、法规、规章或税收规范性文件的答复或者解释，需要普遍执行的，应当按照《税收规范性文件制定管理办法》（国家税务总局令第41号）的规定制定税收规范性文件；对没有隶属关系的平级单位或其他单位来文请求批准有关事项，不能使用“批复”，应当采用“通知”

或“函”，可以根据工作需要主送相关税务机关，抄送来文单位。

向有关单位请求批准事项、答复有关单位询问事项、向外单位咨询有关事项、与有关单位商洽工作、向有关单位报送工作进展情况、答复外单位来文征求意见使用“函”。

二 公文格式

【知识点1】公文的组成

公文一般由份号、密级和保密期限、紧急程度、发文机关标志、发文字号、签发人、标题、主送机关、正文、附件说明、发文机关署名、成文日期、印章、附注、附件、抄送机关、承办部门名称、印发部门名称和印发日期、页码等组成。

【知识点2】公文的密级

公文的密级分为绝密、机密和秘密三个等级。尽可能根据公文的内容规定为“长期”或确定保密的最佳期限，如“秘密★6 个月”“机密★5 年”“绝密★长期”。不确定具体保密期限的，保密期限一般为绝密 30 年，机密 20 年，秘密 10 年。公文起草时，如引用标有密级公文的标题、文号或内容，必须按原公文的密级标注密级；回复标有密级的来文时，必须按来文的密级标注密级。

【知识点3】公文的紧急程度

公文的紧急程度分特急、加急两种。“特急”是指：内容重要并且特别紧急，已临近规定的办结时限，需特别优先传递处理的公文。“加急”是指：内容重要并紧急，需打破工作常规，优先传递处理的公文。

电报的紧急程度分为 4 种：特提（即刻办理），特急（2 天内办理），加急（4 天内办理），平急（6 天内办理）。

【知识点4】发文字号

发文字号由发文机关代字、年份、发文顺序号组成，编排在发文机关标志下空二行位置，居中排布。年份、发文顺序号用阿拉伯数字标注；年份应标全称，用六角括号“〔〕”标注；发文顺序号不加“第”字，不编虚位（即1不编为01），在阿拉伯数字后加“号”字。上行文的发文字号居左空一字编排，与最后一个签发人姓名处在同一行。联合行文时，使用主办机关的发文字号。

1. 税总发（〔公元年份〕×号）适用于：向上级机关请示、报告和提出意见；向下级机关部署全局性税收工作，制定工作制度，提出指导性意见；下达年度税收计划和税务经费安排；对税收收入、重要工作、重大事件的情况通报；对下级机关或个人给予重大奖励、表彰或批评、惩处；机构的设置、变动；转发上级机关的重要文件；与平级机关或有关团体单位的联合发文；其他有关重要事项的通知。

2. 税总函（〔公元年份〕×号）适用于：向下级机关部署局部的、阶段性的或临时性的工作；对年度税收计划作局部调整；对税务经费作局部和临时性的安排；对税务日常工作有关情况的通报；一般性的表扬或批评；与平级机关商洽事宜、答复问题或报送需要平级机关核批的事项；转发上级机关的一般性文件、平级机关与税收工作有关的文件；对下级机关的请示事项予以批复；对人大议案、建议和政协提案的答复等。

3. 税总办发（〔公元年份〕×号）适用于：代表国家税务总局向各级税务机关布置日常性的事务工作，通报有关情况；发布局机关内部适用的各类制度规定；通报局机关内部的有关情况等。

4. 税总办函（〔公元年份〕×号）适用于：代表国家税务总局向平级单位的有关部门或其他单位行文，通报有关情况，商洽事宜；向上级机关的有关部门报送有关情况，提出意见和建议；向下级机关征求意见；下发各类会议、培训通知，向有关单位发出邀请；向有关单位提供证明等。

【知识点5】公文的标题

公文的标题由发文机关、发文事由和文种组成。公文标题中除法律、法规、规章和规范性文件名称加书名号外，一般不用标点符号。标题一般用2号小标宋体字，排列应使用梯形或菱形，回行时，要做到词意完整、排列对称、长短适宜、间距恰当。转发公文标题一般为：本机关名称＋转发＋被转发文件的标题+的通知；多层转发的，根据主要事由自拟标题，但标题中应含“转发”字样；不得以被转发文件的发文字号作为标题。

【知识点6】主送机关和抄送机关

主送、抄送机关应当使用全称或规范化的简称，其中主送和抄送为税务机关时应当使用全称。抄送机关按上级机关、平级机关、下级机关次序排列；同级机关之间一般按照党委、人大、政府、政协、监委、军队、法院、检察院、人民团体、民主党派等次序排列。

【知识点7】公文的正文

公文的正文是公文的主体，用来表述公文的内容。公文首页必须显示正文，使用3号仿宋体字。文中结构层次序数依次可以用“一、”“（一）”“1.”“（1）”标注；标题一般第一层用黑体字、第二层用楷体字、第三层和第四层用仿宋体字标注。在公文的正文中，税务机关的名称可以使用规范化简称，规范化简称为“××税务局”。

【知识点8】公文的附件

公文附件的顺序号和名称。如有附件，在正文下空一行左空二字位置编排“附件”二字，后标全角冒号和附件名称。如有多个附件，使用阿拉伯数字标注附件顺序号（如“附件：1. ×××”）；附件名称后不加标点符号。附件名称较长需回行时，应与上行附件名称的首字对齐。正文标题中已经标明所印发、转发的公文标题或主要内容的，文末不再将所印发或转发的公文列为附件。

附件应另面编排，并在版记之前，与公文正文一起装订。“附件”二字及附件顺序号用3号黑体字顶格编排在版心左上角第一行。附件标题居中编排在版心第三行。附件顺序号和附件标题应与附件说明的表述一致。附件格式要求同正文。

【知识点9】署名和印章

署名署发文机关全称或者规范化简称。公文中有发文机关署名的，应当加盖发文机关印章，并与署名机关相符。单一机关行文时，在成文日期之上、以成文日期为准居中编排发文机关署名。印章端正、居中下压发文机关署名和成文日期，使发文机关署名和成文日期居印章中心偏下位置，印章顶端应上距正文（或附件说明）一行之内。联合行文时，应将各发文机关署名按发文机关顺序整齐排列在相应位置，印章与各发文机关署名一一对应，端正、居中下压发文机关署名，最后一个印章端正、居中下压发文机关署名和成文日期，印章之间排列整齐、互不相交或相切，每排印章两端不得超出版心，首排印章顶端应上距正文（或附件说明）一行之内。

【知识点 10】成文日期

成文日期署会议通过或者发文机关负责人签发日期。联合行文时，署最后签发机关负责人的签发日期。成文日期一般右空四字编排于发文机关署名之下，用阿拉伯数字将年、月、日标全，年份应标全称，月、日不编虚位（即 1 不编为 01）。

【知识点 11】公文的附注

公文附注是指公文印发传达范围以及在正文中不宜说明的其他事项，如信息公开选项、“对税务系统内只发电子文件”等。附注的位置，居左空两字加圆括号，标注在成文日期下一行。附注内容各条之间用逗号分隔。

【知识点 12】公文的页码

公文页数顺序号。一般用 4 号半角宋体阿拉伯数字，编排在公文版心下边缘之下，数字左右各放一条一字线；一字线上距版心下边缘 7 毫米。单页码居右空一字，双页码居左空一字。公文的版记页前有空白页的，空白页和版记页均不编排页码。公文的附件与正文一起装订时，页码应当连续编排。

【知识点 13】公文排版方式

文字从左至右横写、横排。一般每面排 22 行，每行排 28 个字，并撑满版心，特定情况可以作适当调整。公文格式各要素的字体和字号一般采用 3 号仿宋体字。

三 行文规则

【知识点1】行文一般规则

行文规则是文件从拟制到发布必须遵循的行为规范。行文必须做到以下几点：

1. 行文必须确有必要，讲究实效，注重针对性和可操作性。

2. 法律、法规中已有明确规定的，不再制发文件。

3. 现行文件规定仍然适用的，不再重复发文。

4. 已标注公开发布的文件，不再翻印。

5. 机关负责人的讲话，不以正式公文形式下发。

6. 对使用电话、内部网站等途径可以办理的事项，不发正式公文。

7. 在规定的职权范围内行文。要根据隶属关系和工作需要，在职权范围内行文。涉及其他单位职权范围的，应当会签有关单位或者联合行文。

8. 各级税务机关一般不得越级行文。因特殊情况（如重大灾害、重大案件、重大事故等）必须越级行文时，应当抄送被越过的上级机关（下级机关反映其直接上级机关和领导人问题的除外）。上级机关批复越级上报的请示时，也应当抄送被越过的机关。

【知识点2】上行文规则

向上级机关行文应当遵循：

1. 原则上主送一个上级机关，根据需要同时抄送相关上级机关和同级机关，不抄送下级机关。

2. 下级税务机关向上级税务机关请示、报告重大事项，应当同时遵循本级党委、政府的有关规定。

3. 属于职权范围内的事项应当直接报送上级税务机关。

4. 下级机关的请示事项，如需以本机关名义向上级机关请示，应当提出倾向性意见后上报，不得原文转报上级机关。

5. 请示必须在事前，应当一文一事，不得在报告等非请示性公文中夹带请示事项。正文末应当有请示语，在公文附注处注明联系人的姓名和电话。

6. 除上级机关负责人直接交办事项外，不得以本机关名义向上级机关负责人报送公文，不得以本机关负责人名义向上级机关报送公文。

7. 受双重领导的机关向一个上级机关行文，必要时抄送另一个上级机关。

8. 各级税务机关报送上级税务机关的公文，不得同时报送上级税务机关的内设机构；邮寄时，收件人（单位）应与公文主送单位一致。

【知识点3】下行文规则

向下级机关行文应当遵循：

1. 主送受理机关，根据需要抄送相关机关。重要行文应当同时抄送发文机关的直接上级机关。

2. 各级税务机关不得向下级党委、政府发布指令性公文或者在公文中向下级党委、政府提出指令性要求。需经政府审批的具体事项，经政府同意后可以由税务机关行文，文中须注明已经政府同意。

3. 各级税务机关可以以函的形式向下一级政府行文，商洽工作、询问和答复问题、审批事项。

4. 涉及其他部门职权范围内的事务，未协商一致的，不得向下行文；擅自行文的，上级税务机关应当责令其纠正或者撤销。

5. 上级机关向受双重领导的下级机关行文，必要时抄送该下级机关的另一个上级机关。

【知识点4】平行文规则

向其他党政部门行文应当遵循的规则及有关注意事项：

1. 各级税务机关可以与同级党政各部门、下一级党委政府、相应的军队机关、同级人民团体和具有行政职能的事业单位联合行文。联合行文应当明确主办单位。

2. 各级税务机关在职权范围内，可以向其他党政部门行文，向外部门回复意见或提供资料，应遵循复文与来文对等的原则处理。

3. 各级税务机关的办公室根据授权可以代表本级机关行文。各级税务机关的内设机构除办公室和法律规定具有独立执法权的机构外不得对外正式行文。

4. 各级税务机关的内设机构根据工作需要，在规定的职权范围内，向上、下级税务机关的内设机构和其他机关的有关内设机构行非正式公文时使用便函，机关内设机构之间根据工作需要也可以使用便函。便函不得以“×××税务局”为行文对象。便函适用于商洽工作，通报和汇报有关情况，询问和答复一般事务性问题。便函不得设定行政许可、行政审批、行政处罚、行政强制以及其他不得由便函设定的事项，也不得规定税务系统内部管理审批、税收政策解释、税收征管问题解释、具体税收征管工作、会议培训和书刊征订等事宜。

四 公文办理

【知识点1】公文拟制

公文拟制包括公文的起草、审核、签发等程序。凡需会签的公文，主办部门应当与会办部门取得一致意见后行文。以机关名义制发的公文，由机关负责人签发。其中，以本机关名义制发的上行文，由主要负责人或者主持工作的负责人签发；以本机关名义制发的平行文或下行文，由主要负责人或者主要负责人授权的其他负责人签发；对涉及重要税收政策或重大问题的，由其他负责人审阅后送主要负责人签发。签发人签发公文，应当签署意见、姓名和完整日期；圈阅或者签名的，视为同意。联合发文由所有联署机关的负责人会签。

【知识点2】发文办理

发文办理指以本机关名义制发公文的过程，包括复核、编号、校对、印制、用印、登记、封发等程序。

复核的重点包括：审批、签发手续是否完备，附件材料是否齐全，格式是否统一、规范等；经复核需要对文稿进行实质性修改的，应当提请签发人复审并签名。

编号的重点为：公文签发后，由文秘部门统一编排文号。文号应当连续编排；编号后取消发文的，原文号重新使用；跨年度取消发文的，原文号不再使用。

校对的重点包括：校正与原稿不符的部分；补正被遗漏的部分；校正错别字词；校正标点符号、公式、图表方面的错漏；纠正格式方面的差错；查找公文中的疏漏。

封发的重点应为：清点公文份数；对发送范围、密级、时限、有无附件、是否用印等逐项检查，准确无误后再装封；收件机关的名称、地址、邮编要书写的准确、清晰。对于密件、急件，要在封套上标注秘密等级、紧急程度并进行登记。装封时，封口要严，不得用书钉装订，不得粘住封内公文；公文发出后，因发现错误需要追回的，办公室应当及时通知发送范围内的所有单位，有关单位应当配合做好公文收回工作。

【知识点3】收文办理

收文办理指对收到公文的处理过程，包括签收、登记、审核、拟办、批办、承办、传阅、催办、答复等程序。

1. 签收。收文人员收到公文后，应当在对方投递单或送文簿上签字以示收到。签收时要注意清点实收文件，与对方的投递单或送文簿核对，查看是否相符，包装和封口是否牢固，确认无误后再签收。收到绝密级公文后，必须在机要室存放并专人保管。

2. 登记。公文签收无误后，收文人员应当对来文进行登记。登记的内容主要包括：收文编号、日期、来文机关、文号、标题、密级、紧急程度、附件、份数、处理情况等。

3. 审核。对下级税务机关上报并需要办理的公文，应当对来文的合法性、规范性进行审核。对来文标有“特急”或“加急”字样的，收文部门应当优先进行审核，及时送下一环节办理。

4. 拟办。经签收、登记后，需要本机关办理的公文，应当由收文部门提出拟办意见。拟办意见应当明确、具体。需要两个以上部门办理的公文，应当明确主办部门。

5. 批办。机关负责人对呈请批示的公文应当提出批办意见。如对拟办意见无异议，负责人圈阅视为同意。如拟办意见为呈请负责人阅示的，或者对拟办意见有补充以及不同意拟办意见的，负责人应当做出明确的批示。

6. 承办。承办部门收到交办的公文后应当及时办理，在规定的时限内办理完毕。对不属于本单位职权范围或者不宜由本单位办理的，应当及时退回交办的文秘部门并说明理由。

7. 传阅。阅知性公文，根据领导批示和工作需要将公文及时送传阅对象阅知或者批示。办理公文传阅应当随时掌握公文去向，不得漏传、误传、延误。对有具体请示事项的收文，主批人应当明确签署意见、姓名和审批日期，其他审批人圈阅视为同意；没有请示事项的，圈阅表示已阅知。

五 公文归档和管理

【知识点1】公文归档

公文办理完毕后，应当根据《中华人民共和国档案法》及档案管理有关规定，及时将公文定稿、正本和有关材料交本部门文秘人员整理、归档。个人不得保存应当归档的公文。

归档范围内的公文，应以“件”为单位进行分类、排列、编号、编目、装订、装盒。首页右上部空白处加盖“归档章”，打印文件目录。联合办理的公文，原件由主办机关整理、归档，其他机关保存复制件或其他形式的公文副本。每年6月30日前将本部门上一年度办理完毕的公文、材料整理后集中向本机关档案管理部门移交。

【知识点2】公文管理

1. 一般规定。各级税务机关应当建立健全本机关公文管理制度。公文由文秘部门或者专人统一管理。县以上税务机关应当建立机要保密室和机要阅文室，并按照有关保密规定配备工作人员和必要的安全保密设施设备。公文确定密级前，应当按照拟定的密级先行采取保密措施。确定密级后，应当按照所定密级严格管理。绝密级公文应当由专人管理。公文的密级需要变更或者解除的，由原确定密级的机关或者其上级机关决定。

2. 涉密公文管理。传递涉密公文，必须采取保密措施，确保安全。利用计算机、传真机等传输涉密公文，必须符合国家有关保密规定。涉密公文应当按照发文机关的要求和有关规定进行清退或者销毁。复制、汇编机密级、秘密级公文，应当符合有关规定并经本机关负责人批准。绝密级公文一般不得复制、汇编，确有工作需要的，应当经发文机关或者其上级机关批准。复制件应加盖复制机关、单位的戳记、编制序号。复制件采取与原件相同的保密措施。翻印件应当注明翻印的机关名称、日期。汇编本的密级按照编入公文的最高密级标注。

3. 特殊情况的管理。机关合并时，全部公文应当随之合并管理；机关撤销时，需要归档的公文经整理后按照有关规定移交档案管理部门。工作人员离岗离职时，所在机关应当督促其将暂存、借用的公文按照有关规定移交、清退。新设立的机关应当向本级党委、政府的办公厅（室）提出发文立户申请；机关合并或者撤销时，相应进行调整。

>> 第二节 税收宣传

一 税收宣传基础知识

【知识点 1】税收宣传的概念

税收宣传是税务部门通过报刊、图书、广播、电视、网络等媒体和社会公众易于接受的其他方式，使纳税人、税务干部和其他各界人士及时了解党中央、国务院关于税收工作的方针政策、税收法律法规及税收工作情况而开展的各类宣传活动。做好税收宣传工作，要把党中央关于宣传思想工作的决策部署与税务系统的实际有机对接，强调税收宣传要把握话语权、提升影响力、扩大覆盖面，务必扎实推进、落地生根、入脑入心，进一步指明了税收宣传的方向和重点。

【知识点 2】加强税收宣传的必要性

1. 加强税收宣传是实现税收职能的必然要求。税收是国家财政收入的主要来源，也是宏观调控的重要手段，在国家治理中发挥着基础性、支柱性、保障性作用。税收的地位和作用越强，对税收宣传工作的要求就越高；税收宣传工作抓得越好，就越能突出税收的地位、发挥税收的作用。

2. 加强税收宣传是建立和谐的税收征纳关系的客观需要。搞好税收宣传是增进各级税务机关和广大纳税人之间感情的客观要求，和谐的税收征纳关系是和谐社会的重要组成部分。建立和谐的税收征纳关系就是要建立国家依法管税、税务机关依法征税、纳税人依法纳税、社会各界依法协税、护税的综合税收法治环境。

【知识点3】加强税收宣传的重要性

1. 加强税收宣传可以有力推进税收事业的发展。要落实和执行好各项税收政策就必须加强税收宣传，让纳税人及时了解掌握涉税政策，发挥应有的政策效应，促进经济更好更快发展。同时，通过加强税收宣传可以有效减少工作阻力，缓解征纳矛盾，确保税收管理改革的稳步进行，推进税收事业的科学发展。

2. 加强税收宣传可以大力推进依法治税。依法治税既是贯彻依法治国基本方略的必然要求，也是建立和发展社会主义市场经济的必然要求。所以应开展全方位、多层次、多形式的大规模税法宣传活动，切实增强依法治税的针对性、系统性和实效性，增强全民法制观念，提高其纳税意识，构建良好的治税环境。

3. 加强税收宣传可以彰显税收工作的重要价值。税收宣传就是要把税收政策、税收的性质向社会公众讲清楚、讲明白，寓管理于服务中，寓服务于社会中。从社会的角度讲，税收宣传是否得到各级党政领导的支持、有关部门的配合、社会各界的理解，是能否形成税收工作良好社会环境的重要方面。

【知识点4】税收宣传的主要内容

1. 中央对税收工作的部署要求。大力宣传党中央、国务院关于税收工作的方针、政策、重大决策和部署以及重要指示等。

2. 税收法律、法规和政策。广泛宣传各项税收法律、法规和政策，加强对新出台的税收政策的解读和宣传，突出税法和纳税实务等方面知识的宣传。

3. 税收职能作用和基本知识。广泛深入地宣传税收取之于民、用之于民的性质，宣传税收筹集国家财政收入、调控经济和调节分配，推动科学发展，促进社会和谐的重要职能作用，普及税收基本知识。

4. 纳税人的权利和义务。深入宣传法律、法规赋予纳税人的权利和义务，以及纳税人维护权利和履行义务的基本要求。

5. 税收工作及税务干部队伍建设成效。大力宣传税务系统在坚持依法治税、落实税收制度、优化纳税服务、规范税收管理、加强队伍建设、推进反腐倡廉等方面取得的成效。

6. 税收工作中的正反典型。广泛宣传依法诚信纳税和依法治税、清正廉洁等方面的先进典型；集中反映涉税大案要案的查处、税收专项检查和区域专项整治的成果，曝光涉税违法典型案件。

7. 其他税收内容。包括办税流程，对国际税收制度、惯例和国外税收管理情况的介绍等。

【知识点 5】税收宣传的方式

税收宣传的活动形式多样，应坚持“轻重结合、上下结合、内外结合、长短结合”的思路，构建立体的宣传架构和科学的宣传体系。

1. 轻重结合。税收宣传工作应从总体上、全局出发，对税收宣传工作进行分类、排队，优化税收宣传工作的战略战术，抓住税收宣传工作的侧重点。

2. 上下结合。上级税务机关应对年度宣传工作作出总体安排，定期下发宣传报道重点；下级税务机关应该按期向上级税务机关上报宣传情况，及时报送重大新闻线索，以便上下结合集中策划安排宣传，联手推出价值较高的重头新闻。

3. 内外结合。税收宣传工作不仅要注重利用内部力量，而且要注重借用外部力量。税务系统内部应该建立健全税收宣传工作制度，使税收宣传工作做到有章可循，同时建立点面结合的宣传网络。

4. 长短结合。既要抓好税收日常宣传工作，又要抓好税收宣传月工作。常年税收宣传要有计划，应根据各个时期中心工作及时确定宣传报道的重点。税收宣传月活动要根据上级关于开展税收宣传月活动的通知精神，结合实际筹划实施方案，力求推陈出新。

二 新闻稿件采写

【知识点】税收新闻宣传写作注意事项

税务机关通过新闻单位发表稿件，宣传税务机关工作情况、政策变动、重大事件或典型人物等，包括接受新闻单位约稿和主动向新闻单位投稿两种形式。

税收新闻宣传稿件写作应注意以下事项：一是所有新闻稿件必须坚持审稿制度，税收宣传管理部门要严格审核把关，主要审核信息的真实性、准确性和涉密性。省及以下税务机关向中央主流媒体提供的宣传报道稿必须报国家税务总局办公厅统一审核把关。二是新闻稿件应注重时效性和准确性。三是要严格遵守各项保密规定，对涉及国家秘密和税务工作秘密的文件、数据、图表等资料要严格管理、严格审核、严格保存，任何人员不得以任何理由对涉密内容宣传报道，严防失泄密事件发生。

三 新闻发布会管理

【知识点1】税收新闻发布的概念及原则

税收新闻发布是指运用广播、电视、网站等媒体向社会各界和广大纳税人发布税收政策、征管制度、税收统计数据、税收工作重大举措以及其他重要新闻的活动。

税收新闻发布工作，要保障社会公众的知情权和监督权；坚持实事求是，客观、准确、及时地发布税收新闻；坚持归口管理、统一发布。

【知识点2】税收新闻发布的组织管理

1. 国家税务总局办公厅负责税收新闻发布的归口管理，组织协调新闻发布工作，局内各单位配合。

2. 国家税务总局实行新闻发言人制度。

国家税务总局新闻发言人由办公厅主任担任，代表国家税务总局对外发布税收新闻。

税收新闻发言人的主要职责包括：协调、指导税收新闻发布筹备、实施工作；审核税收新闻发布建议、新闻发布稿和新闻答问口径；主持税收新闻发布会；代表本级税务机关对外发布税收新闻、声明和有关重要信息。

3. 税收新闻原则上由新闻发言人发布。根据工作需要，国家税务总局领导可以发布重要新闻。经国家税务总局领导批准，受新闻发言人委托，国家税务总局有关司局领导可以发布有关新闻。

【知识点3】税收新闻发布的主要内容

1. 发布党和国家税收工作方针、重大税收决策部署的贯彻执行情况，重要税收政策、征管制度及其实施情况。

2. 发布税收收入等统计数据、税收重点工作的阶段性进展和成效。

3. 发布涉税违法案件以及重大突发性税收事件及处理情况。

4. 针对社会舆论关注的税收热点和难点问题，及时发布权威信息，解疑释惑。

5. 需要发布的其他税收信息。

【知识点4】税收新闻发布的主要方式

税收新闻发布的方式有以下几种：

1. 新闻发布会。

2. 新闻通报会（包括记者招待会等）。

3. 以新闻发言人的名义发布新闻、声明、谈话。

4. 组织新闻记者集体采访或单独采访。

5. 国家税务总局网站。

6. 其他形式或渠道发布。

【知识点5】税收新闻发布的主要程序

1. 明确发布主题。国家税务总局办公厅根据工作需要拟定税收新闻发布主题，报新闻发言人和总局领导审定。

2. 组织发布材料。新闻发布材料一般包括主旨讲话和背景材料。主旨讲话主要介绍要发布的主题内容，应形成书面材料并在会上散发；背景材料应根据一个时期税收工作的热点和难点问题，做必要的答复准备；上述材料由参加发布的相关司局提供，国家税务总局办公厅负责汇总把关，报总局领导审定。

3. 确定发布形式和人员。以国务院新闻办公室名义召开的新闻发布会，一般由国家税务总局领导或新闻发言人发布；以国家税务总局名义召开的自主发布会，一般由新闻发言人发布，也可邀请总局领导或相关司局负责人发布。除新闻发言人外，其他发布人员由国家税务总局办公厅提出建议后，报总局领导确定。

4. 自主新闻发布会应在相对固定场所，对讲台、背景、标识等做规范化的场景布置。

【知识点6】税收新闻发布有关要求

税收新闻发布是政府信息公开和税收宣传工作的重要方式，要充分发挥税收新闻发布和新闻发言人制度的积极作用，服务于社会各界和广大纳税人；要严格执行新闻宣传纪律和国家有关保密规定，不得泄露国家秘密；未经批准，任何部门或个人不得以税务机关名义举办新闻发布活动或对外公开涉税新闻和信息。

四 新媒体运用

【知识点1】新媒体的概念

广义的新媒体包括两大类：一是基于技术进步引起的媒体形态的变革，尤其是基于无线通信技术和网络技术出现的媒体形态，如数字电视、IPTV（交互式网络电视）、手机终端等；二是随着人们生活方式的转变，以前已经存在，现在才被应用于信息传播的载体，如楼宇电视、车载电视等。狭义的新媒体仅指第一类，基于技术进步而产生的媒体形态。

税务宣传常用的新媒体一般指税务网站、微博、微信及移动客户端等。

【知识点2】新媒体传播的特点

1. 传播方式双向化

传统媒体信息传播的方式是单向的、线性的、不可选择的。表现为特定的时间内由信息的发布者向受众发布信息，受众被动接受信息，缺少信息的反馈。这种静态的传播使得信息流畅性弱，传播效果不佳。而新媒体传播方式是双向的，每个受众既是信息的接受者，同样也是信息的传播者，进而互动性强，传播效果明显。

2. 接收方式从固定到移动

无线移动技术的发展使得新媒体具备移动性特点，通过移动互联网技术，使得用手机浏览网页、看电视等实现动态化，而不仅局限于固定场所。

3. 传播行为更加个性化

微博、微信、博客等新的传播方式使得每一个人都成为信息的发布者，个性地表达自己的观点，传播自己关注的信息。传播内容与传播形式等完全是“我的地盘我做主”。

4. 传播内容多元化

从传统媒介到新媒体，最大的变化体现为传播内容的多元化和融合化。传统纸质媒体通过平面展示文字信息、图片信息，而借助新媒体形式，同时传播集文字、图片、声音等于一身的信息已成为现实，既提高了信息量，又提升了信息广度。

5. 宣传方式的便捷化

以往的宣传往往是录制宣传片或做宣传页上传到网站。而在新媒体的平台协助下，只要合理运营好新媒体的平台及特点，通过策划优质、高传播度的内容和线上活动，向受众广泛或者精准推送消息，提高参与度，提高知名度，便可会吸引大量的人员，达到营销目的。

【知识点3】税务系统新媒体宣传的要求

1. 强化税务网站建设管理。认真落实《政府网站发展指引》，优化考评体系，继续做好常态化抽查通报，不断提高网站管理服务水平。加强网站编辑部建设，规范信息采编审发流程，落实栏目内容保障责任，丰富信息资源，强化搜索、纳税服务、互动交流等功能。严格网站开办整合流程，规范网站名称和域名管理。大力推进网站建设集约化，升级完善集约化平台，建立健全站点建设、内容发布、组织保障等体制机制。推进网站部署互联网协议第六版（IPv6），税务总局将在年内完成门户网站相关改造工作，新建的网站要全面支持互联网协议第六版。配合开展公共信息资源相关试点工作。完善网站安全保障机制，做好防攻击、防篡改、防病毒等工作。建立健全网站用户信息保护制度，确保用户信息安全。

2. 用好“两微一端”新平台。充分发挥税务系统微博、微信、移动客户端灵活便捷的优势，做好信息发布、政策解读和纳税服务工作，进一步增强公开实效，提升服务水平。按照“谁开设、谁管理”的原则，落实主体责任，严格内容审查把关，不得发布与税务部门职能没有直接关联的信息，信息发布失当、造成不良影响的，要及时整改落实。加强“两微一端”日常监管和维护，对维护能力差、关注用户少的可关停整合。

>> 第三节 涉税舆情管理

一 涉税舆情概述

【知识点 1】涉税舆情管理的重大意义

税收关系国计民生，备受社会各界关注，易形成社会热点，引发社会争议。近年来，随着社会公众法治意识和维权意识的不断增强，不同社会群体对税收的关注度日益高涨。几乎每一项税收法律法规、重大政策的变化，都会触动公众的敏感神经，引发社会舆论热议，“税感强烈”已经成为当今社会的一个显著特征。对税收政策的误读和谣传，对税收工作的质疑和不理解，使涉税舆论引导的难度显著增大。社会各界的高度关注，对税收舆论引导和管理提出新挑战。涉税网络舆情如得不到及时发现和正确处置，就可能迅速扩大，使简单问题复杂化、局部问题全局化、个体问题公众化、一般问题热点化，从而严重影响税务部门和纳税人之间的融洽关系，有损税务机关的良好形象，税务部门务必高度重视涉税舆情的监控与管理工作。

【知识点 2】涉税网络舆情的特点

涉税网络舆情，是指在一定时期内，社会公众通过互联网围绕相关涉税新闻事件、社会问题、社会现象及税务人员等所表达的有较强影响力和倾向性的言论观点，是纳税人情绪、态度、意见的集合。

了解涉税网络舆情的特点，认识其发展规律，是正确开展网络舆论引导的前提。与传统媒体舆情相比，网络舆情有着自身鲜明的特点，其特点既有基于网络传播技术平台的因素，又有当下网络尚未实现规范管理情况下网民传播尺度的因素。

1. 直接性。当前，以互联网为代表的新技术、新媒体，正在广泛而深刻地影响媒体格局和舆论生态。一方面，新兴媒体覆盖面广、互动性强、传播速度快，为信息传播提供了更加便捷的渠道和更为广阔的空间。另一方面，“人人都是自媒体，个个都有麦克风”，越来越多的人通过网络发表意见看法、表达利益诉求，在集聚和放大效应的作用下，很多意想不到的事情都可能引发“现场直播”，造成“全民围观”。税务机关代表国家参与国民收入分配，征纳双方、不同利益群体之间的矛盾在一定时期内仍将存在，这导致涉税话题很容易挑动网民的神经，直接引发公众广泛地参与话题讨论。近年来由新媒体引发的涉税舆情呈多发高发态势，进而对税务机关的舆情引导提出更高挑战。

2. 突发性。网络舆论的形成往往非常迅速，一个热点事件的存在加上一种情绪化的意见，就可以成为点燃一片舆论的导火索。税收关系到社会多个层面、阶层，几乎关涉每个公民的切身利益，因此一旦涉税舆论事件发生，无处不在的媒体通过各种渠道争相报道，在线率高的网民们迅速跟帖、转发，铺天盖地的各方言论就容易形成强大的舆论风暴。

3. 偏差性。由于网络平台发布和传播信息简单、直接、可隐蔽身份、尚缺少规则限制和有效监督，加之在网络监督过程中群众的知情权、参与权、表达权和监督权得到很大程度的实现，导致无论是合法权利没有受到保护或者在现实生活中遇到挫折、对社会问题片面认识的普通民众，以及少数别有用心的违法乱纪分子，都可以就某一税务事件通过网络发帖、媒体传播迅速引起社会关注。这就要求税务机关在处理舆情工作时，既要理清舆情中公众的合理诉求并及时回应、妥善处理，也要积极防范负面偏激声音的发酵、减少不和谐因素的影响。

二　涉税舆情分析研判

【知识点 1】舆情监测的重要性

对于舆情的监测和准确研判是舆情应对的前提。监测得越早、研判得越准，越有利于应急处置工作。相反，耽误最佳处置时机，一些负面导向会引发一系列矛盾，演变为社会问题，进而陷入被动。税务机关要加强涉税舆情的监测分析，运用现代技术手段，密切跟踪和掌握涉税舆情信息，做好分析研判，区别舆情性质，把握发展态势，及时有效地进行处理，不断提高涉税舆情的掌控和处置能力，为税收事业健康发展营造良好的舆论环境。

【知识点 2】舆情监测的举措

各级税务机关要从思想上高度重视舆情工作，时刻保持对舆情的清醒认识，正视网络媒体挑战，把握网络舆情的发展趋势，把网络舆情当作重中之重来应对。按照全面覆盖、科学规划、分级负责、属地管理、重点突出、严密组织、细致疏导的原则，加强与有关管理部门的协作，完善网络涉税舆情监测机制，加强涉税舆情监控。

1. 健全涉税舆情领导机制。各级税务机关在由主要领导、分管税收宣传工作局领导、各部门主要负责人成立涉税舆情工作领导小组之外，还要明确网络舆情应对工作部门，配强网络舆情应对责任人及网络宣传员，负责日常的网络舆情的监测工作。省税务机关应配备专职人员或委托专业机构对涉税舆情进行 24 小时不间断监控。

税务机关内部各部门之间需加强舆情信息防控工作的沟通协作，共同研究解决工作中的难点、热点问题，提升涉税舆情的防控水平和应对能力。选拔一批政治过硬、业务精通、熟练掌握信息网络技术的税务人员，兼任网络宣传员，建立涉税舆情管理人才库。邀请相关领域的专家学者、媒体人士担任特邀税收评论员。加强对税收舆情工作人员和网络宣传员的培训，帮助他们加强对税收政策制定执行、税收征管、行政管理等工作的了解，防患于未然。

2. 健全涉税舆情监控制度。对监控出来的涉税舆情立即编写舆情报告，密切关注其发展动态，及时进行分类整理，研判舆情风险级别，提出处理意见，为领导和上级机关科学决策提供依据。

【知识点3】网络舆情研判

涉税舆情研判旨在对涉税舆情进行判断、评估，形成舆情预警信息，及时做好各种应对准备，增强防范和化解舆情危机的能力。综观各类网络舆情事件的发展进程，如果在事件爆发之初对危机有较强的预警意识和较为准确的趋势研判，往往能够在很大程度上缓和冲突、化解危机。

应依据一定时期涉税网络舆情的内容和特征，组织做好舆情会商和量化分析工作，预判舆论热点、媒体焦点及其发展走势，根据其影响力和覆盖范围，科学界定舆情重要程度，分析研判舆情对税收工作的潜在影响和风险，根据网络舆情的活跃程度、影响深度和覆盖范围，有针对性地提出舆情应对措施和工作改进意见，编发网络舆情日志、舆情专报等，为领导科学决策提供依据。

舆情负责部门对重要社会舆情信息要进行长期跟踪分析研究，准确判断舆情变化的走势。对突发舆情事件，要及时形成舆情研判分析报告，报告应包含涉税舆情突发事件的各要素，包括时间、地点、人物；事件起因、性质、规模、基本过程、已造成的危害、影响范围；信息来源、舆情现状、未来走势判断；目前处置情况、事态发展趋势和下一步工作建议。

三　涉税舆情引导与管理

【知识点】涉税舆情引导与管理的举措

税收舆情管理，就是着眼于营造和谐税收环境，根据社会舆论关注的涉税热点，科学应对和及时处置涉税舆情。舆情管理是税收宣传工作的重要一环，必须坚持底线思维，持续加强，不能放松。涉税网络舆情既是民众利用新媒体参与执法监督的重要途径，也是税务部门重建公信力、重塑和谐征纳关系的必经之路。只有深入研究涉税网络舆情的应对和管理办法，才能防舆情于未然。

1. 完善工作机制。把税收舆情管理工作作为一项重要任务，与税收业务工作紧密结合起来，一同部署，一同落实，一同推进。按照“谁主管、谁负责”的原则，严格落实属地管理责任，建立健全主要领导负总责、分管领导直接负责、办公室（宣传部门）牵头组织协调、各部门参与配合的组织领导体系，健全完善税收舆论工作机制。要建立配套的信息交换、舆情通报、联席会议等制度，加强舆情应对处置的沟通协调。

2. 抓好重点环节。完善岗位职责和工作流程，规范舆情管理。要制定应急预案，明确舆情处置各环节的措施和要求，包括发布信息、引导公众、平衡舆论、消除影响等方面的操作流程和策略技巧，确保出现舆情时应对工作有条不紊。要充实舆情管理力量，安排专人实时监测，全面收集舆情信息，及时准确报告，加强分析研判，发生重大舆情要迅速启动应急预案，确保及时发现、准确判断、快速处置。认真落实主要负责人亲自研究应对重大负面舆情要求，出现重大舆情要在第一时间向上级税务机关和当地党委、政府及有关部门报告，及时采取防范措施，不得瞒报、漏报、迟报。

3. 正确引导舆论。加强与当地重点媒体的沟通合作，形成良好互动机制。舆情事发地税务机关应根据舆情事态发展情况采取相应引导措施，及时发布新闻通稿做好相关解读，结合实际选择信息发布形式、发布平台和发布时机，坚持速报事实、慎报原因、重报态度、续报进展的原则，客观、准确发布信息，包括调查核实情况、税务机关态度及处理意见等。针对负面的涉税舆论，要发挥网络宣传员和特邀评论员作用，发生重大涉税舆情时各方联动、及时发声，做到冷热均衡、疏密得当、深浅适宜，统一口径，快速发声，回应关切，以正视听。对于舆情中暴露的问题和矛盾要积极应对，第一时间发布客观、真实的信息，消除负面舆论，维护税务机关公信力。

4. 多部门联合应对。要加强对外协调，各地税务机关要主动向当地党委、政府报告舆情工作，加强与当地新闻宣传、公安、网监等部门的联系，密切与当地新闻媒体和重点网站的工作联系，建立多部门的信息交换、舆情通报、联席会议等制度，主动争取支持。要加强内部配合，相关业务部门要积极参与舆情管理，特别是涉及收入、政策、执法、服务等方面的舆情，要紧密配合，共同应对。

5. 落实舆情管理责任。舆情管理涉及方方面面，必须强化责任、狠抓落实。要强化舆情管理属地责任，按照分级负责的原则，坚持一级管一级、层层传导压力，哪里出现负面舆情，就在哪里处置，及时将舆情苗头化解在基层、遏止在萌芽状态。税务总局和省税务局要对下级舆情应对实行督办与绩效考核，督促指导舆情发生地税务机关做好应对处置工作，对舆情处置情况按月通报，对排名靠后或负面舆情明显增多的单位要求作出解释说明。加强责任追究，对工作不到位导致舆情处置不力，造成工作被动和不良影响的，严肃追究有关单位和人员的责任。各级税务机关要切实加强税收宣传归口管理，严肃新闻宣传纪律。

6. 形成舆情倒逼机制。各级税务机关特别是领导干部要强化舆情意识，根据舆情反映的问题，有针对性地加强自身建设，从源头上防范和减少负面舆情。特别是对国务院重大决策部署以及其他直接面向纳税人的关键环节、敏感问题，加强排查，发现苗头性问题迅速整改，最大限度防止负面舆情的发生、发酵。要针对税收治理能力不足的问题，进一步规范执法服务，强化内部管理，防止因决策不科学、政策不落实、执法不规范、为税不清廉等引发负面舆情。要针对少数干部宗旨意识、服务观念淡化的问题，加强群众观点和群众路线宣传教育，使其自觉摆正位置，尊重纳税人，服务纳税人。要针对群众诉求渠道不畅的问题，注重运用网上调查、投诉举报、在线访谈等方式，引导纳税人通过正常程序和途径反映问题、表达意见、维护权益，密切税务机关与纳税人的联系。

>> 第四节 政务信息

一 税收信息工作概述

【知识点 1】税收信息的分类

税收信息是反映税收工作情况、服务各级领导决策、指导基层税收工作的各类消息。从形式上可划分为动态性信息、经验性信息、问题建议性信息。从内容上可划分为行政管理信息、税收业务信息。从类型来分可划分为快讯、专报。

【知识点2】税收信息的意义

1. 汇报情况。及时将本单位的工作情况向上级汇报和反映。

2. 交流工作。如上级机关将下级单位的情况和经验在全系统推介，促进其他单位学习借鉴。

3. 推动发展。上下级机关通过信息沟通，把握动向，指导和推动全局工作的开展。

二 税收信息管理流程

【知识点1】税收信息流程

税收信息流程包括税收信息的收集、筛选、整理、刊发。

【知识点2】信息收集

收集是通过捕捉、搜集，把零散无序的税收信息聚集起来的过程，是信息处理流程的第一环节。税收信息的收集要多途径进行，并与工作调研相结合，努力做到有综合、有分析、有预测。

【知识点3】信息筛选

税收信息员按照为领导服务、为基层服务的原则，对收集到的税收信息进行筛选。对各类信息资料分门别类处理，评估其使用价值，去粗取精、综合分析。在筛选时，一要去伪存真，注意信息的真实性。二要围绕中心、聚焦税收改革发展，注意信息的针对性。三要深入分析，注意信息的典型性和价值性。四要权衡取舍，注意信息的增值利用。

【知识点4】信息整理

税收信息员要及时整理筛选后的税收信息，做到材料准确、主题突出、观点鲜明、层次清楚、文字精练，不断提高信息质量。

【知识点5】信息刊发

国家税务总局编报、编发税收信息的主要刊物有：

1.《税收专报》

《税收专报》用于上报中办、国办，是国家税务总局专题向中央反映重要税收工作情况的刊物，主要刊发中央重大决策部署、税收政策贯彻落实情况以及重要税收工作动态、重大涉税事件等中央领导关心的，有利于中央领导了解、决策和指导税收工作的信息。

2.《税务简报》

《税务简报》主要发国家税务总局各司局以及各省、自治区、直辖市和计划单列市税务局，报国家税务总局领导。重要的信息，通过《税务简报》上报中共中央办公厅、国务院办公厅或送相关部门。主要刊发国家税务总局各项决策部署落实情况、各地重点工作的经验及成效，重大改革的创新举措。

3.《税收动态》

《税收动态》发国家税务总局各司局，报税务总局领导。主要刊发税收工作问题与建议、宏观经济税收要论、国际税收动态。

4.《税收经济调研》

《税收经济调研》发国家税务总局各司局以及各省、自治区、直辖市和计划单列市税务局，报国家税务总局领导。主要刊发国家税务总局各司局、基层税务机关以及国家税务总局办公厅税收调研联系点的税收调研报告。

5.《情况通报》

《情况通报》发国家税务总局各司局以及各省、自治区、直辖市和计划单列市税务局。主要刊发国家税务总局领导各类讲话稿。

三 税收信息写作技能

【知识点1】税收信息写作基本原则

1. 真实性原则。税收信息必须来自税收工作实际，真实反映税收工作，必须实事求是，杜绝虚假信息。

2. 实用性原则。区分不同层次的服务对象提供各类信息资料。对预测性、综合性和突出性税收信息，做到有情况、有分析、有建议，为领导的决策提供参考依据。

3. 时效性原则。及时传递信息，以保证信息的使用价值。税收信息的传递采用专报、简报、动态、快报等刊物形式进行。传递信息要区分不同种类，根据不同报送对象合理分流，有选择地上报或下发。凡是需要上级机关及时掌握、立即处理的重要情况和紧急信息，都要迅速收集上报。

【知识点2】税收信息选题技巧

1. 重大决策部署落实情况。主要反映党中央、国务院对税收工作作出的重大决策部署，重要会议决定的事项，重要文件提出的要求，领导同志作出的重要批示、考察调研时的重要指示，以及国家税务总局重大工作安排在各级税务机关的贯彻落实情况。

2. 税务工作创新开展情况。主要反映各级税务机关工作创新情况，重点反映基层税务机关堵漏增收、依法治税、落实税收政策和税收改革、纳税服务、税收风险管理、信息管税、干部队伍建设、党风廉政建设等方面的创新举措及其成效。

3. 税收工作中的突出问题。主要反映税收工作中存在的突出问题，如需要上级领导重视和解决的问题；各项税收制度和税收政策在执行中存在的问题和建议；税收工作面临的新情况、新问题；重大涉税案件和重大涉税舆情问题；等等。

【知识点3】税收信息编写技巧

税收信息编写要突出中心，有主有次，文字规范。一忌面面俱到。二忌语言不够简练。三忌穿靴戴帽。四忌结构不合理。五忌详略不当。六忌使用语言和标点符号不准确。七忌行文不规范。同时要把握好不同类别信息的编写要求："动态类"信息突出时效性，"经验类"信息突出特色性，"分析类"信息突出深度性，"调研类"信息突出对策性。

【知识点4】税收信息修改方法

1. 以政策为准绳。税收信息员必须学习掌握党和国家的方针政策，以及各项税收政策法规和重要文件要求，防止信息稿件出现违反现行政策或混淆政策界限的现象。

2. 压缩信息篇幅。主要应掌握以下几种方法：第一，紧扣主题，根据主题的需要来舍取。第二，摘取精华，保留信息稿件中含有较大信息价值的内容。第三，精选事例，只选取一两个典型的事例，或者将若干有共同点的事例概括起来。第四，删节文字，确保语言表达简洁、凝练。

3. 对原稿进行改写。主要有两种方法：第一，改变角度。常见的角度转换有领导角度与群众角度转换，从介绍经验角度改为报送成果，从报告工作情况角度改为研究问题，从某个具体、局部的小角度改为全局的大角度，等等。第二，改变结构。使稿件各部分之间紧密联系起来，有一个清晰的内在逻辑，或按时间顺序，或按事情的发展过程、或按事物之间的因果关系来写。

>> 第五节 会议管理

一 会议分类

从不同的角度来看，同一个会议可以分为不同的种类。每类会议都有其各自的特点和要求，了解和掌握会议的类型，目的在于更好地认识和组织会议，最大限度地发挥会议的作用。按照不同的标准，会议分类如下：

【知识点 1】按会议范围分类

1. 税务系统会议

根据税务系统会议费管理相关办法以及各省（直辖市、自治区）直属机关会议费管理办法关于会议的分类，税务系统会议包括二类会议、三类会议和四类会议三种。

（1）二类会议。二类会议指年度全国税务工作会议，要求各省、自治区、直辖市和计划单列市税务局主要负责同志参加。国家税务总局按《中央和国家机关会议费管理办法》（财行〔2016〕214 号）规定程序和要求，于每年 12 月底前，将下一年度的会议计划送财政部审核会签，经中共中央办公厅、国务院办公厅审核批准后召开。二类会议原则上每年不超过 1 次。

（2）三类会议。三类会议指国家税务总局及其内设机构召开的专业性会议，以及各省（直辖市、自治区）和计划单列市税务局召开的每年一次的年度工作会议。三类会议计划，提交本单位局长办公会或党委会审批后执行。

（3）四类会议。四类会议指除上述二、三类会议以外的其他业务性会议，包括国家税务总局内设机构召开或各省税务局及其下属各单位召开的小型业务会、研讨会、座谈会、评审会等。四类会议经本单位局长办公会或党委会审批，或经单位分管局领导审核批准后并列入本单位年度会议计划。

2. 局内会议

局内会议包括局党委会议、局务会议、局长办公会议和局领导专题会议四种。

（1）局党委会议。局党委会应按议题确定、预告、酝酿讨论、形成决议等程序进行；局党委会议日期和会议议题由党委书记或主持工作的党委成员确定，会议议题确定前一般应征询党委成员的意见。会议议题和日期确定后，通常应提前 1 ~2 天通知党委成员及有关人员做好准备。无特殊原因，不得临时动议召开党委会、临时增加会议议题。党委会议根据需要不定期召开，会议日期和会议日程由党委书记确定；全体党委成员参加党组会议，应有 2/3 以上（含 2/3）成员到会。党委会议由党委书记召集并主持，也可由党委书记委托其他党委成员召集并主持，除特殊情况外，分管此项工作的党委成员必须到会；中央规定的重大决策、重大项目安排、重要干部任免和大额度资金使用等事项，实行主要负责人末位发言制，集体研究、集体决策。党委会议研究讨论的问题和确定的事项要以会议纪要或文件正式公布的为准。

（2）局务会议。局务会议由局领导和局内各单位主要负责人参加，由局长或其委托的局领导召集和主持。国家税务总局局务会议的主要任务是：传达党中央、国务院的重要决定、重要会议精神；通报国内外重大事项；研究部署国家税务总局重要工作；审议税务总局拟定的税收法律、法规草案和税收规章等。

（3）局长办公会议。局长办公会议由局领导和局内有关单位负责人参加，由局长或其委托的局领导召集和主持。国家税务总局局长办公会议的主要任务是：研究贯彻落实党中央、国务院的决定、指示；讨论决定各部门、各地区请示税务总局的重要事项；讨论决定税收工作中的重要事项；通报重要情况，研究工作措施等。

（4）局领导专题会议。局领导专题会议由局领导及总师根据工作需要召集，有关单位负责人参加。局领导专题会议的主要任务是：研究、部署、协调和处理局领导及总师分管的专项工作或专门事项等。

局务会议、局长办公会议的议题由局长确定，会议组织工作由办公厅（室）负责。局领导专题会议的议题由分管局领导及总师确定，会议组织工作由会议主题涉及的主办单位负责。

【知识点2】按会议内容分类

1. 税收工作会议。贯彻中央会议精神，总结上一年度税收工作情况，部署本年度税收工作任务。

2. 全国税务系统全面从严治党工作会议。贯彻落实中央和中纪委会议精神，总结上一年从严治党工作，研究部署本年度工作任务。

3. 专题工作会议。围绕某一专题，召开工作推进会，如“三严三实”专题教育动员部署会、绩效工作分析会议、税务系统政府采购工作专题会等，分析当前税收工作形势，有效推进各项重点工作。

【知识点3】按会议形式分类

1. 见面会议。根据工作需要，定期召开专业性的见面会议。

2. 视频会议。专业性会议，应尽可能采用视频会议等快捷、节俭的形式召开，并由相关层级税务局有关人员参加。

应当改进会议形式，充分运用电视电话、网络视频等现代信息技术手段，降低会议成本，提高会议效率。传达、布置类会议优先采取电视电话、网络视频会议方式召开。电视电话、网络视频会议的主会场和分会场应当控制规模，节约费用支出。

不能够采用电视电话、网络视频召开的会议实行定点管理。各单位会议应当到定点会议场所召开会议，按照协议价格结算费用。未纳入定点范围，价格低于会议综合定额标准的单位内部会议室、礼堂、宾馆、招待所、培训中心。税务干部学校可优先作为会议场所。

二 会议管理

会议活动是一项有目的、有计划、有组织的活动，是管理工作的一种重要方法。

【知识点1】会议筹备

完整的会议策划是成功举办会议的前提。会议策划方案的主要内容包括会议主题、会议内容、参会对象、会议形式、会议经费、会议名称、会议时间和地点、发言人员和发言方式、会议议程和日程安排等。会议材料是会议目的、会议内容和会议成果的直接体现，是会议组织当中的一项重点工作。会议材料是指整个会议过程中所需要的有关文字材料，主要是指会前所做的文字起草工作。

【知识点2】会议控制

为了使会议能以最短的会期、最佳的形式、最低的成本取得最高的会议效率，达到预期的会议目标，就必须对会议进行控制。会议控制包括会议内容、会议规模和范围、会议地点、会议时间等方面。

1. 会议内容。会议内容的控制主要包括对会议目标、议题和发言的控制。明确会议目的，严格控制以各种名义召开的会议，不开泛泛部署工作和提要求的会议，提高会议实效，开短会、讲短话，力戒空话和套话。准备不充分的会议坚决不开，内容相关的会议合并召开，议题过多的会议分别召开。

2. 会议规模和范围。会议出席对象要具体明确，与会人员必须准时出席会议，因故不能参会的，必须履行请假手续。建立候会制度，预先估计每项议题需要的时间，通知相关参会人员依次进入会场。所有会议的出席人员，必须严格遵守相关会议的保密规定。对确需召开的全局性会议要建立报请审批制度，能以局部会议解决问题的，就不召开全局性会议。

3. 会议地点。会议地点应综合考虑会场的规模、大小、设施能否满足召开会议的需要，以及周边环境、交通、安全等因素是否适宜。严格执行会议管理制度，不得到明令禁止的风景名胜区举办会议，不得超规模、超标准，不得向基层或纳税人转嫁、摊派会议费，不得到非定点会议场所召开会议。

4. 会议时间。会议时间包括开会时间和会期长短两个方面，以解决问题为目的，时机成熟时召开会议。会期长短以会议的实际需要来决定，包括发言是否充分、议题是否完成等。认真贯彻相关规定，精简会议活动，切实改进会风。会前进行预测，在保证会议效果的情况下，尽量做到长会短开。有效控制与会人员按时参会，做到准时开会、准时结束，限制大会发言人的发言时间。

【知识点3】会议协调

会议协调是会议组织管理的重要手段，其实质是统一认识、调整关系、解决矛盾、协调行动。会议组织工作头绪繁杂、环节较多，每个环节之间相互关联、相互影响。因此，要重视会议工作的总体协调与安排。要建立一套有效的指挥调度系统，做好会务工作总体协调，明确岗位责任。必要时，列出详细的任务分工表，人手一份，以备检查和落实，及时协调解决问题。具体包括：文稿起草、会务组织、会场布置、文艺演出、来宾接待、生活服务、安全保卫、交通疏导、医疗急救、电力保障等。组会领导要瞻前顾后、统筹协调，既全面又具体地思考问题；会议工作人员既要清楚自己担负的职责，又要了解会议的总体要求。所有人员既要独立工作、各负其责，又密切协作、主动配合。

【知识点4】会议精神落实

会议决议是会议目标的具体体现，在会议过程中，相关人员要积极协助会议主持人，督促会议决议的形成。要有一个准确的会议记录，并根据需要，形成会议纪要。每次会议要形成决议，会议的各项决议要有具体执行人员及完成期限。建立会议事后跟踪督促制度，使会议的每项决议都有根据、有检查。对会议要求和决定的事项，各单位及全体干部必须按会议要求严格贯彻执行。贯彻执行中确因特殊情况难以到位的，可以按组织原则反映情况，除非执行会造成重大不良影响或损失，一般在组织上未改变决定之前，不得停止或擅自更改已决定事项的执行。一些公开的会议，会议中形成的有关决议和方针，一旦形成文字并经审核把关后，即可通过传播媒介广泛宣传，以推动会议精神的贯彻落实。一些比较重要的会议如会期较长，应根据需要编制会议简报，做好会议的宣传报道工作。

【知识点 5】会议应急管理

要从战略和全局的高度，提高公共安全和处理突发事件的能力，保障生命和财产安全。特别重要的会议，根据情况成立会议应急管理小组，制定会议突发事件紧急预案、会议安全保卫工作方案和会议医疗卫生保障制度，维护会场秩序，保护参会人员人身和财产安全。

三 会议座次安排

【知识点 1】主席台的座次安排

一般以左为上，右为下。领导为单数时，1 号领导居中，2 号领导在 1 号领导左手位置，3 号领导在 1 号领导右手位置；领导为偶数时，1、2 号领导同时居中，2 号领导依然在 1 号领导左手位置，3 号领导依然在 1 号领导右手位置。

【知识点 2】签字仪式的座次安排

一般为签字双方主人在左边，客人在主人的右边。双方其他人数一般对等，按主客左右排列。

【知识点 3】会谈式会议的座次安排

会谈的座次，可根据会议室的桌椅摆放布局，参照图 1 – 1、图 1 – 2 安排。

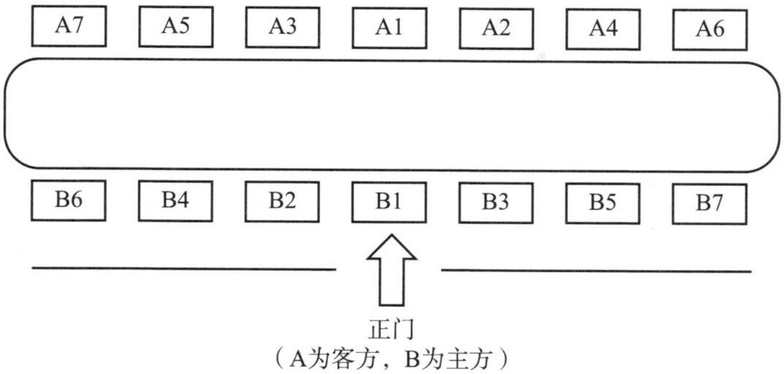

图1－1　会谈式会议座次安排示意图（一）

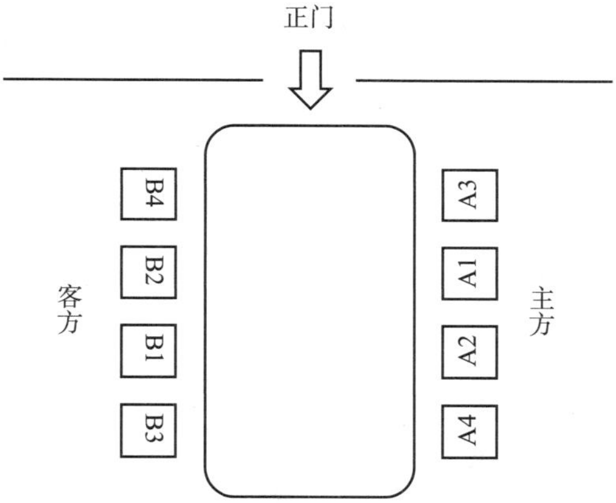

图1－2　会谈式会议座次安排示意图（二）

>> 第六节 政府信息公开[①]

一　政府信息公开概述

【知识点1】政府信息公开的概念

政府信息公开是指行政机关在履行职责过程中制作或者获取的，以一定

① 主要遵循：修订后的《中华人民共和国政府信息公开条例》，自2019年5月15日起施行。

形式记录、保存的信息，及时、准确地公开发布。

广义上的政府信息公开主要包括两方面的内容，一是政务公开，二是信息公开。狭义上的政府信息公开主指政务公开。政务公开主要是指行政机关公开其行政事务，强调的是行政机关要公开其执法依据、执法程序和执法结果，属于办事制度层面的公开。广义上的政府信息公开的内涵和外延要比政务公开广阔的多，它不仅要求政府事务公开，而且要求政府公开其所掌握的其他信息。

【知识点2】政府信息公开的主管部门

国务院办公厅是全国政府信息公开工作的主管部门，负责推进、指导、协调、监督全国的政府信息公开工作。

县级以上地方人民政府办公厅（室）是本行政区域的政府信息公开工作主管部门，负责推进、指导、协调、监督本行政区域的政府信息公开工作。

实行垂直领导的部门的办公厅（室）主管本系统的政府信息公开工作。

【知识点3】政府信息公开工作机构的具体职能

各级人民政府及县级以上人民政府部门应当建立健全本行政机关的政府信息公开工作制度，并指定机构（以下统称政府信息公开工作机构）负责本行政机关政府信息公开的日常工作。

政府信息公开工作机构的具体职能是：

1. 办理本行政机关的政府信息公开事宜。

2. 维护和更新本行政机关公开的政府信息。

3. 组织编制本行政机关的政府信息公开指南、政府信息公开目录和政府信息公开工作年度报告。

4. 组织开展对拟公开政府信息的审查。

5. 本行政机关规定的与政府信息公开有关的其他职能。

【知识点4】政府信息公开的原则

行政机关公开政府信息，应当坚持以公开为常态、不公开为例外，遵循公正、公平、合法、便民的原则。

行政机关应当及时、准确地公开政府信息。

行政机关发现影响或者可能影响社会稳定、扰乱社会和经济管理秩序的虚假或者不完整信息的，应当发布准确的政府信息予以澄清。

各级人民政府应当积极推进政府信息公开工作，逐步增加政府信息公开的内容。

各级人民政府应当加强政府信息资源的规范化、标准化、信息化管理，加强互联网政府信息公开平台建设，推进政府信息公开平台与政务服务平台融合，提高政府信息公开在线办理水平。

公民、法人和其他组织有权对行政机关的政府信息公开工作进行监督，并提出批评和建议。

【知识点5】政府信息公开的特殊情况

依法确定为国家秘密的政府信息，法律、行政法规禁止公开的政府信息，以及公开后可能危及国家安全、公共安全、经济安全、社会稳定的政府信息，不予公开。

涉及商业秘密、个人隐私等公开会对第三方合法权益造成损害的政府信息，行政机关不得公开。但是，第三方同意公开或者行政机关认为不公开会对公共利益造成重大影响的，予以公开。

行政机关的内部事务信息，包括人事管理、后勤管理、内部工作流程等方面的信息，可以不予公开。

行政机关在履行行政管理职能过程中形成的讨论记录、过程稿、磋商信函、请示报告等过程性信息以及行政执法案卷信息，可以不予公开。法律、法规、规章规定上述信息应当公开的，从其规定。

【知识点6】政府信息的公开审查机制

行政机关应当建立健全政府信息公开审查机制，明确审查的程序和责任。

行政机关应当依照《中华人民共和国保守国家秘密法》以及其他法律、法规和国家有关规定对拟公开的政府信息进行审查。

行政机关不能确定政府信息是否可以公开的，应当依照法律、法规和国家有关规定报有关主管部门或者保密行政管理部门确定。

行政机关应当建立健全政府信息管理动态调整机制，对本行政机关不予公开的政府信息进行定期评估审查，对因情势变化可以公开的政府信息应当公开。

二 信息公开流程

【知识点 1】主动公开的内容

对涉及公众利益调整、需要公众广泛知晓或者需要公众参与决策的政府信息，行政机关应当主动公开。行政机关应当主动公开本行政机关的下列政府信息：

1. 行政法规、规章和规范性文件。

2. 机关职能、机构设置、办公地址、办公时间、联系方式、负责人姓名。

3. 国民经济和社会发展规划、专项规划、区域规划及相关政策。

4. 国民经济和社会发展统计信息。

5. 办理行政许可和其他对外管理服务事项的依据、条件、程序以及办理结果。

6. 实施行政处罚、行政强制的依据、条件、程序以及本行政机关认为具有一定社会影响的行政处罚决定。

7. 财政预算、决算信息。

8. 行政事业性收费项目及其依据、标准。

9. 政府集中采购项目的目录、标准及实施情况。

10. 重大建设项目的批准和实施情况。

11. 扶贫、教育、医疗、社会保障、促进就业等方面的政策、措施及其实施情况。

12. 突发公共事件的应急预案、预警信息及应对情况。

13. 环境保护、公共卫生、安全生产、食品药品、产品质量的监督检查情况。

14. 公务员招考的职位、名额、报考条件等事项以及录用结果。

15. 法律、法规、规章和国家有关规定规定应当主动公开的其他政府信息。

除以上政府信息外，设区的市级、县级人民政府及其部门还应当根据本地方的具体情况，主动公开涉及市政建设、公共服务、公益事业、土地征收、房屋征收、治安管理、社会救助等方面的政府信息；乡（镇）人民政府还应当根据本地方的具体情况，主动公开贯彻落实农业农村政策、农田水利工程建设运营、农村土地承包经营权流转、宅基地使用情况审核、土地征收、房屋征收、筹资筹劳、社会救助等方面的政府信息。

行政机关应当确定主动公开政府信息的具体内容，并按照上级行政机关的部署，不断增加主动公开的内容。

【知识点2】建立健全政府信息发布机制

行政机关应当建立健全政府信息发布机制，将主动公开的政府信息通过政府公报、政府网站或者其他互联网政务媒体、新闻发布会以及报刊、广播、电视等途径予以公开。

各级人民政府应当加强依托政府门户网站公开政府信息的工作，利用统一的政府信息公开平台集中发布主动公开的政府信息。政府信息公开平台应当具备信息检索、查阅、下载等功能。

各级人民政府应当在国家档案馆、公共图书馆、政务服务场所设置政府信息查阅场所，并配备相应的设施、设备，为公民、法人和其他组织获取政府信息提供便利。

行政机关可以根据需要设立公共查阅室、资料索取点、信息公告栏、电子信息屏等场所、设施，公开政府信息。

行政机关应当及时向国家档案馆、公共图书馆提供主动公开的政府信息。

【知识点3】政府信息主动公开的时限要求

属于主动公开范围的政府信息，应当自该政府信息形成或者变更之日起20个工作日内及时公开。法律、法规对政府信息公开的期限另有规定的，从其规定。

【知识点4】依申请公开的概念

除行政机关主动公开的政府信息外，公民、法人或者其他组织可以向地方各级人民政府、对外以自己名义履行行政管理职能的县级以上人民政府部门申请获取相关政府信息。

行政机关应当建立完善政府信息公开申请渠道，为申请人依法申请获取政府信息提供便利。

公民、法人或者其他组织申请获取政府信息的，应当向行政机关的政府信息公开工作机构提出，并采用包括信件、数据电文在内的书面形式；采用书面形式确有困难的，申请人可以口头提出，由受理该申请的政府信息公开工作机构代为填写政府信息公开申请。

【知识点5】政府信息公开申请

政府信息公开申请应当包括下列内容：

1. 申请人的姓名或者名称、身份证明、联系方式。

2. 申请公开的政府信息的名称、文号或者便于行政机关查询的其他特征性描述。

3. 申请公开的政府信息的形式要求，包括获取信息的方式、途径。

政府信息公开申请内容不明确的，行政机关应当给予指导和释明，并自收到申请之日起7个工作日内一次性告知申请人作出补正，说明需要补正的事项和合理的补正期限。答复期限自行政机关收到补正的申请之日起计算。申请人无正当理由逾期不补正的，视为放弃申请，行政机关不再处理该政府信息公开申请。

【知识点6】行政机关收到政府信息公开申请的时间确定

行政机关收到政府信息公开申请的时间，按照下列规定确定：

1. 申请人当面提交政府信息公开申请的，以提交之日为收到申请之日。

2. 申请人以邮寄方式提交政府信息公开申请的，以行政机关签收之日为收到申请之日；以平常信函等无需签收的邮寄方式提交政府信息公开申请的，政府信息公开工作机构应当于收到申请的当日与申请人确认，确认之日为收到申请之日。

3. 申请人通过互联网渠道或者政府信息公开工作机构的传真提交政府信息公开申请的，以双方确认之日为收到申请之日。

依申请公开的政府信息公开会损害第三方合法权益的，行政机关应当书面征求第三方的意见。第三方应当自收到征求意见书之日起 15 个工作日内提出意见。第三方逾期未提出意见的，由行政机关依照《中华人民共和国政府信息公开条例》的规定决定是否公开。第三方不同意公开且有合理理由的，行政机关不予公开。行政机关认为不公开可能对公共利益造成重大影响的，可以决定予以公开，并将决定公开的政府信息内容和理由书面告知第三方。

【知识点 7】依申请政府信息的答复要求

行政机关收到政府信息公开申请，能够当场答复的，应当当场予以答复。

行政机关不能当场答复的，应当自收到申请之日起 20 个工作日内予以答复；需要延长答复期限的，应当经政府信息公开工作机构负责人同意并告知申请人，延长的期限最长不得超过 20 个工作日。

行政机关征求第三方和其他机关意见所需时间不计算在前款规定的期限内。

申请公开的政府信息由两个以上行政机关共同制作的，牵头制作的行政机关收到政府信息公开申请后可以征求相关行政机关的意见，被征求意见机关应当自收到征求意见书之日起 15 个工作日内提出意见，逾期未提出意见的视为同意公开。

申请人申请公开政府信息的数量、频次明显超过合理范围，行政机关可以要求申请人说明理由。行政机关认为申请理由不合理的，告知申请人不予处理；行政机关认为申请理由合理，但是无法在《中华人民共和国政府信息公开条例》第三十三条规定的期限内答复申请人的，可以确定延迟答复的合理期限并告知申请人。

【知识点 8】依申请政府信息的答复方式

对政府信息公开申请，行政机关根据下列情况分别作出答复：

1. 所申请公开信息已经主动公开的，告知申请人获取该政府信息的方式、途径。

2. 所申请公开信息可以公开的，向申请人提供该政府信息，或者告知申请人获取该政府信息的方式、途径和时间。

3. 行政机关依据本条例的规定决定不予公开的，告知申请人不予公开并说明理由。

4. 经检索没有所申请公开信息的，告知申请人该政府信息不存在。

5. 所申请公开信息不属于本行政机关负责公开的，告知申请人并说明理由；能够确定负责公开该政府信息的行政机关的，告知申请人该行政机关的名称、联系方式。

6. 行政机关已就申请人提出的政府信息公开申请作出答复、申请人重复申请公开相同政府信息的，告知申请人不予重复处理。

7. 所申请公开信息属于工商、不动产登记资料等信息，有关法律、行政法规对信息的获取有特别规定的，告知申请人依照有关法律、行政法规的规定办理。

申请公开的信息中含有不应当公开或者不属于政府信息的内容，但是能够作区分处理的，行政机关应当向申请人提供可以公开的政府信息内容，并对不予公开的内容说明理由。

行政机关向申请人提供的信息，应当是已制作或者获取的政府信息。除按规定能够作区分处理的外，需要行政机关对现有政府信息进行加工、分析的，行政机关可以不予提供。

申请人以政府信息公开申请的形式进行信访、投诉、举报等活动，行政机关应当告知申请人不作为政府信息公开申请处理并可以告知通过相应渠道提出。

申请人提出的申请内容为要求行政机关提供政府公报、报刊、书籍等公开出版物的，行政机关可以告知获取的途径。

行政机关依申请公开政府信息，应当根据申请人的要求及行政机关保存政府信息的实际情况，确定提供政府信息的具体形式；按照申请人要求的形式提供政府信息，可能危及政府信息载体安全或者公开成本过高的，可以通过电子数据以及其他适当形式提供，或者安排申请人查阅、抄录相关政府信息。

公民、法人或者其他组织有证据证明行政机关提供的与其自身相关的政府信息记录不准确的，可以要求行政机关更正。有权更正的行政机关审核属实的，应当予以更正并告知申请人；不属于本行政机关职能范围的，行政机关可以转送有权更正的行政机关处理并告知申请人，或者告知申请人向有权更正的行政机关提出。

【知识点9】行政机关依申请提供政府信息是否收费

行政机关依申请提供政府信息，不收取费用。但是，申请人申请公开政府信息的数量、频次明显超过合理范围的，行政机关可以收取信息处理费。

行政机关收取信息处理费的具体办法由国务院价格主管部门会同国务院财政部门、全国政府信息公开工作主管部门制定。

【知识点10】针对申请情况进行完善和调整

申请公开政府信息的公民存在阅读困难或者视听障碍的，行政机关应当为其提供必要的帮助。

多个申请人就相同政府信息向同一行政机关提出公开申请，且该政府信息属于可以公开的，行政机关可以纳入主动公开的范围。

对行政机关依申请公开的政府信息，申请人认为涉及公众利益调整、需要公众广泛知晓或者需要公众参与决策的，可以建议行政机关将该信息纳入主动公开的范围。行政机关经审核认为属于主动公开范围的，应当及时主动公开。

行政机关应当建立健全政府信息公开申请登记、审核、办理、答复、归档的工作制度，加强工作规范。

>> 第七节 保密工作

一 税务工作国家秘密范围和密级

【知识点1】税务工作国家秘密范围和密级

涉及国家安全和利益的事项，泄露后可能损害国家在政治、经济、国防、外交等领域的安全和利益，应当确定为国家秘密。国家秘密的密级分为绝密、机密、秘密三级。“绝密”是最重要的国家秘密，泄露会使国家的安全和利益遭受特别严重的损害；“机密”是重要的国家秘密，泄露会使国家的安全和利益遭受到严重损害；“秘密”是一般的国家秘密，泄露会使国家的安全和利益遭受损害。2018 年，税务总局根据《中华人民共和国保守国家秘密法》《国家秘密定密管理暂行规定》结合税务工作实际，制定了税务工作国家秘密定密管理相关办法。

【知识点 2】保密期限

国家秘密的保密期限，除另有规定外，绝密级不超过 30 年，机密级不超过 20 年，秘密级不超过 10 年。各级税务机关应当根据工作需要，确定具体的保密期限、解密时间或者解密条件。国家秘密的保密期限已满的，自行解密。

【知识点 3】国家秘密标志形式

国家秘密事项的密级一经确定，须在秘密载体上做出明显的标志。国家秘密标志形式为“密级★保密期限”“密级★解密时间”或者“密级★解密条件”。按照有关规定，纸介质文件、资料的国家秘密标志应当标注在文件、资料首页或封面的左上角。

二 税务机关保密工作机构与工作职责

【知识点 1】工作机构

各级税务机关建立保密委员会，领导本机关保密工作。保密委员会由本机关负责人和各部门主要负责人组成。保密委员会成员部门应有明确职责分工。保密委员会下设办公室。保密委员会实行例会制度，定期研究保密工作，并有专门的会议记录。保密工作开展情况有文字或音像、图片记载，内容完整，并分类建立保密工作档案，有条件的建立电子文档。

【知识点 2】工作职责

税务机关应落实党政干部保密工作责任制。各级税务机关主要领导是本机关保密工作第一责任人，应当重视、关心和支持保密工作，带头执行保密工作方针政策和规定，定期听取保密工作汇报，及时研究解决保密工作中的重大问题，推动保密工作顺利开展。各级税务机关分管保密工作的领导对保密管理工作负有直接领导责任，应结合工作实际，提出贯彻执行上级对保密工作要求的具体意见和措施，指导协调和监督检查本机关、本系统的保密工作，及时解决保密工作中的问题。其他领导应协同抓好分管工作范围的保密工作。税务机关各部门负责人应做好业务工作范围内的保密管理工作，制定保密管理措施，加强保密监督检查，把工作任务落实到岗位、细化到人。

各级税务机关保密委员会应认真履行职责，及时传达贯彻党和国家保密工作方针政策、法律法规和工作部署，制定保密工作制度和年度保密工作计划，完善保密管理措施，加强保密工作监督检查，强化信息设备、信息系统保密和安全技术防范，开展保密教育培训和监督管理。

三 保密工作管理

【知识点 1】涉密人员管理

涉密人员是经审查批准经常接触、处理国家秘密事项或知悉、掌握国家秘密事项，在保守国家秘密安全方面负有责任的人员。

税务机关按照下管一级的原则，对涉密人员实行分级管理。涉密人员按其涉及国家秘密事项的密级程度实行分类管理。核心涉密人员是产生、经管或经常接触、知悉绝密级国家秘密事项人员；重要涉密人员是产生、经管或经常接触、知悉机密级国家秘密事项人员；一般涉密人员是产生、经管或经常接触、知悉秘密级国家秘密事项人员。各级税务机关要严格控制接触国家秘密的人员范围，严格限制涉密人员接触国家秘密的范围。各级税务机关要定期对涉密人员进行保密形势、保密法律法规、保密技能等方面的培训。各级税务机关对涉密人员在岗期间履行保密职责、遵守保密纪律和接受保密教育等情况进行定期考核，加强日常管理和监督。

涉密人员离岗、离职的，按照人事管理权限和有关保密规定办理。经审核批准调离涉密岗位的，必须主动清退保存和使用的秘密载体，办理移交手续，并签订涉密人员离岗保密承诺书。涉密人员调离涉密岗位，实行脱密期管理，脱密期内未经审查批准，不得擅自出境，不得到境外驻华机构、组织或者外资企业工作，不得为境外组织、人员或者外资企业提供劳务、咨询或者服务等。涉密人员脱密期限为：一般涉密人员 6 个月至 1 年，重点涉密人员 1 ~2 年，核心涉密人员 2 ~3 年。

【知识点 2】保密要害部门、部位管理

税务机关保密要害部门，是指日常工作中产生、传递、使用和管理绝密级、机密级、秘密级国家秘密的最小行政单位，如办公室、财务处等；保密要害部位，是指集中制作、存储、保管国家秘密载体的专用、独立、固定场所，如档案室、机要室、计算机中心等。

保密要害部门、部位必须严格管理制度，建立健全管理责任制，签订保密要害部门、部位负责人保密责任书。保密要害部门、部位必须具备完善的人防、技防、物防等防护措施，安装电子监控、防盗报警等安全防范设施。保密要害部门、部位使用的办公设备必须符合保密管理要求和保密技术标准，使用进口设备必须进行安全技术检查。各种保密设备的维护、维修应当在涉密工作人员全程陪同监督下进行，并建立维护维修记录。保密要害部门、部位的国家秘密载体必须在符合安全标准的设备中保存，并明确管理责任人。保密委员会办公室要定期检查保密要害部门部位技术防范措施落实情况，并进行记录。

【知识点 3】定密工作管理

定密工作，是指对税务工作中所产生的国家秘密事项，及时准确确定密级，保密期限，知悉范围，并对国家秘密载体做出标志，及时通知应当知悉的机关单位和人员，并按规定进行全过程管理的活动。税务机关所产生的关系国家安全和利益的涉密事项，并在一定时间内只限一定范围的人员知悉的，应按税务工作国家秘密范围的规定定密。

税务总局具有税务工作国家秘密绝密级、机密级、秘密级定密权，省税务局、税务总局驻各地特派办具有税务工作国家秘密机密级、秘密级定密权。省税务局不得对市、县税务局进行定密授权。各级税务机关均依法具有派生定密的定密权，无需申请相应的定密授权。

【知识点4】国家秘密载体管理

国家秘密载体，简称涉密载体，是指以文字、数据、符号、图形、图像、声音等方式记载国家秘密信息的纸介质、光介质、电磁介质等各类物品。

收发涉密载体应当履行清点、登记、编号、签收等手续。各种形式传递的涉密载体，必须履行机要登记后方可使用。传递涉密载体应当通过机要交通或机要通信部门。

制作涉密载体应当标明密级和保密期限，注明发放范围、制作数量、编排顺序号。制作涉密载体应在税务机关保密室或国家保密行政管理部门审查批准的定点单位进行，制作场所必须符合保密要求。

收到涉密载体后，应按照制发单位的要求，确定知悉人员范围。任何部门和个人不得擅自扩大国家秘密的知悉范围。

涉密载体原则上不允许复制。确因工作需要复制，应履行审批手续，经主要领导批准。涉密载体复制后，机要室应对复制份数、复制件密级标识等进行核对，并逐份登记，加盖复制单位戳记，标明复制部门、编号和时间。涉密载体复制件要视同原件管理。

涉密载体应当存放在密码文件柜中，由专人管理。禁止携带涉密载体参加涉外活动或出境。

工作人员调离工作单位，或因退休、辞职等原因离开工作岗位，应对个人所保存的涉密载体进行登记，并定期清查、核对。涉密载体的归档按照国家有关档案管理规定执行。

涉密载体销毁要履行清点、登记、监销、批准手续，经主管领导审核批准后，送交专门的涉密载体销毁机构销毁。

【知识点5】信息设备和信息系统的保密管理

1. 信息设备保密管理

信息设备，是指计算机及存储介质、打印机、传真机、复印机、扫描仪、照相机、摄像机等具有信息存储和处理功能的设备。

信息设备必须统一采购、登记、标识、配备，明确涉密信息设备的管理责任人。采购用于存储、处理国家秘密的信息设备，优先选用国产设备，确需进口设备的应当进行详细调查和论证，不得选用国家保密行政管理部门规定禁用的设备部件。

涉密信息设备应在醒目位置标明密级、编号、责任人。涉密信息设备的使用和保管场所应当安全可靠。涉密计算机应当采取符合国家保密标准要求的身份鉴别、访问授权、违规外联监控、移动存储介质使用管控等安全保密措施。变更涉密信息设备的使用部门、密级、责任人应当经过保密委员会办公室批准。涉密信息设备的使用人员、管理人员离职离岗时，税务机关应当收回其涉密信息设备，取消有关涉密信息设备的访问授权。涉密信息设备维修应当在本机关内部进行，指定专人全程监督，严禁维修人员读取或复制涉密信息。确需送外维修的，应提出申请，经批准后，须拆除涉密信息存储部件，到保密行政管理部门确定的定点维修单位进行维修。涉密信息设备淘汰处理时按照涉密载体销毁程序办理。

税务机关人员在使用信息设备时不得有下列行为：

（1）将涉密信息设备接入互联网及其他公共信息网络。

（2）使用非涉密信息设备存储、处理国家秘密。

（3）在涉密计算机与非涉密计算机之间交叉使用存储介质。

（4）使用低密级信息设备存储、处理高密级信息。

（5）在未采取技术防护措施的情况下将互联网及其他公共信息网络上的数据复制到涉密信息设备。

（6）在涉密计算机与非涉密计算机之间共用打印机、扫描仪等信息设备。

（7）在涉密场所连接互联网的计算机上配备或安装麦克风或摄像头等音频视频输入设备。

（8）使用具有无线互联功能或配备无线键盘、无线鼠标等无线装置的信息设备处理国家秘密。

（9）擅自卸载涉密计算机上的安全保密防护软件或设备。

（10）将涉密信息设备通过普通邮政或其他无保密措施的渠道邮寄、托运。

2. 信息系统保密管理

信息系统，是指由计算机及其配套设备、设施构成，按照一定应用目标和规则存储、处理、传输信息的系统或者网络。

涉密信息系统应按照存储、处理和传输信息的相应密级进行管理和防护。

集中存储、处理和传输工作秘密的信息系统参照涉密信息系统管理。涉密信息系统的规划、设计、建设、维护等应当按照国家保密规定和标准要求进行，选择具有涉密信息系统集成资质的单位承担，并与资质单位签订保密协议。涉密信息系统的保密设施、设备应当与系统同步规划、同步建设、同步运行。

涉密信息系统应当指定专门人员管理和维护，严格设定用户权限，按照最高密级防护和最小授权管理的原则，控制涉密信息知悉范围。严格规范文件打印、存储介质使用等行为，严格控制涉密信息系统的信息输出。将互联网及其他公共信息网络上的数据复制到涉密信息系统，要严格采取病毒查杀、单向导入等技术防护措施。涉密信息系统的密级、主要业务应用、使用范围和使用环境等发生变更或者系统不再使用时，应按管理权限及时向上级税务机关或当地保密行政管理部门报告。

税务机关人员在使用信息系统时不得有下列行为：

（1）将涉密信息系统接入互联网及其他公共信息网络。

（2）在非涉密信息系统中存储、处理和传输国家秘密信息。

（3）在未经审批的涉密信息系统中存储、处理和传输国家秘密信息。

（4）在低密级涉密信息系统中存储、处理和传输高密级信息。

（5）擅自改变涉密信息系统的安全保密防护措施。

【知识点6】涉密会议活动的保密管理

举办涉密会议活动主办部门应当事先确定密级、参加人员范围以及活动涉及的涉密文件资料等，所涉及的涉密文件资料、密品等要经过保密审查。举办机密级以上涉密会议活动，主办部门应制定保密工作方案，指定专人负责保密工作。保密方案内容包括各环节保密责任、参加人员范围、保密管理制度、对外宣传报道保密要求和现场保密防护措施。涉密会议活动要选择符合保密要求的场所举办，不得使用无线话筒、移动电话、对讲机等无线设备或装置，不得使用不具备保密条件的电视电话会议系统。

涉密会议活动所用的涉密文件资料、密品等，须由专人统一保管、编号、登记、签字发放、清点回收。对参加活动单位发放涉密文件资料应通过机要渠道递送。涉密会议活动禁止录音录像。

【知识点7】对外交流合作的保密管理

公开发布信息和对外宣传提供资料，遵循“谁公开、谁审查”的原则，严格执行政府信息公开条例和有关保密规定，对拟在非涉密信息系统发布的信息进行保密审查，严格履行信息公开审查审批手续。税务机关对外提供资料不能确定是否涉及国家秘密时，应当报上级税务机关或同级保密行政管理部门确定。对外交往与合作中需要提供国家秘密事项，应当报经相关主管部门批准，并与对方签订保密协议。强化涉外保密管理，各级税务工作人员不得擅自对外提供国家秘密，做好因公出国审批和涉密人员出国出境管理，加强对外交流的保密审查和过程监管。

【知识点8】泄密事件管理

泄密事件，是指违反保密法律法规，使国家秘密被不应知悉者知悉，或者超出了限定的接触范围，而不能证明未被不应知悉者知悉的事件。

对属于国家秘密的密品、密件，自发现下落不明之日起，绝密级 10 日内，机密、秘密级 60 日内查无下落的，按泄密事件处理。

税务工作人员发现国家秘密已经泄露或者可能泄露时，应当立即采取补救措施，并及时报告上级税务机关和同级保密行政管理部门，填写泄露国家秘密事件报告表。泄密事件报告的主要内容：被泄露国家秘密事项的内容、密级、数量及其载体形式；泄密事件的发现经过；泄密责任人的基本情况；泄密事件造成或可能造成的危害；已进行或拟采取的补救措施及查处情况。

税务机关发生泄密事件，应当在发现后 24 小时内书面上报上级税务机关和同级保密行政管理部门。泄密事件后 3 个月内结案，并书面向上级税务机关和同级保密行政管理部门报告泄密事件查处结果，填写泄露国家秘密事件查处结案报告表。

税务机关工作人员违反规定，发生泄密案件的，按照干部管理权限，依据严重程度分别对直接负责的主管人员和其他直接责任人员给予党纪政纪处理。行为情节严重、构成犯罪的，由司法机关依法追究刑事责任。

>> 第八节 信访工作

一 信访工作概述

【知识点1】信访的含义

信访，是指公民、法人或者其他组织采用书信、电子邮件、传真、电话、走访等形式，向各级人民政府、县级以上人民政府工作部门反映情况，提出建议、意见或者投诉请求，依法由有关行政机关处理的活动。

【知识点2】信访工作体制机制

1. 信访工作的领导体制

各级税务机关的主要领导是信访工作的第一责任人，对本辖区的信访工作负总责。

分管信访工作的领导负责组织协调，做好各项具体工作的落实；其他领导成员按照分工对落实分管方面的信访工作负直接责任，构成协同配合、逐级落实的信访工作领导责任体系。

2. 联席会议制度

各级税务机关建立信访、舆情、应急管理工作联席会议（以下简称联席会议）制度。联席会议领导、组织、协调本机关的信访工作，指导、推动下级税务机关的信访工作。

联席会议召集人总局机关由分管领导负责，省以下税务机关由主要领导负责。成员部门按照职责分工，加强协调配合，共同做好信访工作。联席会议办公室设在本机关的办公室，负责日常工作和会议组织。

3. 信访职能部门及其职责

（1）信访职能部门。各级税务机关的办公室是组织管理信访工作的职能部门，负责组织协调、督促检查，推动本机关有关工作部门和下级税务机关对信访工作的责任落实。办公室应当确定信访工作专、兼职机构（以下简称信访工作机构）和人员，具体负责信访工作。

（2）信访部门职责。办公室作为信访职能部门的主要职责是：综合管理和协调群众给本机关和机关领导来信、到本机关来访的处理，负责来信来访的初步办理和接待。转送、交办、督查信访事项。统计、分析来信来访情况，供领导科学决策参考。承办其他信访工作。

（3）其他工作部门的信访工作责任。各级税务机关的有关工作部门是本部门职责范围内相应信访工作的责任主体，负责具体处理相应信访问题，处理结束后应当定期向本机关信访工作机构通报转送信访事项的办理情况。政策法规部门负责确认信访事项是否依法应当通过行政诉讼、行政复议等法定途径解决，审核信访事项处理过程中适用税收法律、法规、规章和税收规范性文件的正确性。各税种管理部门负责处理反映税收政策和相应税种征收管理的业务问题。纳税服务部门负责处理反映纳税服务的问题。征管和科技发展部门负责处理反映税收征收管理和税收管理信息化的业务问题。财务管理部门负责处理反映财务管理的问题。稽查部门负责处理反映税收违法行为的问题。督察内审部门负责处理反映税务机关不依法行政或执法有偏差的问题。人事部门负责处理反映离退休人员、军队复员转业人员、助征员、招录公务员和选拔任用干部等人事方面的问题及工资福利待遇方面的问题。思想政治工作部门负责处理反映思想政治工作方面的问题。监察部门负责处理反映税务干部违法违纪的问题。采购中心负责处理反映政府采购的问题。保卫部门负责维护信访秩序。机关服务中心负责相应的后勤保障。

【知识点3】信访工作责任制

党政机关领导班子主要负责人对本地区、本部门、本系统的信访工作负总责，其他成员根据工作分工，对职权范围内的信访工作负主要领导责任。

各级党政机关工作部门对属于本部门职权范围内的信访事项，应当依照有关法律法规规定和程序，及时妥善处理。垂直管理部门负责本系统的信访工作，应当督促下级部门和单位依法、及时、就地解决信访问题。

各级党政机关及其领导干部、工作人员不履行或者未能正确履行信访工作责任，应当追究责任。对涉及的集体责任，领导班子主要负责人和直接主管的负责人承担主要领导责任，参与决策和工作的班子其他成员承担重要领导责任，对错误决策或者行为提出明确反对意见而没有被采纳的，不承担领导责任；涉及的个人责任，具体负责的工作人员承担直接责任，领导班子主要负责人和直接主管的负责人承担领导责任。

根据情节轻重，对各级党政机关领导干部、工作人员的责任追究采取通报、诫勉、组织调整或者组织处理、纪律处分的方式进行。上述追责方式，可以单独使用，也可以合并使用。涉嫌违法犯罪的，按照国家有关法律规定处理。

二 信访事项处理程序

【知识点 1】信访渠道和信访秩序的畅通与维护

各级税务机关应当充分尊重和保护人民群众的信访权利，不断畅通信访渠道，完善信访诉求表达方式，引导群众更多地以书信、传真、电子邮件等书面形式表达诉求，确保民情、民意、民智顺畅上达；引导群众以理性合法形式表达利益诉求、解决利益矛盾，依法规范信访行为、维护信访秩序。

1. 各级税务机关应当设立统一规范的群众来访接待场所，为群众反映问题提供方便，并落实下列措施：

（1）严格执行机关出入管理制度，接待来访人员必须在指定的地点或场所进行，以保证正常办公秩序。

（2）各省级税务机关应在接待场所安装录音、录像监控设备，对接谈过程录音、录像。

（3）妥善保管录音、录像资料，按照规定及时存档。

（4）根据实际情况，装备必要的安全防护设备。

2. 群众来访涉及的事项专业性、政策性较强或影响较大的，由有关工作部门与信访工作机构共同接谈处理。

3. 税务机关应当建立领导接待群众来访工作台账，详细记录接访情况。信访工作机构应当提前向接访领导提供信访人基本情况、信访诉求、主办部门的拟处理意见及法律政策依据等。信访事项主办部门负责人应当陪同领导接访。主办部门应当在领导接访过程中做好文字记录，注重相关证据的收集、保存。

4. 税务机关应当及时、准确、全面、有效地向上级税务机关和地方党委、政府报送信访信息。对可能引发大规模集体上访和群体性事件的苗头性、倾向性问题，必须按规定及时报告并提前做好工作，不得迟报、漏报和瞒报。发生重大群体上访事件和突发事件、网络串联上访、缠访闹访等，有关税务机关应当立即向上级税务机关和地方党委、政府报告有关情况，并及时协调当地有关部门，落实稳控措施，劝返上访人员，化解矛盾隐患。

【知识点2】信访事项的受理

信访工作机构收到信访事项，应当进行登记，并区分情况，在15日内加以处理。

【知识点3】信访事项的办理

信访事项实行“谁首办、谁负责”的首办责任制。信访事项受理后，办理机关和主办部门为首办责任主体，应当明确责任、限时办理，确保办理质量，将来信来访解决在首次办理环节。

办理机关和主办部门应当认真分析研究，通过初信初访反映的信息，对具有倾向性和普遍性的问题，及时向领导报告并提出解决建议，防止问题扩大化，防止引发重复访、越级访。

对同一信访事项的重复信访，由首次办理的机关和部门负责处理。

1. 信访事项应当自受理之日起60日内办结；情况复杂的，经机关领导批准可以适当延长办理期限，但延长期限不得超过30日，并告知信访人延期理由。法律、行政法规另有规定的，从其规定。

主办部门对信访事项调查核实后，起草书面答复意见，经政策法规部门审核，分管本部门的领导审批，由信访工作机构报机关主要领导签字，加盖信访专用章后，在规定期限内答复信访人。重大信访事项的处理意见，应当经本机关联席会议议定。

2. 信访人对税务机关作出的信访事项处理意见不服，在规定期限内请求原办理机关的上一级税务机关复查的，原办理机关的信访工作机构应当将信访事项以及做出处理意见的证据材料，报送复查机关的信访工作机构。复查机关的信访工作机构对复查请求和相关材料进行登记后，转送有权处理的工作部门复查。

复查部门调查核实后，起草书面复查意见，经政策法规部门审核，分管本部门的领导审批，由信访工作机构报机关主要领导签字，加盖信访专用章后，在收到复查请求之日起 30 日内答复信访人。重大信访事项的复查意见，应当经本机关联席会议议定。信访事项的复查意见在答复信访人的同时，应当抄送原办理机关。

3. 信访人对复查意见不服，在规定期限内向复查机关的上一级税务机关请求复核的，复查机关的信访工作机构应当将信访事项以及做出处理、复查意见的证据材料报送复核机关的信访工作机构。复核机关的信访工作机构对复核请求和相关材料进行登记后，转送有权处理的工作部门复核。

复核部门调查核实后，起草书面复核意见，经政策法规部门审核，分管本部门的领导审批，由信访工作机构报机关主要领导签字，加盖信访专用章后，在收到复核请求之日起 30 日内答复信访人。重大信访事项的复核意见，应当经本机关联席会议讨论议定。

信访事项的复核意见在答复信访人的同时，应当抄送原办理机关和复查机关。

4. 省税务机关进行处理、复查、复核的，应当在答复信访人的同时，将处理、复查、复核情况报国家税务总局备案。

5. 税务机关对于新闻媒体和网络关注的涉税信访情况，应当及时向上级税务机关和地方党委、政府报告有关情况，积极与有关管理部门和媒体进行沟通协调；应当坚持信息公开透明的原则，密切关注、妥善应对、正确引导社会舆论，由信访事项主办部门牵头起草情况说明，经本机关联席会议讨论同意，由办公室组织向社会发布，确保正面权威信息的主导权。任何单位和个人未经批准不得擅自向媒体发布消息。

【知识点 4】信访事项的督促检查

信访事项督促检查的内容包括：上级关于信访工作重要部署和阶段性重点工作要求的落实情况、信访制度建设和执行情况、联席会议议定事项的落实情况、上级交办和领导批示需报送处理结果的信访事项办理情况等。信访督促检查坚持谁交办、谁督办和分级管理、分工协作的原则。各级税务机关的信访工作机构负责信访督促检查工作。督办可以采取督查调研、跟踪检查、实地督查、召开联席会议等多种形式进行。对涉及多个部门或重大疑难的信访事项，负责督办的部门应当会同主办部门实行联合督办。各级税务机关应当建立科学的信访工作考核评价办法，将信访工作情况纳入绩效管理内容，促进信访工作得到全面、有效落实。

>> 第九节 督查督办

一 督查督办概述

【知识点 1】督查督办的概念

督查督办是确保政令畅通，上级和本级机关作出的重大决策、工作部署以及各项工作顺利实现的重要措施。督查督办是政府机关工作的重要组成部分，是政府部门全面履行职责的重要环节，是落实党和政府重大决策部署的重要保障。

【知识点 2】督查督办的管理机构

各级税务机关办公室（厅）是督查督办的管理机构，主管本机关的督查督办并负责指导下级机关督查督办工作的开展。各级税务机关办公室（厅）应当建立和完善督查督办各项制度，如分级负责制、岗位责任制、督查时限制、督查报告制、情况通报制、责任追究制、督查报告制、安全保密制等。督查督办应按照分级负责的原则，一级督查一级，一级对一级负责。

【知识点 3】税务机关督查督办工作的主要内容

税务机关的督查督办工作主要有以下几个方面内容：

1. 党中央、国务院，上级党委、政府和上级税务机关作出的重大决策和工作部署以及上级文件和上级会议决定中需要报告贯彻落实情况的事项；上级领导重要批示的贯彻落实情况。

2. 本级税务机关年度工作会议、党委会议、局务会议、局长办公会议、重要专题会议作出的重要工作部署、决定和议定事项的贯彻落实情况；本级领导重要批示和交办事项的落实情况；年度重要工作目标和阶段性重要工作的贯彻落实情况；局领导调研时基层税务机关反映问题的办理情况。

3. 各级人大代表议案、建议和政协委员提案的办理情况；重要信访案件和群众反映的“热点”“难点”问题的办理情况；社会新闻媒体以及税务系统内部媒体反映税收有关问题的办理情况；有关部门来电、来函征求意见、会签文件的办理情况；下级税务机关请示答复的办理情况。

4. 其他需要列入督办事项的办理情况。

二 督查督办工作的基本流程

【知识点1】督查督办的程序

凡列为督查督办的事项，一般应按督查立项、分办、承办、督促、反馈、审核、归档的程序进行工作。

【知识点2】督查督办的开始环节

开始环节主要包括立项和分办。

1. 立项，是指督查部门根据督查工作范围，对明确需要督办的事项，按照立项要求和各单位的工作职责填写“督办通知单”或拟定文件报办公厅（室）领导审定立项。对其他需要督办的事项，需填写“督办立项审批单”，由办公厅（室）领导提出建议报局领导审定立项。

2. 分办，是指经审定立项的事项，督查部门应及时将“督办通知单”或文件转交有关承办单位办理。需要多部门共同完成的督办事项，应明确主办单位，由主办单位向相关单位提出协办要求。

【知识点3】督查督办的中间环节

中间环节主要包括承办和督促。

1. 承办，是指承办单位收到督办任务后，应按督办要求尽快落实。承办单位如认为督办事项不属于本单位或本部门职责范围，应立即与督查部门进行沟通，不得自行将督办事项转送其他单位或部门办理。如果督办事项涉及多个单位的，由主办单位综合协办单位意见后统一办理。

2. 督促，是指督办事项下达后，督查人员应采取电话催办、网络提醒、实地查看等多种形式进行督查。做到重要事项，重点督办；紧急事项，跟踪督办；一般事项，定期督办。

【知识点4】督查督办的事后环节

事后环节主要包括反馈、审核和归档。

1. 反馈。督查事项应在规定时间内办结并反馈。通过“督办通知单”立项的，应及时在相关栏目上填写“办理情况”；通过文件等立项的，应将经单位负责人审定后的办理结果及时书面反馈督查部门。督办事项以按文件和领导批示指示要求全部完成为办结标准。

2. 审核、归档。督查部门对承办单位反馈的办理结果要认真进行审核，对不符合要求的，应退回承办单位补办或重新办理。对经审理符合办理要求的督办事项予以核销，并按照档案管理规定，将有关资料收集齐全，整理归档。

三 督查督办工作的常用方法

【知识点1】实地督查

1. 前期准备工作。税务机关开展实地督查督办，尤其是系统督查，要做好相应准备工作，主要包括：①拟定方案。会同相关部门制定督查方案，一般包括督查事项、依据、标准、方式、对象和时间安排等。②组建督查组。会商相关部门和税务机关，抽调人员组成若干督查组，并确定督查组组长、联络员。要充分发挥督查专员库、税务领军人才、专业人才库、业务能手等人员作用。③开展培训。编印督查工作手册，分发全体督查人员；组织开展业务培训，讲解业务政策、督查重点、方式方法、注意事项等。④下发督查通知。一般提前3个工作日向被督查单位下发督查通知，告知督查事项、工作安排、督查组成员及有关要求。⑤发布督查公告。按照督查工作要求，被督查单位应在办公楼、内外网站、办税服务厅等显著位置发布督查组公告，一般包括：督查事项、对象、时间和联系方式等。

2. 主要工作方式。实地督查督办中，一般由 2 位以上督查组成员参加。督查人员要认真做好记录，填写督查工作底稿，主要工作方式有：听取被督查单位关于督查事项的工作汇报；召开税务干部和纳税人座谈会，围绕督查事项听取意见建议；查阅相关文件、会议纪要、税收执法卷宗和文书等资料；查询税收信息系统有关数据、文档；选择部分市、县税务机关，深入了解基层工作落实情况；走访纳税人，征求意见建议；对纳税人通过电话、邮件等途径反映的相关问题进行调查、核实；督查工作中发现被督查单位存在问题的，必要时可以约谈相关人员，进一步了解情况。

3. 反馈意见。督查组与被督查单位交换意见，对总体情况作出评价，指出存在问题，提出对策建议，推动有关问题的解决。

4. 总结汇报。各督查组组长负责组织起草，形成内容翔实、观点鲜明、建议明确的督查分报告，督查督办部门根据各督查组报告汇总形成总报告。

5. 督促整改。针对督查发现的问题，督查督办部门向被督查单位分别制发整改通知，明确需要整改的问题、时限及有关要求。对于普遍出现的共性问题，通知各级税务机关进行自查整改。被督查单位按照整改通知要求，制定整改方案，建立整改台账，坚持对账销号，做到认真整改到位，并将整改报告以正式公文报督查督办部门。督查督办部门要审核汇总被督查单位的整改方案、整改报告，跟踪整改情况，督促整改到位，将整改结果及时汇总报局领导。

【知识点 2】案头督查

对部分事项，可以采取文件、电话等方式开展案头督查。主要程序有四个环节。一是立项通知，经领导批准下发督查通知，布置督查任务。二是跟踪催办，对需要落实和整改的事项，进行跟踪催办，督促被督查单位落实整改到位。三是情况反馈。被督查单位按要求认真整改到位，并将整改报告以正式公文报督查部门。四是总结报告。对整改落实情况进行审核分析，报局领导审示。

【知识点3】暗访督查

根据工作需要，采取暗访的形式开展督查。对税务机关的暗访，可以通过拍照、录音、录像等留存记录，填写督查工作底稿；必要时暗访人员可以公开身份，进一步核实有关问题。

【知识点4】交叉督查

上级税务机关可以适时组织下级税务机关开展交叉督查。承担督查任务的税务机关按照上级税务机关确定的督查方案，组建督查组对被督查单位实施督查，并提交督查报告。

【知识点5】“二次督查”

为确保督查发现的问题整改落实到位，可对部分单位组织开展“二次督查”。主要内容有：整改通知中指出问题的整改落实情况；整改落实长效机制建设情况；尚未整改落实的问题及原因；需要了解的其他情况。

开展系统督查过程中，可以邀请第三方机构，对有关政策措施落实情况开展评估，或通过互联网络对落实效果进行评价。可以邀请税务新闻媒体或其他社会新闻媒体，报道督查工作开展情况，对落实情况好的单位进行宣传，对落实不力的典型情况予以曝光。

督查工作结束后，督查组应及时将被督查单位的汇报材料、电话记录、电子邮件、座谈会记录、工作底稿等资料整理后报督查督办部门按档案管理规定进行整理归档。

四 督查督办工作的保障

【知识点1】督查督办的工作时限

1. 督办事项必须有明确的时限要求，承办单位必须按时限要求办结。对需由多个单位共同完成的督办事项，总的时限要求由督办部门确定，协办时限要求由主办单位确定。

2. 文件、会议和领导批示等提出明确时限要求的，按要求确定办理时限；

没有提出时限要求的，按以下标准确定办理时限：

（1）党中央、国务院文件需要落实的事项，由督办部门商承办单位合理确定办理时限，并报督办部门领导审定。

（2）中央国家机关各部门会签文件，只需作文字修改的，会签须在 2 个工作日内完成；有重大修改意见需要协调的，会签须在 3 个工作日内完成。

（3）中央国家机关各部门征求意见的文件，一般应在 7 个工作日内回复，其中特急件应在 3 个工作日内回复，急件应在 5 个工作日内回复。

（4）党中央、国务院领导同志批示交办的事项，税务总局党委会议、局务会议、局长办公会议、局领导专题会议议定需要落实的事项，中央企业事业单位来文，各地税务机关的请示性文件，税务总局领导调研时基层税务机关反映的问题，重要信访案件和群众反映的热点、难点问题等，须在 30 日内完成。

（5）税务总局领导批示办理时限规定。

①税务总局领导的批示一般应在 15 个工作日内完成。

②根据实际情况，对部分税务总局领导批示办理时限另行作出规定：

• 税务总局领导批示“速办”等要求较急的工作，应在 5 个工作日内完成。

• 税务总局领导批示要求编发税务简报、工作动态等事务性、程序性的工作，以及总局领导批示将择时听取汇报，要求相关司局研究提出意见等工作，应在 7 个工作日内完成。

• 税务总局领导批示要求研究完善税收政策、研究建立健全管理制度、开展税收分析等工作，应在 30 天内完成。

3. 办理时限包括局内会签、征求意见、文件运转和局领导签发时间。局内会签和征求意见时间原则上为 1 ~ 2 个工作日，具体由承办单位提出时限要求。对临近办理时限的，承办单位要安排专人跟踪文件运转，确保文件按时报出。

4. 因特殊情况，承办单位预计无法按时完成督办事项的，应提前按以下程序办理延期：

（1）党中央、国务院文件需要落实的事项，党中央、国务院领导同志批示交办的事项，税务总局党委会议、局务会议、局长办公会议、局领导专题会议议定需要落实的事项，税务总局领导批示交办的事项，各地税务机关的请示性文件，由承办单位填写《延期申请审批单》，报分管局领导批准后反馈给督办部门。

其中，无法按时完成上级机关批示交办事项的，承办单位必须向上级机关说明原因、当前进展和预计完成时间，经上级机关同意后才能申请办理延期。

（2）中央国家机关各部门、中央企业事业单位征求意见、会签的文件；税务总局领导调研时基层税务机关反映的问题；重要信访案件和群众反映的热点、难点问题，由承办单位填写《延期申请审批单》，经承办单位领导核准后报督办部门确认。

其中，无法按时回复中央国家机关各部门来文的，承办单位要向来文单位说明原因、当前进展和预计完成时间，经来文单位同意才能申请办理延期。

5. 没有按时完成督办事项，在督办时限后办理延期申请手续的，按逾期未办结处理。

【知识点 2】督查督办的保障措施

1. 责任追究。各督查督办单位要明确督查人员，及时催办、检查督办事项的办理情况。对违反办文时限规定，特别是无故拖延、推诿而贻误工作，造成严重影响的，要追究有关领导和经办人的责任。督查人员对被督查单位人员或纳税人反映强烈的问题，应核实未核实、应报告未报告的，追究相关责任人的纪律责任。对拒绝督查、不配合督查、拒不提供资料或者提供虚假资料、整改落实不力或者瞒报、虚报整改情况以及报复刁难反映问题人员的，按照有关规定处理。

2. 情况报告。对重要督查督办事项的工作进度和落实情况，督查督办部门应按照要求的内容和时限及时向局领导报告；在执行中遇到重要情况或特殊问题的，督查督办部门应以书面形式及时向局领导报告；下级税务机关应根据工作需要，定期或不定期向上级督查部门报送督查专报。

3. 安全保密。各级税务机关督查部门应符合重点涉密部位的保密要求，采取物理和技术防范措施，确保存储的各类涉密载体安全可靠。督查人员应当严格遵守保密工作纪律，不得向被督查单位泄露与督查工作有关的保密信息；对被督查单位提供的有关信息负保密责任；对反映问题的人员或单位信息保密。

>> 第十节 应急管理

一 应急管理概述

【知识点1】应急管理的概念

应急管理，是指政府及其他公共机构在突发事件的事前预防、事发应对、事中处置和善后恢复过程中，通过建立必要的应对机制，采取一系列必要措施，保障公众生命、健康和财产安全，促进社会和谐稳定、健康发展的有关活动。应急管理是应对突发事件造成或可能造成损害、构成威胁等问题提出的。

【知识点2】加强税务系统应急管理的意义

加强税务系统应急管理工作，是关系服务经济社会发展全局和保护人民群众生命财产安全的大事；是各级税务机关坚持“为国聚财、为民收税”工作宗旨的重要体现；是税务系统加强社会管理、化解社会矛盾、应对事故灾害的形势所需。

二 涉税突发事件及其应对原则

【知识点1】涉税突发事件定义及其分类分级

突发事件，是指突然发生的，造成或可能造成损害、构成威胁，需要采取应急处置措施予以应对的自然灾害、事故灾难、社会安全和公共卫生事件。

上述各类涉税突发事件按照其性质、严重程度、可控性和影响范围等因素分成4级，特别重大的是Ⅰ级，重大的是Ⅱ级，较大的是Ⅲ级，一般的是Ⅳ级。突发事件有时相互交叉和关联，某类突发事件可能和其他类别的事件同时发生，或引发次生、衍生事件，要具体分析，统筹应对。

【知识点2】涉税突发事件应对工作原则

1. 以人为本，减少危害。把保障人员的生命健康作为首要任务，维护国家利益和税务系统财产安全，最大限度减少突发事件造成的危害。

2. 属地为主，分级负责。涉税突发事件应对工作以事发地税务机关和当地政府管理为主，建立健全条块结合、属地为主的应急管理体制，实行行政领导责任制，按照行政管理的层级和突发事件的范围、性质及危害程度，分级进行防控、处置和恢复重建。

3. 依法规范，统一指挥。涉税突发事件应急工作必须按照《中华人民共和国突发事件应对法》等有关法律法规的规定进行，坚持统一领导和指挥。

4. 注重预防，科学处置。坚持预防与应急相结合、常态与非常态相结合，加强税务系统应急基础建设，建立健全预警、响应和处置快速反应机制，运用先进技术及设施，科学指挥，合理调配，高效运转。

三 涉税突发事件的应对和处置

【知识点1】涉税突发事件的预防预警

各级税务机关要建立应对突发事件的预防、预警、处置、信息报告、信息发布、恢复重建等运行机制，提高应急预防、处置和指挥水平。做好全员防灾抗灾教育工作，普及紧急避险、自救互救知识，增强公共安全和防范风险的意识。要针对各类突发事件完善预防机制，开展风险分析和排查，做到早发现、早报告、早处置。对可能发生的突发事件，要及时进行综合评估，预防突发事件的发生。

各级税务机关应积极参与当地政府组织的应急预警工作，加强本部门的情况监测，最大限度地发现突发事件的苗头、征兆。根据预测分析结果，依据可能发生和可以预警的突发事件的级别，将预警等级对应划分为特别重大（Ⅰ级）、重大（Ⅱ级）、较大（Ⅲ级）、一般（Ⅳ级）四个等级，分别用红色、橙色、黄色、蓝色表示。

【知识点2】涉税突发事件的先期处置

涉税突发事件发生后，事发地税务机关应紧密依靠当地政府及有关部门采取措施控制事态发展，保护突发事件现场涉密资料、重要物资的安全，收集并保存相关证据，组织开展应急救援工作，并及时向上级税务机关报告。事发地税务机关应根据事件的发生范围、性质和影响程度，按照职责和规定权限启动有关应急预案，合理调配人力、财力、物力等应急资源。

【知识点3】涉税突发事件的应急响应

税务系统特别重大（Ⅰ级）、重大（Ⅱ级）突发事件发生后，事发地税务机关要立即报告上一级税务机关，最迟不超过1小时。必要时，可直接向税务总局报告，同时补报上一级税务机关。省税务机关最迟在3个小时内报告税务总局（即同时向税务总局应急工作领导小组办公室和相应的专项应急工作组报告），并报告省级政府，不得谎报、瞒报、漏报和迟报。需要上报国务院的突发事件信息，税务总局应在国务院规定时限（4小时）内将突发事件信息按程序上报国务院。

对较大（Ⅲ级）、一般（Ⅳ级）涉税突发事件因本身比较敏感、发生在敏感地区、敏感时间，或可能发展为重大（Ⅱ级）以上的涉税突发事件，事发地税务机关可不受特别重大、重大突发公共事件分级标准的限制，直接向上级机关报告信息。对当地省级人民政府规定的较大（Ⅲ级）以上突发事件，或出现税务工作人员非正常死亡的事件，事发地税务机关应及时逐级报告税务总局。对税务总局要求上报的突发事件，应在接到通知后立即上报。

报告形式包括口头报告、书面报告。口头报告内容为突发事件的时间、地点、事由、现状、影响、已采取的措施、联系人及联系方式等。其中，报告时间尽量精确到分钟。口头报告后应及时按要求报送书面报告。值班接报人员必须按规定填写报告记录。书面报告分初次报告、阶段报告和总结报告。其中，初次报告应报告突发事件基本情况，一般包括事件发生的时间、地点、信息来源、事件起因、主要性质、基本过程、已造成的后果、影响范围、事件发展趋势、先期处置情况、拟采取的措施以及下一步工作建议、联系人员和联系方式等。阶段报告应报告突发事件的详细处理情况及事态发展变化趋势、下一阶段的工作措施等，并对初次报告内容作为补充、修正。阶段性报告应根据突发事件事态发展随时报告。总结报告则应对突发事件的起因、过程、处置、后续工作、经验教训等进行总结。事发地税务机关要在突发事件处置结束后10个工作日报送总结报告。

四 处置结束与恢复重建

【知识点】涉税突发事件的后续管理

涉税突发事件已处置完毕或取得预期处置结果后，应终止应急程序。由应急处置机构提出意见，经应急管理办公室审核，报应急工作领导小组批准。应急处置机构整理应急工作资料，清理遗留未结事项，移交相关职能部门处理，特别是要防止发生次生、衍生事件。

受突发事件影响的税务机关要根据伤亡损失情况有序开展救助、补偿、抚慰、抚恤、安置等恢复重建工作。需税务总局予以援助支持的，由事发地省税务机关提出申请，按有关规定报经批准后组织实施。

突发事件应急处置工作实行行政领导负责制和责任追究制。对在突发事件应急管理工作中做出突出贡献的单位和个人，给予表彰和奖励。对迟报、谎报、瞒报、漏报突发事件重要情况或应急管理工作中有其他失职、渎职行为的，对有关责任人追究责任。

>> 第十一节 印信管理

一 印信概述

【知识点】印信的概念和范畴

印信，是指印章、介绍信等代表机关职权的凭证和标志，是代表机关的物化标志之一。使用印信意味着相应的权威、承诺和责任，具有法律效力。

税务部门的印章主要有法定名称章、具有法律效力的个人名章、冠以税务部门法定名称的专用印章、税务部门特殊用章等。法定名称章主要包括：单位的党组（委）印章、行政印章（含钢印）、单位内设机构印章和直属单位印章等。具有法律效力的个人名章主要包括：单位法定代表人的名章、财务部门负责人的名章等。冠以单位法定名称的专用印章主要包括：单位的经济合同专用章、财务专用章、行政复议专用章、涉税审批专用章、干部调配专用章、工资审批专用章等。税务部门特殊用章主要包括：税务发票、税收票证等特殊业务票据上使用的特殊印章。

介绍信是用来介绍联系、接洽事宜的一种应用文体，是税务机关（部门）派人到其他单位（组织）联系工作、洽谈业务、参加活动（会议）、了解情况时使用的函件，主要用于自我说明。使用介绍信，可以使对方了解来人的身份和目的，以便得到对方的信任和支持，介绍信具有介绍、证明双重作用。

二 印信的管理与使用

印信管理是对各种印信的制发、使用、审批的管理。要保证印信使用的严肃性必须建立严格的管理使用制度。

【知识点 1】印信的制发

各级税务机关（部门）必须使用上级机关制发的正式印章。负责制发印章的税务机关（部门）应按照有关规定进行印章刻制审批、备案。税务机关（部门）的内部议事协调机构和临时机构不制发印章，因履行职责需要使用印章时，以机关行政印章代替。

各类印章的启用，应由印章管理部门起草文件，以本单位或者单位办公室（厅）的名义印发启用通知后生效。如果单位撤销、单位名称变动、印章损坏停止使用，应采取公告形式声明作废，并及时送交印章制发机关封存或销毁，制发机关负责登记造册，任何单位和个人不得私自留存、使用废旧印章。需要更换印章，以及印章遗失、被抢、被盗的，应当向制发机关报告，并采取公告形式声明作废后，按照规定重新申请制发。

各级税务机关（部门）的介绍信由办公室（厅）统一印制，介绍信要具备序号、时间、介绍单位、被介绍人、事项、落款、印信、使用期限、存根等内容。

实行民族区域自治地区的税务机关（部门）印信，可以并刊汉字和相应的民族文字。

【知识点2】印信的保管

各级税务机关（部门）的印章和介绍信由办公室（厅）明确专人保管；冠以单位字头的专用印章，由单位行政首长授权的部门明确专人保管；单位的内设机构、直属单位的印章，由各内设机构、直属单位明确专人保管。

印信保管实行保管人和办公室（厅）主任负责制。印信保管人员是印信管理的直接责任人，要求具有高度的政治责任感、严格的保密观念，政治可靠、作风正派、严守制度、不徇私情。印信保管人员上岗前，应接受印信管理制度及相关知识的培训，签订印信管理责任书，明确应承担的安全保管、依规使用、严守秘密等义务。

重要印信要存放在保险柜内，印信管理部门和印信保管人员应采取相应的安全措施，确保印信安全保管。未经印信管理部门负责人批准，不得将印信擅自交给其他人员掌管。

印信保管人员应坚持“用时取印、用毕入柜、入柜落锁”，杜绝印信脱管失控。印信保管有异常现象或遗失，应保护现场，及时汇报，配合查处。印信保管人员因事离岗时，必须由印信管理部门负责人指定人员暂时代管，以免贻误工作；印信保管人员调离或者调整岗位，应办理印信移交手续，并由印信管理部门负责人监督移交。印信使用过程中留存的审批手续，应予以封存，经印信移交人和档案管理人员签字后，移交单位机关综合档案室保管。

【知识点3】印信的使用范围

1. 由税务机关名义签发的文件、文书，包括各类通知、通报、报告、决定、计划、纪要、函件、报表等。

2. 代表税务机关对外工作联系的介绍信。

3. 本单位的各类合同、项目协议、授权书、承诺书及其他需要的签章。

4. 税务机关对外提供的各类涉税证明材料。

【知识点4】印信的使用审批

使用印信必须履行审批手续，坚持“依职审签，依签用印，谁签章谁负责”的原则，由单位领导严格按照职责权限审批。

1. 以单位名义印发文件、文书，签订合同，开具介绍信、证明信等，根据情况分别使用单位党委（组）印章、行政印章、专用印章或者单位办公室（厅）印章，不得使用其他内设机构印章。

2. 使用单位党委（组）印章，须经单位党委（组）书记或者其他主持党委（组）工作的领导批准。

3. 使用单位行政印章，须经单位行政首长或者其他领导在职权范围内批准。

4. 使用单位办公室（厅）印章，须经单位办公室（厅）主任或其授权的副主任批准；由单位领导签发、以办公室（厅）名义制发的公文用印，由签发公文的单位领导批准。

5. 使用冠以单位字头的专用印章，须经单位行政首长或者行政首长授权的其他领导批准。使用单位内设机构或者直属单位印章，须经该内设机构或者直属单位主要负责人或其授权的其他负责人批准。使用单位主要领导的个人名章，须经该领导本人批准。

6. 外单位或者下级机关因工作需要，临时使用本单位印章的，应先由业务主管部门对有关事项的合法性、真实性、准确性予以审核鉴证，然后报单位主要或者分管领导批准后用印。

【知识点5】印信的使用要求

印信管理者和使用者，在处理公务时必须符合政策、规章制度，严格规范流程，杜绝违规用印，同时符合规范化、程序化的要求。

开具介绍信要按规定将内容填列齐全，介绍信存根要保管 5 年。特殊情况需用信笺作介绍信时，用印人需登记留底。

三 涉税事项证明的开具要求

【知识点1】涉税事项证明的概念及开具要求

涉税事项证明是税务机关开具证明纳税人在一定时间内涉税信息的证明文件。税务机关根据纳税人或政府部门申请，经审核无误后，在法律允许的范围内，根据相关格式开具涉税证明。凡要求开具的涉税证明涉及纳税人商业秘密及个人隐私的，必须经过纳税人书面同意；查阅涉税政策、文件或者税务机关内部制度文件的，按照政府信息公开有关规定办理。

【知识点2】涉税证明的开具

纳税人因某种事项，需要所在地税务部门出具涉税情况证明，经纳税人提出申请，税务机关办税大厅窗口受理，经税务机关确认后出具加盖本级税务机关公章的涉税证明。

1. 申请开具涉税证明的纳税人需提交相关材料：盖有纳税人单位公章的《开具涉税证明申请书》；申请单位的税务登记证（副本）；完税凭证的原件及复印件；涉税证明涉及欠税、缓缴税款的，应提供有关的文件、文书；与开具涉税证明有关的其他资料。

2. 对申请开具涉税证明的个人，需提交相关材料：纳税人本人亲笔签名的申请书；申请人的居民身份证或其他能够证明其身份的有效证件；完税凭证的原件及复印件；与开具涉税证明有关的其他资料。办税大厅窗口对提交材料进行审核、受理。经相关部门审核、确认后，加盖本级税务局公章，经窗口登记台账后出件。

四 印信管理风险

【知识点】印信管理主要风险点

1. 严禁把印信带离办公场所。如因特殊原因需异地使用印信，须经单位领导批准，印信管理人员应与有关人员两人以上在用印现场监印，严格按规定使用，妥善保管，确保安全。

2. 严禁在空白的纸张、介绍信、表格、信函、证件、合同、协议、奖状、荣誉证书等上面使用印章，严禁在没有任何文字、图表等内容的空白区域使用印章。如遇特殊情况，必须提出书面申请，经单位主要领导签字同意后，方可用印。

3. 在单位组织机构代码证书复印件等用以授权的证明材料上用印时，应在压印处注明具体用途。

4. 印信管理人员要严格遵守保密规定，不得泄露用印文件、函、电或者其他文书中的内容和涉密事项。

5. 在外单位、下级单位以及个人申请用印时，应注意严格履行用印审批手续，对一些涉及个人信息的表格文书要经主管部门认真核实，并且在用印处注明材料用途。必须将可填写其他内容、尚空白的表格划掉，防止私自涂改、添加。

对违反印信管理有关规定的，要追究本人及有关人员的责任；对造成严重影响和危害的，要严肃处理。

>> 第十二节 档案管理

一 档案的概述

【知识点 1】档案的特征

档案，是指国家、组织或个人在以往的社会实践活动中直接形成的具有保存价值的，各种门类和载体的历史记录。档案工作是党和国家工作中不可缺少的基础性工作，是促进各项事业科学发展的重要依据。

档案具有历史再现性、知识性、信息性、政治性、文化性、教育性等属性，其中历史再现性为其本质属性。“直接形成”说明档案的原始性，“历史记录”说明档案的记录性，档案是记录历史真实面貌的原始文献，具有历史再现性。正因为档案具有原始性和记录性，档案才具有凭证价值。

【知识点2】档案的形式

档案的形式多种多样，可以从载体、制作手段、表现方式等方面进行分类。从载体分类，有甲骨、金石、缣帛、简册、纸质、光介质、电磁介质等；从制作手段分类，有刀刻、笔写、印刷、复制、摄影、录音、摄像等；从表现方式分类，有文字、图表、声像等。

【知识点3】税务档案的范畴

税务档案，是指各级税务机关在工作中直接形成的，有保存价值的，各种文字、图表、音像等不同形式的历史记录，包括税收征管、纳税服务、税务执法和行政管理等各方面各环节工作的文书档案、声像档案、实物档案等。税务档案作为全国税务系统各方面工作的真实记录，全面、完整、准确地反映了税收事业改革发展和现代化进程，是促进税收事业科学发展、维护国家及人民群众税收利益的重要依据。

【知识点4】税务系统档案管理原则

税务系统档案管理坚持“双重管理”原则，即垂直管理和属地管理相结合。全国税务机关的档案管理工作，由国家档案局在宏观上统筹规划、组织协调、统一制度、监督指导，由税务总局制定规划、建立制度，实施检查、监督和指导。各级税务机关办公室（厅）主管本级机关档案工作，在业务上接受上级税务机关和地方同级档案行政管理机关的监督与指导。

各级税务机关应当在办公室（厅）内建立档案室，配备必要的专兼职档案管理人员，档案管理人员要尽量保持稳定。

二 档案的管理

【知识点1】文件材料的归档

各级税务机关应建立健全文件材料的归档制度。凡机关工作活动中形成的具有保存价值的各种门类和载体的文件材料，均由文书部门或业务部门进行整理、立卷，并按照有关规定定期向本单位档案管理部门移交，任何部门和个人不得据为己有或者拒绝归档。机关领导人和承办人员办理完毕的文件材料应及时交有关部门整理、立卷。

各级税务机关档案主管部门应根据全国税务机关文件材料归档范围和文书档案保管期限的相关规定要求，结合本机关职能和工作实际，编制本机关的文件材料归档范围和文书档案保管期限表。各级税务机关形成的人事、基建、会计及其他专门文件材料的归档范围和档案保管期限，按国家有关规定执行。

1. 需要归档的文件材料范围

（1）反映本机关主要职能活动和基本历史面貌的，对本机关工作、国家建设和历史研究具有利用价值的文件材料。

（2）机关工作活动中形成的在维护国家、集体和公民权益等方面具有凭证价值的文件材料。

（3）本机关需要贯彻执行的上级机关、同级机关的文件材料，下级机关报送的重要文件材料。

（4）其他对本机关工作具有查考价值的文件材料。

2. 不需要归档的文件材料范围

（1）上级机关文件材料中，普发性不需要本机关办理的文件材料，任免、奖惩非本机关工作人员的文件材料，供工作参考的抄件等。

（2）本机关文件材料中的重份文件，无查考利用价值的事务性、临时性文件，一般性文件的历次修改稿，文件各次校对稿，无特殊保存价值的信封，不需办理的一般性人民来信、电话记录，机关内部互相抄送的文件材料，本机关负责人兼任外单位职务形成的与本机关无关的文件材料，有关工作参考的文件材料。

（3）同级机关文件材料中，不需要贯彻执行的文件材料，不需要办理的抄送文件材料。

（4）下级机关文件材料中，供参阅的简报、情况反映，抄送或越级抄送的文件材料。

【知识点 2】归档文件的整理

各级税务机关应把工作活动中形成的，具有使用和保存价值的文件材料，包括纸质和电子文件材料，在办理完毕后，由各责任部门整理后，按规定移交至档案管理部门。

归档文件以应件为单位进行组件、分类、排列、编号、编目等（纸质归档文件还包括修整、装订、编页、装盒、排架；电子文件还包括格式转换、元数据收集、归档数据包组织、存储等）。

【知识点3】文书档案的保管期限

税务机关文书档案的保管期限定为永久、定期两种。定期分为30年、10年两类。具体年限自按规定应归档的年份开始计算。

1. 永久保管的文书档案

（1）税务机关制定的法规政策性文件材料，如税务总局制定的规章等规范性法律文件以及政策性文件。

（2）本机关召开重要会议、举办重大活动等形成的主要文件材料，如本机关党委会议和局长办公会议、局务会议、局领导专题会议的纪要、记录。

（3）本机关职能活动中形成的重要业务文件材料，如本机关布置税收业务工作的文件，本机关年度工作计划、规划和总结材料。

（4）本机关关于重要问题的请示与上级机关的批复、批示，重要的报告、总结、综合统计报表等。

（5）本机关机构演变、人事任免等文件材料。

（6）上级机关制发的属于本机关主管业务的重要文件材料。

（7）同级机关、下级机关关于重要业务问题的来函、请示与本机关的复函、批复等文件材料。

2. 定期保管的文书档案

（1）本机关职能活动中形成的一般性业务文件材料。

（2）本机关召开会议、举办活动等形成的一般性文件材料，如会议讨论文件、典型材料、代表发言、会议简报、小组会议记录、参考材料。

（3）本机关人事管理工作形成的一般性文件材料。

（4）本机关一般性事务管理文件材料，如税收业务工作日常事务性工作开展情况的通报。

（5）本机关关于一般性问题的请示与上级机关的批复、批示，一般性工作报告、总结、统计报表等。

（6）上级机关制发的属于本机关主管业务的一般性文件材料。

（7）上级机关和同级机关制发的非本机关主管业务但要贯彻执行的文件材料。

（8）同级机关、下级机关关于一般性业务问题的来函、请示与本机关的复函、批复等文件材料。

（9）下级机关报送的年度或年度以上计划、总结、统计、重要专题报告等文件材料。

【知识点4】档案的鉴定、销毁

各级税务机关的档案管理部门会同有关业务单位，根据档案保管期限表，定期对档案进行鉴定，核定保管期限，剔出无保存价值的档案。

销毁确无保存价值的档案时，应当写出销毁档案报告，说明销毁理由、原保管期限、数量和简要内容，连同编写的销毁清册一起送有关业务单位领导和办公室（厅）负责人审核，报机关领导批准后方可销毁，并在原案卷目录上注销。在销毁档案时，应当与机关保卫部门取得联系，指定两人以上监销，并由监销人员在销毁清册上签字。

【知识点5】档案管理的注意事项

各级税务机关要建立健全档案资源体系、档案利用体系和档案安全体系，把档案工作纳入本单位发展规划和年度工作计划，列入工作考核检查的内容；分管领导要定期听取档案主管部门工作汇报，定期督促检查，及时研究并协调解决档案工作中的重大问题，为档案工作顺利开展提供人力、财力、物力等方面保障，支持档案主管部门依法监督指导本系统、机关和所属单位的档案工作，推动档案工作发展同税收事业发展相协调。

三 档案的利用与开发

【知识点1】档案利用

档案的利用，是指对档案的阅览、复制和摘录。

税务机关工作人员因工作需要可以借阅库存档案。借（查）阅本部门业务范围有关非涉密档案，经档案管理人员同意即可。借阅非本人主管业务的机密文件，必须经办公室（厅）负责人批准。档案一般不对外提供，如有特殊情况，借阅者须由相关部门工作人员陪同或介绍并持有关单位正式介绍信。

借阅档案，原则上只限于在机关档案室内阅读。借阅者应爱护和妥善保管档案，不得涂损档案，不得转借他人，阅完及时归还。

各级税务机关档案主管部门要大力开展传统载体档案数字化工作，实现对电子文件形成、积累和归档的全程监督指导，及时以数字化档案代替原件提供利用，通过网络传送，实现档案信息的远程利用、便捷利用、多人异地同时利用。

【知识点 2】档案开发

档案开发，是指对档案信息的分析研究、综合加工，提供档案信息产品，挖掘档案的内在价值。各级税务机关档案主管部门要增强大局意识、服务意识和创新意识，主动跟进税收改革重大事项、税收工作重要部署，配合重大纪念活动，加强对档案信息的深度开发，通过开展网上利用、主动宣传推介、编辑出版档案选编、举办档案展览等形式，最大限度地发挥档案存凭、留史、咨政、育人等效用，更好为各级税务机关决策、管理提供参考。

【知识点 3】档案工作的法律责任

根据《中华人民共和国档案法》规定，有下列行为之一的，由县级以上人民政府档案行政管理部门、有关主管部门对直接负责的主管人员或者其他直接责任人员依法给予行政处分；构成犯罪的，依法追究刑事责任：

1. 损毁、丢失属于国家所有的档案的。
2. 擅自提供、抄录、公布、销毁属于国家所有的档案的。
3. 涂改、伪造档案的。
4. 擅自出卖或者转让档案的。
5. 倒卖档案牟利或者将档案卖给、赠送给外国人的。
6. 不按规定归档或者不按期移交档案的。
7. 明知所保存的档案面临危险而不采取措施，造成档案损失的。

8. 档案工作人员玩忽职守，造成档案损失的。

>> 习题演练

一 单项选择题

1. 适用于发布、传达要求下级机关执行和有关单位周知或者执行的事项，批转、转发公文的文种是（　　）。

A. 通报　　B. 通告　　C. 通知　　D. 公告

【参考答案】C

【答案解析】选项 A，通报适用于表彰先进，批评错误，传达重要精神和告知重要情况。选项 B，通告适用于在一定范围内公布应当遵守或者周知的事务性事项。选项 D，公告适用于向国内外宣布重要事项或者法定事项。

2. 公文的密级分为绝密、机密和秘密三个等级。其中不确定具体保密期限的，绝密的保密期限一般为（　　）。

A. 永久　　B. 30 年　　C. 50 年　　D. 80 年

【参考答案】B

【答案解析】公文的密级分为绝密、机密和秘密三个等级。尽可能根据公文的内容规定为“长期”或确定保密的最佳期限，如“秘密★6 个月”“机密★5 年”“绝密★长期”。不确定具体保密期限的，保密期限一般为绝密 30 年，机密 20 年，秘密 10 年。

3. 下列发文字号正确的是（　　）。

A. ×政发〔2013〕01 号　　B. ×政发〔2013〕第 1 号

C. ×政发〔2013〕第 01 号　　D. ×政发〔2013〕1 号

【参考答案】D

【答案解析】由发文机关代字、年份、发文顺序号组成，编排在发文机关标志下空二行位置，居中排布。年份、发文顺序号用阿拉伯数字标注；年份应标全称，用六角括号“〔〕”标注；发文顺序号不加“第”字，不编虚位（即 1 不编为 01），在阿拉伯数字后加“号”字。

4. 办公室人员小王在对待发公文复核时发现文稿中有几处观点错误，应该（　　）。

A. 自行修改后再印发　　B. 按程序复审

C. 直接交打印室印刷　　D. 向领导报告追究相关人员责任

【参考答案】B

【答案解析】经复核需要对文稿进行实质性修改的，应当提请签发人复审并签名。

5. 保密标志形式正确的是（　　）。

A. 6 个月★秘密　　B. ★秘密 6 个月

C. 秘密 6 个月★　　D. 秘密★6 个月

【参考答案】D

【答案解析】国家秘密事项的密级一经确定，须在秘密载体上做出明显的标志。国家秘密的标识符为“★”，具体标志的形式为：从左至右：密级—标志—保密期限。比如：“绝密★30 年”，表示该件是绝密级，保密期限是 30 年。

6. 国家秘密的保密期限，除另有规定外，机密一般不超过（　　）年。

A. 50　　B. 40　　C. 30　　D. 20

【参考答案】D

【答案解析】国家秘密的保密期限，除另有规定外，绝密级不超过 30 年，机密级不超过 20 年，秘密级不超过 10 年。

7. 核心涉密人员脱密期限为（　　）年。

A. 1　　B. 3　　C. 5　　D. 7

【参考答案】B

【答案解析】涉密人员脱密期限为：一般涉密人员 1 年，重点涉密人员 2 年，核心涉密人员 3 年。

8. 下列关于税务机关档案管理的说法不正确的是（　　）。

A. 各级税务机关要建立健全档案资源体系、档案利用体系和档案安全体系

B. 分管领导要定期听取档案主管部门工作汇报，定期督促检查

C. 为档案工作顺利开展提供人力、财力、物力等方面保障

D. 独立依法监督指导本系统、机关和所属单位的档案工作

【参考答案】D

【答案解析】支持档案主管部门依法监督指导本系统、机关和所属单位的档案工作，推动档案工作发展同税收事业发展相协调。因此，选择选项D。

9. 印信保管实行保管人和办公室（厅）主任负责制。印信管理的直接责任人是（　　）。

A. 办公室（厅）主任　　B. 印信保管人员

C. 单位党委书记　　D. 单位行政首长

【参考答案】B

【答案解析】印信保管人员是印信管理的直接责任人，要求具有高度的政治责任感、严格的保密观念，政治可靠、作风正派、严守制度、不徇私情。

10. 局领导专题会议的议题由（　　）确定，会议组织工作由会议主题涉及的主办单位负责。

A. 局长　　B. 办公厅（室）负责

C. 分管局领导、总师　　D. 局党委

【参考答案】C

【答案解析】局领导专题会议的议题由分管局领导及总师确定，会议组织工作由会议主题涉及的主办单位负责。

11. 下列关于尊位表述正确的是（　　）。

A. 客方尊位比主方尊位更重要一些

B. 大多数情况下，一场公务活动的尊位只有一对主客尊位

C. 我国传统的做法是“以右为尊”，而国际通行的做法是“以左为贵”

D. 港澳台同胞出席的大部分场合也都使用“以左为贵”的排位法

【参考答案】B

【答案解析】通常情况下，主方尊位又比客方尊位更重要一些。我国传统的做法是“以左为贵”，而国际通行的做法是“以右为尊”。港澳台同胞出席的大部分场合也都使用“以右为尊”的排位法。

12. 各级税务机关对于所管辖的出现重大群体访、重复访、越级访、疑难复杂、涉及面广、时间跨度大、容易升级激化的情况，应当（　　）。

A. 应当及时向本机关保卫部门和公安机关通报，共同做好安全防范

B. 有关工作部门与信访工作机构共同接谈处理

C. 实行领导包案，包案领导亲自研究分析

D. 税务机关主要领导带队，及时到上级税务机关进行劝返

【参考答案】C

【答案解析】实行领导包案，包案领导亲自研究分析、化解疏导、协调落实，确定责任部门、承办人员、解决方案、办结时间、办结标准，一包到底，直至案结事了、息诉罢访。

13. 信访人对税务机关作出的信访事项处理意见不服，在规定期限内请求原办理机关的上一级税务机关复查的复查部门调查核实后，起草书面复查意见，经政策法规部门审核，分管本部门的领导审批，由信访工作机构报机关主要领导签字，加盖信访专用章后，在收到复查请求之日起（　　）日内答复信访人。

A. 40　　B. 20　　C. 60　　D. 30

【参考答案】D

【答案解析】在收到复查请求之日起 30 日内答复信访人。

14. （　　）人以下的集体访，一般由信访工作机构与有关工作部门共同接谈处理。

A. 6　　B. 5　　C. 4　　D. 3

【参考答案】B

【答案解析】5 人以下的集体访，一般由信访工作机构与有关工作部门共同接谈处理。

15. 目前，网络舆情的主要特点有突发性、偏差性和（　　）。

A. 间接性　　B. 直接性　　C. 准确性　　D. 规范性

【参考答案】B

【答案解析】网络舆情的主要特点有突发性、偏差性和直接性。

16. 税务系统特别重大（Ⅰ级）、重大（Ⅱ级）突发事件发生后，省税务机关最迟在（　　）内报告税务总局，并报告省级政府，不得谎报、瞒报、漏报和迟报。

A. 30 分钟　　B. 1 小时　　C. 2 小时　　D. 3 小时

【参考答案】D

【答案解析】税务系统特别重大（Ⅰ级）、重大（Ⅱ级）突发事件发生

后，省税务机关最迟在3个小时内报告税务总局（即同时向税务总局应急工作领导小组办公室和相应的专项应急工作组报告），并报告省级政府，不得谎报、瞒报、漏报和迟报。

17. 总结报告则应对突发事件的起因、过程、处置、后续工作、经验教训等进行总结。事发地税务机关要在突发事件处置结束后（　　）个工作日报送总结报告。

A. 5　　B. 10　　C. 15　　D. 30

【参考答案】B

【答案解析】总结报告则应对突发事件的起因、过程、处置、后续工作、经验教训等进行总结。事发地税务机关要在突发事件处置结束后10个工作日报送总结报告。

18. 经审定立项的事项，督查部门应及时将“督办通知单”转交有关承办单位办理。这属于（　　）。

A. 立项　　B. 分办　　C. 承办　　D. 督办

【参考答案】B

19. 行政机关收到政府信息公开申请，能够当场答复的，应当当场予以答复。行政机关不能当场答复的，应当自收到申请之日起（　　）个工作日内予以答复；需要延长答复期限的，应当经政府信息公开工作机构负责人同意并告知申请人，延长的期限最长不得超过（　　）个工作日。

A. 20，10　　B. 7，10　　C. 20，20　　D. 10，20

【参考答案】C

【答案解析】行政机关收到政府信息公开申请，能够当场答复的，应当当场予以答复。

行政机关不能当场答复的，应当自收到申请之日起20个工作日内予以答复；需要延长答复期限的，应当经政府信息公开工作机构负责人同意并告知申请人，延长的期限最长不得超过20个工作日。

20. 下列关于政府信息公开说法不正确的是（　　）。

A. 行政机关应当建立健全政府信息公开审查机制，明确审查的程序和责任

B. 行政机关应当依照《中华人民共和国保守国家秘密法》以及其他

法律、法规和国家有关规定对拟公开的政府信息进行审查

C. 行政机关不能确定政府信息是否可以公开的，应当遵循谨慎性原则暂不予公开或报有关主管部门或者保密行政管理部门确定

D. 行政机关应当建立健全政府信息管理动态调整机制，对本行政机关不予公开的政府信息进行定期评估审查，对因情势变化可以公开的政府信息应当公开

【参考答案】C

【答案解析】选项C，行政机关不能确定政府信息是否可以公开的，应当依照法律、法规和国家有关规定报有关主管部门或者保密行政管理部门确定。

二 多项选择题

1. 通报适用于（　　）。

A. 表彰先进　　B. 批评错误

C. 传达重要精神　　D. 告知重要情况

【参考答案】ABCD

【答案解析】通报适用于表彰先进，批评错误，传达重要精神和告知重要情况。

2. 税收新闻发布工作中，新闻发言人的主要职责，包括（　　）。

A. 协调、指导税收新闻发布筹备、实施工作

B. 审核新闻发布建议、新闻发布稿和新闻答问口径

C. 主持新闻发布会

D. 代表单位对外发布税收新闻、声明和有关重要信息

【参考答案】ABCD

【答案解析】新闻发言人的主要职责包括：协调、指导税收新闻发布筹备、实施工作；审核新闻发布建议、新闻发布稿和新闻答问口径；主持新闻发布会；代表单位对外发布税收新闻、声明和有关重要信息。

3. 政府信息依申请公开的处理流程包括（　　）。

A. 申请　　B. 受理　　C. 办理　　D. 答复

【参考答案】ABCD

【答案解析】税务机关对公民、法人或其他组织依法向税务机关提交的政府信息公开申请进行分析、判断和处理，并根据具体情况和相关政策在规定时限内作出回复。处理流程分为申请、受理、自行办理/转办等环节。办理包括信息处理、审查、答复、转办等。

4. 泄密事件报告的主要内容应包括（　　）。

A. 被泄露国家秘密事项的内容、密级、数量及其载体形式

B. 泄密事件的发现经过

C. 泄密责任人的基本情况

D. 泄密事件造成或可能造成的危害

【参考答案】ABCD

【答案解析】泄密事件报告的主要内容以下几个方面：被泄露国家秘密事项的内容、密级、数量及其载体形式；泄密事件的发现经过；泄密责任人的基本情况；泄密事件造成或可能造成的危害；已进行或拟采取的补救措施及查处情况。

5. 各级税务机关应建立健全文件材料的归档制度。需要归档的文件材料范围包括（　　）。

A. 反映本机关主要职能活动和基本历史面貌的，对本机关工作、国家建设和历史研究具有利用价值的文件材料

B. 机关工作活动中形成的在维护国家、集体和公民权益等方面具有凭证价值的文件材料

C. 下级机关文件材料中，供参阅的简报、情况反映，抄送或越级抄送的文件材料

D. 本机关需要贯彻执行的上级机关、同级机关的文件材料，下级机关报送的重要文件材料

【参考答案】ABD

【答案解析】下级机关文件材料中，供参阅的简报、情况反映，抄送或越级抄送的文件材料属于不需要归档的文件材料范围。

6. 突发事件应对工作原则（　　）。

A. 以人为本，减少危害　　B. 属地为主，分级负责

C. 依法规范，统一指挥　　D. 注重预防，科学处置

【参考答案】ABCD

【答案解析】突发事件应对工作原则：以人为本，减少危害。属地为主，分级负责。依法规范，统一指挥。注重预防，科学处置。

7. 下列表述属于加强税务系统应急管理的意义的有（　　）。

A. 关系服务经济社会发展全局和保护人民群众生命财产安全的大事

B. 是各级税务机关坚持“为国聚财、为民收税”工作宗旨的重要体现

C. 是税务系统加强社会管理、化解社会矛盾、应对事故灾害的形势所需

D. 防止突发事件发生及减少突发事件造成的危害

【参考答案】ABC

【答案解析】加强税务系统应急管理工作，是关系服务经济社会发展全局和保护人民群众生命财产安全的大事；是各级税务机关坚持“为国聚财、为民收税”工作宗旨的重要体现；是税务系统加强社会管理、化解社会矛盾、应对事故灾害的形势所需。

8. 涉税突发事件的书面报告包括（　　）。

A. 初次报告　　B. 再次报告　　C. 阶段报告　　D. 总结报告

【参考答案】ACD

【答案解析】书面报告分初次报告、阶段报告和总结报告。

9. 关于督查督办的工作时限，下列说法正确的有（　　）。

A. 督办事项必须有明确的时限要求，承办单位必须按时限要求办结。对需由多个单位共同完成的督办事项，总的时限要求由督办部门确定，协办时限要求由主办单位确定

B. 党中央、国务院文件需要落实的事项，由督办部门商承办单位合理确定办理时限，并报督办部门领导审定

C. 党中央、国务院领导同志批示交办的事项，税务总局党委会议、局务会议、局长办公会议、局领导专题会议议定需要落实的事项，中央企业事业单位来文，各地税务机关的请示性文件，税务总局领导调研时基层税务机关反映的问题，重要信访案件和群众反映的热点、难点问题等，须在30日内完成

D. 没有按时完成督办事项，在督办时限后办理延期申请手续的，按逾期未办结处理

【参考答案】ABCD

10. 督查督办工作的常用方法有（　　）。

A. 实地督查　　B. 案头督查

C. 暗访督查　　D. 交叉督查

【参考答案】ABCD

【答案解析】实地督查、案头督查、暗访督查、交叉督查、二次督查都是督查督办工作的常用方法。

11. 设区的市、自治州一级的税务机关及其授权的机关、单位可以确定（　　）级别的国家秘密。

A. 绝密级　　B. 机密级　　C. 严密级　　D. 秘密级

【参考答案】BD

【答案解析】设区的市、自治州一级的税务机关及其授权的机关、单位可以确定机密级和秘密级国家秘密。

12. 制作涉密载体应当标明（　　）。

A. 密级　　B. 发放范围　　C. 制作数量　　D. 编排顺序号

【参考答案】ABCD

【答案解析】制作涉密载体应当标明密级和保密期限，注明发放范围、制作数量、编排顺序号。

13. 涉密信息系统应当指定专门人员管理和维护，严格设定用户权限，按照（　　）的原则，控制涉密信息知悉范围。

A. 最高密级防护　　B. 最严密级防护

C. 最小授权管理　　D. 最大授权管理

【参考答案】AC

【答案解析】涉密信息系统应当指定专门人员管理和维护，严格设定用户权限，按照最高密级防护和最小授权管理的原则，控制涉密信息知悉范围。

14. 下列属于税收新闻发布主要方式的有（　　）。

A. 新闻发布会

B. 举办中国好税官评选发布会

C. 国家税务总局网站

D. 以新闻发言人的名义发布新闻、声明、谈话

【参考答案】ACD

【答案解析】税收新闻发布的主要方式：①新闻发布会；②新闻通报会（包括记者招待会等）；③以新闻发言人的名义发布新闻、声明、谈话；④组织新闻记者集体采访或单独采访；⑤国家税务总局网站；⑥其他形式或渠道的新闻发布。

15. 政府信息公开的原则包括（　　）。

A. 坚持以公开为常态、不公开为例外

B. 遵循公正、公平、合法、便民的原则

C. 行政机关应当及时、准确地公开政府信息

D. 各级人民政府应当积极推进政府信息公开工作，逐步增加政府信息公开的内容

【参考答案】AB

【答案解析】行政机关公开政府信息，应当坚持以公开为常态、不公开为例外，遵循公正、公平、合法、便民的原则。

16. 关于应急管理，下列说法正确的有（　　）。

A. 各级税务机关要建立应对突发事件的预防、预警、处置、信息报告、信息发布、恢复重建等运行机制，提高应急预防、处置和指挥水平

B. 各级税务机关应积极参与当地政府组织的应急预警工作，加强本部门的情况监测，最大限度地发现突发事件的苗头、征兆

C. 突发事件发生后，事发地税务机关若可紧密依靠当地政府及有关部门采取措施控制事态发展，保护突发事件现场涉密资料、重要物资的安全，收集并保存相关证据，组织开展应急救援工作，则无需向上级税务机关报告

D. 对税务总局要求上报的突发事件，应在接到通知后立即上报

【参考答案】ABD

【答案解析】选项C的正确说法是：突发事件发生后，事发地税务机关应紧密依靠当地政府及有关部门采取措施控制事态发展，保护突发事件现场涉密资料、重要物资的安全，收集并保存相关证据，组织开展应急救援工作，并及时向上级税务机关报告。

17. 关于印信的保管，下列说法正确的有（　　）。

A. 单位的内设机构、直属单位的印章，由单位行政首长授权的部门明确专人保管

B. 各级税务机关（部门）的印章和介绍信由办公室（厅）明确专人保管

C. 冠以单位字头的专用印章，由单位行政首长授权的部门明确专人保管

D. 各级税务机关（部门）的印章和介绍信由办公室（厅）统一保管

【参考答案】BC

【答案解析】各级税务机关（部门）的印章和介绍信由办公室（厅）明确专人保管；冠以单位字头的专用印章，由单位行政首长授权的部门明确专人保管；单位的内设机构、直属单位的印章，由各内设机构、直属单位明确专人保管。

18. 会议决议是会议目标的具体体现。下列对于会议决议要求说法正确的有（　　）。

A. 要有一个准确的会议记录，并根据需要，形成会议纪要

B. 会议的各项决议要有具体执行人员及完成期限

C. 任何情况不得停止或擅自更改已决定事项的执行

D. 建立会议事后跟踪督促制度，使会议的每项决议都有根据、有检查

【参考答案】ABD

【答案解析】选项 C，一般在组织上未改变决定之前，不得停止或擅自更改已决定事项的执行。

19. 尊位应该具有的特征包括（　　）。

A. 主方尊位又比客方尊位更重要一些

B. 尊位应该居于中心意义的位置

C. 尊位应该具有视野上的最佳位置

D. 尊位应具有行动上的最便利条件

【参考答案】BCD

【答案解析】尊位应该具有以下三个特征：尊位应该居于中心意义的位置；尊位应该具有视野上的最佳位置；尊位应具有行动上的最便利条件。

20. 关于行政机关依申请提供政府信息是否收取费用的问题，下列说法正确的有（　　）。

A. 行政机关依申请提供政府信息，一律不收取费用

B. 行政机关依申请提供政府信息，均需收取费用

C. 行政机关依申请提供政府信息，不收取费用。但是，申请人申请公开政府信息的数量、频次明显超过合理范围的，行政机关可以收取信息处理费

D. 行政机关收取信息处理费的具体办法由国务院价格主管部门会同国务院财政部门、全国政府信息公开工作主管部门制定

【参考答案】CD

【答案解析】行政机关依申请提供政府信息，不收取费用。但是，申请人申请公开政府信息的数量、频次明显超过合理范围的，行政机关可以收取信息处理费。行政机关收取信息处理费的具体办法由国务院价格主管部门会同国务院财政部门、全国政府信息公开工作主管部门制定。

三　判断题

1. 函适用于相互隶属机关之间商洽工作、询问和答复问题、请求批准和答复审批事项。（　　）

【参考答案】错误

【答案解析】函适用于不相隶属机关之间商洽工作、询问和答复问题、请求批准和答复审批事项。

2. 对没有隶属关系的平级单位或其他单位来文请求批准有关事项，不能使用“批复”，只能采用“函”。（　　）

【参考答案】错误

【答案解析】对没有隶属关系的平级单位或其他单位来文请求批准有关事项，不能使用“批复”，应当采用“通知”或“函”。

3. 《中华人民共和国档案法》规定个人可以保存应当归档的公文。（　　）

【参考答案】错误

【答案解析】公文办理完毕后，应当根据《中华人民共和国档案法》及档案管理有关规定，及时将公文定稿、正本和有关材料交本部门文秘人员整理、归档。个人不得保存应当归档的公文。

4. 绝密级公文不可以复制、汇编。（　　）

【参考答案】错误

【答案解析】绝密级公文一般不得复制、汇编，确有工作需要的，应当经发文机关或者其上级机关批准。

5. 用于在一定范围内公布应当遵守或周知的事项的公文是通知。（　　）

【参考答案】错误

【答案解析】用于在一定范围内公布应当遵守或周知的事项的公文是通告。

6. 公文附件是指公文印发传达范围以及在正文中不宜说明的其他事项。

（　　）

【参考答案】错误

【答案解析】公文附注是指公文印发传达范围以及在正文中不宜说明的其他事项。

7. 各级税务机关负责人是本机关保密工作第一责任人。（　　）

【参考答案】错误

【答案解析】各级税务机关主要领导是本机关保密工作第一责任人。

8. 开具介绍信要按规定将内容填列齐全，介绍信存根要保管 3 年。

（　　）

【参考答案】错误

【答案解析】开具介绍信要按规定将内容填列齐全，介绍信存根要保管 5 年。特殊情况需用信笺作介绍信时，用印人需登记留底。

9. 局务会议、局长办公会议的议题由办公厅（室）确定，会议组织工作由局长负责。（　　）

【参考答案】错误

【答案解析】局务会议、局长办公会议的议题由局长确定，会议组织工作由办公厅（室）负责。

10. 对当地省级人民政府规定的较大（Ⅲ级）以上突发事件，或出现税

务工作人员非正常死亡的事件，事发地税务机关应及时直接报告税务总局。（　　）

【参考答案】错误

【答案解析】对当地省级人民政府规定的较大（Ⅲ级）以上突发事件，或出现税务工作人员非正常死亡的事件，事发地税务机关应及时逐级报告税务总局。

四 简答题

1. 来访发生哪些情形，由来访人员所在地的税务机关主要领导带队，及时到上级税务机关进行劝返？

【参考答案】（1）5 人以上的集体访。

（2）来访人员提出的信访事项可能引发集体上访、群体性事件或者恶性突发事件的。

（3）经上级税务机关多次催办仍未得到解决的。

（4）到税务机关长期滞留、缠访闹访的。

（5）到税务机关上访时有过激言行的。

2. 案头督查的主要程序有哪四个环节？

【参考答案】一是立项通知，经领导批准下发督查通知，布置督查任务。二是跟踪催办，对需要落实和整改的事项，进行跟踪催办，督促被督查单位落实整改到位。三是情况反馈。被督查单位按要求认真整改到位，并将整改报告以正式公文报督查部门。四是总结报告。对整改落实情况进行审核分析，报局领导审示。

五 案例题

某市税务局办公室主任王小明接到一个咨询电话，询问申请政府信息公开应该如何申请，如果你是王小明，应该怎样回答？

【参考答案】公民、法人或者其他组织申请获取政府信息的，应当向行政机关的政府信息公开工作机构提出，并采用包括信件、数据电文在内的书面形式；采用书面形式确有困难的，申请人可以口头提出，由受理该申请的政府信息公开工作机构代为填写政府信息公开申请。

政府信息公开申请应当包括下列内容：

（1）申请人的姓名或者名称、身份证明、联系方式；

（2）申请公开的政府信息的名称、文号或者便于行政机关查询的其他特征性描述；

（3）申请公开的政府信息的形式要求，包括获取信息的方式、途径。

政府信息公开申请内容不明确的，行政机关应当给予指导和释明，并自收到申请之日起 7 个工作日内一次性告知申请人作出补正，说明需要补正的事项和合理的补正期限。答复期限自行政机关收到补正的申请之日起计算。申请人无正当理由逾期不补正的，视为放弃申请，行政机关不再处理该政府信息公开申请。

第二章 干部管理

>> 知识架构

- 干部管理
  - 人事管理
    - 公务员管理　10个知识点
    - 领导干部选拔任用　8个知识点
    - 领导班子和干部管理　6个知识点
    - 干部人事档案管理　5个知识点
    - 老干部管理　2个知识点
  - 教育培训管理
    - 干部教育培训　7个知识点
    - 人才管理　3个知识点

>> 第一节 人事管理

一 公务员管理

【知识点 1】公务员的职位分类

国家实行公务员职位分类制度。职位分类是国家公务员制度一项重要的基础性工作，通过职能分解、设置职位、编制职位说明书，明确每个职位的任务、职责、权利和职位所需的资格条件，达到以事择人、人尽其才、才尽其用、精简机构和提高工作效率的目的；同时也为国家公务员的考试录用、考核、晋升、培训、工资待遇等提供依据。

根据《中华人民共和国公务员法》（以下简称《公务员法》）规定，公务员职位类别按照公务员职位的性质、特点和管理需要，划分为综合管理类、专业技术类和行政执法类。根据《公务员法》规定，对于具有职位特殊性，需要单独管理的，可以增设其他职位类别。

【知识点2】公务员的职务、职级与级别

1. 国家实行公务员职务与职级并行制度，根据公务员职位类别和职责设置公务员领导职务、职级序列。

领导职务层次分为：国家级正职、国家级副职、省部级正职、省部级副职、厅局级正职、厅局级副职、县处级正职、县处级副职、乡科级正职、乡科级副职。

公务员职级在厅局级以下设置。综合管理类公务员职级序列分为：一级巡视员、二级巡视员、一级调研员、二级调研员、三级调研员、四级调研员、一级主任科员、二级主任科员、三级主任科员、四级主任科员、一级科员、二级科员。

职级序列按照综合管理类、专业技术类、行政执法类等公务员职位类别分别设置。综合管理类以外其他职位类别公务员的职级序列，根据《公务员法》由国家另行规定。

2. 公务员领导职务、职级对应相应的级别。

领导职务对应的级别，按照国家有关规定执行。

综合管理类公务员职级对应的级别是：

（1）一级巡视员：十三级至八级；

（2）二级巡视员：十五级至十级；

（3）一级调研员：十七级至十一级；

（4）二级调研员：十八级至十二级；

（5）三级调研员：十九级至十三级；

（6）四级调研员：二十级至十四级；

（7）一级主任科员：二十一级至十五级；

（8）二级主任科员：二十二级至十六级；

（9）三级主任科员：二十三级至十七级；

（10）四级主任科员：二十四级至十八级；

（11）一级科员：二十六级至十八级；

（12）二级科员：二十七级至十九级。

3. 厅局级以下领导职务对应的综合管理类公务员最低职级是：

（1）厅局级正职：一级巡视员；

（2）厅局级副职：二级巡视员；

（3）县处级正职：二级调研员；

（4）县处级副职：四级调研员；

（5）乡科级正职：二级主任科员；

（6）乡科级副职：四级主任科员。

4. 公务员的领导职务、职级与级别是确定公务员工资以及其他待遇的依据。公务员的级别根据所任领导职务、职级及其德才表现、工作实绩和资历确定。

根据工作需要和领导职务与职级的对应关系，公务员担任的领导职务和职级可以互相转任、兼任；符合规定资格条件的，可以晋升领导职务或者职级。

【知识点3】综合管理类公务员职级设置与职数比例

1. 综合管理类公务员职级按照下列规格设置：

（1）中央机关，省、自治区、直辖市机关设置一级巡视员以下职级；

（2）副省级城市机关设置一级巡视员以下职级，副省级城市的区领导班子设置一级、二级巡视员；

（3）市（地、州、盟）、直辖市的区领导班子设置一级巡视员，市（地、州、盟）、直辖市的区机关设置二级巡视员以下职级，副省级城市的区机关设置一级调研员以下职级；

（4）县（市、区、旗）领导班子设置二级巡视员、一级调研员、二级调研员、三级调研员，县（市、区、旗）、乡镇机关设置二级调研员以下职级。

2. 职级职数按照各类别公务员行政编制数量的一定比例核定。综合管理类公务员职级职数按照下列比例核定：

（1）中央机关一级、二级巡视员不超过机关综合管理类职位数量的12%，其中，正部级单位一级巡视员不超过一级、二级巡视员总数的40%，副部级单位一级巡视员不超过一级、二级巡视员总数的20%；一级至四级调研员不超过机关综合管理类职位数量的65%。

（2）省、自治区、直辖市机关一级、二级巡视员不超过机关综合管理类职位数量的5%，其中一级巡视员不超过一级、二级巡视员总数的30%；一级至四级调研员不超过机关综合管理类职位数量的45%。

（3）副省级城市机关一级、二级巡视员不超过机关综合管理类职位数量的2%，其中一级巡视员不超过一级、二级巡视员总数的30%；一级至四级调研员不超过机关综合管理类职位数量的43%，其中一级调研员不超过一级至四级调研员总数的20%。

（4）市（地、州、盟）、直辖市的区领导班子一级巡视员不超过领导班子职数的15%。市（地、州、盟）、直辖市的区机关二级巡视员不超过机关综合管理类职位数量的1%；一级至四级调研员不超过机关综合管理类职位数量的20%，其中一级、二级调研员不超过一级至四级调研员总数的40%，一级调研员不超过一级、二级调研员总数的50%；一级至四级主任科员不超过机关综合管理类职位数量的60%，其中一级、二级主任科员不超过一级至四级主任科员总数的50%。

（5）副省级城市的区领导班子一级、二级巡视员不超过领导班子职数的15%，其中一级巡视员不超过一级、二级巡视员总数的40%；副省级城市的区机关一级调研员以下职级职数，按照第四项规定执行。

（6）县（市、区、旗）领导班子二级巡视员不超过领导班子职数的10%，一级、二级调研员不超过领导班子职数的20%。县（市、区、旗）、乡镇机关二级调研员不超过机关综合管理类职位数量的2%；三级、四级调研员不超过机关综合管理类职位数量的10%，其中三级调研员不超过三级、四级调研员总数的40%；一级至四级主任科员不超过机关综合管理类职位数量的60%，其中一级、二级主任科员不超过一级至四级主任科员总数的50%。

【知识点4】公务员录用

1. 录用对象及方法

录用担任一级主任科员以下及其他相当职级层次的公务员，采取公开考试、严格考察、平等竞争、择优录取的办法；民族自治地方依照法律和有关规定可对少数民族报考者予以适当照顾。

2. 录用程序

录用公务员，应当在规定的编制限额内，并有相应的职位空缺。

录用公务员，应当发布招考公告。招考公告应当载明招考的职位、名额、报考资格条件、报考需要提交的申请材料以及其他报考须知事项。招录机关根据报考资格条件对报考申请进行审查。报考者提交的申请材料应当真实、准确。

公务员录用考试采取笔试和面试等方式进行，考试内容根据公务员应当具备的基本能力和不同职位类别、不同层级机关分别设置。招录机关根据考试成绩确定考察人选，并进行报考资格复审、考察和体检。

招录机关根据考试成绩、考察情况和体检结果，提出拟录用人员名单，并予以公示。公示期不少于 5 个工作日。

公示期满，中央一级招录机关应当将拟录用人员名单报中央公务员主管部门备案；地方各级招录机关应当将拟录用人员名单报省级或者设区的市级公务员主管部门审批。

3. 不得录用公务员的规定

因犯罪受过刑事处罚的；被开除中国共产党党籍的；被开除公职的；被依法列为失信联合惩戒对象的等。

【知识点 5】公务员考核

1. 考核内容：全面考核公务员的德、能、勤、绩、廉，重点考核政治素质和工作实绩。考核指标根据不同职位类别、不同层级机关分别设置。

2. 公务员的考核分为平时考核、专项考核和定期考核等方式。定期考核以平时考核、专项考核为基础。

非领导成员公务员的定期考核采取年度考核的方式。先由个人按照职位职责和有关要求进行总结，主管领导在听取群众意见后，提出考核等次建议，由本机关负责人或者授权的考核委员会确定考核等次。领导成员的考核由主管机关按照有关规定办理。

定期考核的结果分为优秀、称职、基本称职和不称职四个等次。

3. 考核结果运用：定期考核的结果作为调整公务员职位、职务、职级、级别、工资以及公务员奖励、培训、辞退的依据。

【知识点 6】公务员职务、职级任免与升降

1. 任免：公务员领导职务实行选任制、委任制和聘任制。公务员职级实行委任制和聘任制。领导成员职务按照国家规定实行任期制。

选任制公务员在选举结果生效时即任当选职务；任期届满不再连任或者任期内辞职、被罢免、被撤职的，其所任职务即终止。

委任制公务员试用期满考核合格，职务、职级发生变化，以及其他情形需要任免职务、职级的，应当按照管理权限和规定的程序任免。

公务员任职应当在规定的编制限额和职数内进行，并有相应的职位空缺。

2. 晋升领导职务条件：具备拟任职务所要求的政治素质、工作能力、文化程度和任职经历等方面的条件和资格。公务员领导职务应当逐级晋升。特别优秀的或者工作特殊需要的，可以按照规定破格或者越级晋升。

3. 晋升领导职务程序：动议；民主推荐；确定考察对象，组织考察；按照管理权限讨论决定；履行任职手续。

4. 晋升职级，在职级职数内逐级晋升，并且具备一定条件和资格。

公务员晋升职级的基本条件如下：

（1）政治素质好，拥护中国共产党的领导和社会主义制度，坚决维护习近平总书记核心地位，坚决维护党中央权威和集中统一领导；

（2）具备职位要求的工作能力和专业知识，忠于职守，勤勉尽责，勇于担当，工作实绩较好；

（3）群众公认度较高；

（4）符合拟晋升职级所要求的任职年限和资历；

（5）作风品行好，遵纪守法，自觉践行社会主义核心价值观，清正廉洁。

公务员晋升职级的基本资格如下：

（1）晋升一级巡视员，应当任厅局级副职或者二级巡视员 4 年以上；

（2）晋升二级巡视员，应当任一级调研员 4 年以上；

（3）晋升一级调研员，应当任县处级正职或者二级调研员 3 年以上；

（4）晋升二级调研员，应当任三级调研员 2 年以上；

（5）晋升三级调研员，应当任县处级副职或者四级调研员 2 年以上；

（6）晋升四级调研员，应当任一级主任科员 2 年以上；

（7）晋升一级主任科员，应当任乡科级正职或者二级主任科员 2 年以上；

（8）晋升二级主任科员，应当任三级主任科员 2 年以上；

（9）晋升三级主任科员，应当任乡科级副职或者四级主任科员 2 年以上；

（10）晋升四级主任科员，应当任一级科员 2 年以上；

（11）晋升一级科员，应当任二级科员 2 年以上。

5. 公务员晋升职级根据工作需要、德才表现、职责轻重、工作实绩和资历等因素综合考虑，不是达到最低任职年限就必须晋升，也不能简单按照任职年限论资排辈，体现正确的用人导向。

6. 晋升职级程序。

（1）党委（组）或者组织（人事）部门研究提出工作方案。

（2）对符合晋升职级资格条件的人员进行民主推荐或者民主测评，提出初步人选。

（3）考察了解并确定拟晋升职级人选。

（4）对拟晋升职级人选进行公示，公示期不少于 5 个工作日。

（5）审批。中央机关公务员晋升职级由本机关党委（组）及其组织（人事）部门审批，一级、二级巡视员职级职数使用等情况按年度报中央公务员主管部门备案。省级以下机关公务员晋升职级的审批权限，由省级公务员主管部门提出意见，报省、自治区、直辖市党委审定。

7. 公务员的职务、职级实行能上能下，具有下列情形之一的，应当按照规定降低职级：

（1）不能胜任职位职责要求的；

（2）年度考核被确定为不称职等次的；

（3）受到降职处理或者撤职处分的；

（4）法律法规和党内法规规定的其他情形。

8. 公务员具有下列情形之一的，不得晋升职级：

（1）不具备晋升职级的基本条件和基本资格的；

（2）受到诫勉、组织处理或者处分等影响期未满或者期满影响使用的；

（3）涉嫌违纪违法正在接受审查调查尚未作出结论的；

（4）影响晋升职级的其他情形。

【知识点 7】公务员奖励

1. 奖励原则：坚持定期奖励与及时奖励相结合，精神奖励与物质奖励相结合、以精神奖励为主的原则。

2. 奖励条件（有下列情形之一的）：忠于职守，积极工作，勇于担当，工作实绩显著的；遵纪守法，廉洁奉公，作风正派，办事公道，模范作用突出的；在工作中有发明创造或者提出合理化建议，取得显著经济效益或者社会效益的；为增进民族团结，维护社会稳定做出突出贡献的；爱护公共财产，节约国家资财有突出成绩的；防止或者消除事故有功，使国家和人民群众利益免受或者减少损失的；在抢险、救灾等特定环境中做出突出贡献的；同违纪违法行为作斗争有功绩的；在对外交往中为国家争得荣誉和利益的；有其他突出功绩的。

3. 奖励种类及标准：嘉奖、记三等功、记二等功、记一等功、授予称号。

4. 对受奖励的公务员或者公务员集体予以表彰，并对受奖励的个人给予一次性奖金或者其他待遇。

【知识点8】公务员监督与惩戒

1. 监督内容：思想政治、履行职责、作风表现、遵纪守法等情况。

2. 发现问题的处置：对公务员监督发现问题的，应当区分不同情况，予以谈话提醒、批评教育、责令检查、诫勉、组织调整、处分。对公务员涉嫌职务违法和职务犯罪的，应当依法移送监察机关处理。

3. 公务员纪律的内容。

公务员应当遵纪守法，不得有下列行为：散布有损宪法权威、中国共产党和国家声誉的言论，组织或者参加旨在反对宪法、中国共产党领导和国家的集会、游行、示威等活动；组织或者参加非法组织，组织或者参加罢工；挑拨、破坏民族关系，参加民族分裂活动或者组织、利用宗教活动破坏民族团结和社会稳定；不担当，不作为，玩忽职守，贻误工作；拒绝执行上级依法作出的决定和命令；对批评、申诉、控告、检举进行压制或者打击报复；弄虚作假，误导、欺骗领导和公众；贪污贿赂，利用职务之便为自己或者他人谋取私利；违反财经纪律，浪费国家资财；滥用职权，侵害公民、法人或者其他组织的合法权益；泄露国家秘密或者工作秘密；在对外交往中损害国家荣誉和利益；参与或者支持色情、吸毒、赌博、迷信等活动；违反职业道德、社会公德和家庭美德；违反有关规定参与禁止的网络传播行为或者网络活动；违反有关规定从事或者参与营利性活动，在企业或者其他营利性组织中兼任职务；旷工或者因公外出、请假期满无正当理由逾期不归；违纪违法的其他行为。

4. 处分种类与期间。

处分分为：警告、记过、记大过、降级、撤职、开除。

受处分的期间为：警告，6 个月；记过，12 个月；记大过，18 个月；降级、撤职，24 个月。

5. 处分有关规定。

对公务员的处分，应当事实清楚、证据确凿、定性准确、处理恰当、程序合法、手续完备。公务员有权进行陈述和申辩；处分决定机关不得因公务员申辩而加重处分。处分决定应当以书面形式通知公务员本人。

公务员在受处分期间不得晋升职务、职级和级别，其中受记过、记大过、降级、撤职处分的，不得晋升工资档次。受撤职处分的，按照规定降低级别。公务员受开除以外的处分，在受处分期间有悔改表现，并且没有再发生违纪违法行为的，处分期满后自动解除。解除处分后，晋升工资档次、级别和职务、职级不再受原处分的影响。但是，解除降级、撤职处分的，不视为恢复原级别、原职务、原职级。

【知识点 9】公务员工资、福利、保险

1. 公务员工资制度

公务员实行国家统一规定的工资制度。公务员工资制度贯彻按劳分配的原则，体现工作职责、工作能力、工作实绩、资历等因素，保持不同领导职务、职级、级别之间的合理工资差距。国家建立公务员工资的正常增长机制。

2. 工资构成

公务员工资包括基本工资、津贴、补贴和奖金。公务员按照国家规定享受地区附加津贴、艰苦边远地区津贴、岗位津贴等津贴以及住房、医疗等补贴、补助。在定期考核中被确定为优秀、称职的，可以享受年终奖金。

3. 禁止

不得违反国家规定自行更改公务员工资、福利、保险政策，擅自提高或者降低公务员的工资、福利、保险待遇。任何机关不得扣减或者拖欠公务员的工资。

4. 待遇

按照国家规定享受福利待遇。国家根据经济社会发展水平提高公务员的福利待遇。公务员执行国家规定的工时制度，按照国家规定享受休假。公务员在法定工作日之外加班的，给予相应的补休，不能补休的按照国家规定给予补助。公务员依法参加社会保险，按照国家规定享受保险待遇。公务员因公牺牲或者病故的，其亲属享受国家规定的抚恤和优待。

【知识点10】公务员辞职、辞退与退休

1. 辞职

公务员辞去公职，应当向任免机关提出书面申请。任免机关自接到申请之日起30日内予以审批，其中对领导成员辞去公职的申请，自接到申请之日起90日内予以审批。

公务员有下列情形之一的，不得辞去公职：

（1）未满国家规定的最低服务年限的；

（2）在涉及国家秘密等特殊职位任职或者离开上述职位不满国家规定的脱密期限的；

（3）重要公务尚未处理完毕，且须由本人继续处理的；

（4）正在接受审计、纪律审查、监察调查，或者涉嫌犯罪，司法程序尚未终结的；

（5）法律、行政法规规定的其他不得辞去公职的情形。

2. 领导干部辞职

因个人或者其他原因，可以自愿提出辞去领导职务；因工作严重失误、失职造成重大损失或者恶劣社会影响的，或者对重大事故负有领导责任的，引咎辞去领导职务；因其他原因不再适合担任现任领导职务的，或者应当引咎辞职本人不提出辞职的，责令其辞去领导职务。

3. 辞退

公务员有以下情形之一的，予以辞退：在年度考核中，连续2年被确定为不称职的；不胜任现职工作，又不接受其他安排的；因所在机关调整、撤销、合并或者缩减编制员额需要调整工作，本人拒绝合理安排的；不履行公务员义务，不遵守法律和公务员纪律，经教育仍无转变，不适合继续在机关工作，又不宜给予开除处分的；旷工或者因公外出、请假期满无正当理由逾期不归连续超过15天，或者1年内累计超过30天的。

4. 不得辞退

公务员有以下情形之一的，不得辞退：因公致残，被确认丧失或者部分丧失工作能力的；患病或者负伤，在规定的医疗期内的；女性公务员在孕期、产假、哺乳期内的；法律、行政法规规定的其他不得辞退的情形。

5. 退休

公务员达到国家规定的退休年龄或者完全丧失工作能力的，应当退休。

6. 提前退休

公务员符合下列条件之一的，本人自愿提出申请，经任免机关批准，可以提前退休：

（1）工作年限满30年的；

（2）距国家规定的退休年龄不足5年，且工作年限满20年的；

（3）符合国家规定的可以提前退休的其他情形的。

二 领导干部选拔任用

【知识点1】选拔任用党政领导干部原则

选拔任用党政领导干部，必须坚持党管干部原则；德才兼备、以德为先，五湖四海、任人唯贤原则；事业为上、人岗相适、人事相宜原则；公道正派、注重实绩、群众公认原则；民主集中制原则；依法依规办事原则。

【知识点2】选拔任用党政领导干部条件和资格

1. 基本条件

（1）自觉坚持以马克思列宁主义、毛泽东思想、邓小平理论、“三个代表”重要思想、科学发展观、习近平新时代中国特色社会主义思想为指导，努力用马克思主义立场、观点、方法分析和解决实际问题，坚持讲学习、讲政治、讲正气，牢固树立政治意识、大局意识、核心意识、看齐意识，坚决维护习近平总书记核心地位，坚决维护党中央权威和集中统一领导，自觉在思想上政治上行动上同党中央保持高度一致，经得起各种风浪考验。

(2) 具有共产主义远大理想和中国特色社会主义坚定信念，坚定道路自信、理论自信、制度自信、文化自信，坚决贯彻执行党的理论和路线方针政策，立志改革开放，献身现代化事业，在社会主义建设中艰苦创业，树立正确政绩观，做出经得起实践、人民、历史检验的实绩。

(3) 坚持解放思想，实事求是，与时俱进，求真务实，认真调查研究，能够把党的方针政策同本地区本部门实际相结合，卓有成效地开展工作，落实“三严三实”要求，主动担当作为，真抓实干，讲实话，办实事，求实效。

(4) 有强烈的革命事业心、政治责任感和历史使命感，有斗争精神和斗争本领，有实践经验，有胜任领导工作的组织能力、文化水平和专业素养。

(5) 正确行使人民赋予的权力，坚持原则，敢抓敢管，依法办事，以身作则，艰苦朴素，勤俭节约，坚持党的群众路线，密切联系群众，自觉接受党和群众的批评、监督，加强道德修养，讲党性、重品行、作表率，带头践行社会主义核心价值观，廉洁从政、廉洁用权、廉洁修身、廉洁齐家，做到自重自省自警自励，反对形式主义、官僚主义、享乐主义和奢靡之风，反对任何滥用职权、谋求私利的行为。

(6) 坚持和维护党的民主集中制，有民主作风，有全局观念，善于团结同志，包括团结同自己有不同意见的同志一道工作。

2. 基本资格

(1) 工作经历。提任县处级领导职务的，应当具有 5 年以上工龄和 2 年以上基层工作经历。提任县处级以上领导职务的，一般应当具有在下一级 2 个以上职位任职的经历。提任县处级以上领导职务，由副职提任正职的，应当在副职岗位工作 2 年以上；由下级正职提任上级副职的，应当在下级正职岗位工作 3 年以上。

(2) 文化要求。一般应当具有大学专科以上文化程度，其中厅局级以上领导干部一般应当具有大学本科以上文化程度。

(3) 培训经历。应当经过党校（行政学院）、干部学院或者组织（人事）部门认可的其他培训机构的培训，培训时间应当达到干部教育培训的有关规定要求；确因特殊情况在提任前未达到培训要求的，应当在提任后 1 年内完成培训。

(4) 身体条件。党政领导干部应当具有正常履行职责的身体条件。

（5）其他要求。提拔担任党政领导干部应当符合有关法律规定的资格要求。提任党的领导职务的，还应当符合《中国共产党章程》等规定的党龄要求。职级公务员担任领导职务，按照有关规定执行。

【知识点3】破格提拔

党政领导干部应当逐级提拔。特别优秀或者工作特殊需要的干部，可以突破任职资格规定或者越级提拔担任领导职务。

破格提拔的特别优秀干部，应当政治过硬、德才素质突出、群众公认度高，且符合下列条件之一：在关键时刻或者承担急难险重任务中经受住考验、表现突出、作出重大贡献；在条件艰苦、环境复杂、基础差的地区或者单位工作实绩突出；在其他岗位上尽职尽责，工作实绩特别显著。

【知识点4】选拔任用程序

1. 分析研判和动议

根据日常了解情况，对领导班子和领导干部进行综合分析研判，为党委（组）选人用人提供依据和参考。研判和动议时，根据工作需要和实际情况，如确有必要，也可以把公开选拔、竞争上岗作为产生人选的一种方式。公开选拔、竞争上岗一般适用于副职领导职位。

2. 民主推荐

选拔任用党政领导干部，应当经过民主推荐。民主推荐包括谈话调研推荐和会议推荐，推荐结果作为选拔任用的重要参考，在1年内有效。

民主推荐的程序包括：进行谈话调研推荐，提前向谈话对象提供谈话提纲、换届政策说明、干部名册等相关材料，提出有关要求，提高谈话质量；综合考虑谈话调研推荐情况以及人选条件、岗位要求、班子结构等，经与本级党委沟通协商后，由上级党委或者组织部门研究提出会议推荐参考人选，参考人选应当差额提出；召开推荐会议，由本级党委主持，考察组说明换届有关政策，介绍参考人选产生情况，提出有关要求，组织填写推荐表；对民主推荐情况进行综合分析；向上级党委或者组织部门汇报民主推荐情况。

3. 考察

（1）确定考察对象。

确定考察对象，根据工作需要和干部德才条件，将民主推荐与日常了解、综合分析研判以及岗位匹配度等情况综合考虑，深入分析、比较择优，防止把推荐票等同于选举票、简单以推荐票取人。对拟新进党政领导班子的考察对象，在一定范围内公示。

有下列情形之一的，不得列为考察对象：违反政治纪律和政治规矩的；群众公认度不高的；上一年年度考核结果为基本称职以下等次的；有跑官、拉票等非组织行为的；除特殊岗位需要外，配偶已移居国（境）外，或者没有配偶但子女均已移居国（境）外的；受到诫勉、组织处理或者党纪政务处分等影响期未满或者期满影响使用的；其他原因不宜提拔或者进一步使用的。

（2）考察内容。

考察党政领导职务拟任人选，必须全面考察其德、能、勤、绩、廉，严把政治关、品行关、能力关、作风关、廉洁关。

（3）考察工作的组织。

考察党政领导职务拟任人选，应当保证充足的考察时间，经过下列程序：制定考察工作方案；同考察对象呈报单位或者所在单位党委（组）主要领导成员就考察工作方案沟通情况，征求意见；根据考察对象的不同情况，通过适当方式在一定范围内发布干部考察预告；采取个别谈话、发放征求意见表、民主测评、实地走访、查阅干部人事档案和工作资料等方法，广泛深入地了解情况，根据需要进行专项调查、延伸考察等，注意了解考察对象生活圈、社交圈情况；同考察对象面谈，进一步了解其政治立场、思想品质、价值取向、见识见解、适应能力、性格特点、心理素质等方面情况，以及缺点和不足，鉴别印证有关问题，深化对考察对象的研判；综合分析考察情况，与考察对象的一贯表现进行比较、相互印证，全面准确地对考察对象作出评价；向考察对象呈报单位或者所在单位党委（组）主要领导成员反馈考察情况，并交换意见；考察组研究提出人选任用建议，向派出考察组的组织（人事）部门汇报，经组织（人事）部门集体研究提出任用建议方案，向本级党委（组）报告。

4. 讨论决定

（1）决定权限。

选拔任用党政领导干部，按照干部管理权限由党委（组）集体讨论作出任免决定，或者决定提出推荐、提名的意见。属于上级党委（组）管理的，本级党委（组）可以提出选拔任用建议。

（2）集体决定。

党委（组）讨论决定干部任免事项，必须有2/3以上成员到会，并保证与会成员有足够时间听取情况介绍、充分发表意见。与会成员对任免事项，逐一发表同意、不同意或者缓议等明确意见，党委（组）主要负责人最后表态。在充分讨论的基础上，采取口头表决、举手表决或者无记名投票等方式进行表决。意见分歧较大时，暂缓进行表决。

（3）讨论程序。

党委（组）分管组织（人事）工作的领导成员或者组织（人事）部门负责人，逐个介绍领导职务拟任人选的推荐、考察和任免理由等情况，其中涉及破格提拔等需要按照要求事先向上级组织（人事）部门报告的选拔任用有关工作事项，应当说明具体事由和征求上级组织（人事）部门意见的情况；参加会议人员进行充分讨论；进行表决，以党委（组）应到会成员超过半数同意形成决定。

（4）呈报审批。

需要报上级党委（组）审批的拟提拔任职的干部，必须呈报党委（组）请示并附干部任免审批表、干部考察材料、本人档案和党委（组）会议纪要、讨论记录、民主推荐情况等材料。上级组织（人事）部门对呈报的材料应当严格审查；需要报上级备案的干部，应当按照规定及时向上级组织（人事）部门备案。

5. 任职

（1）任前公示。

实行党政领导干部任职前公示制度。提拔担任厅局级以下领导职务的，除特殊岗位和在换届考察时已进行过公示的人选外，在党委（组）讨论决定后、下发任职通知前，应当在一定范围内进行公示。公示内容应当真实准确，便于监督，涉及破格提拔的，还应当说明破格的具体情形和理由。公示期不少于5个工作日。公示结果不影响任职的，办理任职手续。任职时间自党委（组）决定之日起计算。

（2）任职试用。

实行党政领导干部任职试用期制度，提拔担任非选举产生的厅局级以下领导职务的，试用期为 1 年。试用期满后，经考核胜任现职的，正式任职；不胜任的，免去试任职务，一般按照试任前职级或者职务层次安排工作。

（3）任职谈话。

实行任职谈话制度，对决定任用的干部，由党委（组）指定专人同本人谈话，肯定成绩，指出不足，提出要求和需要注意的问题。

【知识点 5】党政领导干部交流制度

公务员可以在公务员队伍内部交流，也可以与国有企业事业单位、人民团体和群众团体中从事公务的人员交流。交流的方式包括调任、转任。

交流的对象包括：因工作需要交流的；需要通过交流锻炼提高领导能力的；在一个地方或者部门工作时间较长的；按照规定需要回避的；因其他原因需要交流的。

党政机关内设机构处级以上领导干部在同一职位上任职时间较长的，应当进行交流。经历单一或者缺少基层工作经历的年轻干部，应当有计划地派到基层、艰苦边远地区和复杂环境工作，坚决防止“镀金”思想和短期行为。

【知识点 6】党政领导干部任职回避制度

有夫妻关系、直系血亲关系、三代以内旁系血亲以及近姻亲等亲属关系的，不得在同一机关担任双方直接隶属于同一领导人员的职务或者有直接上下级领导关系的职务，也不得在其中一方担任领导职务的机关从事组织（人事）、纪检监察、审计、财务工作。

【知识点 7】党政领导干部免职、辞职、降职

1. 免职。党政领导干部有下列情形之一的，一般免去现职：达到任职年龄界限或者退休年龄界限的；受到责任追究应当免职的；不适宜担任现职应当免职的；因违纪违法应当免职的；辞职或者调出的；非组织选派，个人申请离职学习期限超过 1 年的；因健康原因，无法正常履行工作职责 1 年以上

的；因工作需要或者其他原因应当免去现职的。因不适宜担任现职调离岗位、免职的，1 年内不得提拔。

2. 辞职。辞职包括因公辞职、自愿辞职、引咎辞职和责令辞职。引咎辞职、责令辞职和因问责被免职的党政领导干部，1 年内不安排领导职务，2 年内不得担任高于原任职务层次的领导职务。同时受到党纪政务处分的，按照影响期长的规定执行。

3. 降职。党政领导干部在年度考核中被确定为不称职的，因工作能力较弱、受到组织处理或者其他原因不适宜担任现职务层次的，降职使用。降职使用的干部，其待遇按照新任职务职级的标准执行。

【知识点 8】党政领导干部选拔任用的纪律和监督

1. 选拔任用党政领导干部纪律

（1）不准超职数配备、超机构规格提拔领导干部、超审批权限设置机构配备干部，或者违反规定擅自设置职务名称、提高干部职务职级待遇；

（2）不准采取不正当手段为本人或者他人谋取职务、提高职级待遇；

（3）不准违反规定程序动议、推荐、考察、讨论决定任免干部，或者由主要领导成员个人决定任免干部；

（4）不准私自泄露研判、动议、民主推荐、民主测评、考察、酝酿、讨论决定干部等有关情况；

（5）不准在干部考察工作中隐瞒或者歪曲事实真相；

（6）不准在民主推荐、民主测评、组织考察和选举中搞拉票、助选等非组织活动；

（7）不准利用职务便利私自干预下级或者原任职地区、系统和单位干部选拔任用工作；

（8）不准在机构变动，主要领导成员即将达到任职年龄界限、退休年龄界限或者已经明确即将离任时，突击提拔、调整干部；

（9）不准在干部选拔任用工作中任人唯亲、排斥异己、封官许愿，拉帮结派、搞团团伙伙，营私舞弊；

（10）不准篡改、伪造干部人事档案，或者在干部身份、年龄、工龄、党龄、学历、经历等方面弄虚作假。

2. 干部选拔任用工作监督与责任追究

加强干部选拔任用工作全程监督，严格执行干部选拔任用全程纪实和任前事项报告、“一报告两评议”、专项检查、离任检查、立项督查、“带病提拔”问题倒查等制度。实行党政领导干部选拔任用工作责任追究制度。凡用人失察失误造成严重后果的，本地区本部门用人上的不正之风严重、干部群众反映强烈以及对违反组织（人事）纪律的行为查处不力的，根据具体情况，严肃追究党委（组）及其主要领导成员、有关领导成员、组织（人事）部门、纪检监察机关、干部考察组有关领导成员以及其他直接责任人的责任。中共中央办公厅印发了《干部选拔任用工作监督检查和责任追究办法》，自2019年5月13日起施行。

三 领导班子和干部管理

【知识点1】税务系统领导班子分工制度的有关要求

税务系统领导班子实行集体领导和个人分工负责相结合的制度，领导班子成员的分工由主要负责人提出初步意见，征求其他领导班子成员意见，经党委会讨论决定，及时公布并向上一级党委报告。

领导班子成员按照分权制衡的原则进行分工，主要负责人不直接分管人事、财务和基建工作，领导班子成员分管税务稽查工作的，不得同时分管重大案件审理工作，分管财务工作的，不得同时分管审计工作。领导班子成员的分工，原则上不超过5年调整一次。领导班子不按规定分工、调整分工的，责令改正。个人不服从调整的，对其进行诫勉谈话。

【知识点2】“三重一大”事项决策的有关要求

中央规定的重大决策、重大项目安排、重要干部任免和大额度资金使用等事项，实行集体研究、集体决策。重大决策事项，包括贯彻执行党和国家的路线方针政策、法律法规和上级重要决定的重大措施，税制改革、征管改革、机构设置及调整、党风廉政建设等方面的决策以及安全稳定等其他决策事项。重大项目安排事项，主要包括年度基本建设项目、政府采购、信息化建设等项目安排。重要干部任免事项，主要包括处级以上干部及省以下机关中层以上干部、直属单位和下一级税务机关领导班子成员的任免、后备干部人选的确定以及其他重要人事任免事项。大额度资金使用事项，主要包括年度预算资金安排及调整、大额公用经费、专项经费、重大项目资金、机动经费、补助性经费以及其他大额度资金使用事项。

党委会有 2/3 以上成员到会，在研究重大事项难以形成统一意见时，暂缓作出决议，经沟通酝酿仍达不成一致意见的，实行无记名票决，投票赞成率达到应参会党委成员过半数以上方可形成决定或决议，纪检监察部门负责人对票决情况进行监督，表决过程和结果如实记录存档。纪检监察部门主要负责人列席局长办公会。党委会和局长办公会作出的重大决策，在 5 个工作日内，以适当方式在一定范围内公开。

领导班子成员违反党委议事规则和局长办公会制度，作出不当决策，或擅自改变集体决定的，限期整改并追究责任。

【知识点 3】民主生活会制度

民主生活会是党内政治生活的重要内容，是党的组织生活基本制度，是发扬党内民主、加强党内监督、依靠领导班子自身力量解决矛盾和问题的重要方式。坚持和完善民主生活会制度，是保证党的团结统一、保持党的先进性和纯洁性的一大法宝。自 2016 年 12 月 23 日起，《县以上党和国家机关党员领导干部民主生活会若干规定》（以下简称《若干规定》）施行。全文共有 22 条，包括了民主生活会的召开范围、作用、召开时间、准备工作、程序、责任追究等方面。

1. 召开民主生活会的重要作用

《若干规定》指出，坚持和完善民主生活会制度，对于新形势下加强和规范党内政治生活，增强党自我净化、自我完善、自我革新、自我提高能力，实现党的正确领导，维护党的团结和集中统一，引导党员领导干部牢固树立政治意识、大局意识、核心意识、看齐意识，自觉践行“三严三实”要求，始终做到忠诚干净担当，具有重要作用。

2. 民主生活会的内容

民主生活会围绕主题，就以下基本内容进行对照检查，开展批评和自我批评：

（1）遵守党章，坚定理想信念，贯彻党的理论路线方针政策和决议，执行党的政治纪律和政治规矩，维护党中央权威的情况。

（2）加强领导班子自身建设，实行民主集中制，维护领导班子团结，严格党的组织生活制度，坚持正确用人导向，开展批评和自我批评的情况。

（3）正确行使权力，履职尽责、积极作为，坚持科学决策、民主决策、依法决策，反对特权、秉公用权的情况。

（4）带头践行社会主义核心价值观，艰苦奋斗，清正廉洁，遵纪守法，注重家庭、家教、家风，教育管理好亲属和身边工作人员的情况。

（5）执行党的群众路线，站稳人民立场，改进领导作风，深入调查研究，密切联系群众的情况。

（6）履行全面从严治党主体责任和监督责任，加强党风廉洁建设和反腐败工作的情况。

3. 召开民主生活会的时间

每年召开 1 次，一般安排在第四季度。

4. 民主生活会的程序步骤

会前的四个准备工作：一是领导班子成员认真学习党章党规和党的创新理论以及有关文件，提高思想认识，把握标准要求。二是由党委（组）或者委托组织部门、机关党委征求党员、干部和群众的意见建议，并如实向领导班子及其成员反馈。领导班子成员应当就反映本人的有关问题，向组织作出说明。三是领导班子成员之间互相谈心谈话，交流思想，交换意见，并与分管单位主要负责人谈心，也接受党员、干部约谈。四是撰写领导班子对照检查材料和个人发言提纲，查摆问题，进行党性分析，提出整改措施。个人发言提纲自己动手撰写，并按规定说明个人有关事项。

会上的四个程序：一是通报上一次民主生活会整改措施落实情况和本次民主生活会征求意见情况。二是主要负责人代表领导班子作对照检查。三是领导班子成员逐一进行对照检查，作自我批评，其他成员对其提出批评意见。四是主要负责人总结会议情况，提出整改工作要求。

5. 民主生活会的领导督导

各级党委（组）履行组织开好民主生活会的领导责任。上级党组织应当通过派出督导组、派人列席等方式，对下级单位召开的民主生活会进行督促检查和指导，具体工作由组织部门会同纪律检查机关负责。对问题突出的领导班子，上级党组织主要负责人应当亲自过问，派出得力的负责人列席民主生活会，严肃指出问题、深入分析原因、切实帮助解决。党的机关工作委员会参与对同级直属机关召开的民主生活会的督促检查和指导。党中央主要负责督促检查和指导省部级单位召开的民主生活会。

6. 民主生活会的责任追究

执行民主生活会制度情况，纳入领导班子及其成员履行全面从严治党责任考核内容，作为考核评价领导班子的重要依据。对不按规定召开民主生活会的应当严肃指出、限期整改，对走过场的责令重新召开，并在一定范围通报批评，情节严重的追究主要负责人责任。对无正当理由不参加民主生活会的党员领导干部，给予严肃批评教育。

7. 民主生活会要严肃认真开展批评和自我批评

领导干部在会上把自身存在的突出问题说清楚、谈透彻，开展批评和自我批评，明确整改方向。自我批评时联系实际、针对问题、触及思想。相互批评时开诚布公指出问题，防止以工作建议代替批评意见。对检查和反映出来的问题，领导班子及其成员制定整改措施，确定整改目标和完成时限。对群众反映强烈的突出问题进行专项整治。需要上级党组织帮助解决的，及时向上级党组织报告。反映领导班子成员的违纪问题，由党的纪律检查机关处理。

【知识点4】领导干部个人有关事项报告相关规定

2017 年，中共中央办公厅、国务院办公厅印发了修订后的《领导干部报告个人有关事项规定》（以下简称《规定》），并研究制定了《领导干部个人有关事项报告查核结果处理办法》（以下简称《办法》）。两项党内法规的出台实施，是贯彻中央全面从严治党战略布局、加强领导干部管理监督的又一重大举措，对于进一步严明党的政治纪律和组织纪律，从严管理监督干部，具有十分重要的意义。

1.《规定》的主要内容

《规定》共 21 条，主要规定了立规的目的和依据，适用对象，报告内容，报告程序和报告材料的汇总综合、查阅、抽查核实及违反规定的处理等。

《办法》修订的主要内容包括三个方面：一是报告主体进一步突出了“关键少数”。概括起来讲，就是“一突出、两调整”：“一突出”，就是突出党政领导干部这个重点。党政机关县处级副职以上的干部，都要报告个人有关事项。参照公务员法管理的人民团体和事业单位的报告对象，范围同党政机关一致。“两调整”，就是将未列入参照公务员法管理的人民团体、事业单位的报告对象范围调整为领导班子成员及内设管理机构领导人员，将国有企业的报告对象范围调整为中央企业的领导班子成员及中层管理人员、省管和市管国有企业的领导班子成员。这样调整，更好地体现了分类管理的原则、精准科学的理念、重点监督的要求。二是报告事项内容更加突出与领导干部权力行为关联紧密的家事、家产情况。家事包括婚姻、因私出国（境）证件和行为、移居国（境）外、从业、被司法机关追究刑事责任等情况。家产包括工资收入、劳务所得、房产、持有股票、基金和投资型保险、经商办企业以及在国（境）外的存款和投资等情况。三是增加了抽查核实的规定。这是《规定》修订的一个重点，在《规定》中专列了5条，对开展查核的方式、比例、对象以及查核结果运用等作出规定。对家庭财产来源合法性验证、查核结果的运用等作了原则性规定。同时，明确了查核联系工作机制和抽查核实纪律。

2.《办法》的主要精神和内容

《办法》主要明确了三个方面的问题：一是明确认定漏报或者瞒报需要掌握的基本原则。二是区分了漏报、瞒报的具体情形和处理规定。对漏报、瞒报行为的处理，考虑到瞒报属于主观故意，是对组织不忠诚老实的体现，所以在组织处理方面体现了加重的原则。对隐瞒不报情节较重或者查核发现涉嫌其他违纪问题的，依照《中国共产党纪律处分条例》等追究纪律责任。三是明确了领导干部因不如实报告个人有关事项受到组织处理和纪律处分的影响期。《办法》重申或者明确，受到诫勉处理的，半年内不提拔或者进一步使用；受到取消考察对象（后备干部人选）资格处理的，1年内不提拔或者进一步使用；受到调离岗位、改任非领导职务、免职处理的，1年内不提拔；受到降职处理的，2年内不提拔；受到纪律处分的，依照《中国共产党纪律处分条例》等规定执行。

3.《规定》明确违反报告个人有关事项制度的责任追究

一是规定领导干部无正当理由不按时报告、漏报少报、隐瞒不报或者查核发现有其他违规违纪问题的，根据情节轻重，给予批评教育、组织调整或者组织处理、纪律处分。二是规定党委（组）及其组织（人事）部门把查核结果作为衡量领导干部是否忠诚老实、清正廉洁的重要参考，充分运用到选拔任用、管理监督等干部工作中。对未经查核提拔或者进一步使用干部，或者对查核发现的问题不按照规定处理的，追究党委（组）、组织（人事）部门及其有关领导成员的责任。三是规定组织（人事）部门和查核联系工作机制成员单位，严格遵守工作纪律和保密纪律。对违反工作纪律、保密纪律或者在查核工作中敷衍塞责、徇私舞弊的，追究有关责任人的责任。

【知识点5】领导干部述职述廉的有关要求

领导干部每年结合年度考核在规定范围内述职述廉。领导班子成员在本单位全体干部以及下一级领导班子主要负责人的范围内进行述职述廉。其他领导干部述职述廉由各级税务机关确定。

1. 述职述廉的内容。主要包括学习贯彻党的路线方针政策情况，执行民主集中制情况，执行干部选拔任用工作规定情况，履行岗位职责和落实党风廉政建设责任情况，遵守廉洁从政规定情况，存在的突出问题和改正措施，其他需要说明的情况。

2. 述职述廉会议的组织。述职述廉会议由本级党委组织，提前10日向上一级党委报告。上一级人事、纪检监察部门参加述职述廉会议，组织开展民主测评和廉政测评。会议结束后，上一级人事、纪检监察部门对收集到的意见和测评情况进行梳理分析，及时将群众意见、民主评议情况予以反馈。领导班子成员对民主测评和群众反映中发现的问题，认真进行整改。人事、纪检监察部门在述职述廉会议结束后30日内将领导班子成员的述职述廉报告和整改措施，报上一级人事、纪检监察部门并存入领导班子成员的个人档案和廉政档案。

3. 述职述廉结果的运用。对廉政测评中“差”得票率达到30%以上的，由上一级税务机关的纪检组组长对其进行谈话提醒或诫勉谈话；廉政测评中“差”得票率连续2个年度均达到30%以上的，上级党委给予组织处理。

【知识点6】因私出国（境）管理制度的有关要求

国家税务总局制定了关于进一步加强领导干部因私出国（境）管理工作

的规定，从审批把关、证件保管和日常管理三个方面对税务系统领导干部因私出国（境）提出了要求。

1. 因私出国（境）的审批。在职厅局级干部因私出国（境）原则上每年不超过一次，国（境）外停留时间一般不超过 15 日。在职处级干部和退（离）休厅局级、处级干部因私出国（境）次数不作限制，一次出国（境）在外停留时间一般不超过 3 个月。国家税务总局机关各司局和各省（区、市）税务局主要负责人只批准因私出国（境）探亲、看病，其他因私出国（境）情形不予批准。同一领导班子成员不得在同一时间段内安排因私出国（境）。

在职厅局级、处级干部和退（离）休厅局级干部因私出国（境）向所在单位提出书面申请，人事部门按照干部管理权限进行认真审核，并征求纪检监察部门的意见。退（离）休处级干部因私出国（境）于10 日前向所在单位人事部门备案。对涉及管理人、财、物，机要档案和其他重要岗位的领导干部，以及配偶已移居国（境）外和没有配偶、子女均已移居国（境）外的领导干部因私出国（境）从严把关。发现有法律法规规定不准出国（境）的人员，以及涉嫌严重违纪违法的人员，一律不批准其出国（境）。

2. 因私出国（境）证件的管理。在职厅局级、处级干部，退（离）休厅局级干部和退休 3 年（含 3 年）以内的处级干部的因私出国（境）证件均交由所在单位人事部门集中保管。上述人员回国（境）后 7 日内，将证件交回所在单位人事部门集中保管，所在单位人事部门按规定于 15 日内向出国（境）人员主管单位人事部门备案。对违反因私出国（境）证件管理规定，拒不交出所持出国（境）证件的领导干部，按相关规定进行严肃处理。

3. 因私出国（境）管理工作的要求。一是狠抓日常管理。各级人事部门对登记备案人员信息进行及时更新，并通过领导干部个人有关事项报告及时了解掌握领导干部持有因私出国（境）证件、因私出国（境）等情况。同时，切实做好防范领导干部外逃等有关工作，凡发现有领导干部外逃或涉嫌外逃的，在 24 小时内逐级上报至国家税务总局（人事司）。二是强化责任追究。对发现违反有关规定办理因私出国（境）证件、未经批准出国（境）、瞒报因私出国（境）情况等问题的领导干部，按照《中国共产党纪律处分条例》等相关规定进行处理。对于出现干部滞留不归、借机外逃等问题的，除对当事人依纪依规处理外，还追究所在单位主要负责人和相关责任人的责任。

国家税务总局机关和税务系统科级领导干部因私出国（境）管理工作，可参照上述规定执行。

四 干部人事档案管理

【知识点 1】干部人事档案工作机构（含干部人事档案工作岗位）职责

1. 负责干部人事档案的建立、接收、保管、转递，档案材料的收集、鉴别、整理、归档，档案信息化等日常管理工作。

2. 负责干部人事档案的查（借）阅、档案信息研究等利用工作，组织开展干部人事档案审核工作。

3. 配合有关方面调查涉及干部人事档案的违规违纪违法行为。

4. 指导和监督检查下级单位干部人事档案工作。

5. 办理其他有关事项。

【知识点 2】干部人事档案主要内容和分类

1. 履历类材料。主要有《干部履历表》和干部简历等材料。

2. 自传和思想类材料。主要有自传、参加党的重大教育活动情况和重要党性分析、重要思想汇报等材料。

3. 考核鉴定类材料。主要有平时考核、年度考核、专项考核、任（聘）期考核，工作鉴定，重大政治事件、突发事件和重大任务中的表现，援派、挂职锻炼考核鉴定，党组织书记抓基层党建评价意见等材料。

4. 学历学位、专业技术职务（职称）、学术评鉴和教育培训类材料。主要有中学以来取得的学历学位，职业（任职）资格和评聘专业技术职务（职称），当选院士、入选重大人才工程，发明创造、科研成果获奖、著作译著和有重大影响的论文目录，政策理论、业务知识、文化素养培训和技能训练情况等材料。

5. 政审、审计和审核类材料。主要有政治历史情况审查，领导干部经济责任审计和自然资源资产离任审计的审计结果及整改情况、履行干部选拔任用工作职责离任检查结果及说明，证明，干部基本信息审核认定、干部人事档案任前审核登记表，廉洁从业结论性评价等材料。

6. 党、团类材料。主要有《中国共产党入党志愿书》、入党申请书、转正申请书、培养教育考察，党员登记表，停止党籍、恢复党籍，退党、脱党，保留组织关系、恢复组织生活，《中国共产主义青年团入团志愿书》、入团申请书，加入或者退出民主党派等材料。

7. 表彰奖励类材料。主要有表彰和嘉奖、记功、授予荣誉称号，先进事迹以及撤销奖励等材料。

8. 违规违纪违法处理处分类材料。主要有党纪政务处分，组织处理，法院刑事判决书、裁定书，公安机关有关行政处理决定，有关行业监管部门对干部有失诚信、违反法律和行政法规等行为形成的记录，人民法院认定的被执行人失信信息等材料。

9. 工资、任免、出国和会议代表类材料。主要有工资待遇审批、参加社会保险，录用、聘用、招用、入伍、考察、任免、调配、军队转业（复员）安置、退（离）休、辞职、辞退，公务员（参照公务员法管理人员）登记、遴选、选调、调任、职级晋升，职务、职级套改，事业单位管理岗位职员等级晋升，出国（境）审批，当选党的代表大会、人民代表大会、政协会议、群团组织代表会议、民主党派代表会议等会议代表（委员）及相关职务等材料。

10. 其他可供组织参考的材料。主要有毕业生就业报到证、派遣证，工作调动介绍信，国（境）外永久居留资格、长期居留许可等证件有关内容的复印件和体检表等材料。

【知识点3】干部人事档案日常管理

主要包括档案建立、接收、保管、转递、信息化、统计和保密，档案材料的收集、鉴别、整理和归档等。

1. 干部人事档案分为正本和副本。副本由正本主要材料的复制件构成。正本有关材料和信息变更时，副本相应变更。

2. 干部人事数字档案是按照国家相关技术标准，利用扫描等技术手段将干部人事纸质档案转化形成的数字图像和数字文本。组织人事部门及其干部人事档案工作机构在干部人事档案数字化过程中，严格规范档案目录建库、档案扫描、图像处理、数据存储、数据验收、数据交换、数据备份、安全管理等基本环节，保证数字档案的真实性、完整性、可用性、安全性，确保与纸质档案一致。

3. 组织人事部门及其干部人事档案工作机构按照预防为主、防治结合的要求，建立和维护科学合理的档案存放秩序，按照有关标准要求建设干部人事档案库房，加强库房安全管理和技术防护。档案数量较少的单位，设置专用房间保管档案。阅档场所、整理场所、办公场所分开。

4. 干部人事档案管理权限发生变动的，原管理单位的干部人事档案工作机构对档案进行认真核对整理，保证档案内容真实准确、材料齐全完整，并在2个月内完成转递；现管理单位的干部人事档案工作机构认真审核，严格把关，一般在接到档案2个月内完成审核入库。

5. 各级党政机关、国有企事业单位和其他组织及个人，对于属于国家秘密、工作秘密的干部人事档案材料和信息，严格保密；对于涉及商业秘密、个人隐私的材料和信息，按照国家有关法律规定进行管理。

【知识点4】干部人事档案利用和审核

干部人事档案利用方式主要包括查（借）阅、复制和摘录等。

可以查阅干部人事档案的情形：

1. 政治审查、发展党员、党员教育、党员管理等；

2. 干部录用、聘用、考核、考察、任免、调配、职级晋升、教育培养、职称评聘、表彰奖励、工资待遇、公务员登记备案、退（离）休、社会保险、治丧等；

3. 人才引进、培养、评选、推送等；

4. 巡视、巡察，选人用人检查、违规选人用人问题查核，组织处理，党纪政务处分，涉嫌违法犯罪的调查取证、案件查办等；

5. 经具有干部管理权限的党委（组）、组织人事部门批准的编史修志，撰写大事记、人物传记，举办展览、纪念活动等；

6. 干部日常管理中，熟悉了解干部，研究、发现和解决有关问题等；

7. 其他因工作需要利用的事项。

查阅干部人事档案的程序和要求：

1. 查阅单位如实填写干部人事档案查阅审批材料，按照程序报单位负责同志审批签字并加盖公章；

2. 两人以上查阅档案，一般均为党员；

3. 干部人事档案工作机构按照程序审批；

4. 在规定时限内查阅。

干部人事档案一般不予外借，确因工作需要借阅的，借阅单位履行审批手续，在规定时限内归还，归还时干部人事档案工作机构认真核对档案材料。

【知识点5】干部人事档案工作纪律

1. 严禁篡改、伪造干部人事档案；

2. 严禁提供虚假材料、不如实填报干部人事档案信息；

3. 严禁转递、接收、归档涉嫌造假或者来历不明的干部人事档案材料；

4. 严禁利用职务、工作上的便利，直接实施档案造假，授意、指使、纵容、默许他人档案造假，为档案造假提供方便，或者在知情后不及时向组织报告；

5. 严禁插手、干扰有关部门调查、处理档案造假问题；

6. 严禁擅自抽取、撤换、添加干部人事档案材料；

7. 严禁圈划、损坏、扣留、出卖、交换、转让、赠送干部人事档案；

8. 严禁擅自提供、摘录、复制、拍摄、保存、丢弃、销毁干部人事档案；

9. 严禁违规转递、接收和查（借）阅干部人事档案；

10. 严禁擅自将干部人事档案带出国（境）外；

11. 严禁泄露或者擅自对外公开干部人事档案内容。

五 老干部管理

【知识点1】干部离休、退休和退职

1. 离休。离休全称叫“离职休养”，是指对新中国成立前参加中国共产党所领导的革命战争、脱产享受供给制待遇的和从事地下革命工作的老干部，达到离职休养年龄的，实行离职休养。

2. 退休。退休是指国家为到达一定年龄因年老或因工、因病完全丧失劳动能力并退出工作岗位的人员所制定的一种社会保障制度。国家公务员中，男年满60周岁、女年满55周岁或丧失工作能力的，可以退休。根据中共中央组织部、人力资源社会保障部关于机关事业单位县处级女干部和具有高级职称的女性专业技术人员退休年龄问题的相关规定，从2015年3月1日起，党政机关、人民团体中的正、副县处级及相应职务层级的女干部年满60周岁退休。

公务员符合下列条件之一的，本人自愿提出申请，经任免机关批准，可以提前退休：①工作年限满30年的；②距国家规定的退休年龄不足5年，且工作年限满20年的；③符合国家规定的可以提前退休的其他情形的。

3. 退职。退职，是指国家对经医院证明，并经劳动鉴定委员会确认完全丧失劳动、工作能力，而又不具备退休条件的人员所制定的一项社会保障制度。

离休制度是退休制度中的一种特殊方式，制度上将干部离休、退休、退职统称为干部退休，习惯上称为干部离退休。

【知识点2】老干部政治待遇和生活待遇

“一个不变”和“三个原则”：“一个不变”，即老干部离休、退休以后基本政治待遇不变。“三个原则”，一是从优原则，离休干部生活待遇略为从优；二是平衡原则，要逐步做好企业离休干部与机关、事业单位离休干部生活待遇上的平衡工作；三是分享原则，随着经济社会的不断发展，在职人员增加工资和收入时，离退休人员应相应地增加离退休费，使老同志与在职人员一起分享改革开放和社会主义现代化建设的成果。

政治待遇包括：

（1）按规定组织离退休干部看文件，听报告，参加有关重要会议和重要政治活动。

（2）认真组织离退休干部进行政治理论学习。

（3）定期向离退休干部通报情况。

（4）组织离退休干部党员定期过党的组织生活，参加党的活动。

（5）积极组织离退休干部参观经济建设新成就。

（6）认真组织离退休干部开展科学健康的文化健身活动。

（7）坚持做好春节慰问和重大节日活动等工作。

（8）进一步做好社会优待和服务工作。

生活待遇包括：工资、福利补贴、生活补贴、护理费、高龄补贴、电话费、住房用车照顾、医药费、健康休养等。

>> 第二节 教育培训管理

一 干部教育培训

【知识点1】税务干部教育培训的对象与类别

1. 税务干部教育培训对象

税务干部教育培训对象是各级税务机关及其所属事业单位的在职干部，重点是科级以上领导干部和优秀中青年干部。

2. 税务干部教育培训类别

（1）贯彻落实党和国家重大决策部署的集中轮训。

集中轮训是为了适应新的形势和任务的需求，在一定时期内有针对性地组织某一部分或某一类干部，分期分批地集中学习同一内容的培训类型。开展集中轮训，有利于迅速统一思想、凝聚共识、形成合力，推动党和国家重大决策部署的贯彻落实。

（2）党的基本理论和党性教育的专题培训。

专题培训是指紧紧围绕党和国家工作大局，立足于破解经济社会发展和党的建设中的重点难点问题设置培训专题，开展学习和研讨的培训类型。开展专题培训，有利于坚定理想信念，增强党性修养，提高运用马克思主义立场观点方法解决实际问题的能力。

（3）新录（聘）用的初任培训。

税务机关新录（聘）用干部必须参加初任培训。初任培训按照统一培训目标、统一培训要求、统一培训考核的原则，以集中脱产学习、工作实习等形式进行，主要使新录（聘）用干部具备履行岗位工作的基本素质和能力。

未经初任培训或培训考核不合格的不得上岗。初任培训根据新录（聘）用干部的学历、专业、工作经历及岗位需要等特点进行集中脱产培训。

（4）晋升领导职务的任职培训。

晋升司级、处级、科级领导职务的人员必须参加相应的任职培训。任职培训以集中脱产形式进行，主要提高被培训者履行新任职务的政策理论水平、岗位知识水平和组织领导能力。任职培训必须在任职前或任职试用期内进行。晋升副处级以上领导职务的集中脱产培训时间一般不少于 30 日，晋升正、副科级领导职务的集中脱产培训时间一般不少于 15 日。

（5）在职期间的岗位培训。

岗位培训是根据税务干部在职期间履行岗位职责的需要，有计划进行的政治理论、政策法规、业务知识、文化素养和操作技能的教育培训。开展税务干部在职期间的岗位培训旨在围绕实现税收现代化的使命，构建与现代化税务组织体系相适应、科学规范的分类分级岗位能力素质标准体系，发挥能力素质标准对税务干部发展的引领作用，提高税务干部的职业素质和岗位能力。

（6）从事专项工作的专门业务培训。

根据税收工作各项业务的需要及时开展专门业务培训。专门业务培训的目的是使税务干部获得从事专项业务工作所需的知识、技能和方法等。担任专业技术职务的税务干部，按照专业技术人员继续教育的要求，参加专业技术培训。

（7）其他培训。

随着干部教育培训的发展，培训类别将会不断扩展延伸。其他培训是一个概括性定义，是除上述六类以外的培训类别。例如，后备领导干部培训。后备领导干部培训按照司局级、处级、科级后备领导干部等层级和干部任免权限分别组织实施。

【知识点 2】税务干部教育培训的内容

税务干部教育培训坚持以政治理论、政策法规、理想信念、党性修养、道德品行、廉政教育为重点，注重税收业务知识和岗位技能培训，注重科学人文素养教育，全面提高税务干部素质和能力。

1. 政治理论教育

政治理论教育重点开展马克思列宁主义、毛泽东思想、邓小平理论、“三个代表”重要思想、科学发展观和习近平总书记系列重要讲话精神教育培训，加强党的路线方针政策、社会主义核心价值观、党史国史、国情形势等教育培训，引导干部坚定共产主义远大理想和中国特色社会主义共同理想，增强中国特色社会主义道路自信、理论自信、制度自信，提高运用马克思主义立场、观点、方法分析解决实际问题的能力，增强推进税收现代化建设的本领。

对党员税务干部，必须加强党性教育，重点开展党章、党的宗旨、党规党纪、党的优良传统、党风廉政建设等教育培训，引导党员干部增强党的意识、宗旨意识、执政意识、大局意识、责任意识、规矩意识，做到对党忠诚、个人干净、敢于担当。

对党外税务干部，也根据其特点，开展相应的政治理论教育。

2. 政策法规教育

政策法规教育重点加强宪法法律、党内法规和税收法律法规教育，开展党中央关于经济建设、政治建设、文化建设、社会建设、生态文明建设和党的建设等方面重大决策部署的培训，提高税务干部科学执政、民主执政、依法执政水平。

开展总体国家安全观教育，增强税务干部国家安全意识和推进国家安全建设的本领。

3. 税收业务知识和岗位技能培训

税收业务知识和岗位技能培训根据税务干部岗位特点和工作要求，有针对性地开展履行岗位职责所必备知识的培训，加强推进税收现代化需要的新知识、新技能的教育培训，帮助税务干部提高专业素养和实际工作能力。

4. 科学人文素养教育

科学人文素养教育按照提高税务干部综合素质的要求，广泛开展哲学、历史、科技、文学、艺术、军事、外交、民族、宗教、保密、心理健康等方面教育培训，帮助税务干部加快知识更新、优化知识结构、拓宽眼界视野。

【知识点3】税务干部教育培训的方式和方法

主要方式：脱产培训、党委（组）中心组学习、网络培训、在职自学等。

1. 脱产培训

脱产培训以组织调训为主。干部教育培训管理部门负责制订干部调训计划，选调干部参加脱产培训。根据工作需要，可以对干部实行点名调训。干部所在单位按照计划完成调训任务。税务干部必须服从组织调训。

2. 党委（组）中心组学习

中心组学习以党的理论和路线方针政策为基本内容，在自学和调研基础上，保证每个季度不少于1次集体学习研讨。

3. 网络培训

充分运用现代信息技术，建立兼容、开放、共享、规范的税务干部网络培训体系。用好移动互联网、云计算、大数据、物联网等技术手段，提高干部教育培训教学和管理信息化水平。

4. 在职自学

建立健全干部在职自学制度。干部所在单位支持鼓励干部在职自学，并提供必要条件。

主要方法：根据内容要求和干部特点，综合运用讲授式、研讨式、案例式、模拟式和体验式等教学方法，实现教学相长、学学相长。同时，引导和支持干部教育培训方式方法不断创新。

【知识点4】税务干部教育培训机构、师资、课程、教材及经费的相关规定

1. 教育培训机构

加强税务干部教育培训机构建设，构建分工明确、优势互补、布局合理、竞争有序的税务干部教育培训机构体系，充分发挥税务干部院校在干部教育培训中的主渠道和主阵地作用。

各级税务机关干部教育培训管理部门可以委托具有干部教育培训办学条件的高等学校、科研院所、社会培训机构等承担干部教育培训任务。

税务干部教育培训机构应当以教学为中心，深化教学改革，完善培训内容，科学设置培训班次和学制，优化学科结构，改进课程设计，创新教学方法，提高教学水平。

2. 师资

按照政治合格、素质优良、规模适当、结构合理、专兼结合的原则，建设高素质税务干部教育培训师资队伍。

建立完善税务干部教育培训师资库，实行动态管理，推动全系统师资共享。

3. 课程、教材

建立完善干部教育培训课程开发和更新机制，加强精品课程建设，构建富有时代特征和实践特色、务实管用的税务干部教育培训课程体系。

坚持干部教育培训教材的开发和利用相结合，逐步建立开放的、形式多样的、具有时代特色的税务干部教育培训教材体系。

税务总局教材编审委员会负责组织制定税务干部教育培训教材建设规划，审定税务总局统一编写的干部教育培训教材。各级税务机关按照教材建设规划的要求，可以编写符合需要、各具特色的干部教育培训教材，积极运用中央有关部门组织编写、推荐的权威教材和学习读本，选用国内外优秀出版物。

4. 经费

干部教育培训经费列入各级税务机关年度经费预算，保证干部教育培训工作需要。加强干部教育培训经费管理，厉行节约，勤俭办学，提高经费使用效益。

税务干部个人参加社会化培训，费用一律由本人承担，不得由财政经费和单位经费报销，不得接受任何机构和他人的资助或者变相资助。

【知识点5】税务干部教育培训的考核与评估

1. 税务干部教育培训考核

（1）考核内容。税务干部教育培训考核的内容包括干部的学习态度和表现，理论、知识掌握程度，党性修养和作风养成情况，以及解决实际问题的能力等。

（2）考核方法。税务干部教育培训考核区分不同教育培训方式分别实施。脱产培训的考核，由主办单位和干部教育培训机构实施；网络培训和境外培训的考核，由主办单位和干部所在单位实施。

干部教育培训实行登记管理。各级税务机关干部教育培训主管部门和干部所在单位按照干部管理权限，建立完善干部教育培训档案，如实记载干部参加教育培训情况和考核结果。建立健全跟班管理制度，加强对干部学习培训的考核与监督。

各级税务机关人事部门在干部年度考核、任用考察时，将干部接受教育培训情况作为一项重要内容。干部参加脱产培训情况记入干部年度考核表，参加 2 个月以上的脱产培训情况记入干部任免审批表。

2. 税务干部教育培训评估

税务干部教育培训评估包括对干部教育培训机构、培训项目及培训课程的评估。

（1）教育培训机构评估。税务干部教育培训主管部门负责对干部教育培训机构进行评估，也可以委托干部教育培训主管部门认可的机构进行评估。干部教育培训机构评估的内容包括办学方针、培训质量、师资队伍、组织管理、学风建设、基础设施、经费管理等。干部教育培训主管部门充分运用评估结果，指导干部教育培训机构改进工作。

（2）培训项目评估。税务干部教育培训项目评估由项目委托方组织实施。项目评估的内容包括培训设计、培训实施、培训管理、培训效果等。评估结果作为评价教育培训机构办学质量的重要标准，作为确定教育培训机构承担培训任务的重要依据。

（3）培训课程评估。税务干部教育培训课程评估由教育培训机构组织实施。课程评估的内容包括教学态度、教学内容、教学方法、教学效果等。教育培训机构将评估结果作为指导教学部门和教师改进教学的重要依据。

【知识点 6】2018—2022 年全国税务系统干部教育培训相关规划

为深入推进税务干部教育培训工作，培养造就高素质专业化税务铁军，高质量推进新时代税收现代化，根据《2018—2022 年全国干部教育培训规划》等文件精神，结合国税地税征管体制改革后新税务新使命新要求，国家税务总局于 2018 年制定了 2018—2022 年全国税务系统干部教育培训相关规划。

1. 主要目标

（1）以习近平新时代中国特色社会主义思想为中心内容的理论教育更加深入，使之系统权威进教材、生动有效进课堂、刻骨铭心进头脑，广大税务干部马克思主义水平和政治理论素养不断提高，“四个意识”不断增强，“四个自信”进一步坚定，“四个服从”成为普遍自觉，坚决做到“两个维护”，思想行动高度统一。

（2）党性教育更加扎实，广大税务干部理想信念、党性观念、宗旨意识进一步强化，思想觉悟、政德修养、品行作风进一步提高，信仰之基、从政之基、廉政之基进一步牢固。

（3）税收专业化能力培训更加精准，知识培训更加深入，税务干部专业素养、专业能力、专业作风、专业精神得到培育，助力高质量推进新时代税收现代化的本领普遍增强，税务部门落实党中央、国务院决策部署更加高效有力，服务经济社会发展的能力全面提高。

（4）人才工程建设更加有效，素质提升“115 工程”目标任务全面完成，具有国际竞争力的人才培养体系更加健全，复合型人才培养取得新进展，适应新时代新税务要求、数量充足、充满活力的人才队伍不断壮大和优化。

（5）教育培训体系更加优化，税务干部素质培养的时代性、针对性、有效性不断增强，教育培训能力建设不断深化，培训理念、内容体系、组织架构、运行机制更加完善，适应新时代发展要求、具有税务特色、科学高效的税务干部教育培训体系基本健全。

2. 全面深入开展习近平新时代中国特色社会主义思想教育培训

（1）坚持把学习贯彻习近平新时代中国特色社会主义思想摆在干部教育培训最突出的位置。把习近平新时代中国特色社会主义思想作为税务系统各级党委理论学习中心组学习的主要内容，作为税务总局党校（干部学院）和省税务干部学校主要课程，作为干部学习的中心内容。综合运用多种方式方法，深化习近平新时代中国特色社会主义思想教育培训。

（2）在学懂弄通做实上下功夫。组织税务干部研读习近平新时代中国特色社会主义思想原著。教育引导广大干部把自己摆进去、把思想摆进去、把工作摆进去，对照习近平新时代中国特色社会主义思想检视思想言行，自觉在思想上政治上行动上同以习近平同志为核心的党中央保持高度一致。

（3）着力提升学习培训效果。认真贯彻落实中央制定的习近平新时代中国特色社会主义思想教学大纲、课程体系，组织学习第五批全国干部学习培训教材。充分运用中央理论学习网络平台，不断丰富和完善习近平新时代中国特色社会主义思想的教育培训资源和干部学习资源，持续增强理论学习教育的吸引力感染力说服力。

（4）建立健全习近平新时代中国特色社会主义思想学习教育长效机制。

坚持和完善干部脱产学习进修制度，制定新一轮税务系统领导干部 5 年脱产进修计划。建立健全税务干部在职自学制度。探索学习效果检测机制，把学习贯彻习近平新时代中国特色社会主义思想情况作为考核各级税务机关领导班子和衡量领导干部思想政治素质的重要内容。

【知识点 7】税务系统培训管理规范

1. 加强培训计划管理

（1）各级税务机关紧密结合年度重点工作和干部队伍建设需要，统筹研究制定年度培训计划，合理确定经费预算，按时报上级主管部门备案。

（2）教育培训项目计划明确项目名称、培训对象、培训目标、培训内容、培训规模、培训时间、培训地点等内容；培训管理项目计划明确项目名称、负责人、申报理由、主要内容、总体目标、阶段性目标、组织实施条件、经费保障、评估与验收方案等内容。

（3）坚持勤俭务实高效办培训，努力提高培训质量和经费使用效率，严禁组织无实质内容的培训班，严禁以培训名义召开会议或组织其他活动。

（4）年度培训计划一经批准，原则上不得调整。因特殊情况或工作需要变更或增加培训班次及调整预算的，严格履行报批程序。

（5）培训机构原则上在税务系统干部院校和当地党校、行政学院等院校内择优选择，确需在其他地方举办的，应选择省级以上主管部门认可的培训机构。不得在无培训资质的各类培训中心、高档宾馆、风景名胜区举办培训班。

（6）年度培训结束后，教育培训主管部门将年度培训计划执行情况，向本单位干部教育培训联席会议或干部教育培训工作领导小组汇报，并自觉接受人事、财务、审计等有关部门的监督检查。

2. 规范培训组织实施

（1）培训主办单位认真进行培训需求调查分析，紧紧围绕税收工作需要，合理编制培训项目实施方案，科学安排教学与相关活动专题，并严格按照要求落实培训计划和培训项目，不得随意变更培训安排。

（2）各类干部进修班，开设党风廉政教育的教育单元；各类干部培训班，安排党风廉政教育内容。

（3）培训主办单位综合运用多种形式进行培训效果评估，听取学员意见，并汇总分析考评情况，及时向培训机构和教育培训管理部门反馈。对培训评估中发现的问题，认真总结经验，找出存在问题及原因，不断改进培训工作。

（4）教育培训主管部门对培训实施情况进行督促检查，加强培训教学和学员选派工作的管理及审核监督，防止出现不按照规定选派学员、违规安排考察、违规收费等问题。

（5）培训机构根据培训主办单位的培训需求，认真拟定培训项目计划，灵活选择培训形式，积极运用科学、有效的教学方法，充分调动学员的学习积极性，不断提高培训的针对性和实效性。

3. 加强学员与教师的管理、学风建设

（1）培训机构坚持从严治校，完善规章制度，严格校规校纪，从严安排教学，从严要求学员，教育引导教师、班主任、组织员等做好学员的服务和管理。要加强学员的入学教育，增强学员遵规守纪意识，熟知各项纪律规定，遵守学习纪律和廉洁自律规定。充分发挥班（支）委会作用，引导学员开展集体学习，加强自我管理。对重点培训班次，干部教育培训管理部门派人跟班。

（2）参加培训的干部特别是各级领导干部，在守纪律、讲规矩上作表率。无论什么级别的干部参加学习培训都是普通学员，必须端正学习态度，树立学员意识，不准请人代写发言材料、学习体会、调研报告和论文等，不准抄袭他人学习研究成果，不准工作人员“陪读”。对违反规定的学员，视情节轻重予以取消成绩、通报批评或责令退学。

（3）7 日以内的培训不得组织调研、考察、参观；7 日以上的培训班，如确需安排与培训内容有关的调研、考察活动的，有具体的内容和要求，并列入培训需求，由主办单位领导批准，提交培训机构根据实际进行课程设计并组织实施。调研及考察结束后形成书面报告。

（4）干部在校学习期间，住在学员宿舍，吃在学员食堂。学员之间、教员和学员之间不得用公款相互宴请。班级、小组不得以集体活动为名聚餐吃请。学员不得外出参加任何形式的可能影响公正执行公务的宴请和娱乐活动。对违反规定的学员予以退学处理，并通报学员所在单位依照有关规定处理。

（5）学员学习培训期间，不得留公车驻校，不得借用其他单位和个人的车辆“伴读”。对违反规定的学员，予以通报批评。

（6）学员参加学习期间不再承担所在单位的工作、会议、出国（境）考察等任务。如因特殊情况确需请假的，必须严格履行请假手续。累计请假时间超过总学时 1/7 的，按退学处理。未经批准擅自离校的，予以退学处理。

（7）学员不准接受和赠送礼品、礼金、有价证券和支付凭证及土特产等，不得接待以探望为名的各种礼节性来访。学员之间不准以学习交流、对口走访、交叉考察、集体调研等名义互请旅游。对违反规定的学员，视情节轻重予以约谈提醒、通报批评或责令退学。对于接受和赠送贵重礼品、礼金、有价证券和支付凭证的，将有关情况通报干部主管部门和所在单位，按规定处理。

（8）学员在校期间及结（毕）业以后，一律不准以同学名义搞“小圈子”，不得成立任何形式的联谊会、同学会等组织，也不得确定召集人、联系人等开展有组织的活动。不得利用同学关系在干部任用和人事安排以及子女入学、就业、经商等方面相互提供方便、谋取私利。对违反规定的在校学员，牵头人予以退学处理，参与者予以通报批评；对结（毕）业后的学员，由有关部门严肃查处。

（9）干部教育培训管理部门和培训机构不得在高档宾馆、风景名胜区举办培训班，不得超标准安排食宿，不得发放高档消费品和纪念品，严禁借培训之名搞公款旅游。对违反规定的，追究主办单位和承办单位领导及相关人员责任。

（10）税务干部院校的教师，要认真遵守教学管理的有关规定，不准散布与中国特色社会主义理论体系和党的路线方针政策相违背的言论，不准讲授违反国家法律法规和税务总局党委决策部署的内容。对违反规定的，要进行批评教育，情节严重的，取消任教资格。

（11）学员所在单位要做好训前谈话、训中跟踪、训后考察等工作；干部教育培训机构作为学员管理的直接组织者、实施者，必须履职尽责，不断完善学员管理办法，健全学员管理制度，严格校规校纪，从紧安排教学，从严要求学员，教育引导教师、班主任等做好学员的服务和管理；干部教育培训主管部门要发挥整体协调、宏观指导、制定规章、督促检查等职能，指导培训机构、学员所在单位共同抓好学员管理工作；组织人事部门要将学员在校期间的主要表现记入个人档案，作为干部考核内容和任职、晋升的重要依据；加强监督检查，严格制度落实，对不遵守纪律的行为严肃查处，绝不姑息迁就。

4. 严格控制经费使用

（1）培训费要严格控制在规定的综合定额标准以内，不得超标准支付培训费和师资费。

培训费是指开展培训直接发生的各项费用支出，包括师资费、住宿费、伙食费、培训场地费、培训资料费、交通费以及其他费用。除师资费外，培训费实行分类综合定额标准，分项核定、总额控制，各项费用之间可以调剂使用。除师资费外，三类培训（参训人员主要为处级及以下人员的培训项目）每人天不超过550元。讲课费（税后）执行以下标准：副高级技术职称专业人员每学时最高不超过500元；正高级技术职称专业人员每学时最高不超过1000元；院士、全国知名专家每学时一般不超过1500元。

（2）严禁借培训名义安排公款旅游、组织会餐或安排宴请；严禁组织高消费娱乐和健身活动；严禁使用培训费购置电脑、复印机、打印机、传真机等固定资产以及开支与培训无关的其他费用；严禁在培训费中列支公务接待费、会议费；严禁套取培训费设立“小金库”。

（3）报销培训费，综合定额范围内的，提供培训计划审批文件、培训通知、实际参训人员签到表以及培训机构出具的收款票据、费用明细等凭证；师资费范围内的，提供讲课费签收单或合同，异地授课的城市间交通费、住宿费、伙食费按照差旅费报销办法提供相关凭据；执行中经单位主要负责同志批准临时增加的培训项目，还提供单位主要负责同志审批材料。财务部门应当严格按照规定审核培训费开支，对未履行审批备案程序的培训，以及超范围、超标准开支的费用不予报销。

（4）培训费由培训举办单位承担，不得向学员收取其他费用。施教机构不得以实现销售或劳务为目的，为学员开具培训票据。

（5）培训机构应将每一个培训项目开支情况通过一定形式公开，接受教员、学员等干部群众的监督。

（6）落实培训责任制，对考核监督中发现违反相关规定的单位和个人，应视情节轻重采取约谈提醒、暂停当年培训计划、核减下一年度培训指标或通报批评等措施。

（7）组织人事部门要注重学员考核结果的应用，将学员在校学习期间的有关记录按规定记入其个人档案，作为干部考核的内容和任职、晋升的重要依据之一。

二 人才管理

【知识点1】中央人才工作精神

梳理近年来中共中央关于人才工作的文件，主要有：《关于进一步加强人才工作的决定》《关于印发〈国家高层次人才特殊支持计划〉的通知》《关于进一步加强党管人才工作的意见》《关于深化人才发展体制机制改革的意见》等。

核心要点：以能力建设为核心，加强人才培养工作。人才资源能力建设是人才培养的核心；建立以能力和业绩为导向、科学的社会化的人才评价机制。建立以公开、平等、竞争、择优为导向，有利于优秀人才脱颖而出、充分施展才能的选人用人机制；建立和完善人才市场体系，促进人才合理流动；完善分配激励机制。建立规范有效的人才奖励制度；把高层次人才队伍建设摆上重要位置；推进人才资源整体开发，实现人才工作协调发展；坚持党管人才原则，动员和组织全社会力量，加大投入，完善法制，优化环境。

【知识点2】税务系统人才规划

1. 税务系统人才队伍建设的目标

全国税务系统中长期人才队伍建设的目标是，税务人才总量显著增长，人才规模和结构与税收事业发展相适应，有利于税收事业科学发展的人才引进、培养、使用、激励等方面的制度建设取得突破性进展，人才工作体制机制趋于科学完善，税收事业科学发展与人的全面发展有机融合，人才辈出、活力迸射的生动局面充分涌现。

2. 税务系统人才队伍建设的任务

（1）领导人才队伍。

以提高领导水平和执政能力为核心，以厅、处级领导干部和县区局局长为重点，建设一支政治坚定、勇于创新、勤政廉洁、求真务实、奋发有为、善于推动税收事业科学发展的高素质领导人才队伍。领导人才队伍建设，和领导班子建设、后备干部队伍建设等工作有机结合。

（2）专业人才队伍。

以提高执法水平和征管能力为核心，培养大批涵盖各主要税收业务领域、数量充足、结构合理的高素质行政执法人才。以提高服务水平和业务能力为核心，培养大批综合管理人才。以提高专业水平和创新能力为核心，培养大批专业技能好、服务意识强、办事效率高的专业技术人才。

人才库是集聚、整合、储备、共享和优化人才资源的有效载体。建立涵盖各专业人才的国家税务总局、省局、地市局三级的立体人才库，在税务系统人才队伍建设中发挥基础性、依托性、支撑性作用。各专业人才库由国家税务总局主管司局负责日常管理工作，对入库人才实行统一调配和使用，并实行动态调整、优进拙退，确保入库人才质量，充分盘活和优化人才资源。

（3）复合型人才。

研究制定复合型人才培养计划，按照一专多能的原则，精选一批有培养潜力的中青年骨干，委托国内知名高校、研究机构进行跨专业学位学历教育、培训进修，组织一些学科交叉、起点较高、专业性强的培训项目，并结合实践锻炼的方式，选派优秀专业人才到其他专业领域进行多部门、多岗位锻炼，积极培养既精通税收业务，又熟练掌握法律、财会、外语、计算机等方面知识的复合型人才。

3. 素质提升“115 工程”

为适应税收现代化建设需要，税务总局党组决定自 2016 年起在全国税务系统实施素质提升“115 工程”，即通过五年努力，打造一支拥有 1000 名领军人才、1 万名业务骨干和 5 万名岗位能手的高素质人才队伍。

“岗位大练兵、业务大比武”活动作为素质提升“115 工程”的组成部分，既是加强人才队伍建设、提升干部队伍整体素质的重要举措，也是促进税收重点工作落实、推进税收现代化建设的重要保障。

“岗位大练兵”坚持干什么练什么，面向全体在职人员，紧紧围绕税收工作重点任务，分行政管理、征管评估、税务稽查、纳税服务和信息技术 5 个岗位大类，以税务干部应知应会知识和业务技能为主要内容，提升全员业务素质和履职能力。

“业务大比武”坚持练什么比什么，自下而上采取笔试、业务竞赛、上机操作、情景模拟、实战演练等多种方式组织开展。对在市、省税务局业务比武中取得优异成绩的，分别授予“岗位能手”“专业骨干”称号。各省税务局从“专业骨干”中择优推荐优秀选手组成代表队，参加税务总局举办的“全国税务系统业务大比武”，分别选拔出个人优胜奖和集体奖若干名。

2019年，为持续推进“人才强税战略”，税务总局继续在全国税务系统组织开展“岗位大练兵、业务大比武”活动（以下简称“练兵比武活动”）。此次“练兵比武活动”分为“岗位练兵”“网络竞赛”“业务比武”几个环节。测试内容包括岗位胜任力及国税地税征管体制改革后新业务知识。税务总局在行政管理、征管评估和税务稽查3个专业类别下，细分综合文秘、货物和劳务税、个人所得税、大企业税收管理以及税务稽查5个专业岗位开展专业化能力测试。

【知识点3】税务系统领军人才培养

1. 培养规划

全国税务系统关于中长期人才队伍建设的规划提出，力争在数年内使全国税务系统拥有一支1000人左右，能够把握世界经济社会发展形势，熟悉社会主义市场经济发展规律，拥有先进管理理念，在税收工作某一方面具备专长的领军人才，发挥其在发展规划制定、制度安排设计、政策问题研究、重大案件查处等方面的作用。

2013年，国家税务总局印发了《全国税务领军人才培养规划（2013—2022年）》（税总发〔2013〕97号），指出培养全国税务领军人才是党和国家“人才强国战略”的重要组成部分，是税务系统“人才强税战略”的主要内容之一，是实现税收工作现代化、国际化、信息化的重要战略工程。

2. 培养目标

到2022年，基本形成覆盖主要税收工作领域、总量为1000名左右的税务领军人才队伍。

税务领军人才应达到以下标准：

（1）综合素质优秀。政治坚定、善于创新、勇于担当、乐于奉献、团结协作、廉洁自律。

（2）业务能力卓越。知识结构优化、专业技能精湛、发展后劲较大、实践经验丰富、理论功底深厚、善于攻坚克难。

（3）引领作用突出。具有国际视野、战略思维、现代理念，在促进税收事业科学发展中具有引领带动和标杆示范作用。

（4）团队效应显著。具有较强组织协调能力，能够凝聚优秀人才、增强团队合力、发挥团队优势，实现团队效应最大化。

>> 习题演练

一 单项选择题

1. 我国对公务员的管理实行的是（　　）制度。

A. 党政干部单一的管理模式　　B. 分类管理

C. 根据职位分级管理　　D. 对公务员集中统一管理

【参考答案】B

【答案解析】根据《公务员法》第八条规定，国家对公务员实行分类管理，提高管理效能和科学化水平。

2. 招录机关根据考试成绩、考察情况和体检结果，提出拟录用人员名单，并予以公示。公示期不少于（　　）个工作日。

A. 3　　B. 5　　C. 7　　D. 10

【参考答案】B

【答案解析】根据《公务员法》第三十二条规定，招录机关根据考试成绩、考察情况和体检结果，提出拟录用人员名单，并予以公示。公示期不少于5个工作日。

3. 以下选项中，（　　）不是公务员的考核方式。

A. 平时考核　　B. 重点考核　　C. 专项考核　　D. 定期考核

【参考答案】B

【答案解析】根据《公务员法》第三十六条规定，公务员的考核分为平时考核、专项考核和定期考核等方式。

4. 下列选项中，（ ）不是公务员晋升领导职务的程序。

A. 动议 B. 民主测评 C. 组织考察 D. 履行任职手续

【参考答案】B

【答案解析】公务员晋升领导职务的程序：①动议；②民主推荐；③确定考察对象，组织考察；④按照管理权限讨论决定；⑤履行任职手续。

5. 以下选项中，（ ）不是对公务员的处分。

A. 严重警告 B. 记大过 C. 撤职 D. 开除

【参考答案】A

【答案解析】处分分为：警告、记过、记大过、降级、撤职、开除。

6. 对晋升领导职务的公务员应当在（ ）进行任职培训。

①任职前 ②任职后半年内 ③任职后一年内

A. ① B. ② C. ①或② D. ①或③

【参考答案】D

【答案解析】对晋升领导职务的公务员应当在任职前或者任职后一年内进行任职培训。

7. 我国公务员要享受年终奖金，必须在定期考核中被确定为（ ）。

A. 优秀 B. 称职和基本称职

C. 优秀或称职 D. 称职或基本称职

【参考答案】C

【答案解析】在定期考核中被确定为优秀、称职的，可以享受年终奖金。

8. 公务员在受（ ）处分期间不得晋升工资档次。

①警告 ②记过 ③记大过 ④降级 ⑤撤职

A. ①②③④ B. ②③④⑤

C. ①③④⑤ D. ①②③④⑤

【参考答案】B

【答案解析】根据《公务员法》第六十四条规定，公务员在受处分期间不得晋升职务、职级和级别，其中受记过、记大过、降级、撤职处分的，不得晋升工资档次。

9. 根据《公务员法》规定，公务员在年度考核中，连续两年被确定为不称职的应该（　　）。

A. 予以辞退　B. 降级使用　C. 降两级工资　D. 撤职

【参考答案】A

【答案解析】根据《公务员法》第八十八条规定，公务员有五种情形之一的，予以辞退。在年度考核中，连续两年被确定为不称职的为其中一项。

10. 下列不属于选拔任用党政领导干部原则的是（　　）。

A. 党管干部原则　B. 五湖四海、任人唯贤原则

C. 德才兼备、以才为先原则　D. 注重实绩、群众公认原则

【参考答案】C

【答案解析】选项 C 应为：德才兼备、以德为先。

11. 录用特殊职位的公务员，经（　　）公务员主管部门批准，可以简化程序或者采用其他测评办法。

A. 中央　B. 省级以上

C. 设区的市级　D. 上级

【参考答案】B

【答案解析】根据《公务员法》第三十三条规定，录用特殊职位的公务员，经省级以上公务员主管部门批准，可以简化程序或者采用其他测评办法。

12. 干部人事档案分为（　　）。

A. 原件和复印件　B. 正本和副本

C. A 本和 B 本　D. 原件和非原件

【参考答案】B

【答案解析】根据《干部人事档案工作条例》第二十二条规定，干部人事档案分为正本和副本。

13. 党委（组）讨论决定干部任免事项，必须有（　　）以上成员到会，并保证与会成员有足够时间听取情况介绍、充分发表意见。

A. 1/3　B. 1/2　C. 2/3　D. 3/4

【参考答案】C

【答案解析】党委（组）讨论决定干部任免事项，必须有 2/3 以上成员到会。

14. 下列人员中，不属于国家税务总局负责组织培训的是（　　）。

A. 司局级领导干部　　B. 处级领导干部任职培训
C. 科级领导干部任职培训　　D. 全国税务领军人才

【参考答案】C

【答案解析】根据《税务系统贯彻〈干部教育培训工作条例〉实施办法》规定，税务总局负责组织税务系统司局级领导干部、司局级后备干部、优秀中青年干部培训，处级领导干部任职培训，全国税务领军人才培养对象培训，税务总局人才库人员培训，税务总局机关干部培训以及应由税务总局组织的其他培训。

15. 某县税务机关领导班子成员在年度述职述廉后，市局纪检组长对该局副局长王某进行了诫勉谈话，主要原因是王某在廉政测评中“差”的得票率达到了（　　）。

A. 30%　　B. 20%　　C. 15%　　D. 10%

【参考答案】A

【答案解析】根据税务系统领导班子和领导干部监督管理办法的相关规定，述职述廉工作由人事、纪检监察部门具体组织实施，纪检监察部门对领导干部进行廉政测评，对测评中“差”得票率达到30%（含）以上的，进行诫勉谈话、组织处理。

16. 领导干部操办本人及直系亲属婚丧喜庆等事项事后（　　）日内书面报本单位人事、纪检监察部门。

A. 10　　B. 15　　C. 20　　D. 30

【参考答案】B

【答案解析】根据税务系统领导班子和领导干部监督管理办法实施细则的相关规定，领导干部操办本人及直系亲属婚丧喜庆等事项事前向领导班子主要负责人和纪检组长报告，领导班子主要负责人如操办上述事项应向纪检组长通报，并报上级纪检监察部门备案。事后15日内书面报本单位人事、纪检监察部门，内容包括操办事项、方式、邀请人员、数量等。

17. 全国干部人事档案工作在党中央领导下，由（　　）主管，各地区各部门各单位按照干部管理权限分级负责、集中管理。

A. 人力资源和社会保障部　　B. 国务院
C. 中央组织部　　D. 人事部

【参考答案】C

【答案解析】根据《干部人事档案工作条例》第七条规定，全国干部人事档案工作在党中央领导下，由中央组织部主管，各地区各部门各单位按照干部管理权限分级负责、集中管理。

18. 干部本人和材料形成部门必须（　　）填写材料。

A. 按照、准确　　B. 按时、规范

C. 如实、准确　　D. 如实、规范

【参考答案】D

【答案解析】根据《干部人事档案工作条例》第二十条规定，干部本人和材料形成部门必须如实、规范填写材料。

19. 2018—2022 年全国税务系统干部教育培训规划中提出，把学习（　　）摆在干部教育培训最突出的位置。

A. 贯彻习近平新时代中国特色社会主义思想

B. 党的基本理论教育

C. 税收专业化知识

D. 党纪党规

【参考答案】A

【答案解析】2018—2022 年全国税务系统干部教育培训规划规定，坚持把学习贯彻习近平新时代中国特色社会主义思想摆在干部教育培训最突出的位置。

20. 税务总局党校（干部学院）主体班次的教学安排中，以习近平新时代中国特色社会主义思想课程为主，理论教育和党性教育的比重不低于总课时的（　　）。

A. 30%　　B. 50%　　C. 70%　　D. 80%

【参考答案】C

【答案解析】2018—2022 年全国税务系统干部教育培训规划规定，在税务总局党校（干部学院）主体班次的教学安排中，以习近平新时代中国特色社会主义思想课程为主，理论教育和党性教育的比重不低于总课时的 70%。

21. 教育培训管理部门每年进行重点评估的比例为不低于培训项目总数的（　　）。

A. 5%　　B. 8%　　C. 10%　　D. 15%

【参考答案】B

【答案解析】2018—2022 年全国税务系统干部教育培训规划明确，完善培训项目质量与效果评估制度，健全由教育培训管理部门、项目委托单位、参训学员、税务院校和学员选派单位等共同参与的评估机制，教育培训管理部门每年按照不低于培训项目总数 8% 的比例进行重点评估。

22. 税务干部在参加组织选派的脱产教育培训期间，一般应享受在岗同等待遇，因特殊情况确需请假的，必须严格履行手续。请假时间累计超过总学时（　　）的，按退学处理。

A. 1/3　　B. 1/2　　C. 1/7　　D. 1/5

【参考答案】C

【答案解析】根据中共中央组织部关于干部教育培训学员管理的相关规定和税务总局关于贯彻《干部教育培训工作条例》的相关办法规定，税务干部在参加组织选派的脱产教育培训期间请假时间累计超过总学时 1/7 的，按退学办理。

23. 税务领军人才的培养目标是到 2022 年，达到规模（　　）名。

A. 500　　B. 1000　　C. 5000　　D. 10000

【参考答案】B

【答案解析】根据《全国税务领军人才培养规划》规定，总体培训目标为：到 2022 年，基本形成覆盖主要税收工作领域、总量为 1000 名左右的税务领军人才队伍。

24. 以下选项中，不是税务系统领军人才培养方向的是（　　）。

A. 综合管理　　B. 税收法制

C. 税收业务　　D. 税收信息化管理

【参考答案】B

【答案解析】领军人才培养方向分为综合管理、税收业务和税收信息化管理三类。

二 多项选择题

1. 下列属于税务系统的领导职务的有（　　）。

A. 县处级正职　　B. 一级调研员

C. 四级主任科员　　D. 乡科级正职

【参考答案】AD

【答案解析】选项 B、C 是综合管理类公务员职级序列。

2. 下列情形中，不得录用为公务员的有（　　）。

A. 因犯罪受过刑事处罚的

B. 被开除中国共产党党籍的

C. 被依法列为失信联合惩戒对象的

D. 被开除公职的

【参考答案】ABCD

【答案解析】根据《公务员法》第二十六条规定，下列人员不得录用为公务员：（1）因犯罪受过刑事处罚的；（2）被开除中国共产党党籍的；（3）被依法列为失信联合惩戒对象的；（4）被开除公职的；（5）有法律规定不得录用为公务员的其他情况的。

3.《公务员法》规定可以越级晋升的条件包括（　　）。

A. 表现特别优秀的公务员　　B. 资历深

C. 工作经验丰富　　D. 工作特殊需要

【参考答案】AD

【答案解析】根据《公务员法》第四十五条规定，公务员领导职务应当逐级晋升。特别优秀的或者工作特别需要的，可以按照规定破格或者越级晋升。

4. 公务员应受到以下（　　）方面的监督。

A. 思想政治　　B. 履行职责　　C. 作风表现　　D. 遵纪守法

【参考答案】ABCD

【答案解析】根据《公务员法》第五十七条规定，机关应当对公务员的思想政治、履行职责、作风表现、遵纪守法等情况进行监督，开展勤政廉政教育，建立日常管理监督制度。

5. 对公务员监督发现问题的，应视情况予以（　　）处理。

A. 谈话提醒　　B. 批评教育　　C. 诫勉　　D. 处分

【参考答案】ABCD

【答案解析】对公务员监督发现问题的，应当区分不同情况，予以谈话提醒、批评教育、责令检查、诫勉、组织调整、处分。

6. 下列属于公务员奖励种类的有（　　）。

A. 嘉奖　　B. 升职

C. 记一等功　　D. 授予称号

【参考答案】ACD

【答案解析】对公务员、公务员集体的奖励分为：嘉奖、记三等功、记二等功、记一等功、授予称号。

7. 给予行政机关公务员处分，应当（　　）。

A. 坚持公正、公平和教育与惩处相结合的原则

B. 与其违法违纪行为的性质、情节、危害程度相适应

C. 事实清楚、证据确凿、定性准确、处理恰当、程序合法、手续完备

D. 惩前毖后、从重处罚

【参考答案】ABC

【答案解析】选项 D，从重处罚与前几个原则冲突。

8. 根据《公务员法》，机关公务员申请提前退休的条件有（　　）。

A. 工作年限满 30 年的

B. 距国家规定的退休年龄不足五年，且工作年限满 20 年的

C. 工作年限满 20 年的

D. 国家公务员男年满 60 周岁

【参考答案】AB

【答案解析】选项 C，条件不充分；选项 D，国家公务员男年满 60 周岁，可正常退休。

9. 税务系统党政领导干部应当具备的基本条件有（　　）。

A. 坚持讲学习、讲政治、讲正气，思想上、政治上、行动上同党中央保持高度一致，经得起各种风浪考验

B. 能做到自重、自省、自警、自励，反对官僚主义，反对任何滥用职权、谋求私利的不正之风

C. 能卓有成效开展工作，讲实话，办实事，求实效，反对形式主义

D. 能树立正确政绩观，做出经得起实践、人民、历史检验的实绩

【参考答案】ABCD

10. 下列条件中，可以破格提拔的特别优秀干部的有（　　）。

A. 在关键时刻或者承担急难险重任务中经受住考验、表现突出、做出重大贡献

B. 在条件艰苦、环境复杂、基础差的地区或者单位工作实绩突出

C. 艰苦边远地区、贫困地区急需引进的

D. 在其他岗位上尽职尽责，工作实绩特别显著

【参考答案】ABD

【答案解析】选项C，不符题意。艰苦边远地区、贫困地区急需引进的，是因工作特殊需要破格提拔的干部的情形和条件。

11. 拓宽选人视野和渠道，党政领导干部（　　）。

A. 可以从党政机关选拔任用，也可以从党政机关以外选拔任用

B. 注意从企业、高等学校、科研院所等单位以及社会组织中发现选拔

C. 地方党政领导班子成员应当注意从担任过县（市、区、旗）、乡（镇、街道）党政领导职务的干部和国有企事业单位领导人员中选拔

D. 只从公务员和事业单位中选拔

【参考答案】ABC

【答案解析】根据《党政领导干部选拔任用工作条例》第十条规定，党政领导干部可以从党政机关选拔任用，也可以从党政机关以外选拔任用，注意从企业、高等学校、科研院所等单位以及社会组织中发现选拔。地方党政领导班子成员应当注意从担任过县（市、区、旗）、乡（镇、街道）党政领导职务的干部和国有企事业单位领导人员中选拔。

12. 根据《党政领导干部选拔任用工作条例》规定，民主推荐的形式包括（　　）。

A. 会议推荐　　B. 党组织直接推荐

C. 个别谈话推荐　　D. 个人署名推荐

【参考答案】AC

【答案解析】根据《党政领导干部选拔任用工作条例》第十四条规定，选拔任用党政领导干部，必须经过民主推荐。民主推荐包括会议推荐和个别谈话推荐，推荐结果作为选拔任用的重要参考，在一年内有效。

13. 选拔任用党政领导干部过程中，不得列为考察对象的情形有

（　　）。

A. 群众公认度不高的

B. 配偶已移居国（境）外或者没有配偶，子女均已移居国（境）外的

C. 近三年年度考核结果中有被确定为称职以下等次的

D. 受到组织处理或者党纪政纪处分影响使用的

【参考答案】ABD

【答案解析】选项 C，近三年年度考核结果中有被确定为基本称职以下等次的，不得列为考察对象。

14. 税务系统公务员交流的对象包括（　　）。

A. 需要通过交流锻炼提高领导能力的

B. 按照规定需要回避的

C. 各级税务机关主要负责人在同一地区任职满 5 年的

D. 担任内设机构领导职务的干部在同一职位上任职 5 年以上的

【参考答案】ABD

【答案解析】担任内设机构领导职务的干部在同一职位上任职 5 年以上的，原则上要实行轮岗；各级税务机关主要负责人在同一地区任职满 10 年的，应当交流。故选项 C 不符题意。

15. 税务系统干部选拔任用工作责任追究中的组织处理方式包括（　　）。

A. 书面检查　　B. 引咎辞职、责令辞职

C. 调离岗位　　D. 免职、降职

【参考答案】BCD

【答案解析】组织处理的方式包括调离岗位、引咎辞职、责令辞职、免职、降职等。

16. 对党委书记选拔任用工作职责的离任检查，主要包括（　　）。

A. 任职期间贯彻执行党的干部路线方针政策的情况

B. 任职期间遵守组织人事纪律的情况，特别是离任前有无突击提拔调整干部的情况

C. 任职期间本单位（系统）用人风气的情况

D. 任职期间加强干部监督管理工作的情况

【参考答案】ABCD

【答案解析】以上四项，都是必须检查的内容。

17. 关于税务领导班子分工制度认识正确的有（　　）。

A. 实行集体领导和个人分工负责相结合的制度

B. 领导班子成员的分工由主要负责人提出初步意见

C. 主要负责人可直接分管人事、财务和基建工作

D. 领导班子成员的分工由上一级党委决定

【参考答案】AB

【答案解析】选项 C、D 表述错误。领导班子主要负责人不直接分管人事、财务和基建工作；领导班子成员的分工由主要负责人提出初步意见，征求其他领导班子成员意见，经党委会讨论决定，及时公布并向上一级党委报告。

18. 任职试用期制度，是指对提拔担任党政领导职务的委任制干部实行一定时间的试用期。下列关于试用期制度的说法，正确的有（　　）。

A. 有利于促进干部能上能下

B. 任职试用期为一年。对特别优秀的年轻干部，任职试用期可以适当缩短

C. 在干部任职试用期间，一般不宜调整任职干部的工作岗位，也不宜提任领导职务

D. 经试用期满考核不合格的，应免去试任职务，并按试任前职级安排工作

【参考答案】ACD

【答案解析】任职试用期制度，是指对提拔担任党政领导职务的委任制干部实行一定时间的试用期。这有利于进一步全面考察识别干部，可以弥补干部任前考察的不足，在较长时间的实际工作中，更为全面、更客观地了解新提拔任职干部的德才素质；有利于促进干部能上能下，对在试用期间或试用期满经考核不合格的，可以按照有关规定，把不胜任工作的干部在任职初期就及时调整下来；《党政领导干部选拔任用工作条例》规定干部任职试用期为一年。试用期间因工伤、产假等特殊原因离岗超过半年的，可适当延长。试用期一般不能缩短，对试用期间工作出现重大失误或者犯有严重错误，不宜继续试用的，按照干部管理权限审批或者备案后，可以提前终止试用期；干

部任职试用期间，一般情况下，不宜调整其工作岗位，也不宜提任领导职务。这是根据实行干部任职试用期制度的目的和要求，从有利于干部尽快适应领导工作和加强对领导干部的教育管理进行考虑作出的安排。

19. 干部人事档案是（　　）的重要基础。

A. 教育培养　　B. 选拔任用

C. 管理监督干部　　D. 评鉴人才

【参考答案】ABCD

【答案解析】根据《干部人事档案工作条例》第三条规定，干部人事档案是教育培养、选拔任用、管理监督干部和评鉴人才的重要基础。

20. 干部人事档案利用方式主要包括（　　）。

A. 查（借）阅　　B. 复制

C. 摘录　　D. 拍照

【参考答案】ABC

【答案解析】根据《干部人事档案工作条例》第三十条规定，干部人事档案利用方式主要包括查（借）阅、复制和摘录等。

21. 加强机关干部培训，以加强（　　）建设为重点。

A. 思想政治　　B. 职业道德

C. 业务能力　　D. 执行力

【参考答案】ABC

【答案解析】2018—2022 年的全国税务系统干部教育培训规划明确，围绕建设高素质专业化税务干部队伍，以加强思想政治建设、职业道德建设和业务能力建设为重点。

22. 2018—2022 年，在全国税务系统干部教育培训中，基层干部的培养主线包括（　　）。

A. 理想信念教育　　B. 知识结构优化

C. 法治观念养成　　D. 能力素质的提升

【参考答案】ABCD

【答案解析】2018—2022 年的全国税务系统干部教育培训规划明确，着眼培养守信念、讲奉献、有本领、重品行的高素质专业化基层干部队伍，以理想信念教育、知识结构优化、法治观念养成、能力素质提升为主线。

23. 下列关于素质提升“115 工程”的说法正确的有（　　）。

A. 倾力打造一支拥有5千名领军人才、1万名业务骨干和5万名岗位能手的人才队伍

B. “岗位大练兵、业务大比武”活动一年一部署，连续抓5年

C. 着力构建覆盖国家税务总局、省税务局、市税务局三个层级的人才梯次培养机制

D. 涉及近80万名税务干部

【参考答案】BCD

【答案解析】选项A表述错误。要倾力打造一支拥有1千名领军人才、1万名业务骨干和5万名岗位能手的人才队伍。

24. 转递干部人事档案必须通过（　　），转递单位和接收单位应当严格履行转递手续。

A. 快递　　B. 机要交通

C. 安排专人送取　　D. 邮局

【参考答案】BC

【答案解析】根据《干部人事档案工作条例》第二十五条规定，转递干部人事档案必须通过机要交通或者安排专人送取，转递单位和接收单位应当严格履行转递手续。

三 判断题

1. 公务员的领导职务、职级与级别是确定公务员工资以及其他待遇的依据。（　　）

【参考答案】正确

【答案解析】根据《公务员法》第二十条规定，公务员的领导职务、职级应当对应相应的级别。公务员领导职务、职级与级别的对应关系，由国家规定，它是确定公务员工资以及其他待遇的依据。

2. 录用调研员职级层次的公务员，需采取公开考试、严格考察、平等竞争、择优录取的办法。（　　）

【参考答案】错误

【答案解析】录用担任一级主任科员以下及其他相当职级层次的公务员，才需采取公开考试、严格考察、平等竞争、择优录取的办法。

3. 公务员招录公示期满，地方各级招录机关应当将拟录用人员名单报省级或者设区的市级公务员主管部门备案。（　　）

【参考答案】错误

【答案解析】地方各级招录机关应当将拟录用人员名单报省级或者设区的市级公务员主管部门审批。

4. 公务员定期考核的结果分为优秀、称职、基本称职三个等次。（　　）

【参考答案】错误

【答案解析】公务员定期考核的结果分为优秀、称职、基本称职和不称职四个等次。

5. 公务员因工作需要在机关外兼职，应当经有关机关批准，其领取的兼职报酬不得高于在关系所在单位薪酬。（　　）

【参考答案】错误

【答案解析】根据《公务员法》第四十六条规定，公务员因工作需要在机关外兼职，应当经有关机关批准，并不得领取兼职报酬。

6. 公务员在受处分期间有悔改表现，并且没有再发生违纪违法行为的，处分期满后自动解除。（　　）

【参考答案】错误

【答案解析】公务员在受处分期间有悔改表现，并且没有再发生违纪违法行为的，处分期满后自动解除。受开除的处分除外。

7. 公务员可以在公务员和参照《公务员法》管理的工作人员队伍内部交流，也可以与国有企业和不参照《公务员法》管理的事业单位中从事公务的人员交流。（　　）

【参考答案】正确

【答案解析】详见《公务员法》相关规定。

8. 公务员不得在其配偶、子女及其配偶经营的企业、营利性组织的行业监管或者主管部门任职。（　　）

【参考答案】错误

【答案解析】公务员不得在其配偶、子女及其配偶经营的企业、营利性组织的行业监管或者主管部门担任领导成员。

9. 选拔任用党政领导干部，必要时可以民主推荐。民主推荐包括谈话调研推荐和会议推荐，推荐结果作为选拔任用的重要参考，在 1 年内有效。（　）

【参考答案】错误

【答案解析】选拔任用党政领导干部，应当经过民主推荐。民主推荐包括谈话调研推荐和会议推荐，推荐结果作为选拔任用的重要参考，在 1 年内有效。

10. 任职试用期未满或者提拔任职虽不满 1 年的公务员，但专业性较强的岗位或者重要专项工作急需的公务员，可以破格提拔。（　）

【参考答案】错误

【答案解析】任职试用期未满或者提拔任职不满 1 年的公务员，不得破格提拔。

11. 税务系统干部交流的方式包括调任、转任和挂职锻炼。（　）

【参考答案】正确

12. 税务系统领导班子不按规定分工、调整分工的，应责令改正。个人不服从调整的，责令其辞职。（　）

【参考答案】错误

【答案解析】个人不服从调整的，对其进行诫勉谈话。

13. 中央规定的重大决策、重大项目安排、重要干部任免和大额度资金使用等事项，必须实行集体研究、集体决策。（　）

【参考答案】正确

14. 就税务系统而言，应当报告个人有关事项的领导干部，是指税务总局机关及直属事业单位担任领导职务和非领导职务的科级副职以上（含科级副职）的干部。（　）

【参考答案】错误

【答案解析】应该是处级副职以上（含处级副职）的干部。

15. 在职厅局级干部因私出国（境）原则上每年不超过 1 次，国（境）外停留时间一般不超过 30 天。（　）

【参考答案】错误

【答案解析】在职厅局级干部因私出国，一般不超过 15 天。

16. 同一领导班子成员不得在同一时间段内安排因私出国（境）。（　　）

【参考答案】正确

17. 在职厅局级、处级干部，退（离）休厅局级干部和退休 3 年（含）以内的处级干部的因私出国（境）证件均要交由所在单位人事部门集中保管。（　　）

【参考答案】正确

18. 组织人事部门应当明确负责干部人事档案工作的机构，每管理 100 卷档案一般应当配备 1 名专职工作人员。（　　）

【参考答案】错误

【答案解析】应为每管理 1000 卷档案一般配备 1 名专职工作人员。

19. 发现干部人事档案丢失或者损毁，确实无法找到或者补救的，经报上级党委批准，由负责管理档案的干部人事档案工作机构协调有关单位重新建立档案或者补充必要证明材料。（　　）

【参考答案】错误

【答案解析】应该是经报上级组织人事部门批准。

20. 干部人事档案坚决不得外借。（　　）

【参考答案】错误

【答案解析】干部人事档案一般不予外借，确因工作需要借阅的，借阅单位应当履行审批手续，在规定时限内归还。

21. 晋升处级、科级领导职务的人员必须参加相应的初任培训。（　　）

【参考答案】错误

【答案解析】税务总局关于贯彻《干部教育培训工作条例》相关实施办法规定，晋升处级、科级领导职务的人员必须参加相应的任职培训。同时规定，税务机关新录用干部必须参加初任培训。

22. 脱产培训以组织调训为主。干部教育培训管理部门负责制定干部调训计划，选调干部参加脱产培训，对重要岗位的干部可以实行点名调训。干部所在单位按照计划完成调训任务。干部必须服从组织调训。（　　）

【参考答案】正确

23. 税务总局对每批领军人才学员集中培养期间组织开展不少于 7 次公共

知识与能力集中培训，不少于 3 次专业集中培训。（ ）

【参考答案】正确

【答案解析】详见税务总局关于 2018—2022 年全国税务系统干部教育培训的相关规划。

24. 税务领军人才的培养实行淘汰机制。根据考核成绩逐段淘汰，总淘汰率不低于 10%。（ ）

【参考答案】正确

四 简答题

1. 简述公务员不得辞去公职的几种情形。

【参考答案】公务员有下列情形之一的，不得辞去公职：①未满国家规定的最低服务年限的；②在涉及国家秘密等特殊职位任职或者离开上述职位不满国家规定的脱密期限的；③重要公务尚未处理完毕，且须由本人继续处理的；④正在接受审计、纪律审查，或者涉嫌犯罪，司法程序尚未终结的；⑤法律、行政法规规定的其他不得辞去公职的情形。

2. 干部教育培训的主要方式有哪些?

【参考答案】干部教育培训的主要方式包括脱产培训、党委（组）中心组学习、网络培训、在职自学等。

（1）脱产培训

脱产培训以组织调训为主。干部教育培训管理部门负责制订干部调训计划，选调干部参加脱产培训。根据工作需要，可以对干部实行点名调训。干部所在单位按照计划完成调训任务。税务干部必须服从组织调训。

（2）党委（组）中心组学习

党委（组）中心组学习应当以党的理论和路线方针政策为基本内容，在自学和调研基础上，保证每个季度不少于 1 次集体学习研讨。

（3）网络培训

充分运用现代信息技术，建立兼容、开放、共享、规范的税务干部网络培训体系。用好移动互联网、云计算、大数据、物联网等技术手段，提高干部教育培训教学和管理信息化水平。

（4）在职自学

建立健全干部在职自学制度。干部所在单位应当支持鼓励干部在职自学，并提供必要条件。

五 案例题

材料一：J省税务系统在《2019年“岗位大练兵、业务大比武”活动方案》中指出，根据税务总局“岗位大练兵、业务大比武”活动一年一部署、连续抓五年的要求，2019年全省各级税务机关要继续开展全员岗位练兵活动。主要任务如下：

（一）岗位练兵

1. 练兵对象。面向全体税务干部，重点对象为综合文秘、货物和劳务税、个人所得税、大企业税收管理以及税务稽查等5个岗位类别人员。2019年，要通过“练兵比武”在全省选拔出120名“专业骨干”和800名“岗位能手”，并择优选拔组成省局代表队，参加税务总局大比武活动。

2. 练兵内容。以党的十九大精神及习近平新时代中国特色社会主义思想为指导，聚焦税收事业发展重点、实际工作难点、纳税人和缴费人关心热点，围绕落实减税降费政策、“金税三期”系统操作、纳税服务、风险应对、行政管理等重点工作，以应知应会知识和业务技能为主要内容。

3. 练兵方式。以个人立足岗位自学为主，各单位结合实际开展形式多样、各具特色的练兵活动，通过有载体、有辅导、有检查、有总结、有激励的举措，把岗位业务学透练精，将学与用结合，真正做到全员参与、人人提高，促进融合。

……

材料二：J省所辖的A市税务局结合自身实际，也出台了相关的实施方案，提出了具体要求。

1. 时间安排。在岗位练兵的基础上，按照税务总局和省局“练兵比武”统一部署和要求，市局建立市、区局两级业务比武机制。区（县）局、市局两级业务比武序时推进，分别于2019年6月底、8月底前完成。

2. 比武方式。区（县）局比武采取“自愿报名＋组织推荐＋选拔”等形式确定参加市局业务比武人员。市局在各单位推荐的基础上，采用笔试形式，按照5个专业岗位组织两轮业务比武，在全市税务系统选拔出100名“岗位能手”，并从中择优推荐选手参加省级比武。

3. 集中演练。市局将组织参加省局比武人员开展封闭培训，迎接9月全省税务系统业务大比武活动。

请回答：

1. 假如现在是2019年5月初，您是A市所辖B区（县）税务局的教育培训部门负责人，请根据材料一和材料二，结合实际说明如何组织这次“练兵比武”活动。

2. 作为一名税务干部，请你谈谈如何通过“练兵比武”提高学习能力。

【参考答案】

1. （1）制订方案，宣传发动。尽快制定并下发“岗位大练兵、业务大比武”活动的实施方案，明确时间表、学习要求和激励措施。通过内部网络、微信平台等大力宣传发动，营造全员学习的良好氛围。

（2）组织报名。用一周时间进行报名，通过组织推荐和主动报名相结合的方式确定人员。

（3）提供学习资源。吃透文件精神，框定学习范围；联系相关处室收集整理相关岗位类别文件资料；购买教辅书、习题集；联系税务干部教育培训机构开展一周的短期培训，为干部创造条件尽快进入学习状态。

（4）组织试卷，选拔人选。联系院校或处室，组织高质量考卷，用于测试选手水平，并结合干部平时表现，从中选拔出优秀选手参加市局比武。

（5）用好激励措施。利用多种激励手段，对在考试选拔中表现优异的同志进行表彰奖励。

2. （1）根据自身岗位类别和专业背景，明确学习方向；

（2）收集整理相关学习资料，制定学习计划；

（3）结合实际情况，找到适合自己的学习方法；

（4）兼顾工作和学习，利用好碎片化时间；

（5）学用结合，针对工作中的业务难点进行重点学习，通过学习促进工作能力的提升。

第三章 党务管理

>> 知识架构

- 党务管理
  - 党员管理
    - 发展党员工作　5个知识点
    - 党员日常管理　2个知识点
    - 党籍管理和党员组织关系转接　2个知识点
  - 党组织建设
    - 党组织及其职责　3个知识点
    - 党内监督　2个知识点
    - 党的组织生活　4个知识点
    - 党费收缴、使用和管理　3个知识点
  - 群团工作
    - 工会工作　1个知识点
    - 青年工作　2个知识点
    - 妇女工作　3个知识点

>> 第一节 党员管理

一 发展党员工作

【知识点1】发展党员工作的总体要求

发展党员工作应当贯彻党的基本理论、基本路线、基本纲领、基本经验、基本要求，按照控制总量、优化结构、提高质量、发挥作用的总要求，坚持党章规定的党员标准，始终把政治标准放在首位；坚持慎重发展、均衡发展，有领导、有计划地进行；坚持入党自愿原则和个别吸收原则，成熟一个，发展一个。禁止突击发展，反对“关门主义”。

【知识点2】入党积极分子的确定和培养教育

1. 年满十八岁的中国工人、农民、军人、知识分子和其他社会阶层的先进分子，承认党的纲领和章程，愿意参加党的一个组织并在其中积极工作、执行党的决议和按期交纳党费的，可以申请加入中国共产党。入党申请人应当向工作、学习所在单位党组织提出入党申请，没有工作、学习单位或工作、学习单位未建立党组织的，应当向居住地党组织提出入党申请。流动人员还可以向单位所在地党组织或单位主管部门党组织提出入党申请，也可以向流动党员党组织提出入党申请。党组织收到入党申请书后，应当在 1 个月内派人同入党申请人谈话，了解基本情况。

2. 在入党申请人中确定入党积极分子，应当采取党员推荐、群团组织推优等方式产生人选，由支部委员会（不设支部委员会的由支部大会，下同）研究决定，并报上级党委备案。

党组织应当指定一至两名正式党员作入党积极分子的培养联系人。培养联系人的主要任务是：向入党积极分子介绍党的基本知识；了解入党积极分子的政治觉悟、道德品质、现实表现和家庭情况等，做好培养教育工作，引导入党积极分子端正入党动机；及时向党支部汇报入党积极分子情况；向党支部提出能否将入党积极分子列为发展对象的意见。

3. 党组织应当采取吸收入党积极分子听党课、参加党内有关活动，给他们分配一定的社会工作以及集中培训等方法，对入党积极分子进行马克思列宁主义、毛泽东思想和中国特色社会主义理论体系教育，党的路线、方针、政策和党的基本知识教育，党的历史和优良传统、作风教育以及社会主义核心价值观教育，使他们懂得党的性质、纲领、宗旨、组织原则和纪律，懂得党员的义务和权利，帮助他们端正入党动机，确立为共产主义事业奋斗终身的信念。

4. 党支部每半年对入党积极分子进行一次考察。基层党委每年对入党积极分子队伍状况作一次分析。针对存在的问题，采取改进措施。

【知识点 3】发展对象的确定和考察

1. 对经过 1 年以上培养教育和考察、基本具备党员条件的入党积极分子，在听取党小组、培养联系人、党员和群众意见的基础上，支部委员会讨论同意并报上级党委备案后，可列为发展对象。

2. 发展对象应当有两名正式党员作入党介绍人。入党介绍人一般由培养联系人担任，也可由党组织指定。受留党察看处分、尚未恢复党员权利的党员，不能作入党介绍人。入党介绍人的主要任务是：向发展对象解释党的纲领、章程，说明党员的条件、义务和权利；认真了解发展对象的入党动机、政治觉悟、道德品质、工作经历、现实表现等情况，如实向党组织汇报；指导发展对象填写《中国共产党入党志愿书》，并认真填写自己的意见；向支部大会负责地介绍发展对象的情况；发展对象批准为预备党员后，继续对其进行教育帮助。

3. 党组织必须对发展对象进行政治审查。凡是未经政治审查或政治审查不合格的，不能发展入党。政治审查的主要内容是：对党的理论和路线、方针、政策的态度；政治历史和在重大政治斗争中的表现；遵纪守法和遵守社会公德情况；直系亲属和与本人关系密切的主要社会关系的政治情况。政治审查的基本方法是：同本人谈话、查阅有关档案材料、找有关单位和人员了解情况以及必要的函调或外调。在听取本人介绍和查阅有关材料后，情况清楚的可不函调或外调。对流动人员中的发展对象进行政治审查时，还应当征求其户籍所在地和居住地基层党组织的意见。政治审查必须严肃认真、实事求是，注重本人的一贯表现。审查情况应当形成结论性材料。

4. 基层党委或县级党委组织部门应当对发展对象进行短期集中培训。培训时间一般不少于 3 天（或不少于 24 个学时）。未经培训的，除个别特殊情况外，不能发展入党。

【知识点 4】预备党员的接收

1. 接收预备党员应当严格按照党章规定的程序办理。

2. 支部委员会应当对发展对象进行严格审查，经集体讨论认为合格后，报具有审批权限的基层党委预审。

3. 基层党委对发展对象的条件、培养教育情况等进行审查，根据需要听取执纪执法等相关部门的意见。审查结果以书面形式通知党支部，并向审查合格的发展对象发放《中国共产党入党志愿书》。发展对象未来 3 个月内将离开工作、学习单位的，一般不办理接收预备党员的手续。

4. 经基层党委预审合格的发展对象，由支部委员会提交支部大会讨论。召开讨论接收预备党员的支部大会，有表决权的到会人数必须超过应到会有表决权人数的半数。

5. 支部大会讨论接收预备党员的主要程序是：①发展对象汇报对党的认识、入党动机、本人履历、家庭和主要社会关系情况，以及需向党组织说明的问题；②入党介绍人介绍发展对象有关情况，并对其能否入党表明意见；③支部委员会报告对发展对象的审查情况；④与会党员对发展对象能否入党进行充分讨论，并采取无记名投票方式进行表决。赞成人数超过应到会有表决权的正式党员的半数，才能通过接收预备党员的决议。因故不能到会的有表决权的正式党员，在支部大会召开前正式向党支部提出书面意见的，应当统计在票数内。支部大会讨论两个以上的发展对象入党时，必须逐个讨论和表决。

6. 党支部应当及时将支部大会决议写入《中国共产党入党志愿书》，连同本人入党申请书、政治审查材料、培养教育考察材料等，一并报上级党委审批。支部大会决议主要包括：发展对象的主要表现；应到会和实际到会有表决权的党员人数；表决结果；通过决议的日期；支部书记签名。

7. 预备党员必须由党委（工委）审批。乡镇（街道）党委所属的基层党委，不能审批预备党员，但应当对支部大会通过接收的预备党员进行审议。党总支不能审批预备党员，但应当对支部大会通过接收的预备党员进行审议。除另有规定外，临时党组织不能接收、审批预备党员。党组不能审批预备党员。

8. 党委审批前，应当指派党委委员或组织员同发展对象谈话，作进一步的了解，并帮助发展对象提高对党的认识。谈话人应当将谈话情况和自己对发展对象能否入党的意见，如实填写在《中国共产党入党志愿书》上，并向党委汇报。

9. 党委审批预备党员，必须集体讨论和表决。党委主要审议发展对象是否具备党员条件、入党手续是否完备。发展对象符合党员条件、入党手续完备的，批准其为预备党员。党委审批意见写入《中国共产党入党志愿书》，注明预备期的起止时间，并通知报批的党支部。党支部应当及时通知本人并在党员大会上宣布。对未被批准入党的，应当通知党支部和本人，做好思想工作。党委会审批两个以上的发展对象入党时，应当逐个审议和表决。党委对党支部上报的接收预备党员的决议，应当在 3 个月内审批，并报上级党委组织部门备案。如遇特殊情况可适当延长审批时间，但不得超过 6 个月。

10. 在特殊情况下，党的中央和省、自治区、直辖市委员会可以直接接收党员。对在中国特色社会主义事业中为党和人民利益英勇献身，事迹突出，在一定范围内有较大影响，生前一贯表现良好并曾向党组织提出过入党要求的人员，可以追认为党员。追认党员必须严格掌握，由所在单位党组织讨论决定后，经上级党委审查，报省一级党委批准。

【知识点 5】预备党员的教育、考察和转正

1. 预备党员必须面向党旗进行入党宣誓。入党宣誓仪式，一般由基层党委或党支部（党总支）组织进行。

2. 党组织应当及时将上级党委批准的预备党员编入党支部和党小组，对预备党员继续进行教育和考察。党组织应当通过党的组织生活、听取本人汇报、个别谈心、集中培训、实践锻炼等方式，对预备党员进行教育和考察。

3. 预备党员的预备期为 1 年。预备期从支部大会通过其为预备党员之日算起。预备党员预备期满，党支部应当及时讨论其能否转为正式党员。认真履行党员义务、具备党员条件的，应当按期转为正式党员；需要继续考察和教育的，可以延长一次预备期，延长时间不能少于半年，最长不超过 1 年；不履行党员义务、不具备党员条件的，应当取消其预备党员资格。预备党员违犯党纪，情节较轻，尚可保留预备党员资格的，应当对其进行批评教育或延长预备期；情节较重的，应当取消其预备党员资格。预备党员转为正式党员、延长预备期或取消预备党员资格，应当经支部大会讨论通过和上级党组织批准。

4. 预备党员转正的手续是：本人向党支部提出书面转正申请；党小组提出意见；党支部征求党员和群众的意见；支部委员会审查；支部大会讨论、表决通过；报上级党委审批。讨论预备党员转正的支部大会，对到会人数、赞成人数等要求与讨论接收预备党员的支部大会相同。党委对党支部上报的预备党员转正的决议，应当在 3 个月内审批。审批结果应当及时通知党支部。党支部书记应当同本人谈话，并将审批结果在党员大会上宣布。

5. 党员的党龄，从预备期满转为正式党员之日算起。

6. 预备期未满的预备党员工作、学习所在单位（居住地）发生变动，应当及时报告原所在党组织。原所在党组织应当及时将对其培养教育和考察的情况，认真负责地介绍给接收预备党员的党组织。党组织应当对转入的预备党员的入党材料进行严格审查，对无法认定的预备党员，报县级以上党委组织部门批准，不予承认。基层党组织对转入的预备党员，在其预备期满时，如认为有必要，可推迟讨论其转正问题，推迟时间不超过 6 个月。转为正式党员的，其转正时间自预备期满之日算起。

二 党员日常管理

【知识点 1】党员学习教育

1. 党员教育管理是党的建设基础性、经常性工作。党组织应当加强党员教育管理，引导党员坚定共产主义远大理想和中国特色社会主义共同理想，增强“四个意识”、坚定“四个自信”、做到“两个维护”，增强党性，提高素质，认真履行义务，正确行使权利，充分发挥先锋模范作用。

2. 党员教育管理工作以马克思列宁主义、毛泽东思想、邓小平理论、“三个代表”重要思想、科学发展观、习近平新时代中国特色社会主义思想为指导，落实新时代党的建设总要求和新时代党的组织路线，坚持教育、管理、监督、服务相结合，推进“两学一做”学习教育常态化制度化，不断增强党员教育管理针对性和有效性，努力建设政治合格、执行纪律合格、品德合格、发挥作用合格的党员队伍。

3. 党员教育管理工作遵循的原则：

（1）坚持党要管党、全面从严治党，将严的要求落实到党员教育管理工作全过程和各方面，党员领导干部带头接受教育管理。

（2）坚持以党的政治建设为统领，突出党性教育和政治理论教育，引导党员遵守党章党规党纪，不忘初心、牢记使命。

（3）坚持围绕中心、服务大局，注重党员教育管理质量和实效，保证党的理论和路线方针政策、党中央决策部署贯彻落实。

（4）坚持从实际出发，加强分类指导，尊重党员主体地位，充分发挥党支部直接教育、管理、监督党员作用。

4. 党员教育基本任务：

（1）加强政治理论教育，突出党的创新理论学习，组织党员学习党的基本理论、基本路线、基本方略，学习马克思主义基本原理和党的基本知识，引导党员坚定理想信念，增强党性修养，努力掌握并自觉运用马克思主义立场观点方法。

（2）突出政治教育和政治训练，严格党内政治生活锻炼，教育党员旗帜鲜明讲政治，提高政治觉悟和政治能力，严守政治纪律和政治规矩，永葆共产党人政治本色，做到“四个服从”，在思想上政治上行动上同以习近平同志为核心的党中央保持高度一致。

（3）强化党章党规党纪教育，引导党员牢记入党誓词，坚持合格党员标准，自觉遵守党的纪律，带头践行社会主义核心价值观，培养高尚道德情操，培育良好思想作风、学风、工作作风、生活作风和家风。加强宪法法律法规教育，引导党员尊法学法守法用法。

（4）加强党的宗旨教育，引导党员践行全心全意为人民服务的根本宗旨，贯彻党的群众路线，提高群众工作本领，密切联系服务群众。

（5）进行革命传统教育，引导党员学习党史、国史、改革开放史、社会主义发展史和中华优秀传统文化，铭记党的奋斗历程，弘扬党的优良传统，传承红色基因，践行共产党人价值观，激发爱国主义热情。

（6）开展形势政策教育，围绕贯彻执行党和国家重大决策、推进落实重大任务，宣讲党的路线方针政策，解读世情国情党情，回应党员关注的问题，引导党员正确认识形势，把思想和行动统一到党中央要求上来。

（7）注重知识技能教育，根据党员岗位职责要求和工作需要，组织引导党员学习掌握业务知识、科技知识、实用技术等，帮助党员提高综合素质和履职能力，增强服务本领。

5. 党员日常教育主要方式

党支部应当运用“三会一课”制度，对党员进行经常性的教育管理。党员应当按期参加党员大会、党小组会和上党课，进行学习交流，汇报思想、工作等情况。党员领导干部应当参加双重组织生活。党支部应当每月开展1次主题党日，贴近党员思想和工作实际，组织党员集中学习、过组织生活、进行民主议事和开展志愿服务等。

市、县党委或者基层党委每年应当组织党员集中轮训，主要依托县级党校（行政学校）、基层党校等进行。根据事业发展和党的建设重点任务，结合本地区本部门本单位中心工作和党员实际，确定培训内容和方式。党员每年集中学习培训时间一般不少于 32 学时。

党组织应当按照党中央部署要求，组织党员认真参加党内集中学习教育，引导党员围绕学习教育主题，深入学习党的创新理论，查找解决自身存在的突出问题。省级党委、行业系统党组织可以根据党员思想状况和党的建设需要，适时开展专题学习教育。

党组织应当充分发挥党员的先锋模范作用，结合不同群体党员实际，通过树立、学习身边的榜样，设立党员示范岗、党员责任区，开展设岗定责、承诺践诺等，引导党员做好本职工作，干在实处、走在前列，创先争优，在联系服务群众、完成重大任务中勇于担当作为，做到平常时候看得出来、关键时刻站得出来、危急关头豁得出来。

鼓励和引导党员参与志愿服务。党员应当积极参加党组织开展的志愿服务活动，也可以自行开展志愿服务活动。

党组织应当坚持从严教育管理和热情关心爱护相统一，从政治、思想、工作、生活上激励关怀帮扶党员。

针对老党员的身体、居住和家庭等实际情况，采取灵活方式，进行教育管理服务，组织他们参加党的组织生活，发挥力所能及的作用。对年老体弱、行动不便、身患重病甚至失能的党员，组织活动和开展学习教育不作硬性要求，党组织通过送学上门、走访慰问等方式，给予更多关心照顾。

【知识点 2】不合格党员的认定和处置

对认定为不合格的党员，党组织要根据其表现和态度进行组织处置。组织处置方式分为限期改正、劝退、除名。

1. 限期改正

对缺乏革命意志，不履行党员义务，不符合党员条件，但本人能够正确认识错误、愿意接受教育管理并且决心改正的党员，党组织应当作出限期改正处置，限期改正时间不超过 1 年。对给予限期改正处置的党员应当采取帮助教育措施。

2. 劝退

党员缺乏革命意志，不履行党员义务，不符合党员条件，党的支部应当对他进行教育，要求他限期改正；经教育仍无转变的，应当劝他退党。劝党员退党，应当经支部大会讨论决定，并报上级党组织批准。如被劝告退党的党员坚持不退，应当提交支部大会讨论，决定把他除名，并报上级党组织批准。

3. 除名

党员具有下列情形之一的，按照规定程序给予除名处置：①理想信念缺失，政治立场动摇，已经丧失党员条件的，予以除名；②信仰宗教，经党组织帮助教育仍没有转变的，劝其退党，劝而不退的予以除名；③因思想蜕化提出退党，经教育后仍然坚持退党的，予以除名；④为了达到个人目的以退党相要挟，经教育不改的，劝其退党，劝而不退的予以除名；⑤限期改正期满后仍无转变的，劝其退党，劝而不退的予以除名；⑥没有正当理由，连续6个月不参加党的组织生活，或者不交纳党费，或者不做党所分配的工作，按照自行脱党予以除名。

《中国共产党章程》规定："党员如果没有正当理由，连续6个月不参加党的组织生活，或不交纳党费，或不做党所分配的工作，就被认为是自行脱党。"

三 党籍管理和党员组织关系转接

【知识点1】党籍管理

经党支部党员大会通过、基层党委审批接收的预备党员，自通过之日起，即取得党籍。

对因私出国并在国外长期定居的党员，出国学习研究超过5年仍未返回的党员，一般予以停止党籍。停止党籍的决定由保留其组织关系的党组织按照有关规定作出。

对与党组织失去联系6个月以上、通过各种方式查找仍然没有取得联系的党员，予以停止党籍。停止党籍的决定由所在党支部或者上级党组织按照有关规定作出。停止党籍2年后确实无法取得联系的，按照自行脱党予以除名。

对停止党籍的党员，符合条件的，可以按照规定程序恢复党籍。对劝其退党、劝而不退除名、自行脱党除名、退党除名、开除党籍的，原则上不能恢复党籍，符合条件的可以重新入党。

党员工作单位、经常居住地发生变动的，或者外出学习、工作、生活6

个月以上并且地点相对固定的，应当转移组织关系。具有审批预备党员权限的基层党委，可以在全国范围直接相互转移和接收党员组织关系。党组织接收党员组织关系时，如有必要，可以采取适当方式核查党员档案。对组织关系转出但尚未被接收的党员，原所在党组织仍然负有管理责任。党组织不得无故拒转拒接党员组织关系。

【知识点2】党员组织关系

1. 党员组织关系，是指党员对党的基层组织的隶属关系。每个党员都必须编入党的一个支部、小组或者其他特定组织。有固定工作单位并且单位已经建立党组织的党员，一般编入其所在单位党组织。没有固定工作单位，或者单位未建立党组织的党员，一般编入其经常居住地或者公共就业和人才服务机构、园区、楼宇等党组织。

2. 党员工作单位、经常居住地发生变动的，或者外出学习、工作、生活6个月以上并且地点相对固定的，应当转移组织关系。具有审批预备党员权限的基层党委，可以在全国范围直接相互转移和接收党员组织关系。党组织接收党员组织关系时，如有必要，可以采取适当方式查核党员档案。对组织关系转出但尚未被接收的党员，原所在党组织仍然负有管理责任。党组织不得无故拒转拒接党员组织关系。

3. 基层党组织应当加强流动党员管理，对外出6个月以上并且没有转移组织关系的流动党员，应当保持经常联系，跟进做好教育培训、管理服务等工作。在流动党员相对集中的地方，流出地党组织可以依托园区、商会、行业协会、驻外地办事机构等成立流动党员党组织。流入地党组织应当协助做好流动党员日常管理。按照组织关系一方隶属、参加多重组织生活的方式，组织流动党员就近就便参加组织生活。乡镇、街道、村、社区、园区等党群服务中心应当向流动党员开放。流动党员可以在流入地党组织或者流动党员党组织参加民主评议。对具备转移组织关系条件的流动党员，流出地和流入地党组织应当衔接做好转接工作。

4. 对出国（境）学习研究党员，由原就读高校或者工作单位党组织保留其组织关系，每半年至少与其联系1次。出国（境）学习研究党员返回后按照规定恢复组织生活。

5. 在税务系统，外出超过 6 个月的党员应按规定转接组织关系，异地执行稽查检查、巡视巡察、督查督导等专项工作任务，党员超过 3 人、时间超过 1 个月的团队要设立临时党支部。

>> 第二节 党组织建设

一 党组织及其职责

【知识点 1】党的中央组织

1. 党的全国代表大会每 5 年举行一次，由中央委员会召集。中央委员会认为有必要，或者有 1/3 以上的省一级组织提出要求，全国代表大会可以提前举行；如无非常情况，不得延期举行。

2. 党的全国代表大会的职权是：

（1）听取和审查中央委员会的报告；

（2）审查中央纪律检查委员会的报告；

（3）讨论并决定党的重大问题；

（4）修改党的章程；

（5）选举中央委员会；

（6）选举中央纪律检查委员会。

3. 党的全国代表会议的职权是：讨论和决定重大问题；调整和增选中央委员会、中央纪律检查委员会的部分成员。调整和增选中央委员及候补中央委员的数额，不得超过党的全国代表大会选出的中央委员及候补中央委员各自总数的 1/5。

4. 党的中央委员会每届任期 5 年。中央委员会全体会议由中央政治局召集，每年至少举行一次。中央政治局向中央委员会全体会议报告工作，接受监督。在全国代表大会闭会期间，中央委员会执行全国代表大会的决议，领导党的全部工作，对外代表中国共产党。

5. 党的中央政治局、中央政治局常务委员会和中央委员会总书记，由中央委员会全体会议选举。中央委员会总书记必须从中央政治局常务委员会委员中产生。中央政治局和它的常务委员会在中央委员会全体会议闭会期间，行使中央委员会的职权。

【知识点2】党的地方组织

1. 党的省、自治区、直辖市的代表大会，设区的市和自治州的代表大会，县（旗）、自治县、不设区的市和市辖区的代表大会，每5年举行一次。

2. 党的地方各级代表大会的职权是：

（1）听取和审查同级委员会的报告；

（2）审查同级纪律检查委员会的报告；

（3）讨论本地区范围内的重大问题并作出决议；

（4）选举同级党的委员会，选举同级党的纪律检查委员会。

3. 党的省、自治区、直辖市、设区的市和自治州的委员会，每届任期5年。这些委员会的委员和候补委员必须有5年以上的党龄。党的县（旗）、自治县、不设区的市和市辖区的委员会，每届任期5年。这些委员会的委员和候补委员必须有3年以上的党龄。

4. 党的地方各级委员会全体会议，每年至少召开两次。党的地方各级委员会在代表大会闭会期间，执行上级党组织的指示和同级党代表大会的决议，领导本地方的工作，定期向上级党的委员会报告工作。

5. 党的地方各级委员会全体会议，选举常务委员会和书记、副书记，并报上级党的委员会批准。党的地方各级委员会的常务委员会，在委员会全体会议闭会期间，行使委员会职权；在下届代表大会开会期间，继续主持经常工作，直到新的常务委员会产生为止。

【知识点3】党的基层组织

1. 企业、农村、机关、学校、科研院所、街道社区、社会组织、人民解放军连队和其他基层单位，凡是有正式党员3人以上的，都应当成立党的基层组织。

2. 党的基层组织，根据工作需要和党员人数，经上级党组织批准，分别设立党的基层委员会、总支部委员会、支部委员会。基层委员会由党员大会或代表大会选举产生，总支部委员会和支部委员会由党员大会选举产生，提出委员候选人要广泛征求党员和群众的意见。

3. 党的基层委员会、总支部委员会、支部委员会每届任期 3 年至 5 年。基层委员会、总支部委员会、支部委员会的书记、副书记选举产生后，应报上级党组织批准。

4. 党的基层组织是党在社会基层组织中的战斗堡垒，是党的全部工作和战斗力的基础。党的基层组织的基本任务是：

（1）宣传和执行党的路线、方针、政策，宣传和执行党中央、上级组织和本组织的决议，充分发挥党员的先锋模范作用，积极创先争优，团结、组织党内外的干部和群众，努力完成本单位所担负的任务。

（2）组织党员认真学习马克思列宁主义、毛泽东思想、邓小平理论、“三个代表”重要思想、科学发展观、习近平新时代中国特色社会主义思想，推进“两学一做”学习教育常态化制度化，学习党的路线、方针、政策和决议，学习党的基本知识，学习科学、文化、法律和业务知识。

（3）对党员进行教育、管理、监督和服务，提高党员素质，坚定理想信念，增强党性，严格党的组织生活，开展批评和自我批评，维护和执行党的纪律，监督党员切实履行义务，保障党员的权利不受侵犯。加强和改进流动党员管理。

（4）密切联系群众，经常了解群众对党员、党的工作的批评和意见，维护群众的正当权利和利益，做好群众的思想政治工作。

（5）充分发挥党员和群众的积极性创造性，发现、培养和推荐他们中间的优秀人才，鼓励和支持他们在改革开放和社会主义现代化建设中贡献自己的聪明才智。

（6）对要求入党的积极分子进行教育和培养，做好经常性的发展党员工作，重视在生产、工作第一线和青年中发展党员。

（7）监督党员干部和其他任何工作人员严格遵守国家法律法规，严格遵守国家的财政经济法规和人事制度，不得侵占国家、集体和群众的利益。

（8）教育党员和群众自觉抵制不良倾向，坚决同各种违纪违法行为作斗争。

5. 实行行政领导人负责制的事业单位中党的基层组织，发挥战斗堡垒作用。实行党委领导下的行政领导人负责制的事业单位中党的基层组织，对重大问题进行讨论和作出决定，同时保证行政领导人充分行使自己的职权。各级党和国家机关中党的基层组织，协助行政负责人完成任务，改进工作，对包括行政负责人在内的每个党员进行教育、管理、监督，不领导本单位的业务工作。

6. 党支部是党的基础组织，担负直接教育党员、管理党员、监督党员和组织群众、宣传群众、凝聚群众、服务群众的职责。

二 党内监督

党内监督的任务是确保党章党规党纪在全党有效执行，维护党的团结统一，重点解决党的领导弱化、党的建设缺失、全面从严治党不力，党的观念淡漠、组织涣散、纪律松弛，管党治党宽松软问题，保证党的组织充分履行职能、发挥核心作用，保证全体党员发挥先锋模范作用，保证党的领导干部忠诚干净担当。党内监督的重点对象是党的领导机关和领导干部特别是主要领导干部。

【知识点 1】党内监督的主要内容

1. 遵守党章党规，坚定理想信念，践行党的宗旨，模范遵守宪法法律情况。

2. 维护党中央集中统一领导，牢固树立政治意识、大局意识、核心意识、看齐意识，贯彻落实党的理论和路线方针政策，确保全党令行禁止情况。

3. 坚持民主集中制，严肃党内政治生活，贯彻党员个人服从党的组织，少数服从多数，下级组织服从上级组织，全党各个组织和全体党员服从党的全国代表大会和中央委员会原则情况。

4. 落实全面从严治党责任，严明党的纪律特别是政治纪律和政治规矩，推进党风廉政建设和反腐败工作情况。

5. 落实中央八项规定精神，加强作风建设，密切联系群众，巩固党的执政基础情况。

6. 坚持党的干部标准，树立正确选人用人导向，执行干部选拔任用工作规定情况。

7. 廉洁自律、秉公用权情况。

8. 完成党中央和上级党组织部署的任务情况。

【知识点2】党内监督的主要方式

1. 党的中央组织的监督

党的中央委员会、中央政治局、中央政治局常务委员会全面领导党内监督工作。中央委员会全体会议每年听取中央政治局工作报告，监督中央政治局工作，部署加强党内监督的重大任务。

2. 党委（组）的监督

党委（组）在党内监督中负主体责任，书记是第一责任人，党委常委会委员（党组成员）和党委委员在职责范围内履行监督职责。党委（组）履行以下监督职责：

（1）领导本地区本部门本单位党内监督工作，组织实施各项监督制度，抓好督促检查。

（2）加强对同级纪委和所辖范围内纪律检查工作的领导，检查其监督执纪问责工作情况。

（3）对党委常委会委员（党组成员）、党委委员，同级纪委、党的工作部门和直接领导的党组织领导班子及其成员进行监督。

（4）对上级党委、纪委工作提出意见和建议，开展监督。

3. 党的纪律检查委员会的监督

党的各级纪律检查委员会是党内监督的专责机关，履行监督执纪问责职责，加强对所辖范围内党组织和领导干部遵守党章党规党纪、贯彻执行党的路线方针政策情况的监督检查，承担下列具体任务：

（1）加强对同级党委特别是常委会委员、党的工作部门和直接领导的党组织、党的领导干部履行职责、行使权力情况的监督。

（2）落实纪律检查工作双重领导体制，执纪审查工作以上级纪委领导为主，线索处置和执纪审查情况在向同级党委报告的同时向上级纪委报告，各级纪委书记、副书记的提名和考察以上级纪委会同组织部门为主。

（3）强化上级纪委对下级纪委的领导，纪委发现同级党委主要领导干部的问题，可以直接向上级纪委报告；下级纪委至少每半年向上级纪委报告1次工作，每年向上级纪委进行述职。

4. 党的基层组织和党员的监督

党的基层组织应当发挥战斗堡垒作用，履行下列监督职责：

（1）严格党的组织生活，开展批评和自我批评，监督党员切实履行义务，保障党员权利不受侵犯。

（2）了解党员、群众对党的工作和党的领导干部的批评和意见，定期向上级党组织反映情况，提出意见和建议。

（3）维护和执行党的纪律，发现党员、干部违反纪律问题及时教育或者处理，问题严重的应当向上级党组织报告。

党员应当本着对党和人民事业高度负责的态度，积极行使党员权利，履行下列监督义务：

（1）加强对党的领导干部的民主监督，及时向党组织反映群众意见和诉求。

（2）在党的会议上有根据地批评党的任何组织和任何党员，揭露和纠正工作中存在的缺点和问题。

（3）参加党组织开展的评议领导干部活动，勇于触及矛盾问题、指出缺点错误，对错误言行敢于较真、敢于斗争。

（4）向党负责地揭发、检举党的任何组织和任何党员违纪违法的事实，坚决反对一切派别活动和小集团活动，同腐败现象作坚决斗争。

5. 党内监督和外部监督相结合

各级党委应当支持和保证同级人大、政府、监察机关、司法机关等对国家机关及公职人员依法进行监督，人民政协依章程进行民主监督，审计机关依法进行审计监督。有关国家机关发现党的领导干部违反党规党纪、需要党组织处理的，应当及时向有关党组织报告。审计机关发现党的领导干部涉嫌违纪的问题线索，应当向同级党组织报告，必要时向上级党组织报告，并按照规定将问题线索移送相关纪律检查机关处理。

在纪律审查中发现党的领导干部严重违纪涉嫌违法犯罪的，应当先作出党纪处分决定，再移送行政机关、司法机关处理。执法机关和司法机关依法立案查处涉及党的领导干部案件，应当向同级党委、纪委通报；该干部所在党组织应当根据有关规定，中止其相关党员权利；依法受到刑事责任追究，或者虽不构成犯罪但涉嫌违纪的，应当移送纪委依纪处理。

中国共产党同各民主党派长期共存、互相监督、肝胆相照、荣辱与共。各级党组织应当支持民主党派履行监督职能，重视民主党派和无党派人士提出的意见、批评、建议，完善知情、沟通、反馈、落实等机制。

三 党的组织生活

每个党员，不论职务高低，都必须编入党的一个支部、小组或其他特定组织，参加党的组织生活，接受党内外群众的监督。党员领导干部应当带头参加所在党支部或者党小组组织生活，还必须参加党委、党组的民主生活会。不允许有任何不参加党的组织生活、不接受党内外群众监督的特殊党员。党支部应当严格执行党的组织生活制度，经常、认真、严肃地开展批评和自我批评，增强党内政治生活的政治性、时代性、原则性、战斗性。

【知识点 1】“三会一课”

党支部应当组织党员按期参加党员大会、党小组会和上党课，定期召开党支部委员会会议，对党员进行经常性的教育管理。“三会一课”应当突出政治学习和教育，突出党性锻炼，以“两学一做”为主要内容，结合党员思想和工作实际，确定主题和具体方式，做到形式多样、氛围庄重。

1. 党支部党员大会。党支部党员大会是党支部的议事决策机构，由全体党员参加，一般每季度召开 1 次。党支部党员大会的职权是：听取和审查党支部委员会的工作报告；按照规定开展党支部选举工作，推荐出席上级党代表大会的代表候选人，选举出席上级党代表大会的代表；讨论和表决接收预备党员和预备党员转正、延长预备期或者取消预备党员资格；讨论决定对党员的表彰表扬、组织处置和纪律处分；决定其他重要事项。

党支部党员大会议题提交表决前，应当经过充分讨论。表决必须有半数以上有表决权的党员到会方可进行，赞成人数超过应到会有表决权的党员的半数为通过。由党支部书记召集并主持。书记不能参加会议的，可以委托副书记或者委员召集并主持。

2. 党支部委员会会议。党支部委员会是党支部日常工作的领导机构。党支部委员会会议一般每月召开1次，根据需要可以随时召开，对党支部重要工作进行讨论、作出决定等。党支部委员会会议须有半数以上委员到会方可进行。重要事项提交党员大会决定前，一般应当经党支部委员会会议讨论。党支部委员会会议由党支部书记召集并主持。书记不能参加会议的，可以委托副书记或者委员召集并主持。

3. 党小组会。党员人数较多或者党员工作地、居住地比较分散的党支部，按照便于组织开展活动原则，应当划分若干党小组，并设立党小组组长。党小组组长由党支部指定，也可以由所在党小组党员推荐产生。党小组主要落实党支部工作要求，完成党支部安排的任务。党小组会一般每月召开1次，组织党员参加政治学习、谈心谈话、开展批评和自我批评等。党小组会由党小组组长召集并主持。

4. 党课应当针对党员思想和工作实际，回应普遍关心的问题，注重身边人讲身边事，增强吸引力感染力。党员领导干部应当定期为基层党员讲党课，党委（组）书记每年至少讲1次党课。

【知识点2】主题党日

党支部每月相对固定1天开展主题党日，组织党员集中学习、过组织生活、进行民主议事和志愿服务等。主题党日开展前，党支部应当认真研究确定主题和内容；开展后，应当抓好议定事项的组织落实。

【知识点3】谈心谈话

党支部应当经常开展谈心谈话。党支部委员之间、党支部委员和党员之间、党员和党员之间，每年谈心谈话一般不少于1次。谈心谈话应当坦诚相见、交流思想、交换意见、帮助提高。党支部应当注重分析党员思想状况和心理状态。对家庭发生重大变故和出现重大困难、身心健康存在突出问题等情况的党员，党支部书记应当帮助做好心理疏导；对受到处分处置以及有不良反映的党员，党支部书记应当有针对性地做好思想政治工作。

针对老党员的身体、居住和家庭等实际情况，采取灵活方式，进行教育管理服务，组织他们参加党的组织生活，发挥力所能及的作用。对年老体弱、行动不便、身患重病甚至失能的党员，组织活动和开展学习教育不作硬性要求，党组织通过送学上门、走访慰问等方式，给予更多关心照顾。

【知识点4】组织生活会和民主评议党员

1. 党支部每年至少召开1次组织生活会，一般安排在第四季度，也可以根据工作需要随时召开。组织生活会一般以党支部党员大会、党支部委员会会议或者党小组会形式召开。组织生活会应当确定主题，会前认真学习，谈心谈话，听取意见；会上查摆问题，开展批评和自我批评，明确整改方向；会后制定整改措施，逐一整改落实。

2. 党支部一般每年开展1次民主评议党员，组织党员对照合格党员标准、对照入党誓词，联系个人实际进行党性分析。民主评议党员可以结合组织生活会一并进行。党支部召开党员大会，按照个人自评、党员互评、民主测评的程序，组织党员进行评议。党员人数较多的党支部，个人自评和党员互评可以在党小组范围内进行。党支部委员会会议或者党员大会根据评议情况和党员日常表现情况，提出评定意见。

四 党费收缴、使用和管理

【知识点1】党费收缴

按月领取工资的党员，每月以工资总额中相对固定的、经常性的工资收入（税后）为计算基数，按规定比例交纳党费。交纳党费确有困难的党员，经党支部研究，报上一级党委批准后，可以少交或免交党费。

党员交纳党费的比例为：每月工资收入（税后）在3000元以下（含3000元）者，交纳月工资收入的0.5%；3000元以上至5000元（含5000元）者，交纳1%；5000元以上至10000元（含10000元）者，交纳1.5%；10000元以上者，交纳2%。

基层党组织年初核定党员月交纳党费数额，年内一般不变动。每名党员月交纳党费数额一般不超过1000元，根据自愿可以多交，自愿一次多交1000元以上的，比照交纳大额党费有关规定办理。

实行年薪制人员中的党员，每月以当月实际领取的薪酬收入为计算基数，参照上述规定交纳党费。不按月取得收入的个体经营者等人员中的党员，每月以个人上季度月平均纯收入为计算基数，参照上述规定交纳党费。

离退休干部、职工中的党员，每月以实际领取的离退休费总额或养老金总额为计算基数，5000元以下（含5000元）的按0.5%交纳党费，5000元以上的按1%交纳党费。农民党员每月交纳党费0.2～1元。学生党员、下岗失业的党员、依靠抚恤或救济生活的党员、领取当地最低生活保障金的党员，每月交纳党费0.2元。

党员一般应当向其正式组织关系所在的党支部交纳党费。持《中国共产党流动党员活动证》的党员，外出期间可以持证向流入地党组织交纳党费。预备党员从支部大会通过其为预备党员之日起交纳党费。

党员应当增强党员意识，主动按月交纳党费。遇到特殊情况，经党支部同意，可以每季度交纳一次党费，也可以委托其亲属或者其他党员代为交纳或者补交党费。补交党费的时间一般不得超过6个月。

对不按照规定交纳党费的党员，其所在党组织应及时对其进行批评教育，限期改正。对无正当理由，连续6个月不交纳党费的党员，按自行脱党处理。

党组织应当按照规定收缴党员党费，不得垫交或扣缴党员党费，不得要求党员交纳规定以外的各种名目的“特殊党费”。

【知识点2】党费使用

使用党费应当坚持统筹安排、量入为出、收支平衡、略有结余的原则。使用党费要向农村、街道社区和其他有困难的基层党组织倾斜。

党费必须用于党的活动，主要作为党员教育经费的补充，其具体使用范围包括：

（1）培训党员；

（2）订阅或购买用于开展党员教育的报刊、资料、音像制品和设备；

（3）表彰先进基层党组织、优秀共产党员和优秀党务工作者；

（4）补助生活困难的党员；

（5）补助遭受严重自然灾害的党员和修缮因灾受损的基层党员教育设施。

使用和下拨党费，必须集体讨论决定，不得个人或者少数人说了算。请求下拨党费的请示，应当向上一级党组织提出，不得越级申请。上级党组织下拨的党费，必须专款专用，不得挪作他用。

【知识点3】党费管理

党费由党委组织部门代党委统一管理。党费的具体管理工作由各级党委组织部门承担党员教育管理职能的内设机构承办。

党费的具体财务工作由各级党委组织部门内设的财务机构或者同级党委的财务机构代办。必须指定专人负责，实行会计、出纳分设。党费会计核算和会计档案管理，参照财政部制定的《行政单位会计制度》执行。

党费应当以党委或党委组织部门的名义单独设立银行账户，必须存入中国工商银行、中国农业银行、中国银行、中国建设银行、交通银行、中国邮政储蓄银行，不得存入其他银行或者非银行金融机构。党费利息是党费收入的一部分，不得挪作他用。依法保障党费安全，不得利用党费账户从事经济活动，不得将党费用于购买国债以外的投资。

党委组织部门要加强对党费管理工作人员的培训，提高其政治素质和业务水平。党费管理工作人员，必须先培训，后上岗。党费管理工作人员变动时，要严格按照党费管理的有关规定和财务制度办好交接手续。

党费收缴、使用和管理的情况要作为党务公开的一项重要内容。党的基层委员会和各级地方委员会应当在党员大会或者党的代表大会上，向大会报告（或书面报告）党费收缴、使用和管理情况，接受党员或者党的代表大会代表的审议和监督。各级地方党委组织部门应当每年向同级党委和上级党委组织部门报告党费收缴、使用和管理情况，同时向下级党组织通报。党支部应当每年向党员公布一次党费收缴情况。

>> 第三节 群团工作

一 工会工作

【知识点】工会工作

税务机关工会必须坚持党的领导，在同级机关党组织领导下，依照法律和《中国工会章程》独立自主地开展工作，依法行使权利和履行义务。

税务机关工会以马克思列宁主义、毛泽东思想、邓小平理论、“三个代表”重要思想、科学发展观和习近平新时代中国特色社会主义思想为指导，坚持正确政治方向，在思想上、政治上、行动上同党中央保持一致，坚定不移走中国特色社会主义工会发展道路，认真履行工会各项社会职能，团结动员机关职工为完成机关各项任务作贡献，在全面建成小康社会、实现中华民族伟大复兴的中国梦的历史进程中充分发挥作用。

税务机关工会坚持以改革创新精神加强自身建设，坚持群众化、民主化、制度化，改进工作作风，保持同职工的密切联系，依靠职工开展工作，把工会组织建设成干部职工群众信赖的“职工之家”，把工会干部锤炼成听党话、跟党走、职工群众信赖的“娘家人”。

税务机关应当依法建立工会组织。有会员 25 人以上的，应当建立机关工会委员会；不足 25 人的，可以单独建立机关工会委员会，也可以由两个以上单位的会员联合建立机关工会委员会，也可以选举工会主席 1 人，主持工会工作税务机关内设部门及机构，可以建立机关工会分会或者工会小组。

税务机关会员人数较多的工会组织，可以根据需要设立相应的专门工作委员会，承担工会委员会的有关工作。

税务机关工会组织按照民主集中制原则建立。工会委员会由会员大会或者会员代表大会民主选举产生，选举结果报上一级工会批准。

税务机关工会接受同级税务机关党组织和上级工会双重领导，以同级税务机关党组织领导为主。

税务机关工会委员会每届任期 3 ~ 5 年，具体任期由会员大会或者会员代表大会决定。税务机关工会委员会应当按期换届。因故提前或者延期换届的，应当报上一级工会批准。任期届满未换届的，上级工会有权督促其限期进行换届。

税务机关工会委员会具备条件的，应当依法申请取得工会法人资格，工会主席或者主持工作的副主席为法定代表人。

税务机关工会的职责是：

（1）加强对干部职工进行中国特色社会主义理论体系教育，深入开展党的基本理论、基本路线、基本纲领、基本经验、基本要求教育，培育和践行社会主义核心价值观，不断提高机关职工政治理论、思想道德、科学文化和业务素质水平。

（2）动员组织干部职工围绕机关中心工作，开展创先争优活动，做好先进工作者的评选、表彰、培养、管理和服务工作。

（3）加强和改进干部职工思想政治工作，注重人文关怀和心理疏导，开展群众性精神文明创建、文化体育活动，丰富职工精神文化生活，推动机关文化建设。

（4）配合党政机关贯彻落实《中华人民共和国公务员法》等法律法规，维护机关干部职工合法权益，协助党政机关解决涉及职工切身利益的问题。做好困难职工帮扶工作，组织职工参加疗养、休养及健康体检，努力为职工办实事、做好事、解难事，促进和谐机关建设。

（5）加强调查研究，反映机关职工意见和建议，参与机关内部事务民主管理、民主监督，促进机关内部事务公开，保障职工的知情权、参与权、表达权、监督权，推进机关廉政建设。

（6）加强工会组织建设，健全工会民主制度，做好会员的发展、接收、教育和会籍管理工作，加强对专（兼）职工会干部和工会积极分子的培养，深入开展建设职工之家活动。

（7）依法收好、管好、用好工会经费，管理好工会资产。

税务机关工会每年至少召开 1 次会员大会或者会员代表大会。经机关工会委员会或者 1/3 以上会员提议，可以临时召开会议。会员在 100 人以下的应当召开会员大会。会员大会和会员代表大会的主要任务是：传达党组织、上级工会的重要指示精神；审议和批准工会委员会工作报告；审议和批准工会委员会的经费收支情况报告和经费审查委员会的工作报告；选举工会委员会、经费审查委员会；讨论决定工会工作的重大问题；公开工会内部事务；民主评议监督工会工作和工会领导人。会员代表大会代表实行常任制，任期与工会委员会相同。

机关工会委员会主持会员大会或者会员代表大会的日常工作，向会员大会或者会员代表大会负责并报告工作，接受会员监督。

机关工会委员会的主要任务是：负责贯彻党组织和上级工会工作部署、会员大会或者会员代表大会决议；向党组织和上级工会请示报告有关召开会员大会或者会员代表大会的重要事宜；研究制定工会工作计划和重大活动方案，提出工作报告；编制和执行工会经费预算，编报工会经费决算，审批重大支出项目；讨论和决定其他重要事项。

机关工会委员会向同级机关党组织请示汇报以下事项：贯彻上级党组织对工会工作重要指示和上级工会重要工作部署的意见；召开会员大会或者会员代表大会的方案、工会工作报告、工作安排、重要活动及主要领导成员的推荐人选；涉及职工切身利益的重大问题及思想工作和生活情况；推荐表彰先进等事项。

机关工会应当根据职工人数相应配备专（兼）职工会干部。职工人数较多的，可以配备专职工会主席。

机关工会设专职主席的，一般按同级机关党组织副职领导干部配备；设专职副主席的，一般按相应职级的干部配备。机关工会主席是党员的，应当具备提名作为同级机关党组织常委、委员候选人的条件。机关工会主席、副主席和委员实行任期制，可以连选连任。工会主席、副主席因工作需要调动时，应当征得本级工会委员会和上一级工会的同意。工会主席、副主席缺额时，应当及时补选，空缺时间不超过半年。

工会会员按规定标准按月缴纳会费。建立工会组织的机关，按每月全部职工工资总额的2%向机关工会拨缴工会经费；由财政统一划拨经费的，工会经费列入同级财政预算，按财政统一划拨方式执行。上级工会有权对下级工会所在机关拨缴工会经费情况进行监督检查。对无正当理由拖延或者拒不拨缴工会经费的单位，依据《中华人民共和国工会法》相关规定处理。

工会经费主要用于为职工服务和工会活动。机关工会应当按照有关规定收缴、上解工会经费，依法独立管理和使用工会经费。任何组织和个人不得截留、挪用、侵占工会经费。

税务机关工会应当根据经费独立原则建立预算、决算和经费审查制度，坚持量入为出、厉行节约、收支平衡的原则。工会经费的收支情况应当由同级工会经费审查委员会审查，并定期向会员大会或者会员代表大会报告，采取一定方式公开，接受会员监督。工会经费的审查工作按照有关法律、规定和工会经费审查制度进行。

工会主席任期届满或者任期内离任的，应当按照规定进行经济责任审计。

各级税务机关单位应当依法为工会办公和开展活动提供必要的设施和活动场所等物质条件。

会员大会或者会员代表大会在选举机关工会委员会的同时，选举产生经费审查委员会，会员人数较少的，可以选举经费审查委员 1 人。经费审查委员会主任、副主任由经费审查委员会全体会议选举产生。经费审查委员会主任按同级工会副职级配备。

机关工会经费审查委员会的任期与机关工会委员会相同，向同级会员大会或者会员代表大会负责并报告工作；在会员大会或者会员代表大会闭会期间，向同级工会委员会负责并报告工作。机关工会经费审查委员会审查审计同级工会组织的经费收支、资产管理等全部经济活动。经费审查委员会对审查审计工作中的重大事项，有权向同级工会委员会和上一级经费审查委员会报告。机关工会经费审查委员会应当接受上级工会经费审查委员会的业务指导和督促检查。

机关工会有女会员 10 人以上的建立女职工委员会，不足 10 人的设女职工委员。机关工会女职工委员会的任务是：依法维护女职工的合法权益和特殊利益；组织开展女职工岗位建功活动；开展教育培训，全面提高女职工的思想道德、科学文化、业务技能和健康素质；关心女职工成长进步，积极发现、培养、推荐女性人才。

二 青年工作

税务机关青年组织包括团的基层委员会、总支部委员会、支部委员会以及青年工作委员会等。

【知识点 1】团组织的设立

1. 企业、农村、机关、学校、科研院所、街道社区、社会组织、人民解放军连队、人民武装警察部队中队和其他基层单位，凡是有团员 3 人以上的，都应当建立团的基层组织。团的基层组织设置应从实际出发，可以不完全与党组织和行政建制对应。

2. 团的基层组织根据工作需要和团员人数，经上级团的委员会批准，分别设立团的基层委员会、总支部委员会、支部委员会。在基层委员会、总支部下建立支部。工作需要的，在基层委员会下也可以建立总支部。在一个支部内可以分若干个小组。团支部人数一般不超过50人。

3. 支部委员会、总支部委员会由团员大会选举产生，每届任期2年或3年。基层委员会由团员大会或代表大会选举产生，每届任期3～5年，一般与同级党的委员会任期保持一致。

4. 不具备成立团的基层组织条件的，可以在团的地方各级委员会的具体指导下，成立青年工作委员会或其他青年组织。

【知识点2】团组织的工作职责

1. 团的基层组织是团的工作和活动的基本单位，应该充分发挥团结教育青年的核心作用。它的基本任务是：

（1）组织团员和青年学习马克思列宁主义、毛泽东思想、邓小平理论、“三个代表”重要思想、科学发展观、习近平新时代中国特色社会主义思想，学习党的路线、方针和政策，学习团章和团的基本知识，学习科学、文化、法律和业务。

（2）宣传、执行党和团组织的指示和决议，参与民主管理和民主监督，充分发挥团员的模范作用，积极创先争优，团结带领青年积极投身改革开放和现代化建设，为社会主义经济建设、政治建设、文化建设、社会建设、生态文明建设作贡献。

（3）教育团员和青年学习革命前辈，继承党的优良传统，发扬社会主义道德风尚，弘扬网上主旋律，树立与改革开放和社会发展相适应的新观念，自觉抵制不良倾向，坚决同各种违纪违法行为作斗争。

（4）了解和反映团员与青年的思想、要求，维护他们的权益，关心他们的学习、工作、生活和休息，开展文化、娱乐、体育活动。

（5）对要求入团的青年进行培养教育，做好经常性发展团员工作，收缴团费，办理超龄团员的离团手续。

（6）对团员进行教育、管理和服务，健全团的组织生活，落实“三会两制一课”制度，开展批评和自我批评，监督团员切实履行义务，保障团员的权利不受侵犯，表彰先进，执行团的纪律。

（7）对团员进行党的基本知识教育，推荐优秀团员作党的发展对象；发现和培养青年中的优秀人才，推荐他们进入更重要的生产和工作岗位。

2. 团支部是团的基础组织，担负直接教育团员、管理团员、监督团员和组织青年、宣传青年、凝聚青年、服务青年的职责。

机关事业单位中的团支部，围绕中心工作，促进事业发展，帮助青年提高理论修养、政策水平和业务素质；推动团员、团干部大兴调查研究之风，坚持深入基层、改进工作。

三 妇女工作

党的十八大以来，以习近平同志为核心的党中央高度重视妇女事业，习近平总书记在不同场合多次强调发展妇女事业的重要意义，为妇女工作的开展指明了方向。

妇女委员会、妇女工作委员会是妇女联合会在机关和事业单位的基层组织，是党和政府联系妇女群众的桥梁和纽带。

坚持党的领导，紧紧围绕党和国家工作大局谋划和开展工作，这是妇联组织发挥作用的根本遵循，是妇联工作不断前进的重要保障。

【知识点 1】妇女委员会的设置

妇女委员会由妇女大会或妇女代表大会民主选举产生。每届任期 3 ~ 5 年。妇女工作委员会委员由妇女代表协商推举产生。

县级以上党的直属机关工作委员会建立妇女工作委员会，指导所属部门和系统的妇女委员会、妇女工作委员会工作。

税务机关应建立妇女委员会或妇女工作委员会。妇女委员会根据工作需要可下设妇女委员会分会、妇女小组。妇女委员会、妇女工作委员会全体委员会议选举、推选主任 1 名，副主任若干名，主持日常工作。委员人数较多的，可推选常委若干名，组成常委会。妇女委员会换届、妇女工作委员会领导成员变动情况报上一级妇女组织备案。税务机关妇女委员会、妇女工作委员会接受同级党组织和上级妇女组织的领导。

【知识点2】妇女委员会、妇女工作委员会的主要职责

1. 贯彻执行上级妇联组织及本单位妇女大会或妇女代表大会决议，完成妇女联合会部署的工作，推动本单位业务工作的开展。

2. 增进妇女委员会、妇女工作委员会之间及与其他妇女组织之间的交流与合作，密切同工会、共青团等群团组织的联系，共同做好本单位群众工作。

3. 加强妇女委员会、妇女工作委员会自身建设，建立和完善学习培训、工作会议、人才培养和推荐、评比表彰等工作制度。

【知识点3】妇女委员会、妇女工作委员会的主要任务

1. 宣传和贯彻党的路线、方针、政策。教育和引导妇女发扬自尊、自信、自立、自强精神，提高思想道德素质、科学文化素质和健康素质，成为有理想、有道德、有文化、有纪律的时代新女性。

2. 开展"巾帼建功""五好文明家庭创建"和"女性素质工程"活动，组织培训、交流和研讨等活动，提高妇女的理论素养、知识水平和工作技能，弘扬社会公德、职业道德和家庭美德。

3. 推动并参与有关妇女发展政策的制定和落实，向有关部门反映妇女的意见、建议和要求，代表妇女发挥民主参与、民主管理、民主监督作用。

4. 维护女职工合法权益，协助所在单位以及有关部门查处侵害妇女儿童权益的行为。

5. 宣传、表彰妇女先进典型，建立妇女人才信息库，定期向有关部门和上级妇女联合会推荐妇女人才，促进妇女人才成长。

>> 习题演练

一 单项选择题

1. 关于党员的党龄起算时间，下列说法正确的是（　　）。

A. 递交入党志愿书

B. 支部大会通过他为预备党员

C. 预备期满转为正式党员

D. 积极分子时期

【参考答案】C

【答案解析】根据《中国共产党章程》第七条规定，预备党员的预备期为1年，其党龄从预备期满转为正式党员之日算起。

2. 企业、农村、机关、学校、科研院所、街道社区、社会组织、人民解放军连队和其他基层单位，正式党员达到一定人数的，都应当成立党的基层组织，上述一定人数是指（　　）。

A. 2人以上　　B. 3人以上　　C. 4人以上　　D. 5人以上

【参考答案】B

【答案解析】根据《中国共产党章程》第三十条规定，企业、农村、机关、学校、科研院所、街道社区、社会组织、人民解放军连队和其他基层单位，凡是有正式党员3人以上的，都应当成立党的基层组织。

3. 党组织讨论决定问题必须执行的原则为（　　）。

A. 民主集中制原则　　B. 党员大会决定制度

C. 少数服从多数　　D. 支委会表决制度

【参考答案】C

【答案解析】根据《中国共产党章程》第十七条规定，党组织讨论决定问题，必须执行少数服从多数的原则。

4. 党员如果没有正当理由，连续一定时间不参加党的组织生活，或不交纳党费，或不做党所分配的工作，就被认定是自行脱党。上述的连续一定时间是指（　　）。

A. 3个月　　B. 6个月　　C. 9个月　　D. 1年

【参考答案】B

【答案解析】根据《中国共产党章程》第九条规定，党员如果没有正当理由，连续6个月不参加党的组织生活，或不交纳党费，或不做党所分配的工作，就被认为是自行脱党。支部大会应当决定把这样的党员除名，并报上级党组织批准。

5. 在党员教育工作中，要深入学习领会习近平新时代中国特色社会主义思想的核心要义、基本精神、实践要求，增强政治自觉、理论自信和（　　）。

A. 情感融入　　B. 情感认同　　C. 思想认同　　D. 思想融通

【参考答案】A

【答案解析】根据《中国共产党党员教育管理工作条例》第六条规定，组织党员读原著、学原文、悟原理，深入学习领会习近平新时代中国特色社会主义思想的核心要义、基本精神、实践要求，掌握贯穿其中的马克思主义立场观点方法，增强政治自觉、理论自信、情感融入。

6. 党支部党员大会是党支部的议事决策机构，由全体党员参加，一般每季度召开的次数是（　　）。

A. 1 次　　B. 2 次　　C. 3 次　　D. 4 次

【参考答案】A

【答案解析】根据《中国共产党支部工作条例（试行）》第十一条规定，党支部党员大会是党支部的议事决策机构，由全体党员参加，一般每季度召开 1 次。

7. 某税务分局人员调整，现有新任的分局长王某（党员），新招录公务员张某（入党积极分子）、刘某（党员发展对象）、陈某（预备党员），刚退休的老党员李某，以上 5 人中必须编入党组织，参加党的组织生活的是（　　）。

A. 王某、陈某、李某　　B. 王某、张某、刘某、陈某

C. 王某、刘某、陈某、李某　　D. 均应编入党组织

【参考答案】A

【答案解析】根据《中国共产党章程》第八条规定，每个党员，不论职务高低，都必须编入党的一个支部、小组或其他特定组织，参加党的组织生活，接受党内外群众的监督。入党积极分子和党员发展对象均非党员。

8. 某税务局小李是预备党员，2017 年 6 月 30 日，其预备期已满，但是党组织认为需要继续考察和教育，准备延长其预备期，预备期延期最长不能超过（　　）。

A. 2017 年 7 月 31 日　　B. 2017 年 9 月 30 日

C. 2017 年 12 月 31 日　　　　　D. 2018 年 6 月 30 日

【参考答案】D

【答案解析】根据《中国共产党章程》第七条规定，预备党员的预备期为 1 年。预备党员预备期满，党的支部应当及时讨论他能否转为正式党员。认真履行党员义务，具备党员条件的，应当按期转为正式党员；需要继续考察和教育的，可以延长预备期，但不能超过 1 年。

9. 下列任期符合要求的为（　　）。

A. 百花社区党支部委员会每届任期 3 年

B. 某县税务分局党支部委员会任期 5 年

C. 某市税务局机关党委任期 3 年

D. 王家村党支部委员会任期 8 年

【参考答案】C

【答案解析】根据《中国共产党支部工作条例（试行）》第二十一条规定，村、社区党支部委员会每届任期 5 年，其他基层单位党支部委员会一般每届任期 3 年。对需要延期或者提前换届的，延长或者提前期限一般不超过 1 年。根据《中国共产党章程》第三十一条规定，党的基层委员会、总支部委员会、支部委员会每届任期 3 ~5 年。

10. 预备党员预备期满后，党组织经过考察认为其不履行党员义务，不具备党员条件的，正确做法是（　　）。

A. 留党察看　　　　　B. 延长预备期

C. 取消预备党员资格　　　　　D. 给予警告

【参考答案】C

【答案解析】根据《中国共产党章程》第七条规定，预备党员预备期满，党的支部应当及时讨论他能否转为正式党员。不履行党员义务，不具备党员条件的，应当取消预备党员资格。

11. 党支部日常工作的领导机构是（　　）。

A. 党支部委员会　　　　　B. 党支部党员大会

C. 党委　　　　　D. 党组

【参考答案】A

【答案解析】根据《中国共产党支部工作条例（试行）》第十二条规定，

党支部委员会是党支部日常工作的领导机构。

12. 关于工会经费，下列说法正确的是（　　）。

A. 税务机关工会应当根据经费独立原则建立预算、决算和经费审查制度，坚持量入为出、厉行节约、收支平衡的原则

B. 工会会员按规定标准按年缴纳会费

C. 工会经费只能严格用于为职工服务

D. 机关工会应当按照有关规定收缴、上解工会经费，将工会经费纳入党费管理专户管理

【参考答案】A

【答案解析】工会会员按规定标准按月缴纳会费。工会经费主要用于为职工服务和工会活动。机关工会应当按照有关规定收缴、上解工会经费，依法独立管理和使用工会经费。任何组织和个人不得截留、挪用、侵占工会经费。

13. 下列关于党员的义务与权利表述不正确的是（　　）。

A. 从《中国共产党章程》规定看，义务先于权利

B. 在党的会议上有根据地批评党的任何组织和任何党员

C. 对党的决议和政策如有不同意见，可以声明保留

D. 党组织讨论决定对党员的党纪处分时，本人有权参加，但不得进行申辩

【参考答案】D

【答案解析】党员义务先于党员权利。共产党员必须是先进优秀的模范，必须自觉履行先锋队员的义务，只有这样才能加入党组织，享有党员权利。所以选项A正确。根据《中国共产党章程》第四条规定，党员享有在党的会议上有根据地批评党的任何组织和任何党员的权利。享有对党的决议和政策如有不同意见，在坚决执行的前提下，可以声明保留，并且可以把自己的意见向党的上级组织直至中央提出的权利。故选项B、C正确。在党组织讨论决定对党员的党纪处分或作出鉴定时，本人有权参加和进行申辩。故选项D错误。

14. 党的纪律是多方面的，最重要、最根本、最关键的纪律是（　　）。

A. 政治纪律　　B. 组织纪律　　C. 人事纪律　　D. 工作纪律

【参考答案】A

【答案解析】党的纪律主要包括政治纪律、组织纪律、廉洁纪律、群众纪

律、工作纪律、生活纪律。必须严明政治纪律。政治纪律是党的纪律中最重要、最根本、最关键的纪律，遵守党的政治纪律是遵守党的全部纪律的重要基础。

15. 进行选举时，有选举权的到会人数超过应到会人数的（　　），会议有效。

A. 4/5　　B. 1/2　　C. 2/3　　D. 3/5

【参考答案】A

【答案解析】根据《中国共产党基层组织选举工作暂行条例》第十九条规定，进行选举时，有选举权的到会人数超过应到会人数的4/5，会议有效。

16. 党员每年参加教育培训的时间一般不少于（　　）学时。

A. 32　　B. 24　　C. 48　　D. 50

【参考答案】A

【答案解析】根据《中国共产党党员教育管理工作条例》第二十条规定，市、县党委或者基层党委每年应当组织党员集中轮训，主要依托县级党校（行政学校）、基层党校等进行。根据事业发展和党的建设重点任务，结合本地区本部门本单位中心工作和党员实际，确定培训内容和方式。党员每年集中学习培训时间一般不少于32学时。

17. 税务总局要求，异地执行稽查检查、巡视巡察、督查督导等专项工作任务，党员超过3人、时间超过（　　）的团队要设立临时党支部，确保党员日常教育管理监督无盲区。

A. 半年　　B. 1个月　　C. 15天　　D. 3个月

【参考答案】B

【答案解析】根据《中共国家税务总局委员会关于加强新形势下税务系统党的建设的意见》规定，异地执行稽查检查、巡视巡察、督查督导等专项工作任务，党员超过3人、时间超过1个月的团队要设立临时党支部。

18. 关于团组织的设立，以下说法正确的是（　　）

A. 税务机关凡是有团员3人以上的，都应当建立团的基层组织。团的基层组织设置应从实际出发，与党组织和行政建制相对应

B. 团支部委员会由党委任命，每届任期2年或3年

C. 团支部人数一般不超过50人

D. 不具备成立团的基层组织条件的，不得成立相关青年组织

【参考答案】C

【答案解析】根据《中国共产主义青年团章程》规定，团的基层组织设置应从实际出发，可以不完全与党组织和行政建制对应。适应街道社区、非公有制经济组织、社会团体等单位和领域的特点，适应团员青年流动和分布聚集的特点，灵活设置团的组织，故选项 A 错误。支部委员会、总支部委员会由团员大会选举产生，故选项 B 错误。此外，不具备成立团的基层组织条件的，为了发挥教育团员、管理团员、监督团员和组织青年、宣传青年、凝聚青年、服务青年的职责，可以在团的地方各级委员会的具体指导下，成立青年工作委员会或其他青年组织，故选项 D 错误。

19. 关于民主评议党员，下列说法不正确的是（　　）。

A. 党支部每年开展 1 次民主评议党员

B. 民主评议党员必须通过党支部会的方式

C. 党员领导干部既要参加民主生活会，也要以普通党员身份参加民主评议党员

D. 民主评议党员要组织党员对照合格党员标准、对照入党誓词，联系个人实际进行党性分析

【参考答案】B

【答案解析】根据《中国共产党支部工作条例（试行）》第十八条规定，党支部一般每年开展 1 次民主评议党员，组织党员对照合格党员标准、对照入党誓词，联系个人实际进行党性分析。民主评议包括党内互相评议与非党群众对党员的评议两个方面。党内评议一般应召开党小组会或党支部会。

20. 应当设立党支部委员会的党支部，至少需要正式党员的人数是（　　）。

A. 5 人　　B. 6 人　　C. 7 人　　D. 8 人

【参考答案】C

【答案解析】根据《中国共产党支部工作条例（试行）》第二十条规定，有正式党员 7 人以上的党支部，应当设立党支部委员会。党支部委员会由 3 ~ 5 人组成，一般不超过 7 人。

二 多项选择题

1. 党支部每月相对固定 1 天开展主题党日，可以组织党员开展的活动有（　　）。

A. 集中学习　　B. 过组织生活

C. 进行民主议事　　D. 志愿服务

【参考答案】ABCD

【答案解析】根据《中国共产党支部工作条例（试行）》第十六条规定，党支部每月相对固定 1 天开展主题党日，组织党员集中学习、过组织生活、进行民主议事和志愿服务等。

2. 下列符合《中国共产党章程》规定的有（　　）。

A. 凡是有正式党员 3 人以上的，都应当成立党的基层组织

B. 党的基层委员会、总支部委员会、支部委员会每届任期 3～5 年

C. 党员享有在党的会议上和党报党刊上，参加关于党的政策问题的讨论权利

D. 党的地方各级委员会全体会议，每年至少召开 2 次

【参考答案】ABCD

【答案解析】参见《中国共产党章程》相关规定。

3. 党支部书记要认真落实谈心谈话制度，做到（　　）。

A. 干部入职必谈　　B. 入党必谈、离职退休必谈

C. 职务晋升和岗位调整必谈　　D. 受到批评处分必谈

【参考答案】ABCD

【答案解析】党支部书记要做到“五必谈”，即干部入职必谈、入党必谈、职务晋升和岗位调整必谈、离职退休必谈、受到批评处分必谈。

4. 关于党员党籍，下列说法正确的有（　　）。

A. 经党支部党员大会通过、基层党委审批接收的预备党员，自通过之日起，即取得党籍

B. 对因私出国并在国外长期定居的党员，出国学习研究超过 2 年仍未返回的党员，一般予以停止党籍

C. 对与党组织失去联系 6 个月以上、通过各种方式查找仍然没有取得联系的党员，予以停止党籍。停止党籍的决定由所在党支部或者上级党组织按照有关规定作出。停止党籍 2 年后确实无法取得联系的，按照自行脱党予以除名

D. 对停止党籍的党员，不予恢复党籍

【参考答案】AC

【答案解析】根据《中国共产党党员教育管理工作条例》规定，对因私出国并在国外长期定居的党员，出国学习研究超过 5 年仍未返回的党员，一般予以停止党籍。停止党籍的决定由保留其组织关系的党组织按照有关规定作出。对停止党籍的党员，符合条件的，可以按照规定程序恢复党籍。对劝其退党、劝而不退除名、自行脱党除名、退党除名、开除党籍的，原则上不能恢复党籍，符合条件的可以重新入党。故选项 B、D 不正确。

5. 党员教育管理工作应坚持以党的政治建设为统领，突出（　　）。

A. 党性教育　　B. 政治教育

C. 政治理论教育　　D. 职业道德教育

【参考答案】AC

【答案解析】根据《中国共产党党员教育管理工作条例》第四条规定，党员教育管理工作应坚持以党的政治建设为统领，突出党性教育和政治理论教育，引导党员遵守党章党规党纪，不忘初心、牢记使命。

6. 党员教育管理工作应坚持（　　）相结合，采取集中轮训、党委（组）理论学习中心组学习、理论宣讲、组织生活、在线学习培训等方式，形成习近平新时代中国特色社会主义思想学习教育长效机制，推动党员学深悟透、入脑入心。

A. 集中教育　　B. 经常性教育

C. 组织培训　　D. 个人自学

【参考答案】ABCD

【答案解析】根据《中国共产党党员教育管理工作条例》第七条规定，坚持集中教育和经常性教育相结合，组织培训和个人自学相结合，采取集中轮训、党委（组）理论学习中心组学习、理论宣讲、组织生活、在线学习培训等方式，形成习近平新时代中国特色社会主义思想学习教育长效机制，推

动党员学深悟透、入脑入心。

7. 以下具有审批预备党员权限的党组织有（　　）。

A. 市税务局机关党委　　B. 县税务局机关党总支

C. 省税务局党委　　D. 区税务局机关党委

【参考答案】AD

【答案解析】根据《中国共产党发展党员工作细则》第二十三条规定，预备党员必须由党委（工委）审批。乡镇（街道）党委所属的基层党委，不能审批预备党员，但应当对支部大会通过接收的预备党员进行审议。党总支不能审批预备党员，但应当对支部大会通过接收的预备党员进行审议。除另有规定外，临时党组织不能接收、审批预备党员。党组不能审批预备党员。选项 C 是国家工作部门党委，是党组性质的党委，由上级党组织直接批准设立，不同于由选举产生的党的地方委员会和基层委员会。

8. 正式党员不足 3 人的单位，成立联合党支部应当遵循的原则是（　　）。

A. 地域相邻　　B. 行业相近　　C. 规模适当　　D. 便于管理

【参考答案】ABCD

【答案解析】根据《中国共产党支部工作条例（试行）》第五条规定，正式党员不足 3 人的单位，应当按照地域相邻、行业相近、规模适当、便于管理的原则，成立联合党支部。

9. 2019 年全面从严治党会议明确，要进一步构建税务大监督格局，要统筹推进三类监督。关于三类监督下列选项中说法正确的有（　　）。

A. 纪检机构的“专责监督”

B. 巡视巡察、督查审计、干部监督 3 个部门的“职能监督”

C. 机关内设各部门的“日常监督”

D. 广大群众的“舆论监督”

【参考答案】ABC

【答案解析】全国税务系统从严治党会议明确要进一步构建税务大监督格局。要统筹推进纪检机构的“专责监督”，巡视巡察、督察审计、干部监督 3 个部门的“职能监督”和机关内设各部门的“日常监督”，在早、准、严上下功夫，提高监督质量。

10. 党组织应当监督党员遵守党章党纪党规，特别是政治纪律和政治规矩情况，遵守宪法法律法规和道德规范情况，参加组织生活情况，履行党员义务、联系服务群众、发挥先锋模范作用情况等，可采取的方式包括（　　）。

A. 严格组织生活　　B. 听取群众意见

C. 检查党员工作　　D. 开展党员大会

【参考答案】ABC

【答案解析】根据《中国共产党党员教育管理工作条例》第二十七条规定，党组织应当通过严格组织生活、听取群众意见、检查党员工作，监督党员遵守党章党纪党规，特别是政治纪律和政治规矩情况，遵守宪法法律法规和道德规范情况，参加组织生活情况，履行党员义务、联系服务群众、发挥先锋模范作用情况等。

11. 2019 年 5 月 13 日，中共中央政治局召开会议，决定从 2019 年 6 月开始，在全党自上而下分两批开展“不忘初心、牢记使命”主题教育。关于第二批“不忘初心、牢记使命”主题教育，以下说法正确的有（　　）。

A. 根本任务是深入学习贯彻习近平新时代中国特色社会主义思想

B. 总要求是“守初心、担使命，找差距、抓落实”

C. 目标是努力实现“理论学习有收获、干事创业敢担当、为民服务解难题、清正廉洁作表率”

D. 主题教育要聚焦主题主线，紧紧围绕学习贯彻习近平新时代中国特色社会主义思想，紧扣习近平关于“不忘初心、牢记使命”重要论述，开展学习教育、调查研究、检视问题、整改落实。要统筹推进四项重点措施

【参考答案】ABD

【答案解析】根据中央“不忘初心、牢记使命”主题教育领导小组印发的《关于开展第二批“不忘初心、牢记使命”主题教育的指导意见》，主题教育要努力实现理论学习有收获、思想政治受洗礼、干事创业敢担当、为民服务解难题、清正廉洁作表率的目标，选项 C 有缺项。

12. 关于党费，党支部应做好的工作包括（　　）。

A. 党费收缴　B. 党费使用　C. 党费管理　D. 党费返还

【参考答案】ABC

【答案解析】根据《中国共产党支部工作条例（试行）》第九条规定，党支部的基本任务中包括对党员进行教育、管理、监督和服务，做好党费收缴、使用和管理工作。

13. 申请加入中国共产党，须符合的条件有（　　）。

A. 年满 18 岁的中国工人、农民、军人、知识分子和其他社会阶层的先进分子

B. 承认党的纲领和章程

C. 愿意参加党的一个组织并在其中积极工作、执行党的决议

D. 愿意按期交纳党费

【参考答案】ABCD

【答案解析】根据《中国共产党发展党员工作细则》第五条规定，年满 18 岁的中国工人、农民、军人、知识分子和其他社会阶层的先进分子，承认党的纲领和章程，愿意参加党的一个组织并在其中积极工作、执行党的决议和按期交纳党费的，可以申请加入中国共产党。

14.《中国共产党发展党员工作细则》第五条规定，党支部应当及时将支部大会决议写入《中国共产党入党志愿书》，连同本人入党申请书、政治审查材料、培养教育考察材料等，一并报上级党委审批。支部大会决议主要包括（　　）。

A. 发展对象的主要表现

B. 应到会和实际到会有表决权的党员人数

C. 表决结果

D. 通过决议的日期和支部书记签名

【参考答案】ABCD

【答案解析】根据《中国共产党发展党员工作细则》规定，党支部应当及时将支部大会决议写入《中国共产党入党志愿书》，连同本人入党申请书、政治审查材料、培养教育考察材料等，一并报上级党委审批。支部大会决议主要包括：发展对象的主要表现；应到会和实际到会有表决权的党员人数；表决结果；通过决议的日期；支部书记签名。

15. 关于批评和自我批评，以下说法正确的有（　　）。

A. 坚持“团结—批评—团结”，按照“照镜子、正衣冠、洗洗澡、

治治病”的要求，严肃认真提意见，决不能把自我批评变成自我表扬、把相互批评变成相互吹捧

B. 党的领导机关和领导干部对各种不同意见都必须听取，鼓励下级反映真实情况

C. 党内工作会议的报告、讲话以及各类工作总结，上级机关和领导干部检查指导工作，只讲问题和不足，不讲成绩和经验

D. 批评必须出于公心，不主观武断，不发泄私愤

【参考答案】ABD

【答案解析】党内工作会议的报告、讲话以及各类工作总结，上级机关和领导干部检查指导工作，既要讲成绩和经验，又要讲问题和不足。选项 C 表述有误。

16. 党的组织应当根据党务与党员和群众的关联程度合理确定党务公开范围，以下说法正确的有（　　）。

A. 领导经济社会发展、涉及人民群众生产生活的党务，向社会公开

B. 涉及党的建设重大问题或者党员义务权利，需要全体党员普遍知悉和遵守执行的党务，在全党公开

C. 各地区、各部门、各单位的党务，在本地区、本部门、本单位公开

D. 涉及特定党的组织、党员和群众切身利益的党务，对特定党的组织、党员和群众公开

【参考答案】ABCD

【答案解析】根据《中国共产党党务公开条例（试行）》第八条规定，党的组织应当根据党务与党员和群众的关联程度合理确定公开范围：①领导经济社会发展、涉及人民群众生产生活的党务，向社会公开；②涉及党的建设重大问题或者党员义务权利，需要全体党员普遍知悉和遵守执行的党务，在全党公开；③各地区、各部门、各单位的党务，在本地区、本部门、本单位公开；④涉及特定党的组织、党员和群众切身利益的党务，对特定党的组织、党员和群众公开。

17. 党小组会一般每月召开 1 次，内容包括（　　）。

A. 政治学习　　B. 谈心谈话

C. 开展批评和自我批评　　D. 业务学习

【参考答案】ABC

【答案解析】根据《中国共产党支部工作条例（试行)》第十三条规定，党小组主要落实党支部工作要求，完成党支部安排的任务。党小组会一般每月召开 1 次，组织党员参加政治学习、谈心谈话、开展批评和自我批评等。

18. 根据《关于新形势下党内政治生活的若干准则》规定，党内选举必须体现选举人意志，规范和完善选举制度规则。关于党内选举，以下说法正确的有（　　）。

A. 预备党员没有表决权、选举权和被选举权

B. 党的总支部委员会委员候选人的差额为应选人数的 10%

C. 党的基层组织设立的委员会的书记、副书记的产生，由上届委员会提出候选人，报上级党组织审查同意后，在委员会全体会议上进行选举

D. 进行选举时，有选举权的到会人数超过应到会人数的 4/5，会议有效

【参考答案】ACD

【答案解析】选项 B，党的总支部委员会委员候选人的差额为应选人数的 20%。

三 判断题

1. 党小组是党的基础组织，担负直接教育党员、管理党员、监督党员和组织群众、宣传群众、凝聚群众、服务群众的职责。（　　）

【参考答案】错误

【答案解析】党支部是党的基础组织，担负直接教育党员、管理党员、监督党员和组织群众、宣传群众、凝聚群众、服务群众的职责。

2. 民主集中制是民主基础上的集中和集中指导下的民主相结合。（　　）

【参考答案】正确

【答案解析】民主集中制是民主基础上的集中和集中指导下的民主相结合。它既是党的根本组织原则，也是群众路线在党的生活中的运用。

3. 预备党员具有表决权、选举权和被选举权。（　　）

【参考答案】错误

【答案解析】预备党员没有表决权、选举权和被选举权。

4. 中国共产党是中国工人阶级的先锋队，同时是中国人民和中华民族的先锋队。 （ ）

【参考答案】正确

【答案解析】根据《中国共产党章程》规定，中国共产党是中国工人阶级的先锋队，同时是中国人民和中华民族的先锋队。

5. 留党察看最长不超过两年。党员在留党察看期间没有表决权、选举权和被选举权。 （ ）

【参考答案】正确

【答案解析】根据《中国共产党基层组织选举工作暂行条例》规定，留党察看最长不超过两年。党员在留党察看期间没有表决权、选举权和被选举权。

6. 基层组织进行选举时，有选举权的到会人数超过应到会人数的五分之四，会议有效。因故未出席会议的党员或党员代表委托他人代为投票，必须采取书面委托的形式。 （ ）

【参考答案】错误

【答案解析】根据《中国共产党基层组织选举工作暂行条例》规定，因故未出席会议的党员或党员代表不能委托他人代为投票。

7. 设立机关党的基层委员会的部门，同时应设立机关党的纪律检查委员会。 （ ）

【参考答案】错误

【答案解析】设立机关党的基层委员会的部门，一般应当设立机关党的纪律检查委员会，不设机关党的纪律检查委员会的，应当设立纪律检查委员。

8. 机关党员 50 人以上的，设立党的基层委员会。 （ ）

【参考答案】错误

【答案解析】根据《中国共产党党和国家机关基层组织工作条例》第六条规定，机关党员 100 人以上的，设立党的基层委员会。党员不足 100 人的，因工作需要，经上级党组织批准，也可以设立党的基层委员会。

9. 机关党的基层委员会、总支部委员会、支部委员会书记、副书记通过

选举产生，报上级党组织批准。书记必须由本部门党员负责人兼任。（　　）

【参考答案】错误

【答案解析】根据《中国共产党党和国家机关基层组织工作条例》第九条规定，书记一般应当由本部门党员负责人兼任，也可以由同级党员干部专任。

10. 支部大会讨论两个以上的发展对象入党时，可以逐个讨论和表决，也可以一起讨论和表决。（　　）

【参考答案】错误

【答案解析】支部大会讨论两个以上的发展对象入党时，必须逐个讨论和表决。

四 简答题

1.《中国共产党纪律处分条例》在3年内两次修订，再次释放出以铁的纪律管党治党的强烈信号。新修订的《中国共产党纪律处分条例》坚持的党的纪律处分工作原则是什么？

【参考答案】（1）坚持党要管党、全面从严治党。（2）党纪面前一律平等。（3）实事求是。（4）民主集中制。（5）惩前毖后、治病救人。

2. 某师范学院教师张某是中共党员。张某在公共媒体微博上多次公开发表反对党的改革开放政策的文章，编造政治谣言损坏党和国家形象，造成不良社会影响。张某受到党内严重警告处分，并被行政撤职。这样处理恰当吗？请结合《中国共产党纪律处分条例》加以论述。

【参考答案】处分是恰当的。根据《中国共产党纪律处分条例》第四十六条规定，通过网络、广播、电视、报刊、传单、书籍等，或者利用讲座、论坛、报告会、座谈会等方式，有下列行为之一，情节较轻的，给予警告成者严重警告处分；情节较重的，给予撤销党内职务或者留党察看处分；情节严重的，给予开除党籍处分：（1）公开发表违背四项基本原则，违背、歪曲党的改革开放决策，或者其他有严重政治问题的文章、演说、宣言、声明等的；（2）妄议党中央大政方针，破坏党的集中统一的；（3）丑化党和国家形象，或者诋毁、诬蔑党和国家领导人、英雄模范，或者歪曲党的历史、中华人民共和国历史、人民军队历史的。

五 案例题

税务干部小张，于 2015 年 12 月向其所在局机关党委递交入党申请书。2016 年 5 月，该局机关党委安排党委副书记王某与其谈话，了解其思想状况、入党动机、工作和学习情况。2016 年 6 月，经王某推荐，局党组研究，小张被确认为入党积极分子。2017 年 1 月，小张被所在支部列为发展对象，期间参加了当地机关工委组织的党的基本知识培训班，并通过考试获得了结业证书。同年 4 月，经政审、支部委员会集体讨论后，由所在支部大会接收为中共预备党员，并在 5 月 5 日经局党组审批通过。小张 2017 年 3 月通过了省政府办干部遴选，并在 6 月赴新岗位报到。

该局发展小张为预备党员的流程规范吗？请结合《中国共产党发展党员工作细则》加以论述。

【参考答案】该局发展小张为预备党员的流程存在诸多问题，主要如下：

（1）根据《中国共产党发展党员工作细则》第七条规定，党组织收到入党申请书后，应当在 1 个月内派人同入党申请人谈话，了解基本情况。

（2）根据《中国共产党发展党员工作细则》第八条规定，在入党申请人中确定入党积极分子，应当采取党员推荐、群团组织推优等方式产生人选，由支部委员会研究决定，而不是由党组研究。

（3）根据《中国共产党发展党员工作细则》第十三条规定，“对经过一年以上培养教育和考察、基本具备党员条件的入党积极分子……，可列为发展对象”，而小张确认为入党积极分子到发展对象只有 7 个月，不符合发展时限要求。

（4）根据《中国共产党发展党员工作细则》第十九条规定，“发展对象未来三个月内将离开工作、学习单位的，一般不办理接收预备党员的手续”。小张 3 月已经通过政府办遴选招考，因此不宜由原单位接收为中共预备党员。

（5）根据《中国共产党发展党员工作细则》第二十三条规定，预备党员必须由党委（工委）审批，党组不能审批预备党员。

第四章 监督管理

>> 知识架构

- 监督管理
  - 纪检工作
    - 纪检机关的职能定位 1个知识点
    - 税务系统省以下纪检机构主要职责 4个知识点
    - 税务系统信访举报的处理 4个知识点
    - “一案双查”相关规定 5个知识点
  - 巡视工作
    - 巡视工作的性质与特点 2个知识点
    - 《中国共产党巡视工作条例》的基本内容 5个知识点
    - 税务系统的巡视工作要求 5个知识点
  - 督察内审工作
    - 督察内审概述 4个知识点
    - 内部审计 3个知识点
    - 税收执法考评与过错责任追究 6个知识点
  - 内控机制建设
    - 内控机制建设概述 4个知识点
    - 内控机制建设的总体框架 3个知识点

>> 第一节 纪检工作

一 纪检机关的职能定位

【知识点】职能定位

纪律检查机关是党内监督的专门机关和执行党的纪律的职能部门，是党内监督的专责机关，履行监督执纪问责职责。主要任务是：维护党的章程和其他党内法规，检查党的路线、方针、政策和决议的执行情况，协助党的委员会推进全面从严治党、加强党风建设和组织协调反腐败工作。

二 税务系统省以下纪检机构主要职责

【知识点1】协助推进责任

纪检组组长向同级党组织汇报上级党组织和纪检机构有关党风廉政建设和反腐败工作的部署和要求，提出具体贯彻落实意见。向本级党委通报日常监督中发现的普遍性问题或突出问题，与本级党委书记交换意见，每半年至少会同本级党委专题研究1次党风廉政建设和反腐败工作。加强对下级党组织实施责任追究情况的监督检查。

【知识点2】监督检查责任

经常对党员进行遵守纪律的教育，作出关于维护党纪的决定；对党的组织和党员领导干部履行职责、行使权力进行监督。严明党的政治纪律和政治规矩，坚决纠正和查处上有政策、下有对策，有令不行、有禁不止，口是心非、阳奉阴违，搞团团伙伙、拉帮结派，欺骗组织、对抗组织等行为，强化纪律约束，确保政令畅通。监督中央八项规定及其实施细则精神和反对“四风”情况落实，根据上级要求开展专项整治活动。紧盯“关键少数”，强化对党委及领导班子成员、部门（单位）主要负责人和下级领导班子“一把手”的监督，要突出对管人管钱管物、权力集中、廉洁风险高或群众反映较多的部门（单位）“一把手”的监督。加强对选人用人情况的监督，紧盯动议、民主推荐、考察考核等关键环节，坚决杜绝任人唯亲、封官许愿，搞亲亲疏疏、团团伙伙等现象。对公职人员依法履职、秉公用权、廉洁从政从业以及道德操守等情况强化监督检查。

【知识点3】纪律审查责任

规范信访举报，对实名举报和违反中央八项规定及其实施细则精神、“四风”问题等信访举报优先办理。按照谈话函询、初步核实、暂存待查、予以了结四类方式，统一处置和管理问题线索。坚持问题线索集体排查制度，线索处置、谈话函询、初步核实、立案审查、案件审理、处置执行中的重要问题，应当集体研究。依规依纪开展执纪审查，重点查处党的十八大以来不收敛、不收手，问题线索反映集中、群众反映强烈，政治问题和经济问题交织的腐败案件，以及违反中央八项规定及其实施细则精神的问题。准确运用监督执纪“四种形态”。加大税收违法案件“一案双查”力度，结合打击偷逃骗税和虚开增值税发票案件，严肃查处税务人员与不法分子内外勾结、谋取私利的违纪违法问题，并倒查领导责任。发挥查办案件的治本功能，按规定对重大腐败案件和违反中央八项规定及其实施细则精神的典型问题进行剖析通报，加强警示教育，提出加强管理、堵塞漏洞、完善制度的意见和建议。

【知识点4】问责追究责任

对党的领导弱化、党的建设缺失、全面从严治党不力、维护党的纪律不力、推进党风廉政建设和反腐败工作不坚决不扎实，造成严重后果的，按照有关规定和干部管理权限，提出问责建议，履行问责程序，落实问责决定。对违反中央八项规定及其实施细则精神的，严重违纪被立案审查开除党籍的，严重失职失责被问责的，以及发生在群众身边、影响恶劣的不正之风和腐败问题，按照有关规定和干部管理权限，通报曝光。

三 税务系统信访举报的处理

税务系统纪检信访举报工作，是指税务系统各级纪检部门通过接收群众来信、下载网上举报、接待群众来访、接听举报电话等渠道，受理针对税务机关和税务人员的检举控告及申诉，按照纪检部门的职能和规定的程序处理解决信访举报问题的工作。

处理纪检监察信访举报应坚持以党章和法律法规为准绳；以事实为依据；处理重要信访问题，坚持民主集中制或行政首长负责制；维护信访举报当事人的合法权益；属地管理、分级负责，“谁主管、谁负责”；解决实际问题同思想教育相结合的基本原则。

【知识点1】信访举报受理

1. 受理范围

（1）应当受理的范围。

①检举控告。针对税务机关、税务人员违反党纪政纪问题的检举、控告。

②申诉。依法应由税务纪检部门受理的税务人员对党纪政纪处分有不同意见的申诉。

③批评建议。对税务系统党风廉政建设和纪检监察工作的批评和建议。

（2）不予受理的范围。

①对已经或者依法应当通过诉讼、仲裁、行政复议解决的投诉请求不予受理，信访件转有关单位；

②对各级人民代表大会以及县级以上各级人民代表大会常务委员会、人民法院、人民检察院职权范围内的信访事项不予受理，信访件转有关单位；

③信访举报事项涉及地方人民政府及其工作人员的，直接转送有权处理的单位处理；

④应由税务机关其他部门受理的违反税收政策法规、纳税服务制度、税收工作规程、人事管理规定、行政管理规定等不属于税务纪检部门职权范围内的信访事项。

收到信访举报后，应告知举报人是否受理。能够当场告知的，当场告知；不能当场告知的，应当自收到信访事项之日起 15 日内书面告知信访人，但信访人的姓名（名称）、住址不清的除外。

对不属于税务纪检部门受理的信访举报，应在 15 日内告知举报人向有权处理的单位提出。对跨越本级和上一级税务机关纪检部门提出的信访举报，上级税务机关纪检部门应引导举报人按干部管理权限进行举报。

2. 受理流程

（1）来信（包括信件、电话、网络举报等）的受理。

①收信。税务纪检部门收到来信，应及时拆封，将信文、信封及附件一并装订，保持信件完整。接听电话举报要认真做好记录；受理网络举报要及时下载打印。

②阅信。明确信访举报人反映的主要问题，分清问题的性质。对于检举控告，要核实被检举控告人的姓名、单位、职务等；对于申诉，要确认申诉人的姓名、单位和职务等，何时何地、在何单位因何问题受到何种处分，是否经过有关机关复议、复审、复核过以及结论，本人申诉的理由、依据与要求等。

③登记。信件、电话、网络举报需填写《税务纪检监察信访举报登记

表》，一律采用第三人称，反映多人、多个问题的，按照被反映人级别高的在前、举报事项性质严重的在前、线索具体的在前的顺序进行登记。

（2）来访的受理。

①接谈。接待来访的工作人员不得少于 2 人。接待来访的工作人员应查看来访人的身份证或其他有效证件，核实来访人数，同来访人面谈，听取并记录来访人反映的问题及要求、来访过程及有关单位受理、办理情况。多人来访提出同一事项的，由来访人选定 5 名以下代表参与接谈。

②登记。接访人应详细询问来访人的基本情况，及时填写《税务纪检监察信访举报来访登记表》。

③特殊来访的处理。接访人员要维持来访秩序。对于特殊来访，如持有凶器和爆炸物品来访，扬言游行、静坐、示威、行凶、报复、爆炸，情绪反常、有轻生念头等，以及可能造成不良影响的重大、紧急来访事项，应当及时报告，并依法及时采取措施，对严重扰乱机关工作秩序的应联系公安部门依法处理。

（3）其他形式信访举报的受理。

①上级税务纪检部门及领导批转的。接到上级纪检部门批转的违纪违法线索和材料后，要填写登记表，按照批转意见立即办理，连同上级领导的批转意见一并登记后报本级分管领导；

②司法机关及有关部门移送的。对有关移送的材料应逐一核对，在移送清单上签字，对复印的主要证据编注页码，逐页盖章，防止丢失；

③新闻媒体披露的。对报纸、杂志等资料应复印，网络资料应下载并注明网址，影像、广播等资料应记录电视台、电台名称、节目名称、播出时间等。

【知识点 2】线索处理方式

纪检监察机关应当加强对问题线索的集中管理、分类处置、定期清理。信访举报部门归口受理同级党委管理的党组织和党员、干部以及监察对象涉嫌违纪或者职务违法、职务犯罪问题的信访举报，统一接收有关纪检监察机关、派驻或者派出机构以及其他单位移交的相关信访举报，移送本机关有关部门，深入分析信访形势，及时反映损害群众利益的问题。

纪检监察机关应当结合问题线索所涉及地区、部门、单位总体情况，综合分析，按照谈话函询、初步核实、暂存待查、予以了结4类方式进行处置。

线索处置不得拖延和积压，处置意见应当在收到问题线索之日起1个月内提出，并制定处置方案，履行审批手续。

1. 谈话函询

各级党委（组）和纪检监察机关应当推动加强和规范党内政治生活，经常拿起批评和自我批评的武器，及时开展谈话提醒、约谈函询，促使党员、干部以及监察对象增强党的观念和纪律意识。

纪检监察机关采取谈话函询方式处置问题线索，应当起草谈话函询报批请示，拟订谈话方案和相关工作预案，按程序报批。需要谈话函询下一级党委（组）主要负责人的，应当报纪检监察机关主要负责人批准，必要时向同级党委主要负责人报告。

谈话应当由纪检监察机关相关负责人或者承办部门负责人进行，可以由被谈话人所在党委（组）、纪委监委（纪检监察组、纪检监察工委）有关负责人陪同；经批准也可以委托被谈话人所在党委（组）主要负责人进行。

谈话应当在具备安全保障条件的场所进行。由纪检监察机关谈话的，应当制作谈话笔录，谈话后可以视情况由被谈话人写出书面说明。

纪检监察机关进行函询应当以办公厅（室）名义发函给被反映人，并抄送其所在党委（组）和派驻纪检监察组主要负责人。被函询人应当在收到函件后15个工作日内写出说明材料，由其所在党委（组）主要负责人签署意见后发函回复。被函询人为党委（组）主要负责人的，或者被函询人所作说明涉及党委（组）主要负责人的，应当直接发函回复纪检监察机关。

承办部门应当在谈话结束或者收到函询回复后1个月内写出情况报告和处置意见，按程序报批。根据不同情形作出相应处理：

（1）反映不实，或者没有证据证明存在问题的，予以采信了结，并向被函询人发函反馈。

（2）问题轻微，不需要追究纪律责任的，采取谈话提醒、批评教育、责令检查、诫勉谈话等方式处理。

（3）反映问题比较具体，但被反映人予以否认且否认理由不充分具体的，或者说明存在明显问题的，一般应当再次谈话或者函询；发现被反映人涉嫌违纪或者职务违法、职务犯罪问题需要追究纪律和法律责任的，应当提出初步核实的建议。

（4）对诬告陷害者，依规依纪依法予以查处。

2. 初步核实

纪检监察机关采取初步核实方式处置问题线索，应当制定工作方案，成立核查组，履行审批程序。被核查人为下一级党委（组）主要负责人的，纪检监察机关应当报同级党委主要负责人批准。

核查组经批准可以采取必要措施收集证据，与相关人员谈话了解情况，要求相关组织作出说明，调取个人有关事项报告，查阅复制文件、账目、档案等资料，查核资产情况和有关信息，进行鉴定勘验。对被核查人及相关人员主动上交的财物，核查组应当予以暂扣。

需要采取技术调查或者限制出境等措施的，纪检监察机关应当严格履行审批手续，交有关机关执行。

初步核实工作结束后，核查组应当撰写初步核实情况报告，列明被核查人基本情况、反映的主要问题、办理依据以及初步核实结果、存在疑点、处理建议，由核查组全体人员签名备查。

承办部门应当综合分析初步核实情况，按照拟立案审查调查、予以了结、谈话提醒、暂存待查，或者移送有关党组织处理等方式提出处置建议。

初步核实情况报告应当报纪检监察机关主要负责人审批，必要时向同级党委主要负责人报告。

3. 审查调查

党委（组）应当按照管理权限，加强对党员、干部以及监察对象涉嫌严重违纪或者职务违法、职务犯罪问题审查调查处置工作，定期听取重大案件情况报告，加强反腐败协调机构的机制建设，坚定不移、精准有序惩治腐败。

纪检监察机关经过初步核实，对党员、干部以及监察对象涉嫌违纪或者职务违法、职务犯罪，需要追究纪律或者法律责任的，应当立案审查调查。

（1）凡报请批准立案的，应当已经掌握部分违纪或者职务违法、职务犯罪事实和证据，具备进行审查调查的条件。对符合立案条件的，承办部门应当起草立案审查调查呈批报告，经纪检监察机关主要负责人审批，报同级党委主要负责人批准，予以立案审查调查。

（2）立案审查调查决定应当向被审查调查人宣布，并向被审查调查人所在党委（组）主要负责人通报。

（3）对涉嫌严重违纪或者职务违法、职务犯罪人员立案审查调查，纪检监察机关主要负责人应当主持召开由纪检监察机关相关负责人参加的专题会议，研究批准审查调查方案。

（4）纪检监察机关相关负责人批准成立审查调查组，确定审查调查谈话方案、外查方案，审批重要信息查询、涉案财物查扣等事项。

（5）监督检查、审查调查部门主要负责人组织研究提出审查调查谈话方案、外查方案和处置意见建议，审批一般信息查询，对调查取证审核把关。

（6）审查调查组组长应当严格执行审查调查方案，不得擅自更改；以书面形式报告审查调查进展情况，遇有重要事项及时请示。

（7）审查调查组可以依照党章党规和监察法，经审批进行谈话、讯问、询问、留置、查询、冻结、搜查、调取、查封、扣押（暂扣、封存）、勘验检查、鉴定，提请有关机关采取技术调查、通缉、限制出境等措施。

（8）承办部门应当建立台账，记录使用措施情况，向案件监督管理部门定期备案。

（9）案件监督管理部门应当核对检查，定期汇总重要措施使用情况并报告纪委监委领导和上一级纪检监察机关，发现违规违纪违法使用措施的，区分不同情况进行处理，防止擅自扩大范围、延长时限。

（10）需要对被审查调查人采取留置措施的，应当依据监察法进行，在24小时内通知其所在单位和家属，并及时向社会公开发布。因可能毁灭、伪造证据，干扰证人作证或者串供等有碍调查情形而不宜通知或者公开的，应当按程序报批并记录在案。有碍调查的情形消失后，应当立即通知被留置人员所在单位和家属。

（11）审查调查工作应当依照规定由两人以上进行，按照规定出示证件，出具书面通知。立案审查调查方案批准后，应当由纪检监察机关相关负责人或者部门负责人与被审查调查人谈话，宣布立案决定，讲明党的政策和纪律，要求被审查调查人端正态度、配合审查调查。

（12）审查调查应当充分听取被审查调查人陈述，保障其饮食、休息，提供医疗服务，确保安全。严格禁止使用违反党章党规党纪和国家法律的手段，严禁逼供、诱供、侮辱、打骂、虐待、体罚或者变相体罚。

（13）审查调查期间，对被审查调查人以同志相称，安排学习党章党规党纪以及相关法律法规，开展理想信念宗旨教育，通过深入细致的思想政治工作，促使其深刻反省、认识错误、交代问题，写出忏悔反思材料。

（14）外查工作必须严格按照外查方案执行，不得随意扩大审查调查范围、变更审查调查对象和事项，重要事项应当及时请示报告。外查工作期间，未经批准，监督执纪人员不得单独接触任何涉案人员及其特定关系人，不得擅自采取审查调查措施，不得从事与外查事项无关的活动。

（15）纪检监察机关应当严格依规依纪依法收集、鉴别证据，做到全面、客观，形成相互印证、完整稳定的证据链。

（16）调查取证应当收集原物原件，逐件清点编号，现场登记，由在场人员签字盖章，原物不便搬运、保存或者取得原件确有困难的，可以将原物封存并拍照录像或者调取原件副本、复印件；谈话应当现场制作谈话笔录并由被谈话人阅看后签字。已调取证据必须及时交审查调查组统一保管。

（17）严禁以威胁、引诱、欺骗以及其他违规违纪违法方式收集证据；严禁隐匿、损毁、篡改、伪造证据。

（18）查封、扣押（暂扣、封存）、冻结、移交涉案财物，应当严格履行审批手续。

（19）对涉嫌严重违纪或者职务违法、职务犯罪问题的审查调查，监督执纪人员未经批准并办理相关手续，不得将被审查调查人或者其他重要的谈话、询问对象带离规定的谈话场所，不得在未配置监控设备的场所进行审查调查谈话或者其他重要的谈话、询问，不得在谈话期间关闭录音录像设备。

（20）查明涉嫌违纪或者职务违法、职务犯罪问题后，审查调查组应当撰写事实材料，与被审查调查人见面，听取意见。被审查调查人应当在事实材料上签署意见，对签署不同意见或者拒不签署意见的，审查调查组应当作出说明或者注明情况。

（21）审查调查工作结束，审查调查组应当集体讨论，形成审查调查报告，列明被审查调查人基本情况、问题线索来源及审查调查依据、审查调查过程，主要违纪或者职务违法、职务犯罪事实，被审查调查人的态度和认识，处理建议及党纪法律依据，并由审查调查组组长以及有关人员签名。

（22）审查调查报告以及忏悔反思材料，违纪或者职务违法、职务犯罪事实材料，涉案财物报告等，应当按程序报纪检监察机关主要负责人批准，连同全部证据和程序材料，依照规定移送审理。审查调查全过程形成的材料应当案结卷成、事毕归档。

4. 审理

纪检监察机关应当对涉嫌违纪或者违法、犯罪案件严格依规依纪依法审核把关，提出纪律处理或者处分的意见，做到事实清楚、证据确凿、定性准确、处理恰当、手续完备、程序合规。

纪律处理或者处分必须坚持民主集中制原则，集体讨论决定，不允许任何个人或者少数人决定和批准。

坚持审查调查与审理相分离的原则，审查调查人员不得参与审理。审理工作按照以下程序进行：

（1）案件审理部门收到审查调查报告后，经审核符合移送条件的予以受理，不符合移送条件的可以暂缓受理或者不予受理。

（2）对于重大、复杂、疑难案件，监督检查、审查调查部门已查清主要违纪或者职务违法、职务犯罪事实并提出倾向性意见的；对涉嫌违纪或者职务违法、职务犯罪行为性质认定分歧较大的，经批准案件审理部门可以提前介入。

（3）案件审理部门受理案件后，应当成立由两人以上组成的审理组，全面审理案卷材料，提出审理意见。

（4）坚持集体审议原则，在民主讨论基础上形成处理意见；对争议较大的应当及时报告，形成一致意见后再作出决定。案件审理部门根据案件审理情况，应当与被审查调查人谈话，核对违纪或者职务违法、职务犯罪事实，听取辩解意见，了解有关情况。

（5）对主要事实不清、证据不足的，经纪检监察机关主要负责人批准，退回监督检查、审查调查部门重新审查调查；需要补充完善证据的，经纪检监察机关相关负责人批准，退回监督检查、审查调查部门补充审查调查。

（6）审理工作结束后应当形成审理报告，内容包括被审查调查人基本情况、审查调查简况、违纪违法或者职务犯罪事实、涉案财物处置、监督检查或者审查调查部门意见、审理意见等。

审理工作应当在受理之日起 1 个月内完成，重大复杂案件经批准可以适当延长。

审理报告报经纪检监察机关主要负责人批准后，提请纪委常委会会议审议。需报同级党委审批的，应当在报批前以纪检监察机关办公厅（室）名义征求同级党委组织部门和被审查调查人所在党委（组）意见。

处分决定作出后，纪检监察机关应当通知受处分党员所在党委（组），抄送同级党委组织部门，并依照规定在 1 个月内向其所在党的基层组织中的全体党员以及本人宣布。处分决定执行情况应当及时报告。

对不服处分决定的申诉，由批准或者决定处分的党委（组）或者纪检监察机关受理；需要复议复查的，由纪检监察机关相关负责人批准后受理。

申诉办理部门成立复查组，调阅原案案卷，必要时可以进行取证，经集体研究后，提出办理意见，报纪检监察机关相关负责人批准或者纪委常委会会议研究决定，作出复议复查决定。决定应当告知申诉人，抄送相关单位，并在一定范围内宣布。

坚持复议复查与审查审理分离，原案审查、审理人员不得参与复议复查。复议复查工作应当在 3 个月内办结。

【知识点 3】信访举报日常管理

1. 统计分析

各级税务纪检部门应按照规定对信访举报情况进行分析，向领导提供动态工作信息和决策信息。分析的内容包括：信访举报数量、反映问题的性质、涉及人员的职级及变化情况、信访举报的特点及形成的原因、查办情况、重点信访案件查办情况、经验教训等。

各级税务纪检部门应按规定向上级部门报送信访举报情况统计表。

2. 档案管理

（1）档案类别及归档材料。

纪检监察信访举报工作档案分为两类：信访举报文书类档案和信访案件类档案，采用“谁办理、谁立卷”的方法办理立卷归档手续。

①信访举报文书类档案。

信访举报文书类档案采用按年分类组卷，归档材料包括：会议文件、资料；信访举报部门派员参加的调研材料；工作制度、信访举报情况分析等工作情况材料；通知、规定、请示报告、编印的各类信息载体等综合材料；统计材料；重要的事务性材料；除信访案件以外的其他保有价值的资料。

②信访案件类档案。

信访案件类档案以案件为单位按年组卷，归档材料包括：本级纪检监察信访举报部门直接承办的案件；督促催办下级纪检部门查报结果的案件；转请下级纪检部门处理信访举报的函件；下级纪检部门回报的备案件。

（2）立卷归档要求。

纪检监察信访举报立卷归档应做到：文件齐全，认真筛选，剔除无保存查考作用的文件、资料；科学组卷，保持文件、资料的联系；按规定要求加工整理，包括排列合理、编目完备、装订牢固、裱糊齐整等；随时立卷、及时归档，按规定要求移送，信访案件类档案应做到案结卷成；必须用毛笔或钢笔书写，不得在归档文件、资料上加批注和任意涂改。

【知识点4】信访举报工作纪律和责任追究

1. 工作纪律

从事信访举报管理工作的人员应忠于职守、实事求是、廉洁奉公、保守秘密，必须遵守以下工作纪律。

（1）不得将信访举报材料转给被举报人，或者向被举报人和无关人员泄露举报人的姓名、单位、住址等有关情况及举报内容。

（2）不得在无保密措施的载体上存储、传递、处理信访举报件。

（3）不得泄露上级部门和有关领导对信访举报件的批示及核查报告、内部讨论处理意见等情况。

（4）不得接受举报人、被举报人及有关单位和人员的宴请、财物和其他不正当利益。

（5）不得利用受理信访举报和调查核实举报问题之机牟取私利。

2. 回避

信访工作人员有下列情形之一的应当回避：

（1）是被举报人或被举报人的近亲属的。

（2）本人或近亲属与被检举、控告问题有利害关系的。

（3）与检举、控告问题有其他关系，可能影响检举、控告问题公正处理的。

受理部门工作人员应当主动提出回避，举报人有权要求其回避，回避决定由受理部门做出。

3. 责任追究

（1）打击报复责任追究。任何单位和个人不得以任何借口和手段打击报复举报人及其亲属或假想举报人。

指使他人打击报复的，或者被指使人、被指使单位的主要负责人和直接责任人员明知实施的行为是打击报复的，或明知是打击报复却不予制止的，以打击报复论处。

（2）违反工作纪律及回避规定和打击报复他人的，应依照党纪政纪的有关规定给予党纪处分、行政处分或其他处理；构成犯罪的，移送司法机关依法追究刑事责任。

四 “一案双查”相关规定

税务系统“一案双查”工作既包括纪检监察案件“一案双查”，也包括税收违法案件“一案双查”。

纪检案件“一案双查”包括两部分内容：一是严格落实中国共产党第十九届中央纪律检查委员会第三次全体会议精神，坚持“一案双查”，巩固发展反腐败斗争压倒性胜利，一体推进不敢腐、不能腐、不想腐，坚决破除形式主义、官僚主义，持续整治群众身边腐败和作风问题，既追究主体责任、监督责任，又严肃追究领导责任。二是对执纪审查结束后发现立案依据不充分或者失实，案件处置出现重大失误，纪检干部严重违纪的开展“一案双查”，既追究直接责任，还应当严肃追究有关领导人员责任。

这里主要介绍税收违法案件“一案双查”。

【知识点1】“一案双查”的概念、原则和范围

1. “一案双查”的概念和职责分工

税收违法案件“一案双查”是指在查处纳税人、扣缴义务人和其他涉税当事人（以下简称涉税当事人）税收违法案件中，对税务机关或者税务人员

的执法行为规范性和履职行为廉洁性进行检查，对违纪违法行为依照有关规定进行调查和追究责任。

“一案双查”由稽查部门、纪检部门按照职责分工实施。稽查部门负责查处涉税当事人税收违法行为，纪检部门负责查处税务机关和税务人员违纪违法行为。稽查部门、纪检部门实施检查、调查应当使用各自文书，并按照有关法律、行政法规和规章制度执行。

2. “一案双查”的原则

“一案双查”应遵循以下原则：①统一领导、分工负责、协同配合的原则；②实事求是、有错必纠的原则；③教育、预防、惩治相结合的原则。

3. “一案双查”受理范围

（1）有下列情形之一的，实行“一案双查”：稽查部门在检查中发现税务机关或者税务人员涉嫌失职渎职、索贿受贿或者侵犯公民、法人和其他组织合法权益等行为的；税务机关其他部门在履行职责过程中，发现税务机关或税务人员有涉嫌违法违纪行为的事实或线索的；重大税收违法案件存在税务机关或者税务人员涉嫌违法违纪行为的；检举涉税当事人税收违法行为，同时检举税务机关或者税务人员违纪违法行为，线索具体的；纪检部门认为需要实行“一案双查”的其他税收违法案件。

（2）重大税收违法案件包括以下三类：虚开增值税专用发票及其他增值税抵扣凭证，偷税、逃税、骗税、抗税达到规定数额标准的案件；上级税务机关督办的重大案件；造成重大社会影响的案件。

【知识点 2】“一案双查”线索和资料的转交

1. 转交线索

稽查部门向纪检部门转交违法违纪线索，应制作《税务机关（人员）违法违纪线索转交单》，办理交接手续。对重大税收违法案件，稽查部门应当在作出税务处理处罚决定后 5 个工作日内制作《重大税收违法案件一案双查转交单》，连同《税务处理决定书》《税务行政处罚决定书》（或者《税务稽查结论》）以及《税务稽查报告》《税务稽查审理报告》，经稽查部门主要负责人批准后，通过税收管理信息系统或者其他有效途径，转交所属税务局纪检部门。对稽查部门转交的重大税收违法案件，纪检部门应当对随案转交的相关材料进行案头分析，需要时可调阅税务稽查案卷等有关资料，认为存在税务机关或者税务人员涉嫌违纪违法行为的，应当填写《税收违法案件一案双查审批表》，报经分管纪检工作的税务局领导批准后开展调查。

2. 转交证据和材料

稽查部门在检查中发现税务机关或者税务人员涉嫌下列行为之一的，应当妥善保存有关证据和材料，并按规定转交所在税务局纪检部门。

（1）与不法分子相勾结，虚开、非法买卖发票，偷税、逃税、骗税、抗税的；

（2）为涉案当事人通风报信、提供伪证、说情，影响案件查处的；

（3）隐匿、转移、毁灭证据的；

（4）索取、收受贿赂，利用职务之便为自己或者他人牟取利益的；

（5）侵犯公民、法人和其他组织合法权益等行为的；

（6）经商办企业或者在企业入股分红，以及其他违反规定从事营利性活动的；

（7）违反税收法律、行政法规以及税收征管制度、规定、流程的；

（8）有其他违纪违法行为的。

稽查部门发现税务机关以外的国家机关或者工作人员涉嫌违反税收法律、行政法规或者其他违纪违法行为的，应当将相关证据或者线索转交纪检部门，由纪检部门依照有关规定移送有权机关处理。

稽查人员在检查中发现上述违纪违法行为的情况或者线索的，应当在 2 个工作日内逐级上报至稽查部门主要负责人；稽查部门应当在 3 个工作日内填写《税务机关（人员）涉嫌违纪违法问题线索转交单》，由主要负责人签报分管稽查工作的税务局领导；分管稽查工作的税务局领导应当在 3 个工作日内作出是否批准转交的决定，决定批准的，应当在 2 个工作日内批转纪检部门；不批准转交的，应当签署不批准转交的理由。

【知识点3】“一案双查”的受理

纪检部门在接到稽查部门转交的问题线索后，应当在 5 个工作日内决定是否受理，并将受理情况反馈给稽查部门。对于不属于本部门管辖范围的，应当及时转交有管辖权的部门，并告知稽查部门。

【知识点4】“一案双查”的办理

1. 检举涉税当事人税收违法行为同时检举税务机关或者税务人员违纪违法问题的，一般先由稽查部门实施税务检查，检查结束后，稽查部门应当将检查结果通报纪检部门。

检举涉税当事人税收违法行为同时检举税务机关或者税务人员违纪违法线索具体的，稽查部门和纪检部门可组成联合检查组，同时进行检查、调查。

2. 稽查部门在税收违法案件检查中，可以提请纪检部门提前介入。纪检部门可以提前介入稽查部门正在查处的税收违法案件，对税务机关或者税务人员涉嫌违纪违法行为开展调查。有证据或者线索证明税务机关或者税务人员涉嫌重大违纪违法行为的，纪检部门应当提前介入查处。

3. 上级纪检部门可以根据具体工作情况要求下级纪检部门开展“一案双查”，也可以直接或者联合同级稽查部门对下级税务机关查处的税收违法案件开展“一案双查”。

4. 纪检部门对稽查部门转交的税务机关或税务人员违法违纪行为线索，可征求有关税收业务部门的意见，作为是否受理和调查的参考，并可提请有关部门协助收集、审查、判断或者认定证据。

【知识点5】“一案双查”责任追究

1. 协查事项责任追究

对税务机关发函委托的协查事项，受托方税务机关或者税务人员不按照规定进行协查、反馈协查情况，或者提供虚假情况的，委托方税务机关应当将相关情况或者线索逐级上报至与受托方税务机关共同的上级税务机关，请求上级税务机关调查核实或者责令受托方上级税务机关调查核实，追究相关税务机关或者税务人员责任。

2. 稽查部门、纪检部门有下列行为情节严重的，应当追究有关人员的责任

（1）稽查部门发现税务机关或者税务人员涉嫌违法违纪或失职渎职行为的事实或证据，隐瞒不报，或者隐匿、销毁有关线索、证据的；

（2）纪检部门接到稽查部门转交的证据、线索，无正当理由不受理的。

>> 第二节 巡视工作

一 巡视工作的性质与特点

【知识点 1】巡视工作的性质

巡视的本质是政治监督，是对党组织和党员领导干部履行政治责任情况的监督检查，是全面从严治党的战略性制度安排，是党内监督与群众监督相结合的重要方式，是国之利器、党之利器。

按照中央统一部署，国家税务总局党委和省以下税务局党委分别实行巡视、巡察制度。开展巡视巡察工作的党组织承担巡视巡察工作的主体责任。

【知识点 2】巡视工作的特点

1. 抓住关键环节，增强巡视监督的针对性

从“两权”（即税收执法权、行政管理权）运行的关键部位和重点环节入手，结合信访情况和上级部署的专项检查、专项治理等工作，通过了解权力运行发现存在的问题和不足，并及时进行纠正和处理。

2. 创新方式方法，切实提高巡视工作质量

在巡视时间的确定上，坚持定期巡视与不定期巡视相结合；在巡视对象的选择上，坚持普遍巡视与重点巡视相结合；在巡视内容的安排上，坚持一般巡视与专项巡视相结合。在巡视过程中，坚持领导干部述职述廉与群众民主测评结合，听取被巡视单位党委汇报与听取群众意见结合，查阅档案资料与延伸调研谈话结合，既保证巡视工作的透明度，保障群众的知情权和参与的积极性，又确保获取信息的真实和全面。

3. 整合监督资源，构筑巡视成果共享机制

以巡视为平台，充分发挥巡视部门组织协调作用，认真整合人事、纪检监察、财务、督察内审等监督资源，将巡视工作与干部选拔任用条例专项检查、领导干部经济责任审计、税收执法检查、党风廉政建设考核和惩防体系

检查等工作结合起来一并进行，形成综合性的巡视报告，作为干部考核评价、选拔任用和奖励惩处的依据。

二 《中国共产党巡视工作条例》的基本内容

党的十八大以来，以习近平同志为核心的党中央在深刻分析反腐败斗争严峻复杂形势的基础上，不断加强和改进巡视工作，初步确立了新时期巡视工作的指导方针体系，并以《中国共产党巡视工作条例》等党内法规予以制度化。为贯彻落实党的十八届六中全会精神，深化政治巡视，进一步发挥巡视监督全面从严治党利剑作用，2017 年 7 月 1 日，党中央决定修改《中国共产党巡视工作条例》，自 2017 年 7 月 10 日起施行。《中国共产党巡视工作条例》的基本内容如下：

【知识点 1】关于巡视的定位、内容和目标

1. 巡视工作定位

巡视是政治巡视，其本质是政治监督，要把“两个维护”作为根本政治任务，正确把握政治和业务的关系。

2. 巡视监督重点

（1）聚焦“六围绕一加强”。

围绕党的政治建设，重点检查践行“两个维护”情况；围绕党的思想建设，重点检查学习贯彻习近平新时代中国特色社会主义思想情况；围绕党的组织建设，重点检查选人用人和基层党组织建设情况；围绕党的作风建设，重点检查整治“四风”、特别是整治形式主义、官僚主义情况，落实中央八项规定及其实施细则精神情况；围绕党的纪律建设，重点检查执行党规党纪和监督执纪问责情况；围绕夺取反腐败斗争压倒性胜利，重点检查领导干部廉洁自律和整治群众身边腐败问题情况；切实加强巡视整改情况的监督检查。

（2）落实“五个持续”。

持续深入学习贯彻习近平新时代中国特色社会主义思想和党的十九大精神，持续保持惩治腐败的高压态势，持续纠治“四风”问题，持续净化党内政治生态，持续强化管党治党责任。

（3）强化“五个紧扣、五个推进”。

紧扣督促做到“两个维护”根本任务，推进政治监督具体化常态化；紧扣形成“四个全覆盖”权力监督格局，构建科学、严密、有效的监督网；紧扣做好巡视“后半篇文章”，推动形成整改长效机制；紧扣巡视工作向纵深发展，完善上下联动的巡视巡察格局；紧扣巡视工作规范化建设，提高依规依纪依法水平。

（4）做到“四个聚焦”。

聚焦落实党委政治责任，聚焦严明政治纪律和政治规矩，聚焦破除形式主义、官僚主义，聚焦整治群众身边腐败和作风问题。

3. 关于巡视目标

明确巡视工作要“落实全面从严治党要求，严肃党内政治生活，净化党内政治生态，加强党内监督，发现问题、形成震慑，推动改革、促进发展，确保党始终成为中国特色社会主义事业的坚强领导核心”。

【知识点2】关于巡视方式、机制和制度

1. 巡视工作方针

发现问题，形成震慑，推动改革，促进发展，并发挥其震慑、遏制、治本作用和标本兼治战略作用，坚持发现问题是生命线、推动解决问题是落脚点。

2. 巡视工作方式方法

巡视组长“一次一授权”、谁参加巡视不固定、巡视什么地区和单位也不固定，坚持常规巡视与专项巡视相结合，对巡视过的地方和单位随时开展“回头看”，并创新组织方式。

3. 巡视机制

明确“中央巡视工作领导小组应当加强对省、自治区、直辖市党委，中央有关部委，中央国家机关部门党组（党委）巡视工作的领导”；明确省委常委会听取巡视汇报，“五人小组”听取领导小组综合性巡视汇报，领导小组直接听取各巡视组汇报的“三个汇报机制”和巡视组组长不固定、巡视的单位不固定、巡视组与巡视对象的关系不固定的“三个不固定”机制。

4. 巡视制度

强调要依纪依法开展巡视，逐步形成配套完备、有效管用的巡视制度体系。

5. 巡视组的权限

明确巡视组可以采取“抽查核实领导干部报告个人有关事项的情况”等措施。

【知识点3】巡视责任

巡视工作主体责任：开展巡视工作是管党治党的重大政治责任，是党委履行全面从严治党主体责任的具体化，党委要承担巡视主体责任，党委书记是第一责任人，党委委员落实“一岗双责”。巡视工作领导小组组长是组织实施巡视工作主要责任人，巡视组组长是落实巡视监督责任第一责任人；强调全体巡视工作人员有重大问题应当发现而没有发现就是失职、发现问题没有如实报告就是渎职的“两职”观念，层层落实责任，确保巡视效果。

【知识点4】巡视成果运用和巡视整改

强调立行立改、分类处置，做到件件有着落。对巡视后的整改，强调整改主体责任具体化；党委（组）对巡视整改负主体责任，党委书记要签字背书，整改不力要严肃问责；整改情况要及时公开，接受干部群众和社会的监督。

【知识点5】巡视格局

巡视巡察战略格局：要建立巡视巡察上下联动监督网，完善巡视巡察格局，坚持中央统一领导、分级负责，建立指导督导机制，层层传导压力，促进巡视巡察上下联动、上下贯通。

三 税务系统的巡视工作要求

【知识点1】税务系统巡视工作的指导思想和基本原则

1. 指导思想

以习近平新时代中国特色社会主义思想为指导，深入贯彻落实党中央巡视工作方针，牢牢把握巡视巡察工作正确方向，坚守巡视巡察政治定位，坚持把“两个维护”作为根本任务，坚定不移深化政治巡视，督促税务系统各级党组织和广大党员领导干部全面落实管党治党政治责任，积极构建新时代税务巡视巡察立体格局，为加强党对税收工作的全面领导、高质量推进新时代税收现代化提供坚强政治保证。

2. 基本原则

（1）坚持统一领导、分级负责；

（2）坚持实事求是、依法依规；

（3）坚持群众路线、发扬民主；

（4）坚持政治巡视、聚焦重点；

（5）坚持问题导向、强化整改；

（6）坚持闭环管理、提升效能。

【知识点 2】巡视工作程序

1. 巡视准备

巡视准备包括制订巡视计划、组建巡视组、进行动员部署、组织集中学习、了解基本情况、制定工作方案、起草有关文稿、协调进驻事宜、印发巡视通知、发布巡视公告等步骤。

2. 巡视了解

巡视了解包括沟通巡视安排、设置巡视意见箱、召开动员会议、听取专题汇报、开展民主测评、组织个别谈话、调阅相关资料、走访相关部门、受理信访举报、召开座谈会议、列席有关会议、询问知情人员、抽查核实情况、开展延伸巡视、进行明察暗访、组织问卷调查、重要情况报告、提请工作协助、开展专项检查、分析巡视情况、推动立行立改等方法步骤。

3. 巡视汇报

巡视汇报包括撰写巡视报告、起草谈话报告、汇总问题线索、呈报巡视报告等步骤。

4. 巡视反馈

巡视反馈包括起草反馈意见、进行巡视反馈、公开反馈信息等步骤。

5. 巡视移交

巡视移交包括办理巡视移交、督办移交事项等工作。

6. 巡视整改

巡视整改包括加强台账管理、督促落实整改、督促报送整改报告、督促公开整改情况、报告整改移交办理情况、开展巡视“回头看”等工作。

7. 成果运用

成果运用包括用好巡视成果、开展巡视宣传、推动闭环管理等工作。

8. 立卷归档

立卷归档包括收集整理归档材料、装订立卷和移交档案等工作。

【知识点3】税务系统巡视工作“双闭环”管理

巡视工作“双闭环”管理是坚定不移深化政治巡视的有效办法。

1. 第一闭环是巡视工作闭环，即“发现问题—推动整改—完善制度—规范管理”，着眼巡视工作全流程管理，坚持问题导向，压实整改责任，倒逼完善制度，促进各项工作进一步规范。

（1）发现问题，进驻被巡视党组织后，按照规定权限和巡视工作方案，采取听取汇报、个别谈话、受理来信来电来访、调阅资料等方式积极开展工作，对反映被巡视党组织领导班子及其成员的重要问题和线索，可以进行初步了解。巡视组应集体研究巡视情况，及时汇总归类、定量定性分析、认定发现问题，提出整改意见建议，形成工作底稿，制作问题清单，撰写巡视报告。

（2）推动整改，被巡视党组织根据巡视反馈意见，在10个工作日内制定上报巡视整改方案，及时召开专题民主生活会，建立问题清单、任务清单、责任清单，实行台账管理，对账销号，层层压实责任，抓实落细整改工作，并于2个月内将巡视整改情况报告和主要负责人组织落实情况报告报送巡视办。

（3）完善制度，纪检监察、人事部门应当建立完善巡视整改情况日常监督制度，明确监督职责、内容、方式和成果运用。

（4）规范管理，建立并持续完善巡视巡察定位规范、巡视巡察组织规范、巡视巡察内容规范、巡视巡察程序规范、巡视巡察成果运用规范、巡视巡察文书档案规范等六大体系，以及其他需要规范的巡视工作事项。

2. 第二闭环是深化整改闭环，即“巡视整改—专项整治—督导检查—推动问责”，旨在推进整改深度，强化信息共享，形成整改合力，深化成果应用，发挥震慑作用，促使巡视监督持续推进。

（1）巡视整改，巡视办通过调阅资料、约谈、实地调研检查等方式，了解被巡视党组织违反中央八项规定及其实施细则精神、“四风”问题等边巡边改、立行立改事项是否整改到位，是否召开专题民主生活会研究整改工作，是否落实整改主体责任，主要负责人是否落实整改工作第一责任人的责任，其他班子成员是否落实整改工作的“一岗双责”，是否按时报送“两个报告”等情况，督促按时保质完成整改工作。

（2）专项整治，巡视办会同巡视组深入分析巡视问题，对巡视发现的普遍性问题提出专项整治建议，报经巡视工作领导小组审议、税务总局党委批准，明确牵头司局，开展专项整治。

（3）督导检查，巡视办对被巡视党组织履行巡视整改主体责任和主要负责人落实第一责任人情况、其他班子成员落实整改“一岗双责”情况、巡视反馈问题整改落实情况、巡视发现的共性问题整改落实情况、专项整治的整改落实情况、巡视移交问题线索和信访举报处置办理情况以及是否存在新问题等开展督导检查。

（4）推动问责，坚持失责必问、问责必严，对应该问责的情形，应当依照相关程序和规定严肃责任追究。

【知识点4】巡视成果运用

巡视成果的运用事关巡视制度的严肃性和生命力。巡视成果运用不好，监督实效就会打折扣。因此，对于巡视发现的问题和线索必须要按规定进行分类处置，做到事事有人抓、件件有着落。

1. 被巡视党组织是落实整改工作的责任主体，党委书记是第一责任人，要层层传导压力，督促他们把责任担起来，针对巡视组反馈的问题，切实抓好整改落实，及时向干部群众通报整改情况，接受干部群众的监督。

2. 纪检监察和有关部门要优先办理巡视移交事项，纪检部门要及时提出立案、初核、谈话函询、暂存、了结等处置意见；有关部门要及时研究提出办理和组织处理意见，并将巡视情况作为考核评价、选拔任用干部的重要依据。

3. 巡视机构要加强对整改落实情况、移交事项办理情况的跟踪和督办，建立工作台账，及时向巡视工作领导小组报告，对整改和办理不力、不到位的，要严肃追责。

4. 建立和完善长效监督机制，要加强对巡视中所发现共性问题的原因分析，深入查找体制、机制、制度等方面存在的薄弱环节，建立和完善长效监督的制度体系，避免同类问题的再次发生。

5. 不断完善巡视制度体系。随着政治巡视的逐步深化，巡视工作的内涵、标准和要求将不断丰富和发展，税务系统巡视工作必须与时俱进，不断加以改进和创新。

【知识点5】巡视工作信息化

全面规划，分步实施，研发“巡视工作信息管理系统”，包括网上测评、“三重一大”事项管理、巡视过程管理和巡视日常管理等功能。其中，网上测评应用于巡视民主测评的准备、组织、实施和统计工作以及问卷调查；“三重一大”事项管理应用于“三重一大”事项相关决策制度和决策执行情况数据的报送、收录、查询、监控、统计和分析；巡视过程管理应用于巡视工作全过程，嵌入各项制度、流程、表证单书，加强巡视过程痕迹管理；巡视日常管理应用于巡视办日常工作管理，包括巡视工作绩效管理、巡视工作资料归档等。通过该系统，逐步实现网上测评时效化、重点监督常态化、巡视过程管理规范化、巡视日常管理标准化，进一步提高巡视效率，提升巡视能力，规范巡视管理，推进税务系统巡视工作现代化建设。

>> 第三节 督察内审工作

一 督察内审概述

【知识点1】督察内审的职能定位

督察内审部门是税务系统内部控制的管理部门，内部风险和工作落实的监督检查部门，以及责任落实评价和问题追究的实施部门。

【知识点2】督察内审部门的主要职责

督察内审部门的职能定位体现于税收工作的事前、事中、事后三个环节。事前，通过组织开展内控机制建设，促进内控内生化，对税收管理提出意见建议，起到制约权力、预防风险的作用；事中，通过督察中央决策部署、国家税务总局工作部署的贯彻落实情况，督促税收政策落实到位；事后，通过开展执法督察、内部审计，对执法机关与执法人员进行监督、考核、评价，并督促被监督单位及时整改、落实责任。同时，对接并配合协调外部监督，化解问题风险，促进内部管理。由此形成事前预防提醒、事中督促落实、事后监督评价与整改追责的内部监督工作完整链条。

【知识点3】督察内审部门工作职权

1. 要求提供资料权

督察内审部门有权要求被督察审计单位按时提供与督察审计事项相关的资料，被督察审计单位及其主要负责人对本单位提供资料的真实性和完整性负责。

2. 现场检查权

督察内审部门有权检查、记录与督察审计事项有关的资料、计算机信息系统和相关电子数据，现场勘察实物。

3. 调查询问权

督察内审部门有权对督察审计事项中的问题，向有关单位和人员开展调查和询问，取得相关证明材料。

4. 违规行为制止权

督察内审部门有权对督察审计过程中发现的严重违法违规和严重损失浪费等行为，报经税务机关负责人批准后，作出临时制止决定。

5. 违规处理建议权

督察内审部门有权对督察审计中发现的违法、违规及管理不规范行为提出纠正、处理意见及改进管理的建议。

6. 违规线索移交权

督察内审部门有权对督察审计发现的重大问题，报经税务机关负责人批准后，移送稽查、人事、纪检监察等部门处理。

7. 实施督察审计项目所必需的其他权限

【知识点4】督察内审工作的组织开展

督察内审工作的组织开展集中体现在全国税务系统督察审计规范的“流程规范”部分，即通过明确工作方法，细化工作流程，规范工作标准，达到任务目标清晰、实施过程严密、工作标准统一，实现督察审计项目管理规范化、程序化、标准化。督察内审工作的组织开展主要包括准备阶段、实施阶段、报告阶段、整改阶段四个阶段。

1. 准备阶段

（1）制定工作方案。

确定督察审计目标、范围、重点和组织实施等内容，指导督察审计组开展督察审计工作。包括编制工作方案、工作方案审批、成立督察审计组、职责分工、制作《督察审计组职责分工表》、签订《督察审计工作纪律承诺书》等方法步骤。

（2）下达通知书。

督察审计通知书是督察内审部门通知被督察审计单位或个人接受督察审计的书面文件。包括编制通知书和下达通知书两个步骤。

（3）督察审计前准备。

督察审计组根据督察审计项目的目标、范围和重点，向被督察审计单位及相关部门进行调查了解，收集资料，对税收执法、财务管理等有关情况进行综合分析，形成疑点信息，增强督察审计工作的针对性和有效性。包括收集资料、数据准备、政策准备等步骤。

（4）制定项目实施方案。

督察审计组根据前期制定的工作方案、督察审计前调查了解的情况和案头分析结果，制定具体的项目实施方案。包括编制和报批《督察审计项目实施方案》两个步骤。

（5）查前培训。

在督察审计实施前，督察审计组全体成员根据实施方案，就督察审计内容、方法、政策依据等进行学习和交流。包括组织学习和交流研讨等。

2. 实施阶段

（1）进驻会议。

督察审计实施阶段的开始，通过召开进驻会议建立起督察审计人员与被督察审计单位人员之间的沟通平台。包括进驻会议前期准备和召开进驻会议两个步骤。

（2）督察审计公示。

督察审计组在现场工作期间，应当在被督察审计单位公示督察审计有关事项，接受监督举报。包括制作和公示《督察审计公示》两个步骤。

（3）签订承诺书。

被督察审计单位及单位负责人对提供资料的真实性、完整性和其他相关情况作出承诺。

（4）接收资料。

接收资料是督察审计组查验签收被督察审计单位按要求提供所需资料的过程。包括根据资料清单核对接收资料和签字交接等步骤。

（5）数据采集和分析应用。

根据督察审计项目实施方案，采集相关数据，进行核对、检查、复算、判断等操作，从而发现问题疑点，取得督察审计证据。包括数据采集和数据分析等方法步骤。采集数据前，应调查被督察审计单位的组织结构和信息系统分布应用情况，结合督察审计项目，提出数据采集需求；根据前期调查和数据采集需求，制定具体数据采集方案，将电子数据采集、整理和验证后推送给督察审计人员；对采集数据验收后，通过数据分析，发现督察审计线索，获取督察审计证据；在数据应用过程中和结束后，应对数据采集和应用进行目标评价，对数据采集需求和数据分析方法等进行修正和完善，对数据采集模板、分析方法等成果收集归档。

（6）测评内控。

测评内控即督察审计人员通过了解被督察审计单位内部控制体系的建立和运行情况，进行分析、测试，对内部控制的健全性、合理性和有效性作出评价。包括对内部控制体系进行调查了解、对内部控制进行初步评价、评估控制风险水平、对内部控制的执行情况进行符合性测试、对内部控制进行评价，评估风险等级等方法步骤。

（7）审核资料。

审核资料即督察审计组在数据采集分析和测评内控的基础上，对资料进行现场审查分析。包括资料审查分析、发现疑点线索、汇总审核中发现的疑点线索等方法步骤。

（8）现场督审。

在督察审计实施阶段，督察审计组根据实际需要，通过现场检查、座谈、询问、延伸调查等方式，深入了解与督察审计事项有关的情况，并对相关问题进行确认。包括现场检查、座谈、个别谈话和询问、延伸调查等方法步骤。

（9）督察审计取证。

督察审计人员围绕督察审计目标收集督察审计证据，是形成督察审计结论的基础，是督察审计认定事实，作出定性和处理的依据。包括选择需取得的证据种类、确定取证的方法、收集督察审计证据、汇总、整理督察证据、审核督察审计证据等方法步骤。

（10）项目评价。

项目评价即督察审计组根据需要将取得的督察审计证据与督察审计目标比对，评估督察审计方向是否偏离，判断预期目标是否达到，作出是否调整目标或补充证据的决定。包括对取得的证据进行分析和督察审计项目评价论证等步骤。

（11）编制底稿。

编制底稿即督察审计人员在执行督察审计业务过程中形成督察审计工作记录。包括确认督察审计事实、编制督察审计工作底稿和审核督察审计工作底稿等步骤。

（12）听取陈述申辩。

听取陈述申辩即督察审计组对督察审计发现的问题，向被督察审计单位或个人反馈，听取被督察审计单位或个人的陈述或申辩。包括确定听取陈述申辩的方式和对听取陈述申辩获取的信息进行再分析等方法步骤。

（13）撰写报告。

撰写报告即督察审计组在实施必要的督察审计程序后，以经过核实的督察审计证据为依据，对工作底稿进行整理、汇总，就督察审计事项作出书面督察审计结论，提出督察审计意见和建议，制作督察审计报告（初稿）。包括整理督察审计工作底稿、汇总督察审计发现问题、组织讨论、准备报告的内容和提出建议、撰写督察审计报告（初稿）、初核督察审计报告（初稿）等步骤。

（14）退出会议。

退出会议即督察审计组在督察审计实施阶段结束之前，以会议形式就督察审计发现的问题与被督察审计单位交换意见。包括召开退出会议、完成督察审计项目收尾工作、由被督察审计单位对督察审计组进行廉政评价等步骤。

3. 报告阶段

（1）征求被督察审计单位意见。

督察审计组将督察审计报告征求意见稿送达被督察审计单位书面征求意见，被督察审计单位在规定时限内书面反馈意见。包括形成督察审计报告征求意见稿、征求被督察审计单位意见、被督察审计单位书面反馈意见、根据反馈意见修订报告、起草相关文书、督察审计报告复核、提交审理等步骤。

（2）报告审理。

报告审理即督察内审部门召开集体审理会议，对督察审计报告进行集体审理，形成会议决议。包括做好审理前准备、确定审理主持人、组织召开集体审理会议、形成集体审理会议决议等步骤。

（3）问题移交。

问题移交即督察内审部门对督察审计发现的重大问题和性质严重问题，根据集体审理会议决议，移交人事、监察和稽查等部门处理。包括根据集体审理会议决议制作移交问题清册、报请分管督察内审部门局领导审批和向相关部门移交并办理交接手续等步骤。

（4）出具报告。

出具报告即督察内审部门按照审理意见修订报告及相关文书，报局领导批准后，向被督察审计单位下达正式报告及相关文书。包括根据审理意见修订报告及相关文书、审批报告及相关文书、下达报告及相关文书和编制下达《督察审计建议书》等步骤。

（5）处理决定复查复核。

处理决定复查复核即税务机关受理被督察审计单位或被审计领导干部对处理决定提出的复查复核申请，并在规定时限内作出复查复核决定。包括受理被督察审计单位或被审计领导干部提出的复查申请、作出复查决定和受理被督察审计单位或被审计领导干部提出的复核申请、作出复核决定等内容。

（6）整理立卷。

整理立卷即督察审计组将实施督察审计项目过程中形成的资料整理立卷。包括收集督察审计项目全过程形成的文字、图表等不同形式的历史记录和分类整理档案资料等步骤。

4. 整改阶段

（1）督察审计整改。

督察审计整改即被督察审计单位按照要求，在规定期限内对督察审计查出的问题进行整改。

（2）建议追责。

建议追责即督察内审部门对督察审计中发现的税收执法行为违规问题，根据税收执法责任制的相关规定，在《督察审计报告》《督察审计处理意见书》《督察审计处理决定书》等相关文书中，向被督察审计单位提出按规定实施责任追究建议。

（3）整改反馈。

整改反馈即被督察审计单位按照要求，在规定期限内向督察审计单位反馈整改情况。包括对各个部门报送的整改情况进行审核汇总、填写《督察审计整改台账》、依据问题整改和责任追究情况撰写督察审计整改报告、报局领导批阅、上报整改报告等步骤。

（4）整改情况督查。

整改情况督查即实施督察审计的督察内审部门对被督察审计单位的整改落实情况、建议采纳情况、责任追究落实情况进行督导、检查。包括实施整改督查、形成整改督查报告、报送督查报告等步骤。

（5）案卷归档。

案卷归档即督察内审部门将实施督察审计项目过程中形成的全部档案资料，按照督察审计档案规范要求进行整理排序、编号装订、归档保存等工作。

二 内部审计

审计，按照审计主体，即审计活动的执行者，可以将审计划分为国家审计、内部审计和社会审计。国家审计的实施主体是国家审计机关；内部审计的实施主体是部门、单位内部设置的审计机构或专职审计人员；社会审计（即民间审计）是由依法成立的社会审计组织（主要是会计师事务所）接受委托人的委托所实施的审计，具有有偿性。日常工作中，税务人员接触较多的是国家审计和政府部门的内部审计。

【知识点 1】内部审计概述

政府部门内部审计是政府行政管理体制的一部分，它作为政府管理改革的一项重要举措，在全世界范围内受到广泛关注。内部审计作为一种独立、客观的确认和咨询活动，它通过运用系统、规范的方法，审查和评价组织的业务活动、内部控制和风险管理的适当性和有效性，以促进组织完善治理、增加价值和实现目标。随着我国行政管理体制改革不断深化，公众也对政府部门提出了越来越高的要求，迫使政府部门必须加强内部控制和审计。

政府部门内部审计是政府部门内部控制体系的重要组成部分。完善政府部门内部审计，不仅有利于预防和纠正预算执行中存在的问题，还能够对预算制度和预算贯彻情况进行过程审计与监督，强化事中控制。作为政府部门一种内部自我约束机制，内部审计越有效，政府部门出现违法违规的可能性越小。

目前，我国政府部门内部审计的作用表现在多个方面：查出违纪违规事件；进行组织机构的风险评估与管理，提出完善内部管理控制的建议和措施；开展领导干部的任期经济责任评价；监督和控制投资资金的支出与效益；等等。此外，政府部门内部审计还可以通过一套系统规范的方法，识别、评估和提高政府活动中的风险管理水平，将风险降低至合理范围，提高风险防范，提高政府治理过程的有效性，帮助实现政府目标。

【知识点 2】税务系统内部审计概述

税务局系统内部审计，是指内部审计机构和审计人员，在上级内部审计机构和本单位负责人的领导下，根据有关的法律、法规和规定，采用一定的程序和方法，对本单位及下属单位的内部控制、预算管理、财务收支、固定资产管理、基本建设管理、政府采购管理、专项资金管理等活动以及领导干部经济责任进行检查和评价的一种独立的经济监督行为。

1. 税务系统内部审计总体目标

税务系统内部审计旨在对税务系统内部预算编制和执行、财务收支、专项资金管理、基本建设管理和政府采购管理等情况进行审计，查找管理过程中的薄弱环节，揭露和制止损失浪费、隐瞒收入、虚列支出、国有资产流失、会计信息失真等问题，促进完善规章制度，规范会计核算和财务管理行为，强化会计基础，不断提高财务管理水平。

2. 税务系统内部审计主要内容

税务系统内部审计主要审查以下事项：各项财经制度遵循和落实情况；各项资产和债权债务管理的完整性、合规性；各项经费支出结构的合理性并评价资金使用的效益性；基本建设、政府采购管理的合规性。具体内容如下。

（1）财务内部控制审计。重点审计各项制度的制定与执行情况。上级下发的制度是否及时转发；本单位制定的财务管理各环节控制制度是否健全、合理，有无与上级制度相悖的现象；制度执行是否有效；岗位设置是否符合规定和适应工作要求，分工是否明确合理，内部牵制制度是否有效落实；财务软件使用是否规范；银行预留印鉴是否分开保管等。

（2）预算管理审计。重点审计预算编制与执行情况。预算编制是否完整，本部门各项收支是否全部纳入预算管理；追加预算的程序是否合理，有无随意追加预算情况；各级机关经费是否超过国家税务总局规定，预留经费是否合规；最低保障线是否符合国家税务总局要求并实际执行；预算支出结构是否合理，公用支出是否超出标准，项目支出是否挤占基本支出；是否存在项目之间调剂使用，随意调剂使用不同预算科目和支出项目，改变支出用途的现象；动用上年结余安排本年支出是否纳入预算管理等。

（3）财务收支审计。重点关注财务收支的真实性、完整性和合规性。经费支出是否遵照规定的范围和标准，手续是否完备，记账是否及时，结构是否合理；是否贯彻“量入为出”的原则，有无花过头钱的问题；编制和汇总结算有无随意调整科目、估列代编、瞒报漏报、支出随意结转，有无账表不符、表表不符等情况；往来账款清理是否及时；是否严格执行银行账户管理的各项规定，是否存在非财务部门开立银行账户、多头开设银行账户、开设定期存款账户问题；有无设立账外账或私设“小金库”行为等。

（4）国有资产管理审计。重点关注资产管理制度的健全有效性、资产的安全完整性。财务部门、资产管理部门、资产使用部门是否正确履行资产管理职责；资产价值和实物核算是否真实完整；资产增加、减少是否严格履行手续并及时进行会计核算；资产处置收入是否按规定入账；资产是否定期清查，资产清理录入的数据是否真实，分类是否准确；账账、账表、账实是否相符，有无资产流失现象等。

（5）基本建设管理审计。重点审计基本建设管理制度落实情况。基建项目是否符合“先审批，后立项，再建设”的原则；投资总额在规定标准之上的基建项目是否报国家税务总局或省局审批；有无扩大面积、追加投资和超标准建设等问题；工程设计、施工、监理及主要材料，设备购置是否公开招标；基建项目是否按规定进行会计核算；是否将基建资金用于非基建项目，是否在不同基建项目之间互相拆借资金，是否利用基建资金为单位或个人牟取私利；是否按预算、工程进度或合同约定付款，是否按要求预留30%的尾款；是否按规定进行工程竣工决算和基建财务审计；是否及时结转固定资产等。

（6）政府采购审计。重点审计是否按政府采购目录进行；是否对应实行集中采购的项目实行了分散采购；政府采购信息是否公开；是否按确定的采购方式和要求进行采购；采购合同的签订和履行是否符合有关规定；资金结算是否符合合同约定及文件规定，资金支付手续是否齐全；对采购项目的变更与追加是否严格按规定执行审批程序；招标文件内容是否完整和规范，是否含有标明特定供应商及含有倾向或排斥潜在投标人的内容；是否存在串标行为；评标是否符合法定程序；评标委员会是否由招标人代表及专家组成，是否有利害关系人参与评标；是否擅自修改招标文件和投标文件；招投标文件档案管理是否健全等。

（7）专项经费审计。各专项经费是否专款专用，有无列作其他经费支出；各专项经费支出范围是否符合规定，有无扩大支出范围、虚列支出、调剂科目改变用途等问题；分配方法是否合理，支付是否及时；专项经费支出手续是否规范、完整，核算是否准确等。

（8）领导干部经济责任审计。税务局系统领导干部经济责任审计，是指税务局系统负责督察内审工作的部门依法依规对税务局系统各级领导干部经济责任履行情况进行监督、评价和鉴证的行为。所谓经济责任，是指税务局系统各级领导干部任职期间因其所任职务，对所在单位的税收管理行为和财务管理行为的真实性、合法性、效益性以及有关经济活动依法应当履行的职责、义务。

【知识点3】税务系统领导干部经济责任审计

1. 对象和类别

（1）经济责任审计的对象。

税务系统经济责任审计的对象如下：①各级税务局党委书记、局长；②各级税务局主持工作1年以上的副职领导干部；③各级税务局所属独立核算的事业单位正职领导干部以及主持工作1年以上的副职领导干部；④兼任下级单位正职领导职务的上级领导干部；⑤上级领导干部兼任下级单位的正职领导职务但不实际履行经济责任时，实际负责本单位常务工作的副职领导干部；⑥其他需要审计的领导干部。

直辖市、计划单列市和副省级省会城市税务局所辖区税务局所属的税务分局局长、税务所所长是否进行经济责任审计，由各直辖市、计划单列市和副省级省会城市税务局确定。

（2）经济责任审计类别。

在领导干部每个任期内至少对其进行1次经济责任审计。审计可以在任中进行，也可以在离任时进行。

在同一岗位任职满3年的领导干部应当对其进行任中经济责任审计。

领导干部在调任、转任、交流、免职、辞职、退休前，应当对其进行离任经济责任审计。

拟提拔晋升且符合审计条件的领导干部，应当在考察环节对其进行经济责任审计。

在同一单位任职的领导干部距上次经济责任审计不到1年时间离任的，可以不再安排离任经济责任审计。

各级税务局党委书记不实际履行经济责任的，可以不进行经济责任审计。

2. 审计内容

税务系统领导干部经济责任审计内容主要有以下三个方面。

（1）税收管理方面：①贯彻落实党和国家重大方针政策、上级税务机关决策部署，推动本单位（系统）税收工作科学发展情况；②执行有关税收法律、法规、规章、规范性文件情况；③建立和执行税收管理内部控制制度情况；④税收收入任务完成情况；⑤税收规范性文件的合法性；⑥税收具体行政行为的合法性；⑦其他需要审计的内容。

（2）财务管理方面：①贯彻落实党和国家有关方针政策和上级税务机关重大决策部署情况；②遵守有关财务管理法律、法规、规章、规范性文件情况；③建立和执行财务管理内部控制制度情况；④重大经济事项决策情况；⑤本单位（系统）预算编制、执行和其他财政收支、财务收支的真实、合法和效益情况；⑥基本建设等重要项目的投资、建设和管理情况；⑦政府采购的真实、合法和效益情况；⑧国有资产的采购、管理、使用和处置情况；⑨贯彻落实中央八项规定精神和厉行节约反对浪费规定的情况；⑩其他需要审计的内容。

（3）其他方面：①被审计领导干部履行有关党风廉政建设第一责任人职责情况，以及本人遵守有关廉政规定的情况；②机构设置、编制使用以及有关规定的执行情况；③对下属单位税收管理和财务管理活动的管理、监督情况；④对以往审计中发现问题的整改情况；⑤群众来信来访反映的有关问题；⑥其他需要审计的内容。

3. 经济责任审计报告和审计结果报告

（1）经济责任审计报告。

督察内审部门在审计结束后依据审计情况，向被审计领导干部及所在单位下发审计报告。正式报告下发前，督察内审部门应按程序向被审计领导干部及所在单位征求意见，并要求 10 日内提出书面反馈意见。

审计报告应当包括以下内容：①基本情况，包括审计依据、实施审计的基本情况、被审计领导干部任职及分工情况、所任职单位的基本情况等；②被审计领导干部履行经济责任的主要情况，包括被审计领导干部及其所在单位以往接受内外部审计整改情况等；③审计发现的主要问题与责任认定，包括审计发现问题的事实、定性、被审计领导干部应当承担的责任及有关依据，审计期间被审计领导干部及其所在单位对审计发现问题已经整改的，可以包括有关整改情况；④审计处理意见和建议；⑤其他必要的内容。

审计发现的有关重大事项，可以直接报送局领导或相关部门，不在审计报告中反映。

（2）经济责任审计结果报告。

督察内审部门应当以审计报告为依据，出具审计结果报告。

审计结果报告是指督察内审部门在审计报告的基础上，精简提炼形成的反映审计结果的报告，重点反映被审计领导干部履行经济责任的主要情况、审计发现的主要问题和责任认定、审计处理方式和建议。

审计结果报告应当报送本级局党委书记、局长和授权审计的上级税务局，提交委托审计的人事部门，存入被审计领导干部个人档案；根据需要抄送本级联席会议有关成员单位和涉及的其他主管部门。

4. 审计评价

督察内审部门应当依照法律法规、国家有关政策规定以及国家税务总局干部考核评价的有关规定，根据审计查证或者认定的事实，客观公正、实事求是地进行审计评价。

审计评价应当有充分的审计证据支持，对审计中未涉及、审计证据不适当或者不充分的事项不作评价。

审计评价应当与审计内容相统一。一般包括领导干部任职期间履行经济责任的业绩、主要问题以及应当承担的责任。

5. 评价依据

（1）法律、法规、规章和规范性文件，中国共产党党内法规和规范性文件；

（2）中央有关税收工作方针政策和决策部署；

（3）国家统一的财政、财务管理制度；

（4）税务系统有关发展规划、年度计划和责任制考核目标；

（5）国家税务总局制定的内部管理工作规范和内部控制制度；

（6）领导干部所在单位的“三定”规定和有关领导的职责分工文件，有关会议记录、纪要、决议和决定，有关预算、决算和合同（协议），有关内部管理制度和绩效目标；

（7）有关职能部门、主管部门发布或者认可的统计数据、考核结果和评价意见；

（8）其他依据。

6. 责任类型

领导干部履行经济责任过程中存在的问题应当负有的责任应当按照直接责任、主管责任、领导责任三种责任类型作出界定。

（1）直接责任。

直接责任，是指被审计领导干部对其任职期间履行经济责任过程中的下列行为应当承担的责任：①本人或者与他人共同违反有关法律法规、国家有关规定和单位内部管理规定的；②授意、指使、强令、纵容、包庇下属人员违反有关法律法规、国家有关规定和单位内部管理规定的；③未经民主决策、相关会议讨论或者文件传签等规定的程序，直接决定、批准、组织实施重大经济事项，并造成国家利益重大损失、公共资金或国有资产严重损失浪费以及严重损害公共利益等后果的；④主持相关会议讨论或者以文件传签等其他方式研究，在多数人不同意的情况下，直接决定、批准、组织实施重大经济事项，由于决策不当或者决策失误造成国家利益重大损失、公共资金或国有资产严重损失浪费以及严重损害公共利益等后果的；⑤对有关法律法规和文件制度规定的被审计领导干部作为第一责任人的事项、签订的有关目标责任事项或者应当履行的其他重要职责，由于授权（委托）其他领导干部决策且决策不当或者决策失误造成国家利益重大损失、公共资金或国有资产严重损失浪费以及严重损害公共利益等后果的；⑥其他失职、渎职或者应当承担直接责任的。

（2）主管责任。

主管责任，是指被审计领导干部对其任职期间履行经济责任过程中的下列情形应当承担的责任：①除直接责任外，领导干部对其直接分管或者主管的工作，不履行或者不正确履行经济责任的；②除直接责任外，主持相关会议讨论或者以文件传签等其他方式研究，并且在多数人同意的情况下，决定、批准、组织实施重大经济事项，由于决策不当或者决策失误造成国家利益损失、公共资金或国有资产损失浪费以及损害公共利益等后果的；③疏于监管，致使所分管部门和单位发生重大违纪违法问题或者造成重大损失浪费等后果的；④其他应当承担主管责任的。

（3）领导责任。

领导责任，是指除直接责任和主管责任外，被审计领导干部对其职责范围内不履行或者不正确履行经济责任的其他行为应当承担的责任。

7. 结果运用

被审计领导干部及其所在单位根据审计结果，应当采取以下整改措施：

（1）在单位内部通报审计结果和整改要求，及时制定整改方案，认真进行整改；

（2）按照上级税务机关发出的审计报告、审计决定书进行处理和整改，并自收到之日起30日内将处理情况和整改结果书面报告上级税务机关；

（3）根据审计结果反映出的问题，落实有关责任人员的责任，采取相应的处理措施；

（4）根据审计建议，采取措施，健全制度，加强管理；

（5）按照有关要求，在一定范围内公告或通报整改结果。

经济责任审计结果和审计发现问题的整改情况应当作为被审计领导干部考核、任免和奖惩的重要依据。

各级联席会议和督察内审、纪检监察、人事等部门应当逐步健全并严格落实经济责任审计情况通报、责任追究、整改落实、结果公告等制度。

三 税收执法考评与过错责任追究

【知识点1】税收执法考评

税收执法，是指税务机关及工作人员行使法定职权对税务行政相对人作出的行政行为。

税收执法考评，包括税务机关对所属单位及税收执法人员的税收执法行为的考核与税收执法质量的评价。

税收执法考核的结果是税收执法过错责任追究、税收执法质量评价的依据。

【知识点2】税收执法考核

税收执法考核包括对税务机关的考核和对税收执法人员的考核。对税务机关的考核由上一级税务机关实施；对税收执法人员的考核由具有人事管理权的税务机关实施。

1. 税收执法考核内容包括：①是否存在不作为情形；②税收执法主体资格是否符合规定；③税收执法人员是否取得执法资格；④税收执法是否符合执法权限；⑤税收执法适用依据是否正确；⑥税收执法程序是否合法；⑦税收执法文书使用是否规范；⑧税收执法认定的事实是否清楚，证据是否充分；⑨税收执法决定是否合法、完整、适当；⑩制定规范性文件是否合法合规；⑪其他情况。

2. 税收执法考核实施方式：应当按月实施，通过内部控制监督平台定期扫描税收业务，获取税收执法数据和过错信息；过错信息推送至税务机关、税收执法人员；税务机关、税收执法人员对推送的过错信息核实、申辩、确认，并予以反馈；考核结果告知相关税务机关、税收执法人员。

3. 税收执法考核范畴：①税务机关监督部门开展督察、审计、巡视等工作确认的税收执法问题；②税务机关其他主管部门发现并确认的税收执法问题；③审计、财政等外部监督部门查出的税收执法问题；④舆论监督及社会公众反映并查实的税收执法问题；⑤行政复议决定、行政诉讼判决或者裁定未支持原行政行为的税收执法问题；⑥通过其他形式发现的税收执法问题。

【知识点3】税收执法过错责任追究

1. 税收执法过错责任追究形式包括：①批评教育；②责令作出书面检查；③通报批评；④取消评选先进的资格；⑤责令待岗；⑥调离执法岗位；⑦取消执法资格。上述追究形式可以单独适用，也可以合并适用。

2. 可以从轻或者免予追究的情形：①税收执法过错情节显著轻微，主动发现并及时纠正，未造成危害后果的；②在国务院，省、自治区、直辖市和计划单列市人民政府，以及国家税务总局批准的探索性、试验性工作中发生税收执法过错并及时纠正、有效避免损失的；③其他可以从轻或者免予追究的情形。

3. 应当从重追究的情形：

①税收执法人员因主观故意或者不作为导致税收执法过错发生的；②导

致国家税款流失并且数额较大的；③被责令限期改正逾期不改正，又无正当理由的；④税收执法过错发生后瞒报或者不采取有效措施，致使损害后果扩大的；⑤隐瞒事实真相、出具伪证、毁灭证据，或者以其他方式阻碍、干扰税收执法过错调查的；⑥因税收执法过错形成负面涉税舆情、造成恶劣社会影响的；⑦因税收执法过错导致税务机关承担国家赔偿责任的；⑧其他应当从重追究的情形。

4. 税收执法过错责任追究规定：①适用批评教育的，由过错责任人主管领导实施，留存谈话记录，并由过错责任人签名确认；②适用责令作出书面检查的，由税收执法责任制工作领导小组办公室实施，留存手写书面检查原件，并由过错责任人签名确认；③适用通报批评的，由税收执法责任制工作领导小组办公室以本机关名义行文；④适用取消评选先进资格的，由税收执法责任制工作领导小组办公室告知有关部门，记录相关情况；⑤适用责令待岗的，应当暂扣执法证件，由税收执法责任制工作领导小组办公室责成主管部门办理相关手续，暂扣执法证件期间不得从事税收执法活动；⑥适用调离执法岗位的，应当收回保管执法证件，由税收执法责任制工作领导小组办公室责成主管部门办理相关手续，一年内不得重返执法岗位，重返执法岗位前应当接受适当形式培训；⑦适用取消执法资格的，应当吊销执法证件，调离执法岗位，由税收执法责任制工作领导小组办公室责成主管部门办理相关手续，两年内不得重返执法岗位，重返执法岗位前应当重新取得执法资格。

【知识点 4】税收执法质量评价与结果运用

税收执法质量评价包括对税务机关的评价和对税收执法人员的评价。

税收执法质量评价内容包括税务登记、发票管理、申报征收、税收优惠、税收法制、税务稽查等税收业务中的税收执法行为。税收执法质量评价一个自然年度内应当至少实施一次。

各级税务机关应当将税收执法质量评价结果纳入绩效考核，具体办法由各级税收执法责任制工作领导小组办公室会同绩效管理部门研究确定。

【知识点 5】追究结果的申诉

税务机关、税收执法人员对过错责任追究决定有异议的，应当自追究结果告知之日起5个工作日内，提出申诉。税收执法责任制工作领导小组办公室应当自收到申诉材料之日起15个工作日内组织调查核实，形成调查结论，并作出答复。

【知识点6】依法履职免责内容

在事实表述、法条引用、文书制作等方面存在执法瑕疵，不影响执法结果的正确性及效力的，不予追究税收执法过错责任，但应当进行税收执法质量评价，并予以纠正。

不予追究的情形：①法律、法规、规章、税收规范性文件不明确或者有争议的；②执行上级税务机关的书面答复、决定、命令；③不可抗力或者意外事件；④业务流程或者税收业务相关软件存在疏漏或者发生改变的；⑤税务行政相对人提供虚假材料、隐瞒涉税信息等其他不依法诚信履行纳税义务的；⑥有证据证明税收执法人员不存在故意或者过失的其他情形。

>> 第四节 内控机制建设

一 内控机制建设概述

【知识点1】内部控制的内涵

我国关于内部控制内涵的界定主要体现在三个制度文件中。一是2008年5月，财政部、证监会、审计署、银监会、保监会联合制定的《企业内部控制基本规范》（财会〔2008〕7号），将内部控制定义为："内部控制，是由企业董事会、监事会、经理层和全体员工实施的、旨在实现控制目标的过程。"二是2012年财政部正式印发的《行政事业单位内部控制规范（试行）》（财会〔2012〕21号），将内部控制定义为："内部控制是指单位为实现控制目标，通过制定制度、实施措施和执行程序，对经济活动的风险进行防范和管控。"

三是2014年4月，财政部制定的《财政部内部控制基本制度（试行）》（财办〔2014〕40号），将内部控制定义为："内部控制是指通过查找、梳理、评估财政业务及管理中的各类风险，制定、完善并有效实施一系列制度、流程、程序和方法，对财政部工作风险进行事前防范、事中控制、事后监督和纠正的动态过程和机制，提高内部管理水平。"

结合上述理论界定和相关实践分析，通常认为，内部控制框架一般具有5个基本要素：一是控制环境，包括治理结构、机构设置及权责分配、内部审计、人力资源政策、内部文化等，是实施内部控制的基础；二是风险评估，及时识别、系统分析经营活动中与实现内部控制目标相关的风险，合理确定风险应对策略；三是控制活动，根据风险评估结果采用相应的控制措施，将风险控制在可承受范围之内；四是信息与沟通，及时、准确地收集、传递与内部控制相关的信息，确保信息在内外部之间进行有效流转和传递；五是内部监督，对内部控制建立与实施情况进行监督检查，评价内部控制的有效性，发现内部控制缺陷，及时加以改进。

【知识点2】税务系统内部控制的含义

税务系统内部控制属于典型的政府内部控制。国家税务总局在全国税务系统内部控制基本制度（试行）中规定，内部控制，是指以风险防控为导向，通过查找、梳理、评估税务工作中的各类风险，制定、完善并有效实施一系列制度、流程、方法和标准，对税务工作风险进行事前防范、事中控制、事后监督和纠正的动态管理过程和机制。

【知识点3】推进内控机制建设的必要性

1. 内控机制建设是推进党风廉政建设的重要抓手

内控机制建设通过规范工作事项流程、岗责和程序，形成风险防控大网，强化对权力运行的制约和监督，有利于从根源上防止权力滥用。通过建立和实施内部控制，能够扎起制度的笼子，用制度管权、管人、管钱，给权力涂上防腐剂、戴上"紧箍咒"，真正形成不能贪、不敢贪的反腐机制，有利于营造忠诚担当、风清气正的工作氛围。内部控制依靠信息化手段实现对税务工作风险的事前提醒和事中干预，打通了税务系统事前、事中、事后监督的链条，是对现有监督方式的有力补充，有利于促进监督部门落实监督责任。

2. 内控机制建设是促进依法治税的重要保障

党的十八届四中全会对全面依法治国作出部署，要求强化对行政权力的制约和监督，完善纠错问责机制。要落实好中央这一要求，就必须深入推进内控机制建设，对税收工作业务、事项、岗责、流程等进行全面梳理，构建“横向全覆盖、纵向一体化”的内部控制管理体系，确保税务管理事项均严格遵守税收法律、法规、规章以及规范性文件规定，确保所有流程均能在法律基本原则和精神框架内运行。

3. 内控机制建设是加强干部队伍管理的重要手段

税务系统干部队伍庞大，存在点多、线长、面广的特点，干部管理应以“严”字当头，但也要结合系统特点和工作实际，注重创新方式方法，推进干部管理的创新和实效。通过运行内部控制体系，能够准确识别各类风险并进行定级，及时向相关部门进行推送提醒，必要情况下强行阻断，确保风险消灭在萌芽状态，防止错误发生，有效保护税务干部，破解税务干部尤其是一线税务干部“多做多错，少做少错，不做不错”的岗位陷阱问题。

【知识点 4】内控监督的信息化

1. 内部控制监督平台

内部控制监督平台包括内部控制子系统、税收执法风险监控分析子系统、行政管理风险监控分析子系统、税收执法责任制考核评价子系统、督察审计流程管理子系统、工作辅助支持子系统六大子系统，是集控制、督审、纠偏、评价、推送功能于一体的综合性内部控制管理平台。

（1）内部控制子系统展示内容。

内部控制子系统主要展示 6 类风险防控状况：风险态势、防控措施情况、应用软件防控内生化情况、非信息化内部控制情况、内部控制需求情况和内部控制建议情况。该系统设置仪表盘展示模块，以图表形式展示 90 天以内统计数据，分地区、部门、应用软件三个维度统计防控软件和应用软件风险点触发的次数，分地区、部门两个维度展示新增风险点和需求提出数量以及风险点关闭情况的数据。

（2）内部控制子系统主要功能。

内部控制子系统的定位是“内部控制主责部门的工作平台和内部控制管理部门的监督平台”，此系统提供给内部控制主责部门和内部控制管理部门共同使用。内部控制主责部门和内部控制管理部门拥有不同的权限，有着不同的功能模块。内部控制主责部门界面有5个功能模块，分别是制度管理、风险指引、防控执行、内控展示、内控评估；内部控制管理部门界面有6个功能模块，分别是制度管理、检查督导、任务推送、内控宣传、内控考评、内控展示。该系统将内部控制制度、内部控制风险点纳入信息化管理，国家税务总局、省局、市局、县区局均可以依据权限进行相应操作；可以反映各类税收业务软件、行政管理软件的内部控制内生化情况；内部控制主责部门可以通过设置指标进行内部控制风险扫描、筛选、处置；内部控制管理部门可以设置指标检验业务部门的内部控制效果并据此监督主责部门的风险防御情况；可以对内部控制风险点的布控情况和防控情况进行展示评价。

2. 应用软件内部控制内生化

应用软件内部控制内生化是指为了促进税务系统内部控制与业务管理的融合，实现内部控制信息化、自动化，各级税务机关将内部控制与风险防控的措施嵌入到税务工作应用软件的活动和行为。

（1）应用软件内部控制内生化的目的和意义。

①有利于促进税收治理体系和治理能力现代化。内部控制内生化将税务工作业务要求、风险防控需求和现代信息技术融为一体，让业务工作流程、风险防控流程和信息应用流程密不可分，有助于进一步完善税收治理体系，提高税收治理能力。

②有利于防控税收执法风险。内部控制内生化把税收执法权和行政管理权分解到岗位、落实到环节，将权力运行过程内化于应用软件，实现风险源头防控、纠错提前介入、操作全程留痕、过错实时追究，从而最大限度减少执法风险、防范廉政风险。

③有利于推进税务系统内部控制建设。内部控制内生化抓住内部控制的本质要求，追求内部控制理念、方法与信息化条件下的税务工作有机结合，将进一步增强税务系统内部控制意识，巩固内部控制成果，提升内部控制效能，营造内部控制文化氛围。

（2）内部控制措施的内生化。

内部控制措施的内生化的具体方法：①职责分工控制；②不相容岗位（职责）分离控制；③授权审批控制；④流程控制；⑤公开运行控制；⑥痕迹记录控制。

（3）风险防控措施的内生化。

①风险预警。对未满足前置条件的操作行为，应当按照设定的风险防控指标，对业务操作过程中采集、生成的数据进行比对，提示相关岗位人员对存在风险的业务进行处置，进行事前防范。

②风险阻断。对法律法规、规章制度及操作规范明确禁止的操作行为应当设置阻断，进行事中控制。

③风险筛查。按照设定的风险防控指标，对有关数据进行比对，向相关岗位人员推送风险信息，进行事后核查。

二 内控机制建设的总体框架

【知识点1】总体要求、思路、工作任务和基本原则

内控机制建设是一项长期复杂的系统性工作，由各级税务部门的领导班子、职能部门及其工作人员共同参与，通过精心谋划，统筹推进，着力构建“制度、流程、信息和监督”四道防线，从而在税收管理和行政管理等各项权力运行中，形成内生制约力的管理机制。

1. 总体要求

国家税务总局对内控机制建设的总体要求是，以权力制衡为核心，以防范税收执法风险、行政管理风险、廉政风险为重点，以完善制度为基础，以流程控制为主线，以信息化手段为依托，以监督检查为保障，以“两覆盖、两优化、两提升”为要求，建立与税收治理体系和治理能力现代化相适应的，权责一致、制衡有效、运行顺畅、执行有力、管理科学的内部控制体系。

2. 总体思路

经过充分研究论证，国家税务总局确立了建立“制度、流程、信息、监督”四道防线的总体思路，深入推进内控机制建设。具体来说：

（1）完善制度防线，建立包括内部控制基本制度、专项制度、操作指引

及管理制度在内的“四位一体”的内部控制制度体系。

（2）优化流程防线，针对权力运行的特点和节点，通过流程的优化和管控，形成既相互协调、又相互制约的工作机制。

（3）推进信息防线，继续加强信息化建设，着力落实业务软件风险防控内生化，建立内部控制监督平台，进一步提升内部控制信息化水平，优化内部控制的方法和路径。

（4）强化监督防线，进一步做好巡视、督察、审计等监督检查工作，发现问题，完善措施，以查促管，以查促控。

3. 工作任务

内控机制建设的具体工作任务，就是要完成好国家税务总局党委提出的“两覆盖、两优化、两提升”的要求。

（1）做好“两覆盖”。要实现机构层级的全地域覆盖，让内控机制建设覆盖国家税务总局、省局、市局、县局；要实现业务种类的全领域覆盖，让内控机制不仅要覆盖税收执法全过程，而且要覆盖行政管理各领域。

（2）做好“两优化”。要优化流程制度，全面梳理岗责体系和业务规范，针对权力运行的特点和节点，通过流程的优化和管控，形成既相互协调、又相互制约的工作机制，制定形成规范统一的操作指引；要优化业务软件功能，对现有业务软件进行全面内部控制评估，看是否达到内部控制统一要求。未达要求的软件都要按照内部控制理念和要求进行优化升级，促进全国税收业务软件内部控制功能持续改进。

（3）做好“两提升”。要提升内部控制的监管效能，由国家税务总局搭建一个全国统一适用的具有内部控制工作监督与运行状况评价功能的内部控制管理监督平台，实现对各地内部控制情况的实时监控评价；要提升内部控制的整体效能，要将内控机制建设与全面从严治党、征管改革、权责清单、税收执法责任制、绩效管理以及其他监督方式相结合，发挥内部控制的协同效应和整体效能。

4. 基本原则

（1）全面覆盖。涵盖税务工作的所有领域，贯穿决策、执行、监督的全过程，覆盖所有单位、部门、岗位和人员。

（2）突出重点。重点加强对税务工作重点领域、关键环节、重要岗位的风险防范和控制。

（3）权力制衡。分事行权、分岗设权、分级授权，在机构设置、层级管理、岗责配置、业务流程等方面实现相互制约、相互监督、相互协调。

（4）融合联动。与政策制定、税收执法、行政管理和党风廉政建设等工作紧密结合、深度融合、高度契合，形成整体联动效应。

（5）持续改进。强化动态管理，及时发现和纠正存在的问题，根据内外部工作环境和工作要求的变化不断优化完善，使内部控制与人员规模、业务重点、风险水平相适应。

【知识点2】内部控制对象

税务系统内部控制的内容包括政策制定风险、税收执法风险、行政管理风险以及由此产生的廉政风险。

1. 政策制定风险，是指税务机关在制定税收政策的过程中，因目标或导向失误、制定依据不充分、与上位法相抵触、制定程序违规等，造成国家利益或行政管理相对人利益损失的可能性。

2. 税收执法风险，是指税务机关及其工作人员在税收执法过程中，因故意或过失，损害国家利益或行政管理相对人合法权益的可能性。主要包括税款征收风险、税务管理风险、纳税服务风险、税务稽查风险、出口退（免）税风险、税收法制工作风险、其他税收执法风险。

3. 行政管理风险，是指税务机关及其工作人员在内部管理过程中，因故意或过失，损害国家利益、管理秩序或相关当事人合法权益的可能性。主要包括人事管理风险、财务管理风险、政府采购风险、政务管理风险、信息系统管理风险、内部监督风险、其他行政管理风险。

4. 廉政风险，是指税务机关及其工作人员在政策制定、税收执法和行政管理工作中利用职权谋取不正当利益等腐败行为的可能性。

【知识点3】风险定级和控制方法管理

根据涉及事项或环节的重要程度、行政裁量权大小、发生概率、危害程度等因素，定性与定量相结合，采取样本分析、问卷调查、群众评议、专家评审等方式，将税务工作风险确定为高、中、低三个等级。各级税务机关应当针对不同等级风险，综合运用制约、监督等控制方法，制定具体控制措施，实现对各类风险点的有效控制。

1. 制约控制方法

（1）职责分工控制。优化内设机构设置，合理划分、科学配置内设机构职能，明确不同岗位之间的权限和职责，构建权责一致、边界清晰、协调配合、运转高效的职能体系，强化责任落实。

（2）不相容岗位（职责）分离控制。对一人履职可能发生错误或舞弊风险，并可能自我掩盖的岗位（职责），采取相应岗位（职责）分离措施，明确细化责任，形成横向、纵向相互制约监督的工作机制。

（3）授权审批控制。建立与税务工作相适应的内部授权管理体系，明确权限范围、审批程序和相关责任，确保各单位及关键岗位人员在授权范围内行使职权、办理业务。

（4）流程控制。将内部控制嵌入工作流程，对各环节实行模块化管理，对流程进行持续的监督、评价和优化，使风险点在流程中得到控制和解决，形成顺向相互支撑、有效制衡，逆向真实反馈、有效监督的完整体系。

（5）过程预警控制。根据工作规程和业务运转的内在逻辑，在重要节点预设监控指标进行检索、比对，对应办事项及时提醒，对错办事项及时干预、强制阻断。

（6）集体决策控制。建立重大事项集体决策和重要事项会签制度，明确集体决策和会签事项范围，规范集体决策和会签程序，加强对重大事项和重要事项风险的事前控制。

（7）公开运行控制。根据国家有关规定和本单位的实际情况，建立健全信息公开、公示制度，明确公开、公示的内容、范围、方式和程序，为外部监督和内部监督提供保障。

（8）痕迹记录控制。利用有效手段保留完整的工作记录、台账、表单、票据和文书等，通过运行痕迹记录对工作事项处理进行过程控制，确保工作过程可查询、可追溯、可比较。

2. 监督控制方法

（1）日常监督控制。上级税务机关业务主管部门应对下级税务机关及税务人员遵守和执行职责范围内相关制度、流程情况实行日常监督管理。

(2) 专门监督控制。各级税务机关专门监督部门应依据职责分工和管辖权限对税务机关及税务人员遵守和执行相关制度、流程情况实行专门监督检查。

>> 习题演练

一 单项选择题

1. 省以下纪检部门应至少（　　）会同本级党委专题研究1次党风廉政建设和反腐败工作。

A. 一年　　B. 半年　　C. 季度　　D. 每月

【参考答案】B

【答案解析】省以下纪检机构每半年至少会同本级党委专题研究1次党风廉政建设和反腐败工作。

2. 小王在某市税务局从事信访举报管理工作，下列做法正确的是（　　）。

A. 将信访举报材料转给被举报人

B. 在无保密措施的载体上存储、传递、处理信访举报件

C. 为了进一步了解情况参加举报人的宴请

D. 严格保密上级部门对信访举报件的批示

【参考答案】D

【答案解析】从事信访举报管理工作的人员不得将信访举报材料转给被举报人，不得在无保密措施的载体上存储、传递、处理信访举报件，不得泄露上级部门和有关领导对信访举报件的批示，不得接受举报人、被举报人及有关单位和人员的宴请。

3. 纪检部门在接到稽查部门转交的问题线索后，决定是否受理是期限是（　　）日。

A. 1　　B. 3　　C. 5　　D. 7

【参考答案】C

【答案解析】纪检部门在接到稽查部门转交的问题线索后，应当在 5 个工作日内决定是否受理。

4. 督查督办开始环节主要是（　　）。

A. 立项和分办　　B. 承办和督办

C. 反馈、审核　　D. 归档

【参考答案】A

【答案解析】开始环节主要包括立项和分办。中间环节主要包括承办和督办。事后环节包括反馈、审核和归档。

5. 巡视是（　　）的“利剑”。

A. 法律监督　　B. 党内监督　　C. 舆论监督　　D. 司法监督

【参考答案】B

【答案解析】巡视是党内监督与群众监督相结合的重要方式。

6.《中国共产党巡视工作条例》明确了“三个固定”的机制。下列不属于“三个固定”机制的是（　　）。

A. 巡视组组长不固定

B. 巡视的单位不固定

C. 巡视组与巡视对象的关系不固定

D. 巡视汇报不固定

【参考答案】D

【答案解析】“三个固定”机制中，无巡视汇报不固定。

7. 关于巡视责任，《中国共产党巡视工作条例》明确了“三个第一责任人”。其中，落实巡视监督责任第一责任人是（　　）。

A. 党委（组）书记　　B. 巡视工作领导小组组长

C. 巡视组组长　　D. 巡视组工作人员

【参考答案】C

【答案解析】“三个第一责任人”，即党委（组）书记是巡视工作第一责任人，巡视工作领导小组组长是组织实施巡视工作主要责任人，巡视组组长是落实巡视监督责任第一责任人。

8. 督察内审部门的职能定位体现于税收工作的事前、事中、事后三个环节。事中是指（　　）。

A. 通过组织开展内控机制建设，促进内控内生化，对税收管理提出意见建议

B. 通过督察中央决策部署、税务总局工作部署的贯彻落实情况，督促税收政策落实到位

C. 通过开展执法督察、内部审计，对执法机关与执法人员进行监督、考核、评价

D. 督促被监督单位及时整改、落实责任，同时对接并配合协调外部监督，化解问题风险，促进内部管理

【参考答案】B

【答案解析】事中，通过督察中央决策部署、税务总局工作部署的贯彻落实情况，督促税收政策落实到位。

9. 下列关于督察内审部门的工作职权的说法中，错误的是（　　）。

A. 要求被督察审计单位按时提供与督察审计事项相关的资料

B. 对督察审计事项中的问题，向有关单位和人员开展调查和询问

C. 对督察审计过程中发现的严重违法违规和严重损失浪费等行为，可直接作出制止决定

D. 对督察审计中发现的违法、违规及管理不规范行为提出纠正、处理意见及改进管理的建议

【参考答案】C

【答案解析】对督察审计过程中发现的严重违法违规和严重损失浪费等行为，报经税务机关负责人批准后，可作出临时制止决定。

10. 督察内审工作的组织开展集中体现在《督察审计基本规范》的（　　）部分。

A. 文书规范　　B. 流程规范　　C. 数据规范　　D. 档案规范

【参考答案】B

【答案解析】督察内审工作的组织开展集中体现在《督察审计基本规范》的“流程规范”部分。

11. （　　）是形成督察审计结论的基础。

A. 采集和分析数据　　B. 现场督审获取信息

C. 审查分析资料　　D. 收集督察审计证据

【参考答案】D

【答案解析】收集督察审计证据，是形成督察审计结论的基础。

12. 在督察审计实施阶段，督察审计组根据实际需要现场督审。现场督审包括（　　）等方法步骤。

①现场检查　②座谈　③个别谈话和询问　④延伸调查

A. ①②③　　B. ①③④　　C. ①②④　　D. ①②③④

【参考答案】D

【答案解析】选项所述的四种方法步骤，都属于现场督审的方法步骤。

13. 督察内审部门对督察审计发现的重大问题和性质严重问题，根据集体审理会议决议，移交人事、监察和稽查等部门处理。问题移交，是督察内审（　　）的要求。

A. 准备阶段　　B. 实施阶段　　C. 报告阶段　　D. 整改阶段

【参考答案】C

【答案解析】问题移交，是督察内审报告阶段的要求。

14. 对本单位制定的财务管理各环节控制制度是否健全、合理，有无与上级制度相悖的现象的审计，属于（　　）审计。

A. 财务内部控制　　B. 财务收支

C. 预算管理　　D. 固定资产管理

【参考答案】A

【答案解析】财务内部控制审计，重点审计各项制度的制定与执行情况，包括上本单位制定的财务管理各环节控制制度是否健全、合理，有无与上级制度相悖的现象。

15. 税务部门要针对（　　）对风险进行评估，确定风险等级，建立风险指标体系和风险信息库。

①岗位的重要程度　②事项的重要程度

③自由裁量权的大小　④违规违纪行为发生的概率和危害程度

A. ①②④　　B. ①③④　　C. ②③④　　D. ①②③④

【参考答案】C

【答案解析】税务部门要在排查廉政风险基础上，针对事项或环节的重要程度、自由裁量权的大小、违规违纪行为发生的概率和危害程度，对风险进行评估，确定风险等级，建立风险指标体系和风险信息库。

16. 某市税务局局长在任职期间，纵容、包庇下属人员违反有关法律法规，其应负（　　）责任。

A. 领导　　B. 直接　　C. 主管　　D. 分管

【参考答案】B

【答案解析】被审计领导干部对其任职期间履行经济责任过程中，授意、指使、强令、纵容、包庇下属人员违反有关法律法规、国家有关规定和单位内部管理规定的，应负有直接责任。

17. 年底，某市税务局在对领导班子述职述廉测评中发现某副局长廉政测评中“差”得票率达到总票数的35%。按照相关规定应对其进行（　　）。

A. 警告处分　　B. 严重警告处分

C. 谈话提醒　　D. 问责

【参考答案】C

【答案解析】对廉政测评中“差”得票率达到30%以上的，应由上一级税务机关的纪检组组长对其进行谈话提醒或诫勉谈话；

18. 临近年终，各种检查考核要求有“迹”可循、有“证”可查。但如果过分强调留痕、依赖留痕，不仅降低工作效率，而且容易让干部身心疲惫。在“四风”中，“过度留痕”属于（　　）。

A. 官僚主义　　B. 享乐主义　　C. 奢靡之风　　D. 形式主义

【参考答案】D

【答案解析】“四风”指形式主义、官僚主义、享乐主义和奢靡之风。“过度留痕”属于典型的形式主义。

二 多项选择题

1. 税务系统纪检部门必须落实监督检查责任，具体要求（　　）。

A. 坚决维护党的纪律、加强对重大事项决策的监督

B. 加强对主体责任落实情况的监督

C. 加强对作风建设的监督、加强对干部选拔任用的监督

D. 加强对落实内控机制建设主体责任的监督

【参考答案】ABCD

【答案解析】四个选项所涉及的要求，都是税务系统纪检部门落实监督检查责任的要求。

2. 纪检监察机关要加大信访举报办理力度，对（　　）等信访举报优先办理。

A. 来访举报　　　　　　　　B. 实名举报

C. 违反中央八项规定精神问题　　D. “四风”问题

【参考答案】BCD

【答案解析】纪检监察机关对实名举报和违反中央八项规定精神、“四风”问题等信访举报优先办理。

3. 处理纪检监察信访举报应坚持的基本原则包括（　　）。

A. 以党章和法律法规为准绳　　B. 以事实为依据

C. 惩防并举，注重预防　　　　D. 解决实际问题同思想教育相结合

【参考答案】ABD

【答案解析】处理纪检监察信访举报应坚持的基本原则中，无“惩防并举，注重预防”原则。

4. 下列情形中，信访工作人员应当回避的有（　　）。

A. 举报人不认可该信访工作人员的

B. 是被举报人或被举报人的近亲属的

C. 本人或近亲属与被检举、控告问题有利害关系的

D. 与检举、控告问题有其他关系，可能影响检举、控告问题公正处理的

【参考答案】BCD

【答案解析】举报人不认可，不是信访工作人员应当回避的标准。

5. 税收执法过错责任追究的形式包括（　　）。

A. 取消执法资格　　　　B. 调离执法岗位

C. 责令作出书面检查　　D. 批评教育

【参考答案】ABCD

【答案解析】税收执法过错责任追究形式包括：批评教育；责令作出书面检查；通报批评；取消评选先进的资格；责令待岗；调离执法岗位；取消执法资格。

6. 关于监督执纪工作，下列说法中正确的有（　　）。

A. 中央纪律检查委员会受理和审查在中央工作的党员领导干部

B. 地方各级纪律检查委员会受理和审查同级党委委员、候补委员、纪委委员

C. 对党的组织关系在地方、干部管理权限在主管部门的党员干部违纪问题，应当按照谁主管谁负责的原则进行监督执纪

D. 对作出立案审查决定、给予党纪处分等重要事项，纪检机关直接向上级纪委报告

【参考答案】BC

【答案解析】中央纪律检查委员会受理和审查党员领导干部，是中央一级，而不是在中央工作。对作出立案审查决定、给予党纪处分等重要事项，纪检机关应当向同级党委（组）请示汇报并向上级纪委报告。

7. 关于采取谈话函询方式处置问题线索，下列有关说法正确的有（　　）。

A. 对需要谈话函询的下一级党委（组）主要负责人，应当报纪检机关主要负责人批准，必要时向同级党委主要负责人报告

B. 函询应当以纪检机关办公厅（室）名义发函给被反映人，并抄送其所在党委（组）主要负责人

C. 被函询人应当在收到函件后 15 个工作日内写出说明材料，由其所在党委（组）主要负责人签署意见后发函回复

D. 反映问题比较具体，但被反映人予以否认，或者说明存在明显问题的，应当再次谈话函询或者进行初步核实

【参考答案】ABCD

【答案解析】关于采取谈话函询方式处置问题线索，四种说法都是正确的。

8. 下列内容属于税务系统内部控制的有（　　）。

A. 政策制定风险　　B. 税收执法风险

C. 行政管理风险　　D. 廉政风险

【参考答案】ABCD

【答案解析】税务系统内部控制的内容包括政策制定风险、税收执法风

险、行政管理风险以及由此产生的廉政风险。

9. 税务人员涉嫌（　　）的，稽查部门应将有关证据和材料，转交所在税务局纪检部门。

A. 虚开、非法买卖发票，偷税、逃税、骗税、抗税

B. 为涉案当事人通风报信、提供伪证、说情，影响案件查处

C. 索取、收受贿赂，利用职务之便为自己或者他人牟取利益

D. 经商办企业或者在企业入股分红，以及其他违反规定从事营利性活动

【参考答案】ABCD

【答案解析】选项中的四种情形，稽查部门在检查中发现的，都应当妥善保存有关证据和材料，并按规定转交所在税务局纪检部门。

10. 巡视工作要围绕“四个着力”，突出工作重点，着力发现副省级以上领导干部特别是党政“一把手”在（　　）等四个方面存在的不正之风和腐败问题。

A. 廉洁自律　　B. 执行中央八项规定

C. 遵守政治纪律　　D. 选人用人

【参考答案】ABCD

【答案解析】“四个着力”是指着力发现副省级以上领导干部特别是党政“一把手”在廉洁自律、执行中央八项规定、遵守政治纪律、选人用人等四个方面存在的不正之风和腐败问题。

11. 关于巡视机制，《中国共产党巡视工作条例》明确了（　　）的“三个汇报机制”。

A. 省委书记、省长听取各巡视组汇报

B. 省委常委会听取巡视汇报

C. 五人小组听取领导小组综合性巡视汇报

D. 领导小组直接听取各巡视组汇报

【参考答案】BCD

【答案解析】“三个汇报机制”之一，是省委常委会听取巡视汇报，而不是省委书记、省长听取各巡视组汇报。

12. 关于巡视责任，下列说法正确的有（　　）。

A. 党委（组）书记是巡视工作第一责任人

B. 巡视工作领导小组组长是组织实施巡视工作主要负责人

C. 巡视组组长是落实巡视监督责任第一责任人

D. 全体巡视工作人员要有重大问题应当发现而没有发现就是失职、发现问题没有如实报告就是渎职的“两职”观念

【参考答案】ABCD

【答案解析】关于巡视责任的四种说法，都是正确的。

13. 关于巡视成果运用和巡视整改，下列说法正确的有（　　）。

A. 立行立改、分类处置

B. 事事有人抓、件件有着落

C. 党委（组）对巡视整改负主体责任，党委书记要签字背书

D. 整改情况要及时公开、整改不力要严肃问责

【参考答案】ABCD

【答案解析】关于巡视成果运用和巡视整改的四种说法，都是正确的。

14. 税务系统巡视工作，要依据《中国共产党巡视工作条例》规定，坚持（　　）基本原则。

A. 统一领导、分级负责　　B. 党要管党、从严治党

C. 实事求是、依法依规　　D. 群众路线、发扬民主

【参考答案】ACD

【答案解析】党要管党、从严治党，不是巡视工作的基本原则。

15. 督察内审实施阶段，对数据的采集与分析应用，下列做法正确的有（　　）。

A. 采集数据前，调查被督察审计单位的组织结构和信息系统分布应用情况，结合督察审计项目，提出数据采集需求

B. 根据前期调查和数据采集需求，制定具体数据采集方案，将电子数据采集、整理和验证后推送给督察审计人员

C. 对采集数据验收后，通过数据分析，发现督察审计线索，获取督察审计证据

D. 对数据采集和应用进行目标评价，对数据采集需求和数据分析方法等进行修正和完善，对数据采集模板、分析方法等成果收集归档

【参考答案】ABCD

【答案解析】对数据的采集与分析应用，四种做法都是正确的。

16. 按照审计主体，可以将审计划分为（　　）。

A. 国家审计　　B. 部门和单位审计

C. 社会审计　　D. 纪委审计

【参考答案】ABC

【答案解析】按照审计主体，可以将审计划分为国家审计、部门和单位审计以及社会审计。纪委非审计部门。

17. 关于基本建设管理的审计，下列审计内容中，正确的有（　　）。

A. 基建项目是否符合“先立项，后审批，再建设”的原则

B. 投资总额在规定标准之上的基建项目是否报总局或省局审批

C. 是否将基建资金用于非基建项目

D. 是否按要求预留 50% 的尾款

【参考答案】BC

【答案解析】审计基建项目的内容包括：是否符合“先审批，后立项，再建设”的原则；是否按要求预留 30% 的尾款。

18. 下列选项中，属于内控机制建设的主要内容的有（　　）。

A. 加强风险评估　　B. 完善防控措施

C. 应用信息技术　　D. 优化内控环境

【参考答案】ABCD

【答案解析】内控机制建设的主要内容，包括加强风险评估、完善防控措施、应用信息技术、优化内控环境、实施动态管理。

19. 下列选项中，属于风险防控措施的主要内容的有（　　）。

A. 风险预警　　B. 风险阻断　　C. 风险筛查　　D. 风险分析

【参考答案】ABC

【答案解析】风险防控措施的主要内容有风险预警、风险阻断、风险筛查。

20. 王某代表市税务局到某县税务局开展专项督查。下列选项中，（　　）是王某所具有的职权。

A. 要求提供资料权　　B. 调查询问权

C. 现场检查权　　D. 违规处理决定权

【参考答案】ABC

【答案解析】督察内审部门的工作职权有：要求提供资料权、现场检查权、调查询问权、违规行为制止权、违规处理建议权、违规线索移交权、实施督察审计项目所必需的其他权限。

21. 小刘是某税务局的信访工作人员，被举报人属于下列（　　）情况，他应当回避。

A. 小刘的妻子　　B. 小刘的同学

C. 小刘的朋友　　D. 小刘妻子的亲戚

【参考答案】ABCD

【答案解析】信访工作人员应当回避的情形有：①是被举报人或被举报人的近亲属的。②本人或近亲属与被检举、控告问题有利害关系的。③与检举、控告问题有其他关系，可能影响检举、控告问题公正处理的。

22. 下列选项中，（　　）属于信访举报文书类档案归档材料。

A. 会议文件、资料

B. 工作制度、信访举报情况分析等工作情况材料

C. 通知、规定、请示报告、编印的各类信息载体等综合材料

D. 重要的事务性材料

【参考答案】ABCD

【答案解析】信访举报文书类档案，归档材料包括：①会议文件、资料；②信访举报部门派员参加的调研材料；③工作制度、信访举报情况分析等工作情况材料；④通知、规定、请示报告、编印的各类信息载体等综合材料；⑤统计材料；⑥重要的事务性材料；⑦除信访案件以外的其他保有价值的资料。

三 判断题

1. 纪律检查机关是党内监督的专门机关和执行党的纪律的职能部门，履行监督、执纪、问责职责。（　　）

【参考答案】正确

【答案解析】纪律检查机关是党内监督的专门机关和执行党的纪律的职能部门，是党内监督的专责机关，履行监督执纪问责职责。

2. 纪检部门有权了解、查询，但不可以复制被监督对象的有关文件、资料。（　）

【参考答案】错误

【答案解析】纪检部门有权了解、查询、复制被监督对象的有关文件、资料。

3. 某地级市税务局纪检组须每半年向省税务局党委、纪检组书面报告 1 次履行监督执纪问责情况。（　）

【参考答案】正确

【答案解析】省以下税务局纪检组每半年向上一级税务局党委、纪检组书面报告 1 次履行监督执纪问责情况。

4. 在纪律审查中发现党的领导干部严重违纪涉嫌违法犯罪的，应立即移送行政机关、司法机关处理。（　）

【参考答案】错误

【答案解析】在纪律审查中发现党的领导干部严重违纪涉嫌违法犯罪的，应当先作出党纪处分决定，再移送行政机关、司法机关处理。

5. 涉及地方人民政府及其工作人员的信访举报事项，纪检部门查办并将调查结果移送相关政府部门。（　）

【参考答案】错误

【答案解析】信访举报事项涉及地方人民政府及其工作人员的，不予受理，直接转送有权处理的单位处理。

6. 对不属于税务纪检部门受理的信访举报，应在 7 日内告知举报人向有权处理的单位提出。（　）

【参考答案】错误

【答案解析】对不属于税务纪检部门受理的信访举报，应在 15 日内告知举报人向有权处理的单位提出。

7. 对不属于本级税务机关纪检部门管辖范围的信访举报件，以交办方式指定有关单位调查处理。（　）

【参考答案】错误

【答案解析】对不属于本级税务机关纪检部门管辖范围的信访举报件，且不需要汇报结果的，经监察部门领导批准后，转交有关单位或部门依照有关规定处理。

8. 上级指定由本级查办的信访件，承办单位应直接组织查办，不得再行转办。（ ）

【参考答案】正确

【答案解析】上级指定查办的信访案件，下级不得再行转办。

9. 对于匿名信访举报案件，纪检部门可以不予理睬。（ ）

【参考答案】错误

【答案解析】纪检监察机关提倡实名举报，对实名举报和匿名举报都要认真对待，妥善处理。

10. 利用 U 盘、硬盘等设备存储、传递、处理信访举报件，必须加载保密措施。（ ）

【参考答案】正确

【答案解析】不得在无保密措施的载体上存储、传递、处理信访举报件。

11. 对在同一岗位任职满 5 年的领导干部应当进行任中经济责任审计。

（ ）

【参考答案】错误

【答案解析】对在同一岗位任职满 3 年的领导干部应当进行任中经济责任审计。

12. 纪检机关对反映同级党委委员、纪委常委，以及所辖地区、部门主要负责人的问题线索和线索处置情况，应当向上级纪检机关报告。（ ）

【参考答案】正确

13. 审查谈话、重要的调查谈话和暂扣、封存涉案款物等调查取证环节应当全程录音录像。（ ）

【参考答案】正确

14. 纪检机关案件审理，坚持审查与审理并进，审查人员参与审理。

（ ）

【参考答案】错误

【答案解析】坚持审查与审理分离，审查人员不得参与审理。

15. 被审查人涉嫌犯罪的，应当由案件监督管理部门协调办理移送司法机关事宜。执纪审查部门应当在通知司法机关之日起 7 个工作日内，完成移送

工作。（　　）

【参考答案】正确

16. 经立案调查，有严重违纪事实并涉嫌违法的，应给予开除党籍处分，并移送司法机关追究刑事责任。（　　）

【参考答案】正确

【答案解析】严重违纪违法，情节严重，影响恶劣，应开除党籍，并追究刑事责任。

17. 采取函询形式的，党员干部应实事求是就函询事项作出说明，实施部门应当对其说明情况进行抽查核实。（　　）

【参考答案】正确

【答案解析】采取函询形式的，党员干部应实事求是作出说明，实施部门应抽查核实。

18. 巡视组履行执纪审查的职责。（　　）

【参考答案】错误

【答案解析】纪检部门履行执纪审查职责。

19. 巡视工作人员有重大问题应当发现而没有发现就是渎职。（　　）

【参考答案】错误

【答案解析】巡视工作人员有重大问题应当发现而没有发现就是失职、发现问题没有如实报告就是渎职。

20. 督察内审工作的组织开展主要包括准备阶段、实施阶段、督审阶段、整改阶段四个阶段。（　　）

【参考答案】错误

【答案解析】督察内审工作的组织开展主要包括准备阶段、实施阶段、报告阶段、整改阶段四个阶段。

21. 纪检监察案件查办的主体是纪检监察部门，客体是党员、党组织和监察对象违犯党章、党纪政纪和国家法律法规的行为。（　　）

【参考答案】正确

【答案解析】主体是纪检监察部门；客体是党员、党组织和监察对象违犯党章、党纪政纪和国家法律法规的行为。

22. 对督察审计发现的重大问题，报经税务机关负责人批准后，移送司法

机关处理。 （　　）

【参考答案】错误

【答案解析】对督察审计发现的重大问题，报经税务机关负责人批准后，移送稽查、人事、纪检监察等部门处理。

23. 对稽查部门转交的重大税收违法案件，纪检部门应当对随案转交的相关材料进行案头分析，认为存在税务机关或者税务人员涉嫌违纪违法行为的，应当直接开展调查。 （　　）

【参考答案】错误

【答案解析】应当填写《税收违法案件一案双查审批表》，报经分管纪检工作的税务局领导批准后开展调查。

四 简答题

1. 简述新时代巡视工作的监督重点。

【参考答案】聚焦“六围绕一加强”：①围绕党的政治建设，重点检查践行“两个维护”情况。②围绕党的思想建设，重点检查学习贯彻习近平新时代中国特色社会主义思想情况。③围绕党的组织建设，重点检查选人用人和基层党组织建设情况。④围绕党的作风建设，重点检查整治“四风”、特别是整治形式主义、官僚主义情况，落实中央八项规定及其实施细则精神情况。⑤围绕党的纪律建设，重点检查执行党规党纪和监督执纪问责情况。⑥围绕夺取反腐败斗争压倒性胜利，重点检查领导干部廉洁自律和整治群众身边腐败问题情况。⑦切实加强巡视整改情况的监督检查。

2. 简述督察内审工作的规范流程。

【参考答案】督察内审工作的组织开展主要包括准备阶段、实施阶段、报告阶段、整改阶段四个阶段。

准备阶段：制定工作方案，下达通知书，督察审计前准备，制定项目实施方案，查前培训。

实施阶段：进驻会议，督察审计公示，签订承诺书，接收资料，数据采集和分析应用，测评内控，审核资料，现场督审，督察审计取证，项目评价，编制底稿，听取陈述申辩，撰写报告，退出会议。

报告阶段：征求被督察审计单位意见，报告审理，问题移交，出具报告，处理决定复查复核，整理立卷。

整改阶段：督察审计整改，建议追责，整改反馈，整改情况督查，案卷归档。

3. 简述群众来访受理的主要流程及注意事项。

【参考答案】（1）接谈。接待来访工作人员不得少于2人。接待来访工作人员应查看来访人的身份证或其他有效证件，核实来访人数，同来访人面谈，听取并记录来访人反映的问题及要求、来访过程及有关单位受理、办理情况。多人来访提出同一事项的，由来访人选定5名以下代表参与接谈。

（2）登记。接访人应详细询问来访人的基本情况，及时填写《税务纪检监察信访举报来访登记表》。

（3）特殊来访的处理。接访人员要维持来访秩序。对于特殊来访，如持有凶器和爆炸物品来访，扬言游行、静坐、示威、行凶、报复、爆炸，情绪反常、有轻生念头等，以及可能造成不良影响的重大、紧急来访事项，应当及时报告，并依法及时采取措施，对严重扰乱机关工作秩序的应联系公安部门依法处理。

五 案例题

1. 某区税务局领导干部全面从严治党不力、维护党的纪律不力、推进党风廉政建设和反腐败工作不坚决不扎实，造成严重后果。纪检部门如何履行问责追究责任？

【参考答案】按照《中国共产党问责条例》及税务总局党委实施办法，属于纪检监察职权范围的，由纪检监察机构直接作出问责决定，属于党委或其他部门职权范围的，纪检监察机构及时提出问责建议。在纪律审查中发现党的领导干部严重违纪涉嫌违法犯罪的，应当先作出党纪处分决定，再移送行政机关、司法机关处理。

2. 如果你是一名纪委人员，你将如何履行好监督执纪问责责任，并就防止“灯下黑”提出你的建议。

【参考答案】履行好责任：在监督上，认真处理党员群众信访举报和对干部一般性违纪问题的反映，及时找干部核实，让干部把问题讲清楚；在执纪上，重点盯住“三方面人员”，对监督中发现的严重问题，依规依纪执纪审查；在问责上，对履行党内监督职责不力、管党治党责任缺失、巡视整改不落实的，都要严肃追究责任。

提出建议：各级纪委要以更高的标准、更严的纪律要求纪检干部，坚决克服监督缺失、执纪不严、问责不力的现象，坚决纠正能力不足、作风不实、律己不严的问题，坚决查处执纪违纪的人和事，勇于清理门户，切实解决“灯下黑”问题，努力建设一支忠诚干净担当的干部队伍。

3. 信访举报工作是党风廉政建设和反腐败工作的重要组成部分，是纪检部门重要的基础性工作。税务系统处理纪检监察信访举报，应坚持的基本原则有哪些？

【参考答案】处理纪检监察信访举报应坚持六个基本原则：①以党章和法律法规为准绳；②以事实为依据；③处理重要信访问题，坚持民主集中制或行政首长负责制；④维护信访举报当事人的合法权益；⑤属地管理、分级负责，谁主管、谁负责；⑥解决实际问题同思想教育相结合。

4. 某市举报中心接到群众电话举报，反映市局税务干部李某纵容包庇某公司大额虚开增值税专用发票违法违纪行为具体线索。请问，纪检部门该如何配合稽查部门对该案件开展“一案双查”？

【参考答案】对稽查部门转交的重大税收违法案件，纪检部门应当对随案转交的相关材料进行案头分析，认为存在税务机关或者税务人员涉嫌违纪违法行为的，应当填写《税收违法案件一案双查审批表》，报经分管纪检工作的税务局领导批准后开展调查。在 5 个工作日内决定是否受理，并将受理情况反馈给稽查部门。检举涉税当事人税收违法行为同时检举税务机关或者税务人员违纪违法线索具体的，可与稽查部门组成联合检查组，同时进行检查、调查。有证据或者线索证明税务机关或者税务人员涉嫌重大违纪违法行为的，纪检部门应当提前介入查处。

第五章 财务与机关事务管理

>> 知识架构

- **财务与机关事务管理**
  - 财务管理基础
    - 财务管理法规体系　3个知识点
    - 财务管理机构　2个知识点
    - 财务会计基本知识　3个知识点
    - 银行账户管理　2个知识点
    - 公务卡的使用和管理　3个知识点
    - 财政票据管理　5个知识点
    - 差旅费相关规定　11个知识点
  - 会计制度
    - 行政单位会计制度　4个知识点
    - 基本建设会计制度　4个知识点
  - 预算管理
    - 预算管理相关法律　1个知识点
    - 预算管理体制　2个知识点
    - 部门预算编制　7个知识点
    - 预算绩效管理　3个知识点
  - 财务收支和决算管理
    - 行政单位收入与支出及其管理　3个知识点
    - 事业单位收入与支出及其管理　4个知识点
    - 中央八项规定相关支出管理　4个知识点
    - 决算管理　3个知识点
  - 国库集中支付管理
    - 预算单位零余额账户管理　2个知识点
    - 用款计划管理　3个知识点
    - 财政直接支付　2个知识点
    - 财政授权支付　3个知识点
    - 年终预算结余资金管理　3个知识点
    - 管理与监督　2个知识点
  - 国有资产管理
    - 国有资产管理知识　8个知识点
  - 基本建设管理
    - 基建管理知识　2个知识点
    - 基建项目过程管理　6个知识点
  - 政府采购
    - 政府采购知识　3个知识点

- 财务与机关事务管理
  - 财务监督
    - 财务公开　3个知识点
    - 财务监督　3个知识点
  - 机关事务管理
    - 机关事务管理基础　2个知识点
    - 物业管理　2个知识点
    - 安全管理与消防管理　3个知识点
    - 车辆管理　3个知识点
    - 食堂管理　3个知识点
    - 资产管理　3个知识点
    - 公务接待与会务保障管理　2个知识点
    - 节约型机关建设　3个知识点
    - 机关事务管理社会化改革　2个知识点

>> 第一节 财务管理基础

一 财务管理法规体系

【知识点 1】财务管理法规

1. 财务管理的法律法规体系包括与财务管理相关的法律、行政法规、部门规章和规范性文件。

2. 《中华人民共和国会计法》（以下简称《会计法》）于 1985 年 1 月 21 日第六届全国人民代表大会常务委员会第九次会议通过，根据 1993 年 12 月 29 日第八届全国人民代表大会常务委员会第五次会议《关于修改〈中华人民共和国会计法〉的决定》第一次修正，1999 年 10 月 31 日第九届全国人民代表大会常务委员会第十二次会议修订，根据 2017 年 11 月 4 日第十二届全国人民代表大会常务委员会第三十次会议《关于修改〈中华人民共和国会计法〉等十一部法律的决定》第二次修正。

3.《中华人民共和国预算法》（以下简称《预算法》）于1994年3月22日第八届全国人民代表大会第二次会议通过，根据2014年8月31日第十二届全国人民代表大会常务委员会第十次会议《关于修改〈中华人民共和国预算法〉的决定》第一次修正，根据2018年12月29日第十三届全国人民代表大会常务委员会第七次会议《关于修改〈中华人民共和国产品质量法〉等五部法律的决定》第二次修正。

4.《中华人民共和国审计法》是为了加强国家的审计监督，维护国家财政经济秩序，提高财政资金使用效益，促进廉政建设，保障国民经济和社会健康发展，根据宪法制定的法律。1994年8月31日第八届全国人民代表大会常务委员会第九次会议通过，根据2006年2月28日第十届全国人民代表大会常务委员会第二十次会议《关于修改〈中华人民共和国审计法〉的决定》修正。

5.《中华人民共和国审计法实施条例》是根据《中华人民共和国审计法》的规定制定。1997年10月21日国务院令第231号公布，2010年2月2日国务院第100次常务会议修订通过。

【知识点2】财务管理相关会计制度

1. 2013年12月18日，财政部《行政单位会计制度》（财库〔2013〕218号印发）。该制度分总则、会计信息质量要求、资产、负债、净资产、收入、支出、会计科目、财务报表、附则10章46条，自2014年1月1日起施行。

2. 根据《会计法》和《行政单位会计制度》（财库〔2013〕218号）规定，国家税务总局结合税务系统实际情况，对税务局系统经费会计制度进行了修订，于2015年1月16日印发了税务系统行政单位会计制度，自2015年1月1日起施行。

3. 为了进一步规范事业单位的会计核算，提高会计信息质量，根据《会计法》《事业单位会计准则》和《事业单位财务规则》，财政部对《事业单位会计制度》（财预字〔1997〕288号）进行了修订。自2013年1月1日起施行。

4. 根据财政部的《事业单位会计制度》，国家税务总局结合税务系统的实际情况，于2015年5月19日印发了税务系统事业单位会计制度，自2015年1月1日起施行。

5. 2018年国税地税征管体制改革后，国家税务总局又印发了《税务系统会计制度（试行）》（税总发〔2018〕191 号）等一系列会计制度。

【知识点 3】财务管理相关财务制度

1.《行政单位财务规则》经 2012 年 12 月 5 日财政部部务会议审议通过，2012 年 12 月 6 日中华人民共和国财政部令第 71 号公布。该规则分总则、单位预算管理、收入管理、支出管理、结转和结余管理、资产管理、负债管理、行政单位划转撤并的财务处理、财务报告和财务分析、财务监督、附则 11 章 63 条，自 2013 年 1 月 1 日起施行。

2. 为进一步规范事业单位的财务行为，加强事业单位财务管理和监督，提高资金使用效益，保障事业单位健康发展，制定《事业单位财务规则》。该规则于 2012 年 2 月 7 日由中华人民共和国财政部令第 68 号发布，分总则、单位预算管理、收入管理、支出管理、结转和结余管理、专用基金管理、资产管理、负债管理、事业单位清算、财务报告和财务分析、财务监督、附则 12 章 68 条，自 2012 年 4 月 1 日起施行。

二 财务管理机构

【知识点 1】国税地税征管体制改革提出新要求

1. 适应征管体制改革，要求切实加强党对财务工作的领导。切实加强党的领导是做好税收工作的根本保证。国税地税征管体制改革作为深化党和国家机构改革的重要组成部分，是党中央着眼全局、顺应新时代要求作出的重大决策，对理顺统一税制和分级财政关系，高质量推进新时代税收现代化，更好发挥税收在国家治理中的基础性、支柱性、保障性作用，具有十分重要的意义。将税务总局及各省、市、县税务局党组改设党委，为高质量推进新时代税收现代化建设提供了根本保证，也为加强党对财务工作的领导、服务保障税收事业长远发展筑牢了组织基础。将重大财务管理改革、部门预算、重大项目立项及大额资金支出等列入各级党委审议事项和清单目录，既是加强党对财务工作领导的重要举措，也是完善落实民主集中制原则，完善财务重大事项科学民主决策的制度安排。

2. 适应征管体制改革，要求切实提高财务服务保障能力。改革既涉及经费保障体制和资产整体接收划转等重大事项，也涉及各级税务局日常运转费用的支出、干部职工福利待遇等具体事项，需要财务部门持续作为，提供高效、规范的服务保障。高质量推进新时代税收现代化建设，财务工作“围绕中心、服务大局”的基本定位不会变，服务保障和监督管理的职能作用不会变。这要求各级财务部门自觉将财务工作置于税收改革发展大局中去谋划、去统筹、去落实，准确把握新形势下财务工作面临的新情况、新问题和新要求，主动适应新经费保障体制下科学分配经费、化解保障不平衡不充分矛盾的需要，主动适应社保和非税征管职责划转至税务部门职责后支出需要，主动适应信息化系统整合升级需要，主动适应新税务机构办公、乡镇税务分局运行需要，进一步理顺内部财务管理关系，增强财务部门履职能力，谱写财务工作新篇章。

3. 适应征管体制改革，要求切实强化财务监督管理职能。全面从严治党永远在路上。面对全面从严治党要求越来越高、制度“笼子”越扎越密的新形势，税务系统必须把纪律和规矩挺在前面，严肃财经纪律，规范财务行为。新税务机构成立后，预算体量、资产和基本建设项目数量、收支总量都有了大幅增加，业务复杂程度急剧提升，加之税务系统战线长、机构多，规范财务管理、强化财务监督势在必行。各级党委只有主动适应新形势，健全制度机制，履行主体责任，领导和支持财务部门依法履职、严格把关，才能有效提高财经纪律和制度规定的执行效果、财务内控和监督机制的运行效果，有效防控财务风险。各级财务部门只有始终把制度规定、纪律规矩作为行为准则，认清“严”的形势、把握“紧”的要求，严守财经纪律，落实财务制度，细化管理规范，严格审核把关，强化监督检查，深化问题整改，才能不断夯实管理基础，提升财务工作质量。

【知识点 2】新财务管理方式

1. 财务部门重新整合。税务系统“三定”暂行规定全面落实后，财务部门的岗责、人员、业务进行了重新规划、梳理、整合，财务机构设置更加健全、管理职责更加明晰，财务人员配备更加充足、岗位分工更加专业，为工作的统一、高效运转提供了有利条件。而管理一把尺子、操作一个标准，有助于促进税务系统各级财务部门工作尽快步入制度化、规范化、标准化轨道，帮助各级财务人员尽快适应业务新要求、进入工作新角色。

2. 业务事项重新架构。机构改革后，从绝对数量上看，财务部门人员普遍增加，预算支出总量、资产数量普遍激增，基本建设维修改造项目增多。但财务部门重组，不同于人力的简单相加、职责的简单集中、工作的简单汇总，而是整体业务事项的重新架构。财务管理的本质是对资金运行进行全过程的控制和管理，税务系统财务管理从预算编制开始，到预算执行中审核审批、资金额度的申请使用，然后是对资金收支和相应的资产增减进行记录核算，最终落于年度决算、预算执行、绩效评价，中间穿插着对房屋、车辆和其他实物资产的取得、使用和处置的审批和管理，不仅涉及财务部门内部岗位职责衔接，也涉及与单位其他相关职能部门的衔接、管理。加之税务系统财务业务垂直管理性质，重要的财务事项多数应经过上级管理部门审批，所以财务业务事项处理流程是上下左右环环相扣的网状结构。在税务总局层面把制度规矩立起来、把规范操作的要求列出来，去除人为操作空间和制度模糊地带，有利于各级财务部门理清工作思路、理好职责关系、理顺业务流程，加强资源整合和业务统筹，在规范管理的前提下主动寻求最佳匹配要素的优化组合，促使财务管理效能发生质的跃变。

3. 财务信息化体系重新构建。按照“信息管财”的思路，税务总局不断推进财务信息化系统的调试、整合工作，根据机构改革后财务工作需求，升级完善津补贴软件、国库集中支付软件、网络版财务软件、财务内控信息化平台，加快推进财务信息化平台建设，为规范财务管理提供技术保障。例如，为适应新的《政府会计制度》和统一核算的要求，升级完善网络版财务软件各模块功能，妥善解决新旧会计制度衔接、部门统一核算和基本建设项目库管理等问题；为保证资产划转及管理业务正常开展，根据业务需求变化，对财务内控信息化平台资产管理模块进行功能升级和优化拓展；为提高财务监督管理质效，在整合升级现有财务管理各类软件的基础上，统一基础数据，优化业务流程，健全内控要素，完善管理体系，形成覆盖各个业务及工作流程，横向到边、纵向到底的内部控制信息化平台。

三 财务会计基本知识

【知识点1】税务系统会计核算主体和特点

1. 根据机构编制和经费领报关系，税务系统的会计核算主体分为主管会计单位、二级会计单位和基层会计单位。

2. 向财政部领报经费，并发生预算管理关系的，为主管会计单位。例如，国家税务总局。

3. 向主管会计单位或上一级会计单位领报经费，并发生预算管理关系，有下一级会计单位的，为二级会计单位。例如，省、自治区、直辖市和计划单列市税务局、地（市、州）税务局。

4. 向上一级会计单位领报经费，并发生预算管理关系，没有下级会计单位的，为基层会计单位。例如，县、市、区级税务局。

5. 没有下级会计单位的省级税务局及地、市级税务局也属于基层会计单位。

6. 主管会计单位、二级会计单位和基层会计单位均实行独立会计核算，负责组织管理本部门、本单位的全部会计工作。不具备独立核算条件的单位，如县、市、区级税务局下属的税务分局、税务所，实行单据报账制度，作为报账制单位管理。

7. 税务系统会计核算的特点：

（1）税务系统会计核算对象主要是预算资金的取得、使用和结果。税务系统收支核算必须服从预算管理的要求。

（2）税务系统会计核算基础是收付实现制，特殊经济业务和事项应当按规定采用权责发生制核算。

（3）税务系统不进行成本核算，对各项支出的发生情况要进行严格的考核和监督，保证国家预算资金的安全。

（4）税务系统资金运动是单向的，以拨款方式从财政部门取得经费来源，不需要偿还；办理公务过程中发生的资金支出，不求资金回报，呈单向运动状态。

8. 税务系统会计核算的要求：

（1）税务系统各级单位的各项资金和财产，均应纳入本级单位进行会计核算，严禁单位和单位内部各职能部门私设小金库，账外设账。

（2）应当划分会计期间，分期结算账目和编制会计报表。会计期间分为年度、季度和月份。

（3）以人民币为记账本位币。发生外币收支的，应当按照中国人民银行公布的当日人民币外汇汇率折算为人民币核算。

（4）采用借贷记账法。会计记录应当使用中文，少数民族地区可以同时使用本民族文字。

【知识点2】税务系统会计要素

1. 会计对象是会计所要核算和监督的内容。会计要素也称会计报表要素，它是会计反映和核算的具体内容。税务系统行政单位的会计要素有五个，包括资产、负债、净资产、收入和支出。

2. 资产，是指行政单位占有或者使用的，能以货币计量的经济资源。行政单位的资产包括流动资产、固定资产、在建工程、无形资产等。其中，流动资产，是指可以在1年以内（含1年）变现或者耗用的资产，包括库存现金、银行存款、零余额账户用款额度、财政应返还额度、应收及预付款项、存货等。固定资产，是指使用期限超过1年（不含1年），单位价值在规定标准以上，并且在使用过程中基本保持原有物质形态的资产。在建工程，是指行政单位已经发生必要支出，但尚未交付使用的建设工程。无形资产，是指不具有实物形态而能够为使用者提供某种权利的非货币性资产。

3. 负债，是指行政单位所承担的能以货币计量，需要以资产等偿还的债务。行政单位的负债按照流动性，分为流动负债和非流动负债。流动负债，是指预计在1年内（含1年）偿还的负债。行政单位的流动负债包括应缴财政款、应缴税费、应付职工薪酬、应付及暂存款项等。非流动负债，是指流动负债以外的负债，行政单位的非流动负债主要是长期应付款，即行政单位发生的偿还期限超过1年（不含1年）的应付款项。

4. 净资产，是指行政单位资产扣除负债后的余额，主要是财政拨款结转和财政拨款结余、其他资金结转结余资产基金和待偿债资产等。

5. 收入，是指行政单位依法取得的非偿还性资金，包括财政拨款收入和其他收入。行政单位的收入一般应当在收到款项时予以确认，并按照实际收到的金额进行计量。

6. 支出，是指行政单位为保障机构正常运转和完成工作任务所发生的资金耗费和损失，包括经费支出和拨出经费。行政单位的支出一般应当在支付款项时予以确认，并按照实际支付金额进行计量。采用权责发生制确认的支出，应当在其发生时予以确认，并按照实际发生额进行计量。

【知识点3】税务会计档案管理

1. 税务会计档案，是指税务机关在会计核算过程中接收或形成的，记录和反映各单位经济业务的重要史料和证据的会计凭证、会计账簿、财务报告等会计资料，包括通过计算机等电子设备形成、传输和存储的电子会计档案。

2. 会计档案应当按照会计凭证、会计账簿、财务报告和其他会计资料等进行分类整理。单位的会计档案在移交档案管理部门前，由会计管理部门负责管理，移交后由档案管理部门负责管理。

3. 各单位当年形成的会计档案，在会计年度终了，可由单位会计管理部门临时保管 1 年，再移交单位档案管理部门。因工作需要确需推迟移交的，应当经单位档案管理部门同意。单位会计管理部门临时保管会计档案最长不超过 3 年。临时保管期间，会计档案的保管应当符合国家档案管理的有关规定，且出纳人员不得兼管会计档案。

四 银行账户管理

【知识点1】银行账户的种类及其设立

1. 税务系统依据财政部印发的《中央预算单位银行账户管理暂行办法》和财政部、中国人民银行印发的《〈中央预算单位银行账户管理暂行办法〉补充规定》的相关要求对银行账户进行管理。

2. 税务系统各行政单位应在国有银行、国家控股银行或经财政部门批准允许开户的商业银行开设银行账户。

3. 税务系统各行政单位只能开设一个基本存款账户。该账户用于办理本单位其他收入及往来款的日常转账结算和现金收付等业务。

4. 预算单位零余额账户是财政部在商业银行为每个预算单位开设的，用于记录、核算和反映实行财政授权支付的资金活动，以及与国库单一账户进行清算的账户。

5. 一个单位只能开设一个零余额账户。需要单独核算的资金，如基建资金等，在单位零余额账户中分账核算。

6. 住房公积金账户的开设。税务系统各行政单位根据住房公积金管理的要求，开设住房公积金账户，用于个人公积金的缴纳归集。

7. 其他账户的开设。

（1）税务系统各行政单位根据住房管理制度改革的有关规定，可分别开设一个售房收入、住房维修基金及其利息、购房补贴专用存款账户，用于核算职工按住房制度改革政策规定交纳的购房款等资金。

（2）税务系统各行政单位按有关规定，可根据需要分别开设一个党费、工会经费专用存款账户。

【知识点2】税务系统单位账户的使用和管理

1. 非零余额银行账户的开立、变更与撤销。

2. 预算单位开立、变更、撤销银行账户，实行财政审批、备案制度。税务系统内部按照“下管一级”的财务管理体制逐级上报、审核和备案。

3. 预算单位按规定报上一级财务部门逐级审核，由省局系统财务部门签署意见，报财政部驻各省财政监察专员办事处审批后，可开立银行账户。预算单位开立的银行账户应保持稳定。确因特殊需要变更开户银行的，应按规定办理新开户的审核、审批、原账户撤销以及备案手续，并将原账户的资金余额（包括存款利息）全部转入新开账户。

五 公务卡的使用和管理

【知识点1】公务卡的日常管理

1. 税务系统公务卡，是指各级税务机关工作人员持有的，主要用于日常公务支出和财务报销业务的信用卡（贷记卡）。公务卡既具备普通信用卡授信消费等属性，又具有财政财务管理的独特属性。

2. 公务卡应当使用中国银联标准信用卡，由预算单位统一组织本单位工作人员向发卡行申办。预算单位既可以选择本单位零余额账户开户银行作为发卡行，也可以选择本单位零余额账户开户银行以外的其他代理银行作为发卡行，但是所选择的代理银行必须是财政部授权办理财政授权支付业务的代理银行。

3. 预算单位在工作人员新增或调动、退休时，应及时组织办理公务卡的申领等手续，并通知发卡行及时维护公务卡支持系统。公务卡遗失或损毁后的补办等事项由个人自行向发卡行申请办理，个人申请补办成功后，经预算单位财务部门确认核实并及时通知发卡行维护公务卡支持系统。

4. 发卡人应按月向持卡人提供公务卡对账单，并按照与持卡人约定的方式，及时向持卡人提供公务卡账户资金变动情况和还款提示等重要信息。持卡人对公务消费交易发生疑义，可按发卡行的相关规定等提出交易查询。

【知识点2】公务卡强制结算目录范围

1. 公务卡主要用于预算单位公务支出的支付结算。结算范围为财政授权支付业务中原使用现金结算的公用经费支出，包括差旅费、招待费和5万元以下的零星购买支出等。

2. 所有实行公务卡制度改革的中央预算单位，都应严格执行中央预算单位公务卡强制结算目录。凡该目录规定的公务支出项目，应按规定使用公务卡结算，原则上不再使用现金结算。原使用转账方式结算的，可继续使用转账方式。

【知识点3】公务卡的其他注意事项

1. 原则上每张公务卡的信用额度不超过5万元、不少于2万元。

2. 持卡人使用公务卡结算的公务支出，必须取得发票等财务报销凭证，并在发卡行规定的免息还款期内，按照所在单位财务制度规定到财务部门报销。对于有事前审批要求的公务支出，持卡人应事先按要求履行相关审批手续。对于批准报销的公务卡消费支出，财务部门应当按规定时间，办理还款手续。

3. 因个人报销不及时造成的罚息、滞纳金等相关费用，由持卡人承担；因持卡人所在单位报销不及时造成的利息等费用，以及由此带来的对个人资信影响等责任，由单位承担。对因工作需要，持卡人不能在规定的免息还款期内返回单位办理报销手续的，可由持卡人或其所在单位相关人员向单位财务部门提供持卡人姓名、交易日期和每笔交易金额的明细信息，办理相关借款手续，经财务部门审核批准，于免息还款期之前，先将资金转入公务卡，持卡人返回单位后按财务部门规定的时间补办报销手续。

4. 同行办卡一般应在公务卡免息还款期到期前的 3 个工作日内，统一办理报销资金的还款手续；跨行办卡一般应在免息还款期到期 5 个工作日之前，统一办理报销资金的还款手续。对于确需提前还款的业务，预算单位可及时签发财政授权支付指令办理公务卡报销还款手续。

六 财政票据管理

【知识点 1】财政票据概述

1. 2018 年 1 月 1 日起，财政部实行财政票据电子化改革，依托财政票据电子化管理系统对中央财政票据的申领、发放、使用等进行管理，启用机打票据，停用手工票据。税务系统财务部门使用的中央财政票据包括：中央非税收入统一票据（电子票和机打票）、中央行政事业单位资金往来结算票据（电子票和机打票）、公益捐赠票据（电子票和机打票）。

2. 单位职责：税务总局负责税务系统内各预算单位中央财政票据申领、发放和监督检查。省、市级税务局负责所属单位中央财政票据申领、入库、发放，按照下管一级原则对所属单位中央财政票据的使用情况进行监督检查，汇总审核并按照财政部门要求核销所属单位票据等。基层预算单位负责本单位中央财政票据申领、入库、领用、使用和保管，按要求上报待核销票据。

【知识点 2】财政票据使用

1. 中央财政票据开具范围。中央非税收入统一票据的使用范围为缴款单位在取得应缴国有资产有偿使用收入时，开具给付款单位或个人，其他情况不得使用。中央行政事业单位资金往来结算票据适用范围由财政部制定，主要用于行政事业单位取得非国库集中支付来源的财政性资金，以及暂收、代收和单位内部资金往来结算等经济活动。各预算单位必须严格按照规定的适用范围开具中央财政票据，不得超范围使用。

2. 中央财政票据开具流程。省、市级税务局票据管理岗向所属单位发放中央财政票据。基层预算单位票据经办岗在财政票据电子化管理系统中完成中央财政票据入库操作。在基础信息模块中设置开票点，每个预算单位只能设置一个开票点，并为开票点设置用户、可用项目和可用票据，已入库的票据信息自动匹配至开票点。经办岗开票时，根据实际情况录入缴款人、缴款人类型、收款方式、缴款单位代码等开票信息，选择票据种类、收费项目，填写金额、数量等相关信息，生成电子票据，并打印纸质票据。

【知识点3】财政票据保管

1. 中央财政机打票据：按规定由专人专柜负责保管，建立台账，票据保管人员发生变更时，应办理票据、台账等移交手续后，方可办理工作变动相关手续。如发生中央财政票据遗失，应及时在中央级报刊刊登遗失声明，并按规定留存。

2. 中央财政电子票据在财政票据电子化管理系统数据库服务器中可靠存储。

3. 财政安全认证设备（U 盾）：明确安全设备管理员，建立管理台账，妥善保管和规范使用安全认证设备。根据业务需求借用安全认证设备，应严格办理审批和借用手续。设备闲置期间应当放入专柜保管，一旦遗失追究相关人员责任。各级预算单位使用同一财政安全认证设备（U 盾）登录财政票据电子化管理系统和非税收入管理系统，设备损坏和遗失后应当及时申请补办。

【知识点4】财政票据核销及销毁

1. 月使用量在5000 份（含）以下的预算单位，原则上采取日常检查核销方式，执行“核旧领新”制度。即用票单位再次申领中央财政票据时，将前次申领的已使用完的票据存根带到票据监管机构。票据监管机构受理后，按程序当场对票据存根进行检查核销，并发放新的中央财政票据。

2. 月使用量在5000 份以上的单位，原则上采取专项检查核销的方式。即用票单位再次申领中央财政票据时，应提供前次票据使用情况，包括票据的种类、领用份数、起止号码、使用份数、作废份数、收取金额、结存份数等内容。票据监管机构审核后，先在财政票据电子化管理系统中记录相关数据，并发放新的中央财政票据，待开展中央财政票据专项检查时，再对中央财政票据存根集中进行检查核销。

【知识点5】财政票据年度检查

根据《中央单位财政票据监督检查实施“双随机一公开”方案》（财综〔2016〕40号）要求，按照“既要保证必要的抽查覆盖面和工作力度，又要防止检查过多和增加社会负担”的随机抽查工作要求，采取定向和不定向相结合的方式抽取中央财政票据监督随机检查对象，每年开展一次，抽查比例为10%，并按规定及时公开财政票据监督检查随机抽查对象、抽查内容、检查人员、抽查方式、抽查结果，接受社会监督。对检查中发现问题的检查对象可增加抽查比例或频次。对一定时期内已被抽查过的检查对象，应避免重复抽查。

七 差旅费相关规定

【知识点1】差旅费概述

1. 为贯彻落实中央关于改进工作作风，密切联系群众八项规定及其实施细则，推进厉行节约反对浪费制度建设，加强和规范中央和国家机关差旅费管理，根据《党政机关厉行节约反对浪费条例》，制定了《中央和国家机关差旅费管理办法》（财行〔2013〕531号）。

2. 差旅费，是指工作人员临时到常驻地以外地区公务出差所发生的城市间交通费、住宿费、伙食补助费和市内交通费。财政部按照分地区、分级别、分项目的原则制定差旅费标准，并根据经济社会发展水平、市场价格及消费水平变动情况适时调整。

【知识点2】乘坐交通工具的等级及交通费标准

1. 出差人员应当按规定等级乘坐交通工具。未按规定等级乘坐交通工具的，超支部分由个人自理。城市间交通费是指工作人员因公到常驻地以外地区出差乘坐火车、轮船、飞机等交通工具所发生的费用。市内交通费按出差自然（日历）天数计算，每人每天80元包干使用。

2. 乘坐飞机的，民航发展基金、燃油附加费可以凭据报销。乘坐飞机、火车、轮船等交通工具的，每人次可以购买交通意外保险一份。所在单位统一购买交通意外保险的，不再重复购买。

【知识点3】住宿费及伙食补助费标准

1. 住宿费，是指工作人员因公出差期间入住宾馆（包括饭店、招待所）发生的房租费用。部级及相当职务人员住普通套间，司局级及以下人员住单间或标准间。

2. 财政部分地区制定住宿费限额标准，出差人员应当在职务级别对应的住宿费标准限额内选择安全、经济、便捷的宾馆住宿。财政部分地区制定伙食补助费标准，伙食补助费按出差自然（日历）天数计算，按规定标准包干使用。

3. 财政部分地区制定伙食补助费标准。各省、自治区、直辖市和计划单列市财政厅（局）负责根据当地经济社会发展水平、市场价格、消费水平等因素，参照所在市公务接待工作餐、会议用餐等标准提出伙食补助费标准报财政部，经财政部统筹研究提出意见反馈地方审核确认后，由财政部统一发布作为中央单位工作人员到相关地区出差的伙食补助费标准。

4. 出差人员应当自行用餐。凡由接待单位统一安排用餐的，应当向接待单位交纳伙食费。

【知识点4】差旅费的报销管理

1. 出差人员应当严格按规定开支差旅费，费用由所在单位承担，不得向下级单位、企业或其他单位转嫁。

2. 城市间交通费按乘坐交通工具的等级凭据报销，订票费、经批准发生的签转或退票费、交通意外保险费凭据报销。

3. 住宿费在标准限额之内凭发票据实报销。伙食补助费按出差目的地的标准报销，在途期间的伙食补助费按当天最后到达目的地的标准报销。市内交通费按规定标准报销。未按规定开支差旅费的，超支部分由个人自理。

4. 工作人员出差结束后应当及时办理报销手续。差旅费报销时应当提供出差审批单、机票、车票、住宿费发票等凭证。住宿费、机票支出等按规定用公务卡结算。

5. 财务部门应当严格按规定审核差旅费开支，对未经批准出差以及超范围、超标准开支的费用不予报销。实际发生住宿而无住宿费发票的，不得报销住宿费以及城市交通费、伙食补助费和市内交通费。

【知识点5】公务接待费概述

1. 为了规范全国税务机关国内公务接待管理，厉行勤俭节约，反对铺张浪费，加强党风廉政建设，根据《党政机关国内公务接待管理规定》，制定《税务机关国内公务接待管理办法》（税总发〔2014〕4号）。

2. 公务接待的主要规定：各级税务机关执行中央国家机关国内公务接待标准。公务接待费用应当全部纳入预算管理，单独列示。禁止在公务接待费中列支应当由接待对象承担的差旅、会议、培训等费用；禁止以举办会议、培训为名列支、转移、隐匿接待费开支；禁止向下级单位及其他单位、企业、个人转嫁公务接待费用；禁止在非税收入中坐支接待费用；禁止借公务接待名义列支其他支出。接待住宿应当按照差旅费管理有关规定，执行接待对象在当地的差旅住宿费标准。

3. 公务接待费报销管理：公务接待费报销凭证应当包括财务票据、派出单位公函和接待清单。公务活动结束后，接待单位应当如实填写接待清单，并由相关负责人审签。接待清单包括接待对象的单位、姓名、职务和公务活动项目、时间、场所、费用等内容。接待住宿应当严格执行差旅、会议管理的有关规定，在定点饭店或者机关内部接待场所安排，执行协议价格。出差人员住宿费应当回本单位凭据报销，与会人员住宿费按会议费管理有关规定执行。

4. 公务接待费资金支付应当严格按照国库集中支付制度和公务卡管理有关规定执行。具备条件的地方应当采用银行转账或者公务卡方式结算，不得以现金方式支付。

5. 公务接待的监督：各级税务机关财务管理部门应当对本机关国内公务接待经费开支和使用情况进行监督。督察内审部门应当对本机关国内公务接待经费进行审计，并加强对机关内部接待场所的审计监督。各级税务机关应当按年度组织公开本机关国内公务接待制度规定、标准、经费支出、接待场所、接待项目等有关情况，接受社会监督。

【知识点6】会议费管理概述

1. 为进一步加强和规范税务系统会议费管理，根据《财政部　国家机关事务管理局　中共中央直属机关事务管理局关于印发〈中央和国家机关会议费管理办法〉的通知》（财预〔2016〕214 号）要求，税务总局制定了税务系统会议费管理办法。

2. 会议费开支范围：将会议费支出全部纳入部门预算管理，按照部门预算编制要求，在预算报表中单独列示，如实填报。严格控制会议费预算规模，强化预算执行刚性，会议费预算应细化到具体会议项目，执行中不得突破，坚决杜绝无预算支出和超预算支出会议费。

3. 会议费开支范围包括会议住宿费、伙食费、会议场地租金、交通费、文件印刷费、医药费等。交通费是指用于会议代表接送站，以及会议统一组织的代表考察、调研等发生的交通支出。会议代表参加会议发生的城市间交通费，按照差旅费管理办法的规定，回本单位报销。

【知识点7】会议费开支标准

1. 会议费开支实行综合定额控制，各项费用之间可以调剂使用。会议费综合定额标准见表 5 - 1。

表 5 - 1　　会议费综合定额标准　　单位：元/人天

会议类别	住宿费	伙食费	其他费用	合计
二类会议	400	150	100	650
三、四类会议	340	130	80	550

综合定额标准是会议费开支的上限，各单位应在综合定额标准以内结算报销。

2. 二、三、四类会议费原则上在部门预算公用经费中列支。会议费由会议召开单位承担，不得向参会人员收取，不得以任何方式向下属机构、企事业单位、地方转嫁或摊派。会议结束后应当及时办理报销手续。会议费报销时应当提供会议审批文件、会议通知及实际参会人员签到表、定点会议场所等会议服务单位提供的费用原始明细单据、电子结算单等凭证。

3. 财务部门严格按规定审核会议费开支，对未列入年度会议计划，以及超范围、超标准开支的经费不予报销。

4. 会议费支付应当严格按照国库集中支付制度和公务卡管理制度的有关规定执行，以银行转账或公务卡方式结算，禁止以现金方式结算。具备条件的，应由单位财务部门直接结算。

【知识点8】会议费其他注意事项

1. 严禁借会议名义组织会餐或安排宴请；严禁套取会议费设立“小金库”；严禁在会议费中列支公务接待费。

2. 严格执行会议用房标准，不得安排高档套房；会议用餐严格控制菜品种类、数量和分量，一般安排自助餐；严禁提供高档菜肴，不安排宴请，不上烟酒；会议会场一律不摆花草，不制作背景板，不提供水果。

3. 不得使用会议费购置电脑、复印机、打印机、传真机等固定资产以及开支与本次会议无关的其他费用；不得组织会议代表旅游和进行与会议无关的参观；严禁组织高消费娱乐、健身活动；严禁以任何名义发放纪念品；不得额外配发洗漱用品。

【知识点9】培训费管理概述

1. 为贯彻落实《中央和国家机关培训费管理办法》（财行〔2016〕540号），切实加强税务系统干部教育培训管理，修订税务系统培训费管理办法。

2. 培训，是指税务总局机关和税务系统使用财政资金，在境内举办3个月以内的各类培训。各级税务机关举办培训应当坚持厉行节约、反对浪费的原则，加强内部统一管理，增强培训计划的科学性和严肃性，增强培训项目的针对性和实效性，保证培训质量，节约培训资源，提高培训经费使用效益。

3. 培训费，是指开展培训直接发生的各项费用支出，包括师资费、住宿费、伙食费、培训场地费、培训资料费、交通费以及其他费用。师资费是指聘请师资授课发生的费用，包括授课老师讲课费、住宿费、伙食费、城市间交通费等；住宿费是指参训人员及工作人员培训期间发生的租住房间的费用；伙食费是指参训人员及工作人员培训期间发生的用餐费用；培训场地费是指用于培训的会议室或教室租金；培训资料费是指培训期间必要的资料及办公用品费；交通费是指用于培训所需的人员接送以及与培训有关的考察、调研等发生的交通支出；其他费用是指现场教学费、设备租赁费、文体活动费、医药费等与培训有关的其他支出。

4. 参训人员参加培训往返及异地教学发生的城市间交通费，按照中央和国家机关差旅费有关规定回单位报销。

5. 除师资费外，培训费实行分类综合定额标准，分项核定、总额控制，各项费用之间可以调剂使用。培训费综合定额标准见表5－2。

表5－2　　培训费综合定额标准　　单位：元/人天

培训类别	住宿费	伙食费	场地、资料、交通费	其他费用	合计
二类培训	400	150	70	30	650
三类培训	340	130	50	30	550

二类培训，是指参训人员主要为司局级人员的培训项目。

三类培训，是指参训人员主要为处级及以下人员的培训项目。

以其他人员为主的培训项目参照上述标准分类执行。

6. 综合定额标准是培训费相关费用开支的上限。各单位应结合地区和部门实际，在综合定额标准以内结算报销。30天以内的培训按照综合定额标准控制；超过30天的培训，超过天数按照综合定额标准的70%控制。上述天数含报到撤离时间，报到和撤离时间分别不得超过1天。

7. 师资费在综合定额标准外单独核算。

8. 讲课费（税后）执行以下标准：副高级技术职称专业人员每学时最高不超过500元；正高级技术职称专业人员每学时最高不超过1000元；院士、全国知名专家每学时一般不超过1500元。讲课费按实际发生的学时计算，每半天最多按4学时计算。其他人员讲课费参照上述标准执行。同时为多班次一并授课的，不重复计算讲课费。

9. 授课老师的城市间交通费按照差旅费有关规定和标准执行，住宿费、伙食费按照上述标准执行，原则上由培训举办单位承担。培训工作确有需要从异地（含境外）邀请授课老师，路途时间较长的，经单位主要负责同志书面批准，讲课费可以适当增加。

【知识点10】培训费的报销管理

1. 报销培训费，综合定额范围内的，应当提供培训计划审批文件、培训通知、实际参训人员签到表以及培训机构出具的收款票据、费用明细等凭证；师资费范围内的，应当提供讲课费签收单或合同，异地授课的城市间交通费、住宿费、伙食费按照差旅费报销办法提供相关凭据；执行中经单位主要负责同志批准临时增加的培训项目，还应提供单位主要负责同志审批材料。

2. 各单位财务部门应当严格按照规定审核培训费开支，对未履行审批备案程序的培训，以及超范围、超标准开支的费用不予报销。培训费的资金支付应当执行国库集中支付和公务卡管理有关制度规定。培训费由培训举办单位承担，不得向参训人员收取任何费用。

3. 严禁借培训名义安排公款旅游；严禁借培训名义组织会餐或安排宴请；严禁组织高消费娱乐健身活动；严禁使用培训费购置电脑、复印机、打印机、传真机等固定资产以及开支与培训无关的其他费用；严禁在培训费中列支公务接待费、会议费；严禁套取培训费设立“小金库”。

4. 培训住宿不得安排高档套房，不得额外配发洗漱用品；培训用餐不得上高档菜肴，不得提供烟酒；除必要的现场教学外，7 日以内的培训不得组织调研、考察、参观。

【知识点11】公务接待管理

1. 国内公务，是指出席会议、考察调研、执行任务、学习交流、检查指导、请示汇报工作等公务活动。

2. 国内公务接待应当坚持有利公务、务实节俭、严格标准、简化礼仪、高效透明、尊重少数民族风俗习惯的原则。

3. 各级税务机关公务接待保障应严格规范执行税务机关国内公务接待制度。公务外出确需接待的，派出单位应当向接待单位发出公函，告知内容、行程和人员。收到对应公函的各级税务机关所属单位为接待单位。机关事务管理部门为机关公务接待保障单位。无公函的公务活动和来访人员一律不予接待。

4. 不得在机场、车站、码头和辖区边界组织迎送活动，不得跨地区迎送，不得张贴悬挂标语横幅，不得安排群众迎送，不得铺设迎宾地毯；地区、部门主要负责人不得参加迎送。严格控制陪同人数，不得层层多人陪同。接待单位安排的活动场所、活动项目和活动方式，应当有利于公务活动开展。安排外出考察调研的，应当深入基层、深入群众，不得走过场、搞形式主义。

5. 公务接待实行审批制度。接待单位一般应填报各级税务机关公务接待审批单，履行审批手续后，凭审批单通知机关事务管理部门具体统筹安排。

6. 接待住宿应当严格执行差旅、会议管理的有关规定，在定点饭店或者机关内部接待场所安排，执行协议价格。出差人员住宿费应当回本单位凭据报销，与会人员住宿费按会议费管理有关规定执行。

7. 接待对象应当按照规定标准自行用餐。确因工作需要，接待单位可以安排工作餐一次，并严格控制陪餐人数。接待对象在 10 人以内的，陪餐人数不得超过 3 人；接待对象超过 10 人的，陪餐人数不得超过接待对象人数的 1/3。工作餐应当安排家常菜，不得安排鱼翅、燕窝等高档菜肴和用野生保护动物制作的菜肴，不得提供香烟和高档酒水，不得到私人会所、高消费餐饮场所用餐。

8. 会议实行定点管理。会议应当在四星级以下（含四星）定点饭店召开，按照协议价格结算费用。未纳入定点范围，价格低于会议综合定额标准的单位内部会议室、礼堂、宾馆、招待所、培训中心、税务干部学校，可优先作为会议场所。不得到党中央、国务院明令禁止的风景名胜区召开会议。无外地代表且会议规模能够在单位内部会议室安排的会议，原则上在单位内部会议室召开，不安排住宿。

9. 严禁借会议名义组织会餐或安排宴请；严禁套取会议费设立“小金库”；严禁在会议费中列支公务接待费；严格执行会议用房标准，不得安排高档套房；会议用餐严格控制菜品种类、数量和分量，一般安排自助餐。严禁提供高档菜肴，不安排宴请，不上烟酒；会议会场一律不摆花草，不制作背景板，不提供水果。

10. 不得使用会议费购置电脑、复印机、打印机、传真机等固定资产以及开支与本次会议无关的其他费用；不得组织会议代表旅游和进行与会议无关的参观；严禁组织高消费娱乐、健身活动；严禁以任何名义发放纪念品；不得额外配发洗漱用品。

>> 第二节 会计制度

一 行政单位会计制度

【知识点 1】行政单位会计制度概述

1. 行政单位会计制度的适用范围是各级各类国家机关、政党组织。税务系统各级税务机关经费会计核算适用行政单位会计制度。

2. 行政单位会计核算目标是向会计信息使用者提供与行政单位财务状况、预算执行情况等有关的会计信息，反映行政单位受托责任的履行情况。行政单位会计信息使用者包括人民代表大会、政府及其有关部门、行政单位自身和其他会计信息使用者。

3. 行政单位应当对其自身发生的经济业务或者事项进行会计核算，不属于行政单位自身发生的经济业务不需进行核算。行政单位会计核算应当以行政单位各项业务活动持续正常地进行为前提。

4. 行政单位应当划分会计期间，分期结算账目和编制财务报表。会计期间至少分为年度和月度。会计年度、月度等会计期间的起讫日期采用公历日期。

5. 行政单位会计核算应当以人民币作为记账本位币。发生外币业务时，应当将有关外币金额折算为人民币金额计量。行政单位应当采用借贷记账法记账。行政单位会计核算一般采用收付实现制核算收入和支出，特殊经济业务和事项应当按规定采用权责发生制核算。

【知识点 2】行政单位会计信息的质量要求

1. 可靠性。行政单位应当以实际发生的经济业务或者事项为依据进行会计核算，如实反映各项会计要素的情况和结果，保证会计信息真实可靠。

2. 相关性。行政单位提供的会计信息应当与行政单位受托责任履行情况的反映、会计信息使用者的管理、监督和决策需要相关，有助于会计信息使用者对行政单位过去、现在或者未来的情况作出评价或者预测。

3. 全面性。行政单位应当将发生的各项经济业务或者事项全部纳入会计核算，确保会计信息能够全面反映行政单位的财务状况和预算执行情况等。

4. 及时性。行政单位对于已经发生的经济业务或者事项，应当及时进行会计核算，不得提前或者延后。

5. 可比性。同一行政单位不同时期发生的相同或者相似的经济业务或者事项，应当采用一致的会计政策，不得随意变更。确需变更的，应当将变更的内容、理由和对单位财务状况、预算执行情况的影响在附注中予以说明。不同行政单位发生的相同或者相似的经济业务或者事项，应当采用统一的会计政策，确保不同行政单位会计信息口径一致、相互可比。

6. 可理解性。行政单位提供的会计信息应当清晰明了，便于会计信息使用者理解和使用。

【知识点3】行政单位会计要素

1. 会计要素也称会计报表要素，它是会计反映和核算的具体内容。行政单位会计要素有五个，包括资产、负债、净资产、收入和支出。

2. 资产，是指行政单位占有或者使用的，能以货币计量的经济资源。行政单位的资产包括流动资产、固定资产、在建工程、无形资产等。其中，流动资产是指可以在1年以内（含1年）变现或者耗用的资产，包括库存现金、银行存款、零余额账户用款额度、财政应返还额度、应收及预付款项、存货等。固定资产是指使用期限超过1年（不含1年），单位价值在规定标准以上，并且在使用过程中基本保持原有物质形态的资产。在建工程是指行政单位已经发生必要支出，但尚未交付使用的建设工程。无形资产是指不具有实物形态而能够为使用者提供某种权利的非货币性资产。

3. 负债，是指行政单位所承担的能以货币计量，需要以资产等偿还的债务。行政单位的负债按照流动性，分为流动负债和非流动负债。流动负债是指预计在1年内（含1年）偿还的负债。行政单位的流动负债包括应缴财政款、应缴税费、应付职工薪酬、应付及暂存款项、应付政府补贴款等非流动负债是指流动负债以外的负债，行政单位的非流动负债包括长期应付款，即行政单位发生的偿还期限超过1年（不含1年）的应付款项。

4. 净资产，是指行政单位资产扣除负债后的余额。行政单位的净资产主要是财政拨款结转和财政拨款结余、其他资金结转结余以及非货币性资产对应的资产基金等。

5. 收入，是指行政单位依法取得的非偿还性资金。行政单位的收入包括财政拨款收入和其他收入。行政单位的收入一般应当在收到款项时予以确认，并按照实际收到的金额进行计量。

6. 支出，是指行政单位为保障机构正常运转和完成工作任务所发生的资金耗费和损失，包括经费支出和拨出经费。行政单位的支出一般应当在支付款项时予以确认，并按照实际支付金额进行计量。采用权责发生制确认的支出，应当在其发生时予以确认，并按照实际发生额进行计量。

【知识点4】行政单位财务报表

1. 财务报表是反映行政单位财务状况和预算执行结果等的书面文件，由会计报表及其附注构成。

2. 会计报表包括资产负债表、收入支出表、财政拨款收入支出表等。税务系统行政单位会计报表包括资产负债表、收入明细表、支出明细表、经费支出与来源对应表等。

3. 资产负债表是反映行政单位在某一特定日期财务状况的报表。资产负债表应当按照资产、负债和净资产分类、分项列示。

4. 收入支出表是反映行政单位在某一会计期间全部预算收支执行结果的报表。收入支出表应当按照收入、支出的构成和结转结余情况分类、分项列示。

5. 财政拨款收入支出表是反映行政单位在某一会计期间财政拨款收入、支出、结转及结余情况的报表。

6. 附注，是指对在会计报表中列示项目的文字描述或明细资料，以及对未能在会计报表中列示项目的说明等。

二 基本建设会计制度

【知识点1】税务系统基本建设会计制度概述

1. 基本建设项目，是指新建、改建、扩建、购建的综合业务用房、培训中心及其旧楼装修项目，与其他部门合建的项目，还包括当年虽未安排基本建设投资，但有维护费拨款、基本建设结余资金和在建工程的停、缓建工程项目。

2. 建设单位应根据基本建设项目的大小，设立内部基建管理机构或基建班子，配备会计人员，设置基建会计账簿，对基本建设项目单独进行会计核算。内部基建管理机构的财务工作受单位财务部门的领导。

【知识点 2】建设单位的资金

1. 基本建设拨款，是指建设单位使用后不需要偿还给原拨款单位的基本建设资金，基建拨款是税务系统建设单位的主要基建资金来源。

2. 结算中形成的应付款，是指建设单位在进行基本业务活动中，与有关部门、施工企业发生的结算业务而获得的临时性资金来源。即各种应付和应交款，如应付器材款、应付工程款、应付有偿调入器材及工程款、其他应付款、应交税金和其他应交款等。

3. 资金占用，是指资金的分布、使用和存在形态。建设单位的资金占用按照其分布状况和存在形态的不同，主要分为八类：①货币资金：指存在于货币形态的资金，如现金、银行存款等。②储备资金：指为了保证基本建设的正常进行，运用在各种储备物资上的资金，如库存材料，库存需要安装设备等。③结算资金：指占用在结算过程中的各种资金，如预付备料款、预付工程款、应收有偿调出器材及工程款和其他应收款等。④在建资金：指占用在已构成投资完成额但尚未建成交付使用的未完工程上的各种资金，如尚未建成交付使用的建筑安装工程、尚未交付使用的不需要安装设备和尚未安装完毕的需要安装设备、尚未完成交付验收的其他投资和尚未分摊的待摊投资等。⑤建成资金：指占用在已经办理验收交接手续，交付给使用单位的各项资产上的资金，如交付使用资产中的固定资产、流动资产和无形资产等。⑥转出资金：指非经营性项目为项目配套而建成的产权不归属本单位的专用设施所占用的资金，如专用道路、专用通信设施、送变电站、地下管道等。⑦待核销资金：指非经营性项目发生的不能形成资产部分所占用的资金，如水土保持、城市绿化、项目报废等。⑧固定资产：指建设单位各种自用的资产，如房屋、建筑物等。

【知识点3】基建会计科目

1. 与建设单位的资金相对应，基本建设会计制度的会计科目分为资金占用类科目和资金来源类科目两大类。

2. 资金占用类科目主要有：建筑安装工程投资、设备投资、待摊投资、其他投资、交付使用资产、固定资产、累计折旧、固定资产清理、器材采购、库存设备、库存材料、银行存款、现金、零余额账户用款额度、财政应返还额度、预付备料款、预付工程款、应收有偿调出器材及工程款、其他应收款和待处理财产损失等。

3. 资金来源类科目主要有：基建拨款、交回财政资金、应付器材款、应付工程款、应付有偿调入器材及工程款、其他应付款、应交税金和其他应交款等。

4. 行政单位须按照规定在单独设置账套核算基本建设投资的同时，将基建账套相关数据并入单位行政账套核算。

【知识点4】基建会计报表

1. 基建会计报表即建设单位会计报表，建设单位会计报表是以货币为统一计量单位，以日常会计核算资料为依据，定期地综合反映建设单位在特定日期的财务状况和一定时期内的建设成果的报告性文件。

2. 基建会计报表主要有资金平衡表、基建投资表和待摊投资明细表。

3. 资金平衡表反映建设单位月份或年度终了时全部资金来源和资金占用情况。编制本表是为了综合反映建设单位各种资金来源和资金占用的增减变动情况及其相互对应关系；检查资金构成是否合理；考核、分析基本建设资金的使用效果。

4. 基建投资表反映建设项目自开始建设到本年年末止累计拨入基建资金以及这些资金的使用情况。本表应根据建设项目概算、基建会计核算的有关总账及明细账等资料填列。

5. 待摊投资明细表反映建设单位发生的构成基本建设投资完成额并按规定分摊计入交付使用资产价值的各项费用支出的明细情况。编制本表是为了检查建设单位概（预）算和基建财务制度的执行情况。

>> 第三节 预算管理

一 预算管理相关法律

【知识点】《预算法》概述

1.《预算法》明确规定“政府的全部收入和支出都应当纳入预算”，“各级政府、各部门、各单位应当按照本法规定，将所有政府收入全部列入预算、不得隐瞒、少列”；支出也要涵盖政府的所有活动，“各级政府、各部门、各单位的支出必须以经批准的预算为依据，未列入预算的不得支出”，这实际上确立了政府全口径预算的基本原则。

2.《预算法》将审核预算重点由平衡状态向支出预算和政策拓展，收入预算从约束性向预期性转变。同时强调“各级政府应当建立跨年度预算平衡机制”。

3.《预算法》将预决算公开首次写入法律，从公开内容、时间和主体方面做出了明确规定，形成刚性的法律约束，是修改的重要进步，有利于确保人民群众的知情权、参与权和监督权，从源头上预防和治理腐败。

4.《预算法》在加强地方政府性债务管理，解决“怎么借、怎么管、怎么还”的问题上作出了明确规定。这规定既坚持了从严控制地方政府债务的原则，又适应了地方经济社会发展的需要。

5. 规定财政转移支付制度，推进基本公共服务均等化。在实际执行中，财政转移支付存在专项设置过多、资金规模偏大、配套资金压力过大、下达不及时等问题。《预算法》对财政转移支付制度进行了比较系统的规范，有利于优化转移支付结构，减少“跑部钱进”现象，推进基本公共服务均等化。

6.《预算法》删除“厉行节约”“勤俭建国”的规定，统一为“勤俭节约”原则，并在预算编制、执行、监督及调整环节作出明确规定。这些规定为硬化预算约束，规范预算调整提供了法律保障。

7.《预算法》在预决算草案细化、预决算批复、预决算及预算调整草案初步审查、预决算审查重点等诸多方面加以完善，明确了人大、政府、财政部门预算监督职能的同时，进一步细化了监督的内容和重点。

8.《预算法》首次以法律形式明确了我国公共财政预算收支中的绩效管理要求，并将绩效的思维贯穿于预算编制、预算执行、决算以及预算审查的各个环节之中。

9.《预算法》重新梳理了违法违纪情形，将法律责任增加到5条25款，加大了责任追究力度。

二 预算管理体制

【知识点1】税务预算管理体制

1. 预算单位是部门预算管理和部门预决算编制工作的执行主体。税务系统预算单位是指具有法人资格、与中央财政部门有缴拨款关系，且独立核算的行政、事业单位。税务系统的预算单位全部属于中央预算单位。税务系统预算单位管理工作包括预算单位的设立、变更、撤销。税务系统预算单位，因与地方财政部门发生缴拨款关系，可依据地方财政部门预算单位管理的有关规定纳入地方预算单位管理。

2. 按照财政部门预算改革的有关要求，税务系统按照稳步推行、突出重点、分项实施的原则，积极推行部门预算改革，实行基本支出定员定额改革试点、“收支两条线”、政府采购、国库集中支付、政府收支分类等改革。

3. 税务总局，省级、市级税务局按照税务总局工作要求，审核、汇总预算编制年度所属单位设立、变更、撤销预算单位的相关资料，向上级单位提出申请，并逐级汇总上报财政部审核确定。

4. 基层预算单位财务部门负责收集设立、变更、撤销预算单位所需的相关资料，行文向上级主管部门申请；人事部门负责提供设立、变更、撤销预算单位批复文件等资料；办公室（或承担相应职责的部门）负责提供预算单位统一社会信用代码证等资料。

【知识点2】预算管理规范

1. 每年3月31日之前，省级税务局应结合本省自上年度4月1日至本年度3月31日止单位调整情况，向税务总局提出申请，调整本省税务系统下年度预算单位或修改现有预算单位相关信息。市级税务局及基层预算单位逐级汇总上报省级税务局，时间由省级税务局自行决定。

2. 新增的预算单位下一年度纳入预算单位管理；撤销的预算单位下一年度不再作为预算单位管理。

3. 预算单位发生设立、变更、撤销等情况时，下级单位以正式文件将此三种情况一并报送上级单位。

4. 预算单位设立后，根据相关规定设立财政零余额账户。非预算单位除经财政部批准不得开设财政零余额账户。

5. 预算单位撤销后，按照有关规定完成机构撤并、划转相关程序后，应尽早撤销财政零余额账户及其他银行账户。

6. 预算单位设立的条件。

（1）行政单位中，经税务总局批准成立的各级全职能税务局可申请作为预算单位，内设机构不得申请作为预算单位。

（2）事业单位中，经税务总局批准成立的税务干部学校可申请作为预算单位，各级税务局内设的纳税服务中心（税收宣传中心）、信息中心、服务中心、税收科学研究所、税务学会等机构、团体原则上不得申请作为预算单位。

（3）派出机构中，省级税务局派出机构与省级税务局机关异址办公且距离较远的结合本单位实际情况可申请作为预算单位，在同址办公的派出机构不得申请作为预算单位。

省会城市税务局的派出机构与省会城市税务局机关异址办公且距离较远的结合本单位实际情况可申请作为预算单位，在同址办公的派出机构不得申请作为预算单位。

市级税务局的派出机构与市级税务局机关异址办公且距离较远的，实有在职人员100人以上的单位结合本单位实际情况可申请设为预算单位，在同址办公的派出机构不得申请作为预算单位。

县级税务局的派出机构不得申请作为预算单位。

各级税务局所属的培训中心、招待所原则上不得申请作为预算单位管理。

7. 预算单位的变更。

自上年度4月1日至本年度3月31日止，因相关信息发生变化，需调整中央部门预算管理系统有关信息的预算单位，应按照上级有关要求收集整理变更信息的相关资料逐级汇总上报省级税务局，省级税务局在每年3月31日前向税务总局提出申请。税务总局按规定将税务系统预算单位变更情况报财政部。财政部审核后，在中央部门预算管理系统中修改相关信息。

8. 预算单位撤销的条件。

（1）上级单位已批准单位撤销。

（2）拟撤销或管理方式变化单位的资产已明确划转接收预算单位。

9. 预算单位撤销的审核与审批。对拟撤销的预算单位，按照省级税务局规定的期限，市级税务局及基层预算单位收集整理相关资料逐级汇总上报省级税务局。省级税务局在每年3月31日前，将本省自上年度4月1日至本年度3月31日止，拟撤销的预算单位汇总情况向税务总局提出拟撤销预算单位申请。税务总局汇总税务系统自上年度4月1日至本年度3月31日止，申请撤销预算单位情况报财政部有关部门。财政部审核后，在中央部门预算管理系统中删除相关单位的信息。自下一年度起不再作为预算单位管理。撤销预算单位后，原预算单位的结转、结余资金情况表由接收预算单位负责编制和上报。

三 部门预算编制

【知识点1】税务预算编制流程

1. 税务系统预算编制是指各级预算单位依据《预算法》和财政部、地方财政部门对年度部门预算编制工作的具体要求，制定本单位自预算年度开始三年支出规划及预算年度收入、支出计划，使用财政部门统一下发的预算编制软件报送相关报表及报告的活动。预算编制应当遵守国家预算编制的原则、方法，按规定程序进行。

2. 预算编制包括“一上”“一下”“二上”和“二下”四个阶段。其中：“一上”阶段从财政部自上而下层层下发清理结果至基层预算单位，从基层预算单位自下而上层层编制、审核并上报“一上”预算至财政部；“一下”阶段从财政部自上而下层层分解并下达“一下”控制数至基层预算单位；“二上”阶段从基层预算单位自下而上层层编制、审核并上报“二上”预算至财政部；“二下”阶段从财政部自上而下层层批复预算至基层单位。

3. “一上”阶段是指各级预算单位根据本单位事业发展需要和上级单位及财政部门的要求，使用中央部门预算管理系统上报本单位年度预算需求及三年支出规划建议数的过程。具体内容包括：编制基础信息数据库、规范津贴补贴经费测算相关数据、项目支出三年规划、新增资产配置及住房改革支出预算等，并层层审核汇总上报至财政部门。

4. “一下”阶段是指年度部门预算控制数下达。税务总局，省级、市级税务局对上级下达的年度部门预算控制数、项目支出三年规划控制数，征求本单位相关部门意见，提出对所属单位分配方案，经党委会议审议通过，层层分解下达到基层预算单位的过程。

5. “二上”阶段是指各级预算单位编报部门预算草案的过程。具体内容包括：编制三年支出规划、预算年度收入预算、基本支出预算、项目支出预算、政府性基金预算、住房改革支出预算、新增资产配置预算、政府采购支出预算及政府购买服务支出预算等，并层层审核汇总上报至财政部。地方财政预算按照地方财政部门要求编报。

6. “二下”是指年度预算批复。税务总局，省级、市级税务局将上级下达的年度预算批复数据，逐级批复、拆分到基层预算单位的过程。“二下”阶段包括：财政部批复税务系统部门预算，税务总局，省级、市级税务局将上级下达的预算批复数据，逐级批复、拆分到基层预算单位。

【知识点2】预算执行注意事项

1. 预算编制应遵循统筹兼顾、勤俭节约、量力而行、讲求绩效和收支平衡的原则。

2. 预算编制工作应自下而上逐级编报，上级单位不得代编。

3. 预算单位各部门均应参与到预算编制工作中，并对所编制的预算负责。

4. 收入预算编制应做到合法、完整，与经济社会发展水平相适应，所有收入应全部列入预算，不得隐瞒、少列。

5. 支出预算编制应贯彻勤俭节约的原则，严控一般性支出，应当统筹兼顾，优先安排重点支出。

6. 预算编制工作需提交本级党委会议审议环节。

【知识点3】收入预算管理

1. 税务系统部门预算收入是各级税务局编制年度预算时，预计该年度从不同渠道取得的各类收入的总称，是税务系统行政事业单位为履行职能，完成各项工作任务的财力保障。税务系统预算收入包括中央财政收入、事业收入、事业单位经营收入、其他收入及上年结转等。

2. 税务系统在预测收入预算时，应本着科学、合理的原则，遵循来源合法合规、内容全面完整、数字真实准确的总体要求，编制收入预算。

3. 部门收入是各部门切实履行其职能的财力保证。根据部门的发展规划、行使职能的需要对年度部门收入进行测算、分析，是部门预算编制工作的重要内容。税务系统各单位在编制收入预算时，应对各项需求和资金来源进行认真测算、分析。

【知识点4】基本支出预算管理

1. 基本支出预算是部门支出预算的主要组成部分，是行政事业单位为保障其机构正常运转、完成日常工作任务所必需的开支，包括人员经费和日常公用经费两部分。基本支出预算的编制应遵循综合预算、优先保障和定员定额管理的原则。

2. 基本支出预算实行定员定额管理原则。单位人员编制情况、资产占有情况、定额标准是测算和编制行政事业单位基本支出预算的重要依据。基本支出定员定额管理是部门预算管理的重要组成部分，其主要内容包括：确定基本支出定员定额的项目，确定制定定员定额标准的依据，明确定员定额标准的一般程序和方法，建立定员定额标准体系，明确定员定额标准调整的情形等。

3. 人员经费分为“工资福利支出”和“对个人和家庭的补助支出”两部分，包括基本工资、津贴及奖金、社会保障缴费、离退休费、住房补贴和其他人员经费等。中央财政保障人员经费包括国家统一制定标准的工资项目，如基本工资、国家统一规定的津贴补贴、年终一次性奖金、公务员立功受奖奖金等，以及上述项目涉及的养老保险缴费、医疗保险缴费、住房公积金等单位按规定缴存的部分。中央财政保障的人员经费由税务总局负责测算。地方财政保障人员经费包括按照国家政策属地标准的工资项目，如规范津贴补贴、乡镇工作补贴、奖励性补贴、改革性补贴等，上述项目涉及的养老保险缴费、医疗保险缴费、住房公积金等单位按规定缴存部分，以及按照国家政策执行地方标准的丧葬费、遗属补助等。地方财政保障的人员经费由各省组织测算，按照地方财政保障范围和保障级次，各省级、市级税务局及基层预算单位财务部门根据当地财政部门要求，以相关部门维护的人员信息、属地标准为依据，测算工资、津补贴发放项目，以及以此为基数计提的养老保险、医疗保险、住房公积金等单位缴费所需经费。

4. 根据财政部界定的日常公用经费的开支项目、范围，结合税务系统实际，确定了21个定额项目，具体分为两类：一是与占有资源、资产有关的实物量、耗用量定额，包括水费、电费、取暖费、办公物业管理费、日常维修（护）费、公车运行维护费6项；二是按人员测算、可以进行标准化处理的，包括办公费、印刷费、邮电费、差旅费、会议费、培训费、被装购置费、劳务费、工会经费、福利费、日常办公设备购置、出国费、公务接待费、公务交通补贴、其他支出15项。

5. 中财拨款公用经费最低保障线是指县（区）级基层预算单位正常工作运转所必需的中央财政拨款公用经费。此项制度的实行，对进一步深化部门预算改革，优化预算分配结构，落实经费向征管、向基层、向中西部倾斜的分配原则起到了积极推动和保障作用。在编报下一年“一上”部门预算时填报，中财拨款公用经费最低保障线一经批复，必须严格执行。

【知识点5】项目支出预算管理

1. 项目支出预算是指中央部门为完成其特定的行政工作任务或事业发展目标，在基本支出预算之外编制的年度项目计划，包括基本建设、有关事业发展专项计划、专项业务费、大型修缮、大型购置、大型会议等项目支出。

2. 项目库是对项目进行规范化、程序化管理的数据系统，分为中央部门项目库和财政部项目库。税务系统项目库属于中央部门项目库管理范畴，由税务总局按照项目支出预算的要求，结合税务系统的特点，对所属单位申报的项目进行筛选排序后设立。税务系统项目库实行统一规划，税务总局和省级税务局分级管理。

3. “一上”前，各单位项目主管部门应对以前年度项目进行清理，对已经安排完预算额度的项目不再结转次年，对未安排完预算额度的项目，作为延续项目滚动结转以后年度项目库，另根据工作重点确定下一年度新增项目。

4. 主管部门对项目设立进行必要性论证，对项目实施依据、项目内容及支出范围、项目总体绩效目标完成拟定，形成文字材料于 7 月末报送给财务部门。报送的内容、格式由财务部门按照预算编制中对项目文本的要求和内容提供。

5. 项目立项依据内容要符合国家法律法规、国民经济和社会发展规划要求，与本部门（单位）职能、发展规划和工作计划密切相关，项目实施依据要充分、合理。

6. 项目实施方案要有项目实施依据，项目实施过程、项目完成目标和项目达到效果，内容要详实、完整。

7. 项目支出计划要符合项目管理办法中的开支范围和支出标准，要符合国有资产管理、政府采购等各项财务管理规定。

8. 项目支出明细要对项目活动进行总体描述，对子活动进行分项描述，支出计划要与项目活动相匹配。描述内容要言简意赅，内容全面。

9. 年度总体目标、中期总体目标的内容要符合国家法律法规、国民经济和社会发展规划要求，与本部门（单位）职能、发展规划和工作计划密切相关，能够反映项目主要情况，对项目预期产出和效果进行充分、恰当地描述。

10. 年度绩效目标、中期绩效目标需要设置一级指标、二级指标、三级指标和预期指标。绩效目标描述实施项目计划在一定期限内达到的产出和效果。可以结合五年规划、年度工作计划填写。中期绩效目标是概括描述项目整个计划期内的总体产出和效果；年度绩效目标是概括描述项目在本年度所计划达到的产出和效果。

11. 绩效目标填报要求格式规范、内容完整、准确、详实；指标设置全面、充分、细化、量化；定性描述要充分、具体；预期绩效要体现实际产出和效果，并体现合理性；绩效目标要经过充分调查研究、论证和合理测算，并具备实现的可能性。

12. 中央部门预算项目实行分级管理，分为一级项目和二级项目两个层次。一级项目明细到支出功能分类的款级科目，按照部门主要职责设立并由部门作为项目实施主体，每个一级项目包含若干二级项目。一级项目要有明确的名称、实施内容、支出范围和总体绩效目标，项目数量要严格控制，项目名称、实施内容和支出范围等在年度间要保持相对稳定。二级项目包括在现有项目基础上规范整合而成的项目和新设立的项目，立项单位为项目实施主体。二级项目的设立，要与对应的一级项目相匹配，有充分的立项依据、具体的支出内容、明确合理的绩效目标。二级项目明细到支出功能分类的项级科目，年初部门预算按二级项目批复。

13. 按照使用范围，部门一级项目分为通用项目和专用项目。通用项目，指根据部门的共性项目设立并由各部门共同使用的一级项目。通用项目由财政部根据管理需要统一设立，主要包括有预算分配权部门管理的项目和归口管理的项目等。专用项目，指部门根据履行职能的需要自行设立和使用的一级项目。专用项目由中央部门提出建议，报财政部核准后设立。

14. 按照项目的重要性，二级项目划分为重大改革发展项目、专项业务费项目和其他项目三类。重大改革发展项目，指党中央、国务院文件明确规定中央财政给予支持的改革发展项目，以及其他必须由中央财政保障的重大支出项目等。专项业务费项目，指中央部门为履行职能，开展专项业务而持续、长期发生的支出项目，例如：大型设施、大型设备运行费，执法办案费，经常性监管、监测、审查经费，以及国际组织会费、捐款及维和支出等。其他项目，指除上述两类项目之外，中央部门为完成特定任务需安排的支出项目。基本建设项目统一列为其他项目，并按管理主体分为国家发展改革委安排的基建项目、中央财政安排的基建项目和其他主管部门安排的基建项目。

15. 项目申报。项目申报分为新增项目和延续项目。新增项目，是指本年度新增的需列入预算的项目。延续项目，是指以前年度已批准，并已确定分年度预算，需在本年度及以后年度预算中继续安排的项目。延续项目必须明确项目的起止年限，未经财政部批准，部门不得自行变更项目名称、内容。

16. 项目预算评审。项目预算评审主要分为基本建设项目评审和其他项目评审两类。基本建设项目评审工作，依据基本建设项目管理有关要求执行。其他项目评审主要包含评审内容、评审环节、评审方式、经费保障、部门评审范围五项内容。

评审内容主要包括项目申报程序完整性、立项依据必要性、立项实施方案设计可行性、支出内容合理性四个方面。

评审环节主要分为两个阶段。预算编制阶段要按照“先评审后入库”的原则；预算执行阶段主要是财政部对申请追加项目进行评审。

评审方式的分类有两种：根据预算管理级次的不同，可采取集中评审和分级评审的方式；根据项目特点的不同，可采取委托评审和专家评审的方式。

预算评审工作必须遵照“谁委托谁付费”的原则。

部门评审范围主要是：拟纳入中央部门项目库的项目，原则上都要进行预算评审；预算执行中拟申请追加预算的项目，以及项目内容、绩效目标或支出总规模发生调整的项目，原则上也要履行部门评审程序。

【知识点6】预算执行管理

1. 预算执行管理是指对预算由计划变为现实的具体实施过程的管理。预算执行管理是预算实施的关键环节，以预算为目标，通过目标实施、反馈和调整逐步接近预算目标，最终实现预算目标。预算执行管理包括预算指标拆解和年度预算指标对账。

2. 预算指标拆解是指预算单位收到预算批复后，预算管理部门对本单位总预算中所规定的有关指标加以分解并落实到各责任部门或责任人。预算指标拆解是预算执行的基础，是预算执行过程中内部控制的一种管理形式。

3. 年度预算指标对账是指年度终了后，税务系统上下级预算单位间对预算批复及调整数据进行核对的过程。预算管理岗应对年度已批复及调整的预算按资金性质和功能分类进行汇总，并提供给其他财务管理岗。

4. 预算公开。税务系统的部门预算公开属于政府信息公开范畴，是财政预算公开的组成部分，是为了保障本单位职工、其他公民、法人和社会组织依法获取有关税务部门预算、决算信息，提高税务部门工作的透明度，促进依法理财，提高财政资金作用效率的一种政府服务行为。属于部门预算执行的监督环节。

5. 在预算执行过程中，由于国家政策变化或重大自然灾害等不可预见因素，或者由于税务局系统机构和人员发生较大调整和变化，需要调整预算，由申请调整单位向上级部门提出预算调整申请，逐级汇总上报至财政部或地方财政部门；或上级部门根据工作需要提出预算追加或调减方案。上级部门对预算调整申请或方案进行审核后，将符合调整条件的申请或方案报财政部门调整预算。预算调整申请或方案经财政部审核同意后，逐级对下批复调整预算。

6. 基本建设项目经费预算一经确定，除因政策变化因素、无法预见的临时性或特殊事项等原则上不予调整。确需调整的，由建设单位逐级提出申请，税务总局审核汇总后向财政部提出预算调整申请，财政部批复同意后方可调整。

【知识点 7】财政拨款结转和结余资金管理

1. 结转结余资金是预算单位年度各项收入与支出相抵后的余额资金。结转结余资金管理包括结转结余资金划分、结转结余资金上报、结转资金盘活使用、结余资金上缴。

2. 按照资金来源不同，结转结余资金分为中央财政拨款结转结余资金和其他收入结转资金。中央财政拨款结转结余资金包括基本支出结转资金和项目支出结转结余资金。其中基本支出结转资金包括人员经费结转资金和日常公用经费结转资金。

3. 按照形成时间不同，结转结余资金分为当年结转结余资金和累计结转结余资金。当年结转结余资金是指预算单位当年形成的财政拨款结转和结余资金；累计结转结余资金是指预算单位截至年底形成的历年累计财政拨款结转结余资金。

4. 按照国库集中收付管理制度，结转结余资金分为国库集中支付结转结余资金和非国库集中支付结转结余资金。

5. 结转结余资金可划分为结转资金和结余资金。结转资金是指预算未全部执行或未执行，下年需按原用途继续使用的预算资金。结余资金是指项目实施周期已结束、项目目标完成或项目提前终止，尚未列支的项目支出预算资金；因项目实施计划调整，不需要继续支出的预算资金；预算批复后连续两年未用完的预算资金。

6. 结转资金盘活使用是指预算单位支出结转资金的行为。结转资金支出应按照先进先出的原则进行管理。结转资金尚未消化完毕，原则上不得使用当年预算收入列支。

7. 按照国务院关于盘活存量资金的要求，要加大对盘活财政存量资金工作的跟踪监控力度，加强工作指导，发现问题及时纠正，对各单位好的经验和做法，要及时总结推广；对支出进度慢、盘活存量资金不力的单位及时进行通报或约谈，并研究建立盘活存量资金与预算安排挂钩机制。

8. 基层预算单位做好应上缴结余资金的资金准备工作，确保零余额账户中应上缴资金的额度，已申请的结余资金严禁再行支出。非国库集中支付结余资金要确保实有资金账户中应上缴资金的余额充足。

四 预算绩效管理

【知识点 1】预算绩效管理概述

1. 预算绩效管理是政府绩效管理的重要组成部分，是一种以支出结果为导向的预算管理模式，是通过管理如期实现预算资金的产出和结果的过程。

2. 预算绩效管理主要内容包括绩效目标管理、绩效运行跟踪监控管理、绩效评价实施管理、绩效评价结果反馈和应用管理。

【知识点 2】工作职责

1. 税务总局：①按照财政部关于财政支出绩效评价工作的总体要求和统一规定，制定税务系统财政支出绩效评价工作方案和实施办法。②组织、指导所属单位开展财政支出绩效评价工作。③收集、审核税务系统财政支出绩效评价报告。④向财政部汇总、报送本部门的绩效评价报告。⑤根据财政支出绩效评价的工作情况，提出改善预算管理的工作建议，建立、健全相应的规章制度。

2. 省级及以下税务局：①按照财政部和税务总局的有关规定和工作规范，组织本单位的财政支出绩效自评和绩效评价工作，向主管部门报告财政支出执行情况、绩效报告；按照财政部关于财政支出绩效评价工作的总体要求和统一规定，制定税务局系统财政支出绩效评价工作方案和实施办法。②针对绩效评价工作中暴露出的问题，向上级单位反馈相关信息，改进本单位的预算及项目管理工作，提高财政资金的使用效率。

【知识点 3】预算绩效管理相关指标

1. 绩效评价指标是衡量绩效目标实现程度的考核工具，是反映绩效总体情况的特定概念和具体数值，是衡量、监测和评价财政支出经济性、效率性和有效性，揭示财政支出存在问题的重要量化手段；是根据财政支出绩效评价工作的要求，按照一定的分类标准，对财政支出内容和评价对象进行科学合理、层次清晰、实用可行的分类的指标体系。

2. 绩效目标是绩效评价的对象计划在一定期限内达到的产出和效果，是预算绩效管理的基础，是整个预算绩效管理系统的前提。绩效目标管理的主要内容包括绩效目标申报、绩效目标审核、绩效目标批复、绩效目标调整。

3. 预算绩效运行监控管理是预算单位结合预算执行情况分析、定期采集绩效运行信息并汇总分析，及时对绩效目标运行情况进行跟踪管理和督促检查的过程。

4. 绩效评价实施，是指财政部和各级预算单位根据设定的绩效目标，运用科学、合理的绩效评价指标、评价标准和评价方法，对财政支出的经济性、效率性和效益性进行客观、公正的评价。绩效评价结果应用就是要采取有效措施保障绩效评价结果的应用，通过结果应用，促进部门改善预算管理，优化资源配置，提高政府行政效率和公信力。绩效评价结果主要应用于三个方面：一是将评价结果用于促进预算管理和加强监督；二是将评价结果作为预算安排的主要依据；三是将评价结果应用于问责。

>> 第四节 财务收支和决算管理

一 行政单位收入与支出及其管理

【知识点 1】税务系统收入的种类

1. 行政单位的收入，包括财政拨款收入和其他收入。

2. 财政拨款收入。财政拨款收入是指行政单位从同级财政部门取得的财政预算资金。财政拨款收入泛指所有的财政预算资金，税务系统财政收入的来源是从财政部取得的财政预算资金，包括基本支出拨款收入和项目支出拨款收入。

3. 其他收入。其他收入是指行政单位依法取得的除财政拨款以外的各项收入。行政单位的其他收入，如非独立核算的后勤部门服务性收入、非同级财政拨款收入以及业务活动中形成的其他收入。

4. 行政单位依法取得的罚没收入、行政事业性收费、政府性基金、国有资产处置和出租出借收入等不属于行政单位的收入，应当上缴国库或财政专户。

【知识点2】税务系统收入管理的要求

1. 行政单位取得各项收入，应当符合国家规定，并按照财务管理的要求全部纳入单位预算，统一分项如实核算，统一管理。

2. 财政拨款收入。对财政拨款收入的管理要求主要有四点：必须严格执行财政预算管理制度；必须加强财政拨款收入的监控；必须区分不同科目和不同性质的经费分别核算管理；必须将全部收入全面真实准确地核算。

3. 其他收入。对其他收入的管理要求主要抓三项：来源必须合法，其他收入应当依据国家有关规定取得；管理必须合规，所有其他收入必须纳入单位预算，严禁设立“小金库”；纳税必须依法，该纳税的其他收入应当依法缴纳各种税金。

【知识点3】税务系统支出的种类

税务支出，是指税务机关为保障机构正常运转和完成工作任务所发生的资金耗费和损失。行政单位的支出包括基本支出和项目支出。

（1）基本支出，是指行政单位为保障机构正常运转和完成日常工作任务发生的支出，包括人员支出和公用支出。

①人员支出。人员支出主要是指维持机构正常运转且可归集到个人的各项支出，如基本工资、津（补）贴、奖金、住房公积金、提租补贴、购房补贴、福利费、社会保障缴费等工资福利支出，以及离休费、退休费、退职（役）费、抚恤金、生活补助、救济费等各种对个人和家庭的补助支出。

②公用支出。公用支出主要是指维持机构正常运转但不能归集到个人的各项支出，如办公费、水电费、邮电费、物业管理费、交通费、差旅费、维修费、租赁费、会议费、培训费、装备购置费等商品和服务性支出，以及办公

设备购置、专用设备购置、交通工具购置、信息网络购建等其他资本性支出。

（2）项目支出，是指行政单位为完成特定的工作任务，在基本支出之外发生的支出。项目支出主要包括：基本建设支出、有关事业发展专项计划支出、专项业务费支出、大型修缮支出、大型购置支出等。税务系统的项目支出主要有金税运行、车辆购置税、税收调查、金税三期、办案、反避税、两证、代扣代收代征税款手续费、纳税服务宣传等。

二 事业单位收入与支出及其管理

【知识点 1】事业单位收入种类

1. 事业单位收入，是指事业单位为开展业务及其他活动依法取得的非偿还性资金。

2. 财政补助收入是事业单位从同级财政部门取得的各类财政拨款，事业单位的财政补助收入即为通过部门预算从财政部取得的各类财政拨款。

3. 事业收入是事业单位开展专业业务活动及其辅助活动取得的收入。其中：按照国家有关规定应当上缴国库或者财政专户的资金，不计入事业收入；从财政专户核拨给事业单位的资金和经核准不上缴国库或者财政专户的资金，计入事业收入。

4. 上级补助收入是事业单位从主管部门和上级单位取得的非财政补助收入。

5. 附属单位上缴收入是事业单位附属独立核算单位按照有关规定上缴的收入。

6. 其他收入包括事业单位在专业业务活动及其辅助活动之外开展非独立核算经营活动取得的经营收入以及上述规定范围以外的各项收入，如投资收益、利息收入、捐赠收入等。

【知识点 2】事业单位收入的管理要求

1. 事业单位应当将各项收入全部纳入单位预算，统一核算，统一管理。事业单位对按照规定上缴国库或者财政专户的资金应当按照国库集中收缴的有关规定及时足额上缴，不得隐瞒、滞留、截留、挪用和坐支。

2. 事业单位收入管理的具体要求有以下几点：保证收入的合法性与合理性；正确划分各项收入，依法缴纳各种税费；收入统管，事业单位所有收入都由财务部门统一核算管理，严禁设账外账；充分利用现有条件积极组织收入，提高经费自给率和自我发展能力；正确处理社会效益和经济效益的关系。

【知识点3】事业单位支出的种类

1. 事业单位支出，是指事业单位开展业务及其他活动发生的资金耗费和损失。

2. 事业支出是事业单位开展专业业务活动及其辅助活动发生的基本支出和项目支出。基本支出是指事业单位为了保障其正常运转、完成日常工作任务而发生的人员支出和公用支出。项目支出是指事业单位为了完成特定工作任务和事业发展目标，在基本支出之外所发生的支出。

3. 经营支出是事业单位在专业业务活动及其辅助活动之外开展非独立核算经营活动发生的支出。

4. 对附属单位补助支出是事业单位用财政补助收入之外的收入对附属单位补助发生的支出。

5. 上缴上级支出是事业单位按照财政部门和主管部门的规定上缴上级单位的支出。

6. 其他支出是上述规定范围以外的各项支出包括利息支出、捐赠支出等。

【知识点4】行政事业单位支出管理的要求

1. 各项支出应全部纳入单位预算，严格执行国家规定的开支范围和标准。行政事业单位应当将各项支出全部纳入单位预算，行政事业单位各项支出由单位财务部门按照批准的预算和有关规定审核办理。

2. 行政事业单位支出应由单位财务部门统一归口管理，财务部门在审核办理各项支出时，要严格执行批准的预算和有关规定。行政事业单位的支出应当严格执行国家规定的开支范围及标准。

3. 加强对事业单位经营支出的管理。事业单位在开展非独立核算经营活动中，应当正确归集实际发生的各项费用数，不能归集的，应当按照规定的比例合理分摊。经营支出应当与经营收入配比。事业单位应当加强经济核算，可以根据开展业务活动及其他活动的实际需要，实行内部成本核算办法。

三 中央八项规定相关支出管理

【知识点1】公务接待费管理

1. 公务接待预算及禁止性规定。各级党政机关应当加强对国内公务接待经费的预算管理，合理限定接待费预算总额。公务接待费用应当全部纳入预算管理，单独列示。禁止在公务接待费中列支应当由接待对象承担的差旅、会议、培训等费用；禁止以举办会议、培训为名列支、转移、隐匿接待费开支；禁止向下级单位及其他单位、企业、个人转嫁公务接待费用；禁止在非税收入中坐支接待费用；禁止借公务接待名义列支其他支出。接待住宿应当按照差旅费管理有关规定，执行接待对象在当地的差旅住宿费标准。

2. 公务接待费报销管理。公务接待费报销凭证应当包括财务票据、派出单位公函和接待清单。公务接待费资金支付应当严格按照国库集中支付制度和公务卡管理有关规定执行。具备条件的地方应当采用银行转账或者公务卡方式结算，不得以现金方式支付。

【知识点2】会议费管理

1. 会议费开支范围和标准。各单位应当严格会议费预算管理，控制会议费预算规模。会议费预算应当细化到具体会议项目，执行中不得突破。会议费应当纳入部门预算，并单独列示。

2. 会议费开支范围包括会议住宿费、伙食费、会议场地租金、交通费、文件印刷费、医药费等。交通费是指用于会议代表接送站，以及会议统一组织的代表考察、调研等发生的交通支出。会议代表参加会议发生的城市间交通费，按照《中央和国家机关差旅费管理办法》的规定回单位报销。

3. 会议费开支实行综合定额控制，各项费用之间可以调剂使用。综合定额标准是会议费开支的上限，各单位应在综合定额标准以内结算报销。

4. 会议费的报销管理。各单位在会议结束后应当及时办理报销手续。会议费报销时应当提供会议审批文件、会议通知及实际参会人员签到表、定点会议场所等会议服务单位提供的费用原始明细单据、电子结算单等凭证。财务部门要严格按规定审核会议费开支，对未列入年度会议计划，以及超范围、超标准开支的经费不予报销。

【知识点3】差旅费管理

1. 差旅费，是指工作人员临时到常驻地以外地区公务出差所发生的城市间交通费、住宿费、伙食补助费和市内交通费。财政部按照分地区、分级别、分项目的原则制定差旅费标准，并根据经济社会发展水平、市场价格及消费水平变动情况适时调整。

2. 住宿费及伙食补助费标准。财政部分地区制定住宿费限额标准，出差人员应当在职务级别对应的住宿费标准限额内选择安全、经济、便捷的宾馆住宿。财政部分地区制定伙食补助费标准，伙食补助费按出差自然（日历）天数计算，按规定标准包干使用。出差人员应当自行用餐，凡由接待单位统一安排用餐的，应当向接待单位交纳伙食费。

3. 差旅费的报销管理。出差人员应当严格按规定开支差旅费，费用由所在单位承担，不得向下级单位、企业或其他单位转嫁。工作人员出差结束后应当及时办理报销手续。报销票据应含会议培训通知、出差审批单、机票、车票、住宿费发票、公务卡电子结算单等。

【知识点4】培训费的报销管理

1. 报销培训费，综合定额范围内的，应当提供培训计划审批文件、培训通知、实际参训人员签到表以及培训机构出具的收款票据、费用明细等凭证；师资费范围内的，应当提供讲课费签收单或合同，异地授课的城市间交通费、住宿费、伙食费按照差旅费报销办法提供相关凭据；执行中经单位主要负责同志批准临时增加的培训项目，还应提供单位主要负责同志审批材料。

2. 各单位财务部门应当严格按照规定审核培训费开支，对未履行审批备案程序的培训，以及超范围、超标准开支的费用不予报销。培训费的资金支付应当执行国库集中支付和公务卡管理有关制度规定。培训费由培训举办单位承担，不得向参训人员收取任何费用。

四 决算管理

【知识点1】决算管理的概念

1. 税务决算，是指税务系统行政事业单位在年度终了，根据财政部和国家税务总局部门决算编审要求，在日常会计核算的基础上编制的、综合反映本单位预算执行结果和财务状况的总结性文件。

2. 通过建立部门决算管理制度，收集汇总税务系统行政（事业）单位财务收支、资金来源与运用、资产与负债、机构与人员等方面的基本数据，全面、真实反映各单位财务状况和预算执行结果，满足财务会计监管、资产管理，以及财务决策等信息需要。地方财政决算根据地方财政部门要求编制上报。

【知识点2】税务决算的管理

1. 年度终了，各单位应当按照国家税务总局的统一部署和上级主管部门的要求，在规定的时间内编制部门决算，并按照财务隶属关系逐级报送。各单位在编制部门决算前，应全面清理、核实各项收支账目、往来款项、货币资金和财产物资，保证账簿记录完整无误和相关数据核对正确。完成年终清理核实工作后，按照部门决算编制口径填制报表，报表数据应做到真实准确、内容完整、账表相符、表表相符。

2. 封面中的组织机构代码、单位基本性质、会计制度、财政预算代码、预算级次、报表类型等重要信息，原则上不得变更。单位基本性质应按人事部门批复的单位性质填列；单位所选择的会计制度应与本单位实际核算采用的会计制度保持一致，如遇年度中间变更会计制度的，应于每年决算填报前逐级上报税务总局，经税务总局确认后方可变更。

3. 主表数据从会计账簿直接提取，不得人为调整。

4. 附表（补充表）数据中的人员机构数据，依据人事部门提供的数据填列；非税收入数据依据税务系统收入收缴缴款台账填列；固定资产数据依据固定资产财务账和实物账填列。

5. 决算数据应与预算、基建、资产等报表同口径数据保持一致。

6. 税务决算的审核分为自行审核、集中审核两种方式，各单位财务人员完成部门决算填制后，须按照审核内容对决算数据进行自行审核；税务总局，省、市级税务局应对所属单位决算及汇总数据进行集中审核。各单位应当认真做好部门决算审核工作，确保部门决算报送数据资料真实、完整、准确。

7. 各单位的填报说明和分析报告应完整规范，填报说明重点反映年初结转和结余调整情况、主要指标变动情况、报表审核情况、其他收入明细情况、支出明细“其他”的比重超过30%的具体开支情况、往来款项构成情况、特殊事项说明等。分析报告重点反映预算执行情况、年度收支余额变动情况、资金使用情况、资产管理情况、财务管理状况以及财务工作开展情况等。

8. 税务决算的汇总和报送。基层单位和汇总单位应当按照税务系统财务隶属关系和工作时限逐级汇总上报部门决算至国家税务总局，国家税务总局报送财政部。财政部报国务院审定，并提请全国人民代表大会常务委员会审查和批准。

9. 税务决算报送前应经过单位负责人、分管领导、财务部门负责人审签，并以正式文件方式报送，报送资料包括电子数据和纸质资料。

10. 国家税务总局部门决算报送财政部后，各单位决算数据还需变动的，相关调整事项在下一年度予以反映。

【知识点3】税务决算批复和公开

1. 决算批复内容应当与预算批复相衔接，主要包括部门综合财务收入、支出、结余，财政拨款收入、支出、结余，以及其他相关决算数据。决算批复文件中应当列出在部门财务管理工作及决算审核中发现的主要问题，并提出改进意见。

2. 税务总局批复决算时，应当将财政部最终审定的决算报表电子数据一并反馈给各省税务局；各省税务局和地市（地、州）税务局对下批复决算时，应当将决算报表电子数据按所属单位分拆后逐级反馈给基层单位。

3. 决算批复时限。税务总局接到财政部批复后15日内，向省税务局及税务总局直属单位批复决算；省税务局在接到税务总局批复后10日内，向所属地市（地、州）税务局和省税务局直属单位批复决算；地市（地、州）税务局在接到省税务局批复的决算后7日内，向所属基层单位批复决算。

4. 税务决算向社会公开，应按照财政部统一要求的范围、时限、方式和内容进行。国家税务总局是税务系统部门决算公开的主体，应当自财政部批复决算后20个工作日内，通过国家税务总局门户网站向社会公开税务系统汇总的部门决算，并在财政部规定时间内，向财政部报告税务系统部门决算公开情况。

5. 年度终了后3个月内，财务人员应当对决算资料进行收集、整理和装订。整理时应检查决算资料是否齐全，是否按“正式文件、编制说明、分析报告、决算报表、其他附件”的顺序排列，首页相关人员的印章是否完备等。装订后应在决算资料首页上加盖归档章，正确填写章内相关项目后，统一装入会计档案盒中。决算档案在财务部门保管期满后1年内，财务部门应编制移交清册，向本单位档案管理部门办理归档手续，并移交档案。决算档案的保管期限为永久。单位因工作调整变更决算主管人员的，应当及时办理决算数据库的移交工作，确保决算数据库信息的完整、连续。

>> 第五节 国库集中支付管理

一 预算单位零余额账户管理

【知识点1】预算单位零余额账户的设立

1. 预算单位零余额账户是财政部在商业银行为每个预算单位开设的，用于记录、核算和反映实行财政授权支付的资金活动，以及与国库单一账户进行清算的账户。

2. 预算单位可在财政部招标确定的中央财政授权支付11家代理银行中，自行选择一家作为本单位零余额账户的代理银行。11家代理银行分别是：建设银行、农业银行、工商银行、中国银行、招商银行、交通银行、光大银行、邮储银行、中信银行、民生银行、浦发银行。

3. 零余额账户的开设和撤销，应当由财政部根据预算单位的申请，通知代理银行办理，单位不得自行办理。当零余额账户相关信息如单位名称、国标码、开户银行发生变化需要变更零余额账户相关信息时，须经财政部批准。

4. 只有独立核算的基层预算单位，才能开设一个零余额账户，非预算单位不得开设零余额账户。需要单独核算的资金，如基建资金等，在单位零余额账户中分账核算。

【知识点2】预算单位零余额账户的使用和管理

1. 预算单位的财政授权支付业务通过本单位零余额账户办理。预算单位零余额账户在有财政部下达的用款额度情况下具有与人民币存款相同的支付结算功能，可以办理转账、提取现金、信汇、电汇、同城特约委托收款等各类支付业务。

2. 预算单位要切实加强对现金支出的管理，不得违反《现金管理暂行条例》等规定提取和使用现金。代理银行按照财政部批准的用款额度和《现金管理暂行条例》等规定，受理预算单位的现金结算业务。

3. 预算单位零余额账户只能用于本单位开支，不得用于资金转拨。两个零余额账户之间，无论是系统内外、上下级之间还是平级单位之间，一律不得相互划转资金。

4. 预算单位零余额账户原则上不得向本单位实有资金账户划拨资金，财政国库管理制度规定的工会经费、住房公积金及提租补贴三类经费除外。

5. 如有特殊紧急情况必须发生资金垫付，资金垫付和归垫时都必须报财政部审核，收到批准文件后办理垫付和归垫手续。

6. 预算单位零余额账户只用于办理应由财政资金支付的业务。单位的经营收入、其他收入和往来收入等非财政性资金，不得进入零余额账户。

7. 预算单位因正常原因从其零余额账户支付的资金，发生收回时必须退回零余额账户。

二 用款计划管理

【知识点1】用款计划编制的依据

1. 用款计划是办理财政性资金支付的重要依据。用款计划编制的依据是财政部批复的年度部门预算数，包括“二上”预算、正式预算和调整预算。

2. 预算单位根据批准的年度预算，使用财政部统一规定的格式编制用款计划。

3. 单笔支付超500万元的，分月编报直接支付用款计划，其余分月编制授权支付用款计划。

4. 范围划分将预算指标划分为财政直接支付和财政授权支付两种支付方式。调整预算一般在批复文件中明确资金支付方式，不需要进行范围划分，特殊情况以税务总局通知要求为准。

5. 范围划分标准：除下列规定外，单笔支付金额在500万元（含）以上的支出实行财政直接支付，单笔支付金额在500万元以下的支出实行财政授权支付。

（1）纳入财政统发范围的工资津贴补贴、离退休费，国有资本经营预算支出，以及财政部规定的有特殊管理要求的支出，实行财政直接支付。

（2）未纳入财政统发范围的工资津贴补贴、离退休费、社会保险缴费、职业年金缴费、住房改革支出、日常运行的水费、电费、应由单位承担的支付给供热企业的取暖费、需兑换外汇进行支付的支出以及经财政部批准的其他支出，实行财政授权支付。

【知识点2】用款计划的种类

1. 用款计划按照预算管理类型分为基本支出用款计划和项目支出用款计划。

2. 基本支出用款计划和项目支出用款计划，按照支付方式分别划分为财政直接支付和财政授权支付两部分。

【知识点3】分月用款计划的编制依据和分月用款数控制原则

1. 用款计划每年编报两次，1—5月的分月用款计划依据“二上”预算的预算控制数编制，6—12月的分月用款计划依据正式批复的年度预算数编制。

2. 基本支出分月用款数应符合年度均衡性原则，项目支出分月用款数应符合项目实施进度。

三 财政直接支付

【知识点1】财政直接支付的概念

财政直接支付是指税务系统预算单位在财政部批准的财政直接支付用款额度内提出支付申请，逐级审核汇总报财政部批准后，由财政部向代理银行签发支付指令，代理银行根据财政部的支付指令，通过财政部零余额账户，将资金直接支付到收款人（即商品或劳务的供应商等）。

【知识点2】财政直接支付的范围

预算单位实行财政直接支付的财政性资金包括工资支出、工程采购支出、物品和服务采购支出。目前实行财政直接支付的财政性资金主要有三个内容：年度财政投资超过1000万元（含）的工程采购支出（包括建筑安装工程、设备采购、工程监理、设计服务、移民征地拆迁和工程质量保证金等支出，不包括建设单位管理费等零星支出）；单位所在地在直辖市、省会城市、计划单列市市辖区的预算单位项目支出中，部门预算所列采购项目金额200万元以上的物品和服务采购的支出，如果这些项目由若干个政府采购项目组成，则单个采购金额小于120万元的采购项目可以不实行直接支付；国家税务总局本级基本支出中纳入财政统发范围的工资、离退休费。此外，国有资本经营预算一律采用直接支付方式。

四 财政授权支付

【知识点1】财政授权支付的范围

1. 财政授权支付是指预算单位按照财政部的授权自行向代理银行签发支付指令，代理银行根据预算单位的支付指令，在财政部批准的用款额度内，通过预算单位零余额账户将资金支付到收款人或用款单位。

2. 实行财政授权支付的资金范围包括：中央财政拨款支出中，除纳入财政直接支付方式与范围的、直接支付额度外的全部支出。

【知识点 2】财政授权支付额度的下达

1. 每月月底前，财政部根据批准的税务系统用款计划中各预算单位的月度财政授权支付额度，分别向中国人民银行和代理银行签发下月《财政授权支付汇总清算额度通知单》和《财政授权支付额度通知单》。

2. 代理银行分支机构在接到《财政授权支付额度通知单》后，向相关预算单位发出《财政授权支付额度到账通知书》。

【知识点 3】财政授权支付额度的使用和管理

1. 《财政授权支付额度到账通知书》确定的月度财政授权支付额度在年度内可以累加使用。预算单位凭据《财政授权支付额度到账通知书》所确定的用款额度支用资金。代理银行凭据《财政授权支付额度通知单》受理预算单位财政授权支付业务，控制预算单位的支付金额。

2. 预算单位支用财政授权支付额度可通过转账或现金等方式结算。预算单位使用支票和汇兑凭证办理财政授权支付结算业务。

五 年终预算结余资金管理

【知识点 1】年终预算结余资金的概念

1. 年终预算结余资金是指纳入国库集中支付的预算单位在预算年度内，按照上级单位批复的部门预算，当年尚未支用并按有关财政财务制度规定，应留归预算单位继续使用的预算资金。

2. 国库集中支付预算单位结余资金，按照上级单位批复的部门预算数与上年预算结余数之和，减当年财政国库已支付数的余额计算，并按规定程序由财政部核定。

【知识点 2】年终预算结余资金的使用管理

1. 现行国库集中支付年终预算结余资金管理，采用“边批边用”模式，即财政部在对年终结余资金情况进行审核的同时，先将用款额度批复给预算单位使用。该模式包括额度注销、额度恢复、结余核对、结余批复四个步骤。

2. 额度注销。每年 12 月 31 日，代理银行根据财政部的通知，将各基层单位零余额账户中的剩余额度注销，并向预算单位提供对账单。

额度恢复。代理银行根据财政部通知，于次年恢复预算单位已注销的用款额度。

3. 结余核对。国家税务总局通过国库集中支付系统将财政部下达的年终结余数据直接下发至基层预算单位，基层预算单位以零余额账户对账单为准，核对本单位可用额度的收支结余情况。

4. 结余批复。财政部对上报的国库集中支付年终预算结余资金审核确认后，予以批复；国家税务总局根据财政部批复数据，在国库集中支付系统对结余录入表及结余核对表进行批复。

【知识点3】收入对账

按照“下管一级”的原则，省级税务局应对省级税务局机关和市级上缴的国有资产有偿使用收入进行核对，市级税务局应对所属基层预算单位上缴的国有资产有偿使用收入进行核对。

1. 每月终了 10 个工作日内，基层预算单位应认真核对本单位发生的国有资产有偿使用收入，确保相关票据、合同与非税收入系统反映的收入项目、上缴金额等要素一致。基层预算单位通过非税收入系统导出，收入项目汇总表和实时缴款明细表，逐项核对确保两者金额一致。对账过程中如果两者金额不一致，应注意开具“非税收入一般缴款书”和实际缴款时间是否存在跨月份和年度情况。

2. 财政部每年 6 月、9 月、12 月，向税务总局发送国有资产有偿使用收入对账单。税务总局通过非税收入系统，将收入项目汇总表和缴款明细表，拆分下发至各省级税务局。省级税务局应根据税务总局下发的对账单逐级拆分核对。各级预算单位收到对账通知后，及时登录非税收入系统，核对收入项目汇总表、缴款明细表与上级单位下发的数据是否一致，并按规定将对账情况逐级反馈至税务总局。

3. 省级税务局按照不低于 10% 的比例随机抽取所属基层预算单位收入上缴原始凭证，核对其与非税收入系统反映的收入项目、上缴金额是否一致。

税务总局随机抽查基层预算单位相关原始凭证。

4. 年度终了，各单位将核对无误的国有资产有偿使用收入数据，分项目和所属预算单位提供给会计人员，并严格按照对账数据填报相关决算报表，确保各类决算数据一致。

六 管理与监督

【知识点 1】国库集中支付管理和监督原则

1. 各级税务机关应加强国库集中支付管理与监督，严肃财经纪律，严格国库集中支付管理。

2. 税务系统各级财务部门在财政性资金支付管理审核中应遵循两个原则：一是按照相关规定依据批复的部门预算，审核所属预算单位的用款计划。二是按照批复的用款计划、合同条款的规定、项目进度和实际用款进度审核所属预算单位的财政直接支付申请。

3. 税务系统财务部门对各级预算单位使用财政性资金情况应加强监督检查。

4. 具体监督检查内容有以下几项：是否按规定程序、批复的预算、用款计划（或额度）、合同条款、项目进度申请使用资金；支付凭证是否真实、合法，上报的资料、信息是否及时、准确；是否利用报账单位转移、隐匿财政性资金；是否提供虚假申请资料或信息骗取财政性资金；是否有其他违反财经纪律造成财政性资金严重流失的行为。

【知识点 2】拒绝受理所属单位的支付申请的情形

发生以下情形之一的，财务部门有权拒绝受理所属单位的支付申请：无预算、超预算申请使用资金的；自行扩大预算支出范围申请使用资金的；申请手续及提供的文件不完备，有关审核单位没有签署意见或没有加盖印章的；未按规定程序申请或越级申请使用资金的；预算执行中发现严重违规、违纪问题的；工程建设出现重大问题的；其他可能造成拒付的情形。

>> 第六节 国有资产管理

一 国有资产管理知识

【知识点 1】国有资产的概念及特征

1. 国有资产，是指行政机关占有或者使用的、依法确认为国家所有的、能以货币计量的经济资源。税务机关国有资产包括：使用国家财政性资金形成的资产、国家调拨的资产、按照国家政策规定运用国有资产组织收入形成的资产，以及接受捐赠的资产和其他经法律、法规确认为国家所有的资产。

2. 国有资产的特征：①资产是一种经济资源；②资产能够用货币来计量；③国家统一所有；④政府分级监管；⑤资产为行政单位或事业单位所占有或者使用。

【知识点 2】国有资产管理机构及其职责

1. 各单位对本单位国有资产的管理职责

税务系统行政单位国有资产实行国家所有，财政部监管，税务系统分级管理，单位占有、使用的管理体制。税务系统行政单位国有资产管理的主要任务是：

（1）建立和健全国有资产管理制度。

（2）合理配置和有效使用国有资产。

（3）保障国有资产的安全和完整。

2. 税务系统行政单位国有资产管理的内容包括：资产配置、资产使用、资产处置、资产清查、监督检查、资产管理信息化建设、资产管理工作报告等。

3. 税务系统行政单位国有资产管理，应当遵循以下原则：

（1）资产管理与预算管理相结合。

（2）资产管理与财务管理相结合。

（3）实物管理与价值管理相结合。

4. 各级财务管理部门是税务系统国有资产的主管部门。

5. 税务系统国有资产主管部门和各行政单位应按照税务系统国有资产管理信息化统一要求，使用规范软件对国有资产实施管理。

税务系统各行政单位对本单位占有、使用的国有资产实施具体管理。其主要职责是：

（1）贯彻执行国家有关国有资产管理的法律、法规和税务总局国有资产管理有关规定，并组织实施。

（2）负责本单位资产配置、验收入库、维护保管等日常管理，负责本单位资产的账卡管理、清查、登记、统计及日常监督检查工作。

（3）办理本单位国有资产配置、处置和符合国家规定的出租、出借等事项的相关手续；根据主管部门授权，审批本单位有关国有资产配置、处置等事项。

（4）负责实施本单位国有资产信息化管理。

（5）负责本单位符合国家规定的出租、出借等资产的保值增值，按照规定及时、足额缴纳国有资产收入。

（6）接受主管部门的监督、指导，报告本单位国有资产管理工作情况。

【知识点3】各部门的管理职责

1. 财务管理部门的管理职责。各级财务管理部门是税务系统国有资产的主管部门，负责对本单位占有、使用的国有资产实施财务管理。其主要职责是：

（1）制定本单位国有资产财务管理制度，并组织实施和监督检查。

（2）按照国家规定对国有资产实行会计核算。

（3）定期与固定资产实物管理部门对账。

（4）按照规定的程序对国有资产盘盈、盘亏进行账务处理。

（5）按规定权限办理国有资产配置、处置和符合国家规定的出租、出借等事项的管理，以及国有资产收入缴纳等手续。

2. 资产实物管理部门的管理职责。资产实物管理部门对本单位占有、使用的固定资产实施实物管理。其主要职责是：

（1）制定并组织实施本单位固定资产实物管理的具体规定。

（2）统一管理本单位占有、使用的固定资产，建立固定资产使用登记卡片和台账。

（3）办理固定资产验收入库、领用、内部变动、处置等手续。

（4）保管和维护固定资产，确保资产安全和完整。

（5）每年定期对固定资产进行清理盘点，发生的盘盈、盘亏及时查明原因，并办理报批、登记和变更等手续。

（6）定期与财务部门和固定资产使用部门对账，做到账账相符、账实相符。

（7）按规定权限办理固定资产配置、处置、使用等事项的审核、报批手续。

3. 固定资产使用部门的管理职责。固定资产使用部门对本部门使用的固定资产实施管理。其主要职责是：

（1）落实本部门固定资产使用管理的具体规定。

（2）保管和维护本部门使用的固定资产。

（3）对长期闲置固定资产及时退回。

（4）配合固定资产实物管理部门定期对账。

（5）提出本部门配置、处置固定资产的申请。

（6）固定资产使用人发生变化时，需及时办理变更登记，并定期向固定资产实物管理部门报告。

（7）本部门人员调离或退休时，及时到固定资产实物管理部门办理实物退回手续。

4. 税务系统行政单位的流动资产、在建工程、无形资产由相关部门按照有关规定实施管理。

【知识点 4】国有资产的分类及计价方法

1. 税务系统行政单位国有资产分为固定资产、流动资产、在建工程、无形资产四类。

2. 固定资产是指使用期限超过 1 年，单位价值在 1000 元以上（其中：专用设备单位价值在 1500 元以上），并且在使用过程中基本保持原有物质形态的资产。单位价值虽未达到规定标准，但是耐用时间在 1 年以上的大批同类物资，作为固定资产管理。

3. 税务系统行政单位固定资产实行分类管理，一般分为六类：房屋及构筑物；通用设备；专用设备；文物和陈列品；图书、档案；家具、用具、装具等。

（1）房屋及构筑物，是指行政单位占有和使用的房屋、构筑物。行政单位占有和使用的房屋主要是行政单位用房，包括办公用房、业务用房等。构筑物主要包括池、槽、塔、烟囱、井、站、道路、沟、库、场等。

（2）通用设备，是指用于业务工作的通用性设备，如计算机设备及软件、办公设备、车辆等。

（3）专用设备，是指根据业务工作的实际需要配置的各种具有专门性能和专门用途的设备。

（4）文物和陈列品，是指各种文物和陈列品，如古物、字画、纪念品等。

（5）图书、档案，是指图书馆（室）、阅览室、档案馆等贮藏的图书、期刊、资料、档案等。

（6）家具、用具、装具，是指购置或者通过其他方式获得的各种家具、被服装具等，如办公桌椅、食堂炊事机械等。

4. 取得固定资产时，应当按照其成本入账。

（1）购入的固定资产，其成本包括实际支付的购买价款、相关税费、使固定资产交付使用前所发生的可归属于该项资产的运输费、装卸费、安装费和专业人员服务费等。以一笔款项购入多项没有单独标价的固定资产，按照各项固定资产同类或类似固定资产市场价格的比例对总成本进行分配，分别确定各项固定资产的入账价值。

（2）自行建造的固定资产，其成本包括建造该项资产至交付使用前所发生的全部必要支出。固定资产的各组成部分需要分别核算的，按照各组成部分固定资产造价确定其成本；没有各组成部分固定资产造价的，按照各组成部分固定资产同类或类似固定资产市场造价的比例对总造价进行分配，确定各组成部分固定资产的成本。

（3）在原有固定资产基础上进行改建、扩建、修缮的固定资产，其成本按照原固定资产的账面价值加上改建、扩建、修缮发生的支出，再扣除固定资产拆除部分账面价值后的金额确定。

（4）置换取得的固定资产，其成本按照换出资产的评估价值加上支付的补价或减去收到的补价，加上为换入固定资产支付的其他费用（运输费等）确定。

（5）接受捐赠、无偿调入的固定资产，其成本按照有关凭据注明的金额加上相关税费、运输费等确定；没有相关凭据可供取得，但依法经过资产评估的，其成本应当按照评估价值加上相关税费、运输费等确定；没有相关凭据可供取得、也未经评估的，其成本比照同类或类似固定资产的市场价格加上相关税费、运输费等确定。

（6）盘盈的固定资产，按照取得同类或类似固定资产的实际成本确定入账价值；没有同类或类似固定资产的实际成本，按照同类或类似固定资产的市场价格确定入账价值。

（7）购置固定资产过程中发生的差旅费、为维护固定资产正常使用而发生的日常修理等支出，不计入固定资产成本。

5. 已经入账的固定资产，不得任意变动账面价值。发生下列情况的，按规定调整账面价值：

（1）根据国家规定对固定资产进行重新估价的。

（2）增加补充设备或改良装置的。

（3）将固定资产部分拆除或进行维修、改扩建的。

（4）根据实际价值调整原来暂估价值的。

（5）发现原来记录固定资产价值有误的。

（6）国家规定的其他情况。

6. 固定资产的账面价值变动，由固定资产实物管理部门负责办理，并及时通知财务部门，财务部门审核确认后，对固定资产有关账面价值作相应调整。

7. 税务系统行政单位的固定资产不计提折旧，财政部另有规定的除外。

【知识点5】流动资产

1. 流动资产是指可以在2年内变现或者耗用的资产，包括现金、银行存款、零余额账户用款额度（财政应返还额度）、应收及暂付款项、存货等。

2. 存货是指行政单位在工作中为耗用而存储的资产，包括材料、燃料、包装物和低值易耗品等。

【知识点6】在建工程

1. 在建工程是指已经发生必要的支出，但尚未达到交付使用状态的建设工程。

2. 在建工程因政策性原因或其他特殊情况不再进行建设时，发生的前期费用中，已形成固定资产或可形成固定资产的，应及时办理固定资产移交手续；无法形成固定资产的，应按有关规定报批后作核销处理。

3. 在建工程达到交付使用状态时，应按规定办理工程竣工财务决算和资产交付使用。

【知识点7】无形资产

1. 无形资产是指不具有实物形态而能为使用者提供某种权利的非货币性资产，包括著作权、土地使用权、专利权、非专利技术、软件等。无形资产应按取得时的实际成本计价。单位价值小于1000元（含）的，不作为无形资产管理。

2. 行政单位的软件，如果其构成相关硬件不可缺少的组成部分，应当将该软件的价值包括在所属的硬件价值中，一并作为固定资产；如果其不构成相关硬件不可缺少的组成部分，应当将该软件作为无形资产。

3. 软件的计价：

（1）对独立购置的软件，需单独作为无形资产登记，并按实际购置价格入账。

（2）对随同硬件设备一同购入的软件，作为硬件设备不可分割的组成部分，不需单独登记，其价值并入硬件设备，按固定资产登记入账。

（3）对无偿独立发放的软件（不属硬件部分不可分割的组成部分），按发放单位确定的价值登记无形资产。发放单位无法确定价值的，按估价登记无形资产。

（4）对自行开发、有偿开发的软件，按开发发生的支出登记无形资产。

（5）对在原有软件基础上重新开发或升级的软件，按开发、升级发生的支出，增加资产价值。

4. 土地的计价。土地的计价指取得土地使用权过程中，按照相关政策发生的必要支出之和。

5. 税务系统行政单位应按照国家有关规定对无形资产进行摊销。

税务系统行政单位对需要评估的资产应按照规定的程序委托具有资质的中介机构进行评估，如实提供国有资产有关情况资料，并对所提供资料的真实性、完整性和合法性负责，不得以任何方式干预评估机构独立执业。

6. 资产评估依据、评估方法需符合国家有关规定，评估报告内容应完整规范，评估结果应客观公正。

7. 国有资产会计核算一般采用收付实现制，特殊经济业务和事项应当按照行政单位会计制度的规定采用权责发生制。

【知识点8】国有资产管理的主要内容

1. 税务系统行政单位国有资产管理的内容包括：资产配置、资产使用、资产处置、资产清查、监督检查、资产管理信息化建设和资产管理工作报告等。国有资产管理重点应关注资产配置、资产使用、资产处置三个内容。

2. 税务系统行政单位国有资产配置，是指税务系统各级行政单位根据履行职能的需要，按照国家有关法律、法规和规章制度规定的标准和程序，通过购置、建造、调剂或者接受捐赠等方式配备资产的行为。

3. 税务系统行政单位通用办公设备配置标准。税务系统行政单位通用办公设备配置标准包括实物量标准、价格上限标准以及使用年限标准三部分。实物量标准实行分量和总量双向控制。一是按工作人员级别和内设机构人员数设置分量标准；二是按单位编制内实有人数设置总量标准。

4. 税务系统行政单位国有资产配置应当符合以下条件：

（1）现有资产无法满足行政单位履行职能的需要。

（2）难以与其他单位共享、共用相关资产。

（3）难以通过市场购买服务方式实现，或者采取市场购买服务方式成本过高。

5. 税务系统行政单位国有资产配置应当符合规定的配置标准；没有规定配置标准的，应从实际需要出发，从严控制，合理配置；能通过调剂方式配置资产的，原则上不批准新购置。

6. 税务系统行政单位资产购置计划必须纳入本单位部门预算管理。税务系统行政单位购置纳入政府采购范围的资产，应依法实施政府采购。

7. 税务系统行政单位接受捐赠的资产，应符合国家有关规定。其中，接受捐赠房屋建筑物类资产的，应符合党政机关办公用房建设使用标准；接受捐赠车辆的，应符合国家和税务总局车辆编制及配备标准的规定。

8. 税务系统行政单位应当严格执行公务用车编制和配备标准，不得超编制、超标准配备公务用车，不得为公务用车增加高档配置或者豪华内饰，不得接受企业、事业单位和个人捐赠的车辆。

9. 购入、调入的固定资产，税务系统行政单位固定资产实物管理部门应组织验收，属于技术设备的还应会同技术部门验收。验收合格后，由固定资产实物管理部门根据发票、固定资产调拨单或基建项目交付使用验收单据等凭证，办理资产入库、结转及财务等手续。

10. 税务系统行政单位接受捐赠或盘盈的固定资产，应由固定资产实物管理部门办理交接，并根据固定资产交接单、发票或固定资产盘盈报告等凭证，办理有关入库、财务等手续。

11. 税务系统行政单位固定资产实物管理部门对验收入库的固定资产，须建立固定资产卡片，并登记固定资产明细账，按物登卡、凭卡记账。已入库的固定资产要按使用说明和存放要求进行保管，并按照规定办理领用。

12. 税务系统行政单位不得以任何形式用占有、使用的国有资产对外投资或者举办经济实体。除法律、法规另有规定外，税务系统行政单位不得以任何形式用占有、使用的国有资产抵押举借债务，不得对外提供担保。

13. 税务系统行政单位应按规定面积标准使用办公用房，不得擅自改变办公用房使用功能。税务系统行政单位不得出租、出借办公用房和公务用车。已经出租、出借的办公用房原合同到期应予收回。

14. 税务系统行政单位办公用房确实不能满足工作需要的，须报经上一级主管部门批准，方可按规定标准租用、借用办公用房。税务系统行政单位符合国家规定已出租、出借的国有资产，其所有权性质不变，仍归国家所有；出租、出借国有资产应缴纳的税款和所发生的相关费用（资产评估费、技术鉴定费、交易手续费等），在取得的收入中抵扣，抵扣后的余额按照国家有关规定，实行“收支两条线”管理。税务系统行政单位对占有、使用的国有资产定期清理盘点，做到账账相符、账实相符，防止国有资产流失。

15. 固定资产实物管理部门、财务部门和使用部门应定期对账，使账实、账卡、账账保持一致。每年对固定资产进行一次全面清理盘点，查明实有数与账面数是否相符，固定资产的保管、使用、维修是否正常。对清查盘点中发现的问题应查明原因，说明情况，根据国有资产盘盈盘亏具体情况，按照规定的权限报批后调整账目。

16. 税务系统行政单位应加强对长期闲置资产的管理，保证资产的安全、完整。对能调剂使用的，按照规定的程序经主管部门批准后进行调剂。

17. 国有资产处置方式包括出售、无偿调拨（划转）、对外捐赠、置换、报废、报损以及货币性资产损失核销等。

18. 资产处置范围包括单位占有但未使用或不需要用的闲置资产；因技术原因经科学论证，确需报废、淘汰的资产；因单位分立、撤销、合并、改制、隶属关系改变等原因发生的产权或使用权转移的资产；盘亏、呆账及非正常损失的资产；已超过使用年限无法使用的资产；依据国家有关规定需要进行资产处置的其他情形。

19. 资产处置程序：

第一步：按照国有资产类别，由相关管理部门提出处置意向，经技术部门鉴定、财务部门审核，提出处置意见。按照规定需要进行评估的资产，必须委托有资质的中介机构进行评估。

第二步：资产的账面价值不同，处置意见经本单位领导审核或局长办公会审议同意后，以正式文件报送上级主管部门。

第三步：各级主管部门对所报处置资料的完整性、有效性、准确性、合规性进行审核，按照规定的审批权限和程序进行审核或审批。

第四步：处置事项申请单位收到上级主管部门资产处置的批复文件后，根据批准的方式对相应资产进行处置，并及时办理相关手续。

第五步：税务系统行政单位的国有资产处置收入属于国家所有，不得作为单位的其他收入。国有资产处置收入扣除处置应缴纳的税款和所发生的相关费用后，按照国家有关规定上缴财政，实行“收支两条线”管理。

>> 第七节 基本建设管理

一 基建管理知识

【知识点 1】基建项目

1. 基建项目，是指税务系统投资总额在 10 万元（含 10 万元）以上，用于新建、购建、改扩建、维修改造的综合业务办公用房、税务干部学校用房、数据中心用房及其附属用房项目。投资总额 10 万元以上、不超过 100 万元（含 100 万元）的房屋及设施设备的维修或修缮，凡不使用中央财政基建专项资金的，可不作为基建项目管理。

2. 综合业务办公用房，是指为保证税收工作需要，各级税务机关建设的办公业务用房和专业用房。

3. 税校用房，是指为满足干部培训工作需要，税务总局批复设立的税务干部学校建设的教育培训业务用房。

4. 数据中心用房，是指按照实施金税工程的总体要求，税务总局及各省、自治区、直辖市和计划单列市税务局建设的数据处理专业用房。

5. 附属用房项目，是指为综合业务办公用房、税校用房、数据中心用房配套建设的食堂、车库、人防设施及消防设施等工程项目。

【知识点 2】投资总额

1. 投资总额，是指基建项目从筹建到竣工所需要的全部建设资金，主要包括设计勘察费、征地费、拆迁补偿费、市政配套费、建筑安装费、内外装修费、设备用具费等。

2. 采取分期建设的基建项目，投资总额应包括基建项目各建设期的全部建设资金。税务系统基建的资金来源包括中央财政资金及其他资金。

二 基建项目过程管理

【知识点 1】立项审批管理

1. 税务系统基建项目立项实行分级审批管理。属于国务院、国家发展改革委审批立项的基建项目，由国家税务总局审核后分别报国务院、国家发展改革委审批；其余基建项目，由国家税务总局根据项目类别和投资总额，明确立项和开工审批权限，分别由国家税务总局和省税务局审批。

2. 申报综合业务办公用房建设的立项条件：

（1）各级税务机关没有综合业务办公用房的，可申请新建、购建。

（2）现有综合业务办公用房由于城市搬迁、城市改造、行政区划调整等原因，按照政府有关部门的规定确需拆除或搬迁的，可申请新建、购建。

（3）现有综合业务办公用房由于污染等外部环境特殊原因，无法正常开展工作的，可申请新建、购建。

（4）现有综合业务办公用房投入使用15年以上，且现有综合业务办公用房面积不足规定标准面积2/3，功能不全，严重制约工作正常开展的，可申请新建、购建或改扩建。

（5）现有综合业务办公用房年久失修或遭受自然灾害，经有关部门鉴定为危房的，可根据鉴定意见申请新建、购建或维修改造。

（6）现有综合业务办公用房投入使用10年以上，水、电、暖、消防等主要设施损坏严重，经有关部门鉴定影响工作正常开展的，可申请维修改造。

3. 申报税校用房建设的立项条件：

（1）税务总局批准设立的税校机构，没有施教场所、设施的，或现有税校用房由于使用功能不全等特殊原因，无法正常开展培训工作的，可申请新建、购建、改扩建。

（2）现有税校用房年久失修或遭受自然灾害，经有关部门鉴定为危房的，可申请新建或维修改造。

（3）现有税校用房投入使用10年以上，水、电、暖、消防等主要设施损坏严重，经有关部门鉴定，影响培训工作正常开展的可申请维修改造。

4. 申报数据中心用房建设的立项条件：

（1）现有综合业务办公用房经改造，能够满足数据中心业务需求的，可申请维修改造。

（2）现有综合业务办公用房经有关部门鉴定，受层高、承重等因素的限制，无法改造为数据中心的，可申请新建、购建或改扩建。

5. 申报附属用房建设的立项条件：

（1）没有附属用房或现有附属用房严重制约工作正常开展的，可申请新建或改扩建。

（2）现有附属用房投入使用10年以上，水、电、暖、消防等主要设施损坏严重，经有关部门鉴定，影响工作正常开展的，可申请维修改造。

6. 综合业务办公用房项目立项审批权限：

（1）税务总局综合业务办公用房新建、购建和改扩建项目，由国家发展改革委核报国务院审批。

（2）省税务局综合业务办公用房新建、购建和改扩建项目，由税务总局核报国家发展改革委审批。

（3）市税务局综合业务办公用房以及县税务局投资总额超过3000万元的综合业务办公用房新建、购建和改扩建项目，由省税务局核报税务总局审批。

（4）税务总局综合业务办公用房维修改造项目，省税务局和市税务局投资总额超过500万元的综合业务办公用房维修改造项目，由税务总局审批。

（5）除（1）至（4）所列项目外，其余的基建项目由省税务局审批。副省级城市所辖的区（县）税务局及行政级别为县（处）级的开发区税务局基建项目的建设标准和审批权限，比照市税务局执行。

【知识点2】项目库管理

1. 税务系统基本建设项目库是税务系统根据国家基本建设和预算管理的要求，对已审批立项的基本建设项目进行规范化、程序化管理的项目数据库系统。已审批立项，且需安排中央财政或其他资金的基建项目应纳入项目库管理。项目库是税务系统分配使用基本建设经费和编报基本建设项目预算的依据，是加强基本建设管理的重要手段。未纳入项目库管理的项目不得编制、安排预算。

2. 项目库按照分级管理的原则进行管理，具体管理权限如下所述：

（1）税务总局负责新建、购建、改扩建项目、税务总局审批立项的维修改造项目的审核、入库、调整和排序；负责项目库中所有项目的日常检查。

（2）省税务局负责税务总局管理项目入库与调整的审核、申报；负责省局审批立项的维修改造项目的审核、入库、调整和排序；负责本省所有项目的信息维护审核和日常检查。

（3）市税务局负责对本市所有项目入库与调整的审核、申报；负责本市所有项目的信息维护审核和日常检查。

（4）项目建设单位负责本单位项目的入库、调整申报，并对申报资料的真实性、完整性和合规性负责；负责本单位项目信息的日常维护。

3. 项目库遵循分级分类管理的原则，按照项目进度分阶段进行项目排序。国家税务总局管理项目由国家税务总局统一排序，作为国家税务总局安排年度基建预算的依据；省局管理项目由省税务局参照国家税务总局制定的排序原则和指标，结合本省的实际情况，进行分省排序，作为省税务局安排年度基建预算的依据。

【知识点3】开工管理

1. 税务系统新建、购建、改扩建项目，以及投资总额超过100万元的维修改造项目，应当签署责任状。签署责任状采取自上而下的程序。

2. 国务院、国家发展改革委、国家税务总局批准立项的项目，由省税务局与国家税务总局共同签署，再由省税务局与项目所在市税务局、市税务局与项目所在县税务局签署。

3. 省税务局批准立项的项目，由省税务局与市税务局共同签署，再由市税务局与基建项目所在县税务局签署。

4. 责任状必须在项目申请开工前签署。未签署责任状的项目，审批部门不得审批开工。责任状签署后，项目建设期内签署人更换的，无须重新签署。继任局长自任职之日起作为该项目相应责任人，在本单位所持责任状上签字，并标注日期。

5. 国家税务总局及省税务局基本建设主管部门应当根据立项审批权限，委托中介机构对申请开工的项目进行基建项目开工评审，对项目建设标准与开工条件等指标进行审核评价，以确认申请开工项目是否符合各项规定。中介机构出具的项目开工评审结论，应当作为审批部门批复开工的依据。

6. 国家发展改革委审批立项的基建项目，经国家发展改革委授权，由国家税务总局委托中介机构进行开工评审；国家税务总局审批立项的基建项目，由国家税务总局委托中介机构进行开工评审；省税务局审批立项的基建项目，由省税务局委托中介机构进行开工评审。

7. 开工评审的内容主要包括：项目建设的必要性和可行性，责任状签署情况；项目初步设计和施工图设计的功能、建筑面积是否符合立项审批的规定；基建项目投资概算和施工图预算编制的全面性、准确性，投资总规模是否符合规定的标准；建设用地批准手续、建设工程规划许可办理情况，建设资金到位情况；基建项目预计建设工期和实施进度情况等。

8. 开工审批的投资概（预）算和建筑面积，一般不得超过立项审批的投资估算和建筑面积。因特殊情况确需增加投资概（预）算的，其投资概（预）算的上浮比例不得超过立项审批投资估算的 10%；凡超过 10% 的项目应重新办理立项审批。因设计原因确需增加建筑面积的，其建筑面积的上浮比例不得超过立项审批面积的 5%；凡超过 5% 的项目应重新办理立项审批。

9. 国家税务总局及省税务局根据审批权限，对完成评审并出具报告的基建项目，逐级下达开工批复文件。未完成开工评审或未批复开工的项目，均不得进行施工单位招标。

【知识点 4】施工管理

1. 基建项目施工管理机构主要有项目建设单位、设计单位、施工单位、监理单位等，各司其职。项目建设单位应从项目工程管理人员中指派专人负责该项目施工现场管理。

2. 建设工程价款、设备款、材料款，应根据合同（或协议）规定和工程进度付款。项目竣工结算审核前，项目工程进度款应根据确定的工程计量结果，保留不低于合同价 10% ~30% 的价款；工程竣工结算付款，应根据审核确认的竣工结算报告，保留决算价 5% 左右的质量保证（保修）金，待工程交付使用，按国家建设部门规定的质保期满后清算付款。

3. 项目涉及的所有需要办理变更签证的工程，须由施工单位提出申请，并经监理单位和项目建设单位现场管理人员 2 人以上进行现场验收（含丈量、核实，拍照、绘制简易图，标明尺寸），按照规定办理签证手续。

4. 项目建设单位应当在施工单位按合同完成项目全部任务后，组织有关单位及相关人员进行项目验收。未经验收或验收不合格的基建项目，一律不得交付使用。项目验收可视工程规模大小，分为初步验收和竣工验收。

【知识点 5】竣工决算管理

1. 基建项目竣工后，项目建设单位应督促施工单位及时整理工程结算资料，逐级上报审批部门申请工程结算审核。基建项目审批部门应当根据项目建设单位逐级上报的工程结算审核申请，按照规定的权限及时委托中介机构，对已竣工基建项目的工程结算进行审核。

2. 财务管理部门应当对项目建设单位编报的竣工财务决算进行初步审核，

确认项目财务指标数据审核报告以及上报资料齐全完整准确后，逐级上报至省税务局。审批部门应当对报送的竣工财务决算进行审查。

3. 竣工财务决算审查的主要内容包括：项目建设是否履行基本建设程序，是否按规定程序和权限进行项目立项、初步设计和概算审批，是否符合国家有关建设管理制度等，开工审批情况，项目是否按批准的概算内容实施，有无超标准、超规模、超概算建设现象，项目竣工财务决算金额是否正确、资料是否完整，项目建设过程中存在的主要问题是否整改等，属于国家税务总局审批决算的基建项目，省税务局是否出具该项目竣工财务决算的审核意见，并对项目存在的主要问题，提出处理意见和整改措施。

【知识点6】档案管理和移交管理

1. 基建会计档案由项目建设单位按照税务系统会计档案管理的规定进行收集、整理和装订。项目竣工财务决算批复后，向本单位档案管理部门移交基建会计档案。

2. 项目固定资产实物管理人员和项目基建会计应根据批复的竣工财务决算，填列固定资产移交清单，办理固定资产财务转账及产权登记手续。对于已按规定程序报送竣工财务决算且审批时间较长的项目，可视需要在竣工决算批复文件下发前，先行移交固定资产实物并估价入账；待竣工财务决算批复下达后，再正式办理固定资产财务转账手续，并对已入账的固定资产指标进行相应调整。

>> 第八节 政府采购

一 政府采购知识

【知识点1】政府采购的组织形式

1. 政府采购，是指各级国家机关、事业单位和团体组织，使用财政性资金采购依法制定的集中采购目录以内的或者采购限额标准以上的货物、工程和服务的行为。

2. 政府采购所用财政性资金是指纳入预算管理的资金，以财政性资金作为还款来源的借贷资金，视同财政性资金。采购项目既使用财政性资金又使用非财政性资金的，使用财政性资金采购的部分，适用《中华人民共和国政府采购法》（以下简称《政府采购法》）及其实施条例；财政性资金与非财政性资金无法分割采购的，统一适用《政府采购法》及其实施条例。

3. 政府采购实行集中采购和分散采购相结合，组织形式有政府集中采购、部门集中采购和分散采购。

4. 集中采购，是指采购人将列入集中采购目录的项目委托集中采购机构代理采购或者进行部门集中采购的行为。组织形式按照不同的组织实施主体分为政府集中采购和部门集中采购。政府集中采购，是指采购人采购集中采购机构采购项目的行为。部门集中采购，是指主管部门统一组织实施部门集中采购项目的行为。

5. 纳入集中采购目录的政府采购项目，必须委托集中采购机构代理采购。集中采购目录由省以上人民政府或其授权机构根据实际情况制定并公布。属于中央预算的政府采购项目，集中采购目录由国务院确定并公布；属于地方预算的政府采购项目，集中采购目录由省、自治区、直辖市人民政府或者其授权的机构确定并公布。

6. 以中央预算单位2017—2018年政府集中采购目录及标准为例，集中采购机构采购项目的货物类包括台式计算机、便携式计算机、计算机软件、服务器、计算机网络设备、复印机、视频会议系统及会议室音频系统、多功能一体机、打印设备、扫描仪、投影仪、复印纸（京内）、打印用通用耗材（京内）、乘用车、客车、电梯（京内）、空调机（京内）、办公家具（京内）；工程类包括限额内工程（京内）、装修工程（京内）、拆除工程（京内）、修缮工程（京内）；服务类包括车辆维修保养及加油服务（京内）、机动车保险服务（京内）、印刷服务（京内）、工程造价咨询服务（京内）、工程监理服务（京内）、物业管理服务（京内）和云计算服务。部门集中采购项目（国家税务总局）包括被服项下税务制服面料及标识；信息技术服务；单证印刷服务项下车辆购置税完税证明印制；票据印刷服务项下增值税专用发票、增值税普通发票、印花税票印制。

7. 分散采购，是指采购人将采购限额标准以上的未列入集中采购目录的项目自行采购或者委托采购代理机构（指集中采购机构和集中采购机构以外的采购代理机构）代理采购的行为。其组织形式为分散采购。

8. 政府采购限额标准由省以上人民政府或其授权机构根据实际情况制定并公布，属于中央预算的政府采购项目，采购限额标准由国务院确定并公布，属于地方预算的政府采购项目，由省、自治区、直辖市人民政府或者其授权的机构确定并公布。

9. 以中央预算单位2017—2018年集中采购目录及标准为例，分散采购限额标准为单项或批量金额达到100万元以上的货物和服务项目、120万元以上的工程项目。

【知识点2】政府采购方式

1. 政府采购方式分为招标采购与非招标采购方式。招标采购方式包括公开招标、邀请招标；非招标采购方式包括竞争性磋商、竞争性谈判、单一来源采购、询价等。公开招标应作为政府采购的主要采购方式。

2. 可以采用非招标方式采购的情形有：依法制定的集中采购目录以内，且未达到公开招标数额标准的货物、服务；依法制定的集中采购目录以外、采购限额标准以上，且未达到公开招标数额标准的货物、服务；达到公开招标数额标准、经批准采购非公开招标方式的货物、服务；按照《中华人民共和国招标投标法》（以下简称《招标投标法》）及其实施条例必须进行招标的工程建设项目以外的政府采购工程。属于中央预算的政府采购项目，公开招标数额标准，由国务院规定；属于地方预算的政府采购项目，由省、自治区、直辖市人民政府规定。

3. 公开招标，是指采购人依法以招标公告的方式，邀请不特定的供应商参加投标的采购方式。

4. 采购人采购公开招标数额标准以上的货物或者服务的，必须依法采用公开招标方式，不得将应当以公开招标方式采购的货物或者服务化整为零或者以其他任何方式规避公开招标采购。采购人因特殊情况需要采用公开招标以外的采购方式的，应当在采购活动开始前，报经主管预算单位同意后，向设区的市、自治州以上人民政府采购监督管理部门（财政部门）申请批准。以中央预算单位2017—2018年集中采购目录及标准为例，政府采购货物或服务项目，单项采购金额达到200万元以上的，必须采用公开招标方式。政府采购工程公开招标数额标准按照国务院有关规定执行。

5. 邀请招标，是指采购人依法从符合相应资格条件的供应商中随机邀请三家以上供应商，并以投标邀请书的方式，邀请其参加投标的采购方式。

6. 可以采用邀请招标方式采购货物或服务的情形有：具有特殊性，只能从有限范围的供应商处采购的；采用公开招标方式的费用占政府采购项目总价值的比例过大的。

7. 竞争性磋商，是指通过组建竞争性磋商小组与符合条件的供应商就采购货物、工程和服务事宜进行磋商，供应商按照磋商文件的要求提交响应文件和报价，采购人从磋商小组评审后提出的候选供应商名单中确定成交供应商的采购方式。

8. 可以采用竞争性磋商方式采购的情形有：政府购买服务项目；技术复杂或者性质特殊，不能确定详细规格或者具体要求的；因艺术品采购、专利、专有技术或者服务的时间、数量事先不能确定等原因不能事先计算出价格总额的；市场竞争不充分的科研项目，以及需要扶持的科技成果转化项目；按照《招标投标法》及其实施条例必须进行招标的工程建设项目以外的工程建设项目。

9. 竞争性谈判，是指谈判小组与符合资格条件的供应商就采购货物、工程和服务事宜进行谈判，供应商按照谈判文件的要求提交响应文件和最后报价，采购人从谈判小组提出的成交候选人中确定成交供应商的采购方式。

10. 可以采用竞争性谈判方式采购的情形有：招标后没有供应商投标或者没有合格标的，或者重新招标未能成立的；技术复杂或者性质特殊，不能确定详细规格或者具体要求的；非采购人所能预见的原因或者非采购人拖延造成采用招标所需时间不能满足用户紧急需要的；因艺术品采购、专利、专有技术或者服务的时间、数量事先不能确定等原因不能事先计算出价格总额的；公开招标的货物、服务采购项目，招标过程中提交投标文件或者经评审实质性响应招标文件要求的供应商只有两家，且报经财政部门批准的；按照《招标投标法》及其实施条例必须进行招标的工程建设项目以外的工程建设项目。

11. 单一来源采购，是指采购人从某一特定供应商处采购货物、工程和服务的采购方式。

12. 可以采用单一来源方式采购的情形有：因货物或者服务使用不可替代的专利、专有技术，或者公共服务项目具有特殊要求，导致只能从唯一供应商处采购的；发生了不可预见的紧急情况不能从其他供应商处采购的；必须保证原有采购项目一致性或者服务配套的要求，需要继续从原供应商处添购，且添购资金总额不超过原合同采购金额10%的；按照《招标投标法》及其实施条例必须进行招标的工程建设项目以外的工程建设项目。

13. 询价，是指询价小组向符合资格条件的供应商发出采购货物询价通知书，要求供应商一次报出不得更改的价格，采购人从询价小组提出的成交候选人中确定成交供应商的采购方式。

14. 采购的货物规格、标准统一、现货货源充足且价格变化幅度小的，可以采用询价方式采购。

【知识点3】政府采购程序

1. 公开招标或邀请招标：招标文件编制后应在指定媒体发布采购招标公告，采购招标公告应载明采购人的名称和地址、招标内容及要求、投标人的资质要求、投标截止时间、开标时间和地点等内容。采用邀请招标方式采购的，应通知投标商参加投标并向其出售标书，同时招标人应当指定媒体上发布资格预审公告，公布投标人资格条件，资格预审公告的期限不得少于7个工作日。评标是采购方的单独行为，由招标人依法组建的评标委员会负责，其评标委员会由招标人的代表和有关技术、经济等方面的专家组成，成员人数为5人以上单数，其中技术、经济等方面的专家不得少于成员总数的2/3。评标内容包括投标文件初审、澄清有关问题、比较与评价、推荐中标候选供应商、编写评标报告。

2. 竞争性谈判方式：谈判小组从符合相应资格条件的供应商名单中确定不少于三家的供应商参加谈判，并向其提供谈判文件。谈判结束后，谈判小组应当要求所有参加谈判的供应商在规定时间内进行最后报价，采购人从谈判小组提出的成交候选人中根据符合采购需求、质量和服务相等且报价最低的原则确定成交供应商，并将结果通知所有参加谈判的未成交的供应商。供应商确定后，签订合同。自合同签订之日起 2 个工作日内，将合同在指定媒体上公告。

3. 单一来源方式采购：采购人与供应商应当遵循政府采购法规定的原则，在保证采购项目质量和双方商定合理价格的基础上进行采购。自合同签订之日起 2 个工作日内，将合同在指定媒体上公告。

4. 询价方式主要包括以下步骤：首先成立询价小组。询价小组由采购人代表和评审专家共 3 人以上单数组成，其中评审专家人数不得少于总数的 2/3，采购人不得以评审专家身份参加本部门或本单位采购项目的评审，采购代理机构人员不得参加本机构代理的采购项目的评审。其次，确定被询价的供应商名单。再次，询价，询价时要求供应商一次报出不得更改的价格；最后确定成交供应商并签订合同，采购人根据符合采购需求、质量和服务相等且报价最低的原则确定成交供应商，供应商确定后，签订合同。

5. 竞争性磋商：磋商文件售价应当按照弥补磋商文件制作成本费用的原则确定，不得以营利为目的，不得以项目预算金额作为确定磋商文件售价依据。磋商文件的发售期限自开始之日起不得少于 5 个工作日。

>> 第九节 财务监督

一 财务公开

【知识点 1】财务公开概述

1. 财务公开包括两个方面：一是按照法律、法规及相关规定如实公开财务信息；二是建立健全制度机制保障财务公开工作顺利开展，监督财务公开制度的贯彻落实。

2. 财务公开，是指各单位为建立健全公开、透明、规范的财务监督机制，提高财务工作的透明度和办事效率，落实社会和税务干部职工对财务工作的知情权、参与权和监督权，按照国家法律、法规和有关政策规定，向社会、本级及所属单位公开财务管理相关规章制度、预决算、资产、基建管理等财务事项。

【知识点2】财务公开的原则

财务公开工作应坚持依法公开、实事求是、注重实效、突出重点等原则。

1. 依法公开原则。财务公开工作应依照国家法律、法规和有关政策规定进行，正确处理公开和保密的关系。

2. 实事求是原则。公开的内容应真实可靠，防止和严禁任何弄虚作假行为。

3. 注重实效原则。从实际出发，因地制宜，抓住与税务干部职工利益密切相关的问题和社会公众密切关注的问题，讲求实效，不搞形式主义。

4. 突出重点原则。公开内容应以与税务干部职工联系最密切、最直接、最关心的热点问题为重点，并根据职工的合理要求和财务公开的实际，不断充实完善。

【知识点3】财务公开范围、形式、类型、时间

1. 财务公开范围。要从实际出发，针对不同的内容、在不同的范围公开，主要有向社会公开、对本级公开及对所属单位公开等。

2. 财务公开形式。包括会议传达公开，文件形式公开，张贴形式公开，网络形式及其他形式公开。属于向社会公开的事项，主要通过社会媒体、税务系统门户网站等形式公开；属于内部管理的事项，主要通过办公会、群众代表会、干部职工大会和公告栏、内部网站等形式公开；属于对所属单位公开的事项，通过政策法规文件、财务工作会议及系统网站等形式进行公开。

3. 财务公开类型。包括主动公开和依申请公开。主动公开的财务事项由各单位政务公开领导小组依据有关规定确定。依申请公开由申请人根据需要，向税务系统有关单位申请获取相关财务公开信息，单位政务公开领导小组要审查申请材料、研究分析申请内容、妥善处理遇到的问题并确定是否公开。对符合规定需要公开的，要及时向申请人公开，属于涉密、制作过程中不存在的或不属于本部门公开的信息要明确告知申请人。对一些要求公开项目较多的申请，按照“一事一申请”原则进行公开。

4. 财务公开时间。应与要公开的财务事项的内容及类型相适应，日常性工作内容定期公开；阶段性工作内容逐段公开；临时性工作内容及时公开；涉及职工切身利益的财务事项随时公开。

二 财务监督

【知识点1】财务监督概述

1. 财务监督管理，是指以税务系统各级财务部门为发起或实施主体，对本级或下级落实中央严肃财经纪律要求和税务总局工作部署，以及财务管理法律法规和制度规定的执行情况进行监督、指导、提醒、评价的活动。

2. 财务监督管理包括财务事项自查自纠、财务监督检查、财务监督检查结果运用。

【知识点2】财务监督管理的原则

1. 合法性原则。财务监督管理应以国家有关法律、法规及财务制度为依据，按照相应的程序操作。

2. 客观性原则。财务监督部门或人员在对财务活动进行监督时，应保持客观、公正的立场，依据事实和标准，实事求是进行监督、分析、判断和评价，做到定量准确，定性恰当。

3. 多元性原则。将财务部门日常监督与审计、纪检监察、巡视巡察及专业性工作检查相结合，将事前监督、事中监督和事后监督相结合，充分发挥各类监督的作用，使单位的一切财务活动均置于有效的监督之下，从而保证单位财务活动的合法、合规，保证财政资金的合理有效使用，保证财经纪律和财务制度的有效执行。

4. 经常性原则。财务监督管理应持续、稳定地进行，贯穿于财务活动的各个环节、各个方面，做到时时有监督，处处有监督，及时发现财务管理制度上的漏洞和财务管理工作中存在的问题，并及时加以纠正，防止国有资产损失浪费，防止财政资金低效使用，防止违反财经制度和廉洁自律规定的行为滋生蔓延。

5. 针对性原则。财务监督管理应有明确的目标，根据目标确定严明财经纪律、规范财务管理的着力点，提高监督管理的效果和质量。

6. 有效性原则。各单位应通过报告检查整改结果、完善工作机制、健全财务制度、加强协作配合等措施，及时改正监督中发现的问题，有效发挥财务监督的促进性与制约性作用，提升财务管理科学化、精细化、规范化水平。

【知识点3】财务监督检查

1. 财务监督检查，是指相关监督部门按照相关检查范围、检查要求，对各单位落实国家有关方针政策、法律法规、财务制度及财经纪律等方面情况进行的监督检查。

2. 财务监督检查的方式主要是加强上级对下级的检查督促，保证确定的检查要求执行到位，规定的检查内容有效落实。被检查单位负责人和财务部门人员应以积极主动的态度，认真落实监督部门的各项工作安排和要求，全力支持和配合检查组工作，自觉接受监督。

3. 检查前准备工作。包括以下四个方面内容：①制定检查方案。明确检查内容、检查对象、检查依据和标准、检查方式、时间安排等。②开展案头分析。充分利用信息化手段做好必要的准备工作，提取被检查单位年度预算报表、决算报表、网络版财务软件、财务内控信息化平台中相关数据，进行比对分析，了解被检查单位的总体情况和应实地检查的重点内容，提高实地检查的针对性。③开展业务培训。在开展实地检查前，对检查组人员进行业务培训，依据检查任务拟订培训内容，讲解业务政策、检查重点、方式方法和工作要求。④下达检查通知书。提前向被检查单位下达检查通知，告知检查内容、工作安排、应提供的资料和有关要求。

4. 开展实地检查。根据制定的检查方案，对被检查单位财务管理情况等进行检查。包括：听取被检查单位工作汇报。查阅被检查单位财务管理制度，与财务重大事项相关的会议记录，预决算、财务收支、银行账户、国库集中支付、财政票据、非税收入管理、资产、基建项目管理中形成的各种文件、资料。查阅会计凭证、会计账簿、会计报表等。查询分析与检查内容有关的信息系统电子文档和数据等。工作组应深入调查、核实与重点检查内容相关的情况，必要时可对有关情况进行延伸检查。

5. 编制工作底稿。工作组实施必要的检查程序后，应及时将发现的情况予以记录，运用审核、观察、询问等方法，获取充分、可靠的证据，制作工作底稿，并由被检查单位确认。

6. 交换意见。检查工作组对检查情况进行汇总，分析总结、提出建议，并向被检查单位反馈。

7. 总结汇报。根据监督检查工作底稿、被检查单位书面意见或说明等相关材料，在综合分析、归纳、整理、核对的基础上，形成检查报告。报告应做到定量准确、定性适度、评价公正。

>> 第十节 机关事务管理

一 机关事务管理基础

【知识点 1】机关事务管理的概念

1. 机关事务管理是为保证机关职能活动有效开展，对为之提供服务的人、财、物实施有效管理的活动。可以概括为管理、保障和服务三大体系，其中管理是基础、保障是目的、服务是手段。它与政务工作相辅相成、缺一不可。

2. 机关事务管理部门既负责本机关事务工作的管理，又承担着对下级机关事务管理机构工作的指导和监督。

【知识点 2】机关事务管理的特点

1. 服务性。机关事务管理的服务性是由其基本职能所决定的，机关事务工作是为保障机关职能活动需要服务的。从这个意义上讲，服务的优劣，应当成为衡量和评价机关事务管理工作的最基本的标准。

2. 综合性。机关事务管理的综合性体现在三个方面：一是工作涉及面广，需要承担诸如公务出行、资产管理、设备维护、机关安全、食堂管理、节能环保等各项综合服务工作；二是在机关事务向社会化方向发展过程中，对服务需求和供给数量、质量以及服务效果进行综合分析、评估；三是在管理与服务的过程中，需要内联外通，既要与单位的每个职工打交道，又要与社会的有关部门保持经常性的密切联系，体现综合的协调性。

3. 群众性。机关事务管理的目的是服务广大税务干部，服务具有群众性；税务机关事务管理的过程需要依靠全体税务干部参与、配合，从而形成“人人服务，服务人人”的良性互动局面；税务机关事务管理的结果需要广大税务干部的评价与认可。

4. 技术性。随着机关事务管理的发展，管理方法和手段上技术性日趋增强。一是分工越来越细，专业技术要求越来越高；二是管理的机械化、自动化程度越来越高，要求机关事务管理具有较高的技术管理水平；三是机关事务管理信息化建设步伐越来越快，“互联网 + 事务管理”的广泛应用，必将大幅提高机关事务管理的效率。

二 物业管理

【知识点 1】物业管理的概念

物业管理，是指业主通过选聘物业服务企业，由业主和物业服务企业按照物业服务合同约定，对房屋及配套的设施、设备和相关场地进行维修、养护、管理，维护物业管理区域内的环境卫生和相关秩序的活动。

【知识点 2】物业管理的基本内容

1. 空间管理。对机关办公楼和配套房屋，应从便于工作开展的角度出发，根据使用功能，对办公室、会议室以及必要的业务用房等，合理布局，统筹安排；对各类不同用途的室内陈设，要按照相应的标准，统一配备，合理使用；对公共场所和配套设施要落实责任、加强管理。根据机关的特点、环境条件和当地的土质、气候、花木生长等情况，搞好规划设计，因地制宜，合理布局，平面绿化与垂直绿化结合，草坪、绿篱、花灌丛与乔木结合，重在增大绿化覆盖面，尽可能做到四季有花、树木常青。

2. 卫生管理。对室内卫生、公共场所卫生和公共区域卫生，采取分片包干，或专人负责，或委托物业公司等形式，落实卫生责任制，加强督促检查，确保不留卫生死角。组织灭鼠、灭蚊蝇、灭蟑螂等灭害工作，适时喷洒、投放药物。定期或不定期开展内外大扫除、检查评比、督导整改活动，促进卫生工作经常化、制度化。

3. 秩序管理。根据机关环境条件，统筹规划，建立健全管理制度，做到人、车出入有序，车辆停放有序，物料存放入库。避免车辆乱停、物料乱堆乱放，有碍观瞻、妨碍人车出入。条件不具备的，也应做到车辆停放、物料堆放整齐，方便出入，必要时通过设立明显标志进行管理。

三 安全管理与消防管理

【知识点 1】安全管理的主要内容

1. 安全管理的主要任务是对干部群众进行宣传教育，提高警惕，增强法制观念，依靠群众做好防盗、防火等工作；加强内部治安管理，维护好机关内部秩序；严格各项安全防范措施，保障要害部位的安全，如存放机密文件、档案、票证、重大涉税案件资料等部门，以及财会室、电子计算机控制中心等关键部位；协助公安机关侦破重大案件、查处治安案件以及其他任务等。

2. 安全管理的基本要求：

（1）明确岗位责任。根据“谁主管，谁负责”的基本原则，将安全管理工作的总要求和具体指标列为税务机关管理工作的一项重要内容。机关领导对机关的安全负责，下级对上级负责，个人对集体负责，保证各自职责内安全目标的实现。充分调动广大干部对机关安全保卫工作的积极性，形成人人关心安全，处处安全有人管的局面。

（2）建立规章制度。税务机关应本着既有利于严格管理，又有利于各项工作和业务活动顺利进行的原则，在加强安全教育的基础上，建立健全各种必要的安全规章制度。安全规章制度建立后，要经常检查贯彻执行情况，要注意发现执行中存在的问题和出现的情况，及时对已有的规章制度加以补充完善，并根据需要建立新的安全管理制度。

（3）配备必要设施。根据重要部位、易燃易爆部位、防火部位、易发案部位和治安复杂场所等保卫对象和目标的实际情况，安装、使用相应性能的安全防范装备、设备。在一些重点要害部位，如机密文件档案室、财会室、发票库房、危险物品库及易燃易爆、易发生火灾等部位，应安装使用报警、监控等必要技术防范设施，确保国家机密和财产的安全。

（4）开展常态检查。对重点部位、易燃易爆部位、防火部位、易发案部位和治安复杂场所，经常进行安全检查，及时发现隐患、漏洞、不安全因素，并采取有力措施及时整改。健全值班制度，特别是节假日期间的值班制度，切实加强安全保卫工作。安全检查应边查边改，狠抓整改落实，对检查发现的隐患特别是重大隐患，及时报告本级和上级领导以及公安机关。同时，要协助有关职能部门研究制定整改措施，督促有关部门立即整改。

【知识点2】消防管理的基本知识

1. 各单位每年要组织一次针对干部职工的消防安全教育，提高干部职工的自防、自救能力。安全防火教育必须做到人人参加。应采取多种形式宣传防火知识，让每一位干部职工掌握基本防火知识和技能。机关事务管理部门应制定灭火和应急疏散预案，并由各级机关事务管理部门适时组织开展消防安全培训和演练。

2. 各单位要建立重点要害部位的防火安全制度，明确各级机关职能部门防火安全的职责，签订消防安全责任书，扎实做好防火安全工作。

3. 各单位确定的消防安全重点部位，应设置明显的防火标志，无关人员不得擅自进入。工作人员必须严格按操作规程执行，进出实行登记制度。

4. 各单位要加强用电管理，办公区域内不得随意乱拉乱接电源，一切电器设备的安装、使用和线路、管路的设计、敷设必须符合国家有关消防安全技术规定和防火要求。严禁超负荷和违章作业，做到人离电源关闭。

5. 做好易燃易爆、电器用具、煤气用具的管理工作。办公楼、营业场所内，禁止存放易燃易爆等危险品；严禁擅自使用大功率电器用具；对存放易燃易爆物品部位，必须设有明显的防火标志，并配置消防器材。

6. 办公楼、营业场所必须保障疏散通道、安全出口的畅通无阻，按国家消防规定设置消防安全疏散标志，不准在消防通道里堆放物品、杂物等。办公楼、营业场所应建立禁烟规定，划分吸烟范围。对重要部门或要害部位，应设置醒目的禁烟标志，严禁在办公楼和营业场所内游动吸烟和乱丢烟蒂。

7. 各级机关管理人员应了解办公大楼的布局，熟悉和掌握消防系统的工作原理及操作。

【知识点3】消防管理的监督检查

1. 各单位每逢法定节假日和重大活动期间，都应结合安全检查组织防火安全大检查，并认真填写检查记录。各级机关领导应亲自组织和参加防火检查；各级机关事务管理部门要把防火检查列入安全检查的重要内容，并纳入绩效考核，发现问题及时汇报、提出处理意见（留有检查记录）；各部门或兼职消防安全员，每天都要对本单位的防火安全进行检查，发现隐患要及时整改或向上级有关部门汇报，请求帮助解决。实行每月防火巡查，并建立巡查记录。

2. 灭火器使用方法。一是室外使用时占据上风；二是去除铅封、拔出保险销；三是一手托住瓶底，一手握住提把用力压下压把，对准燃烧物；四是逐步靠近燃烧区，使灭火剂始终喷射在燃烧物上；五是使用时，灭火器保持直立，不可颠倒或者横卧；六是中途不要松开开启压把，否则会中断喷射。

四 车辆管理

【知识点1】公务用车概述

1. 公务用车，是指党政机关配备的用于定向保障公务活动的机动车辆，包括机要通信用车、应急保障用车、执法执勤用车、特种专业技术用车以及其他按照规定配备的公务用车。

2. 机要通信用车是指用于传递、运送机要文件和涉密载体的机动车辆。

3. 应急保障用车是指用于处理突发事件、抢险救灾或者其他紧急公务的机动车辆。

4. 执法执勤用车是指中央批准的执法执勤部门（系统）用于一线执法执勤公务的机动车辆。

5. 特种专业技术用车是指固定搭载专业技术设备、用于执行特殊工作任务的机动车辆。

【知识点2】公务用车编制及配备管理

1. 公务用车实行编制管理，编制数量和配备标准根据各部门、各单位实际工作情况科学确定，优先选用新能源汽车。执法执勤用车配备应当严格限制在一线执法执勤岗位，机关内部管理岗位以及机关所属事业单位一律不得配备。除涉及国家安全、侦查办案等有保密要求的特殊工作用车外，执法执勤用车应当喷涂明显的统一标识。

2. 党政机关配备公务用车应当严格执行以下标准：

（1）机要通信用车配备价格12万元以内、排气量1.6升（含）以下的轿车或者其他小型客车。

（2）应急保障用车和其他按照规定配备的公务用车配备价格18万元以内、排气量1.8升（含）以下的轿车或者其他小型客车。确因情况特殊，可以适当配备价格25万元以内、排气量3.0升（含）以下的其他小型客车、中型客车或者价格45万元以内的大型客车。

（3）执法执勤用车配备价格12万元以内、排气量1.6升（含）以下的轿车或者其他小型客车，因工作需要可以配备价格18万元以内、排气量1.8升（含）以下的轿车或者其他小型客车。确因情况特殊，可以适当配备价格25万元以内、排气量3.0升（含）以下的其他小型客车、中型客车或者价格45万元以内的大型客车。

（4）特种专业技术用车配备标准由有关部门会同财政部门按照保障工作需要、厉行节约的原则确定。

3. 公务用车配备新能源轿车的，价格不得超过18万元。

【知识点3】公务用车使用管理

1. 加强公务用车集中管理，严格按机要通信、应急、特种专业技术用车和符合规定的一线执法执勤岗位车辆及其他车辆统一调度使用，并严格执行公务派车审批制度，分级负责，层层把关，不得以任何理由违反用途使用或固定给个人使用执法执勤、机要通信等公务用车，不得既领取公务交通补助又违规乘坐公务用车。对公务出行租用车辆，视同公务用车进行管理。

2. 严格公务用车使用登记和公示制度，严格登记和公示用车时间、事由、地点、里程、油耗、费用等信息。严格实行回单位停放制度，节假日期间除特殊工作需要外，应当封存停驶。除涉及国家安全、侦查办案等有保密要求的特殊工作用车外，条件具备的可对保留公务用车安装北斗导航等车辆定位系统辅助管理。

3. 公务用车保险、维修、加油应该实行政府集中采购。

五 食堂管理

【知识点1】食堂管理的基本内容

1. 机关事务管理部门应具有与食堂经营的食品品种、数量相适应的食品原料处理和食品加工、包装、贮存等场所，食堂场所要保持环境整洁，并应与有毒、有害场所以及其他污染源保持规定的距离。机关事务管理部门应具有与食堂经营的食品品种、数量相适应的生产经营设备或者设施，并有相应的消毒、更衣、盥洗、采光、照明、通风、防腐、防尘、防蝇、防鼠、防虫、洗涤以及处理废水、存放垃圾和废弃物的设备或者设施。

2. 各单位应有食品安全专业技术人员、管理人员和保证食品安全的规章制度。供餐人数500人以上的食堂应设置食品安全管理机构并配备专职食品安全管理人员。其他食堂应配备专职或兼职食品安全管理人员。

【知识点2】食品安全管理制度

1. 食品安全制度主要包括：从业人员健康管理制度和培训管理制度，加工经营场所及设施设备清洁、消毒和维修保养制度，食品、食品添加剂、食品相关产品采购索证索票、进货查验和台账记录制度，关键环节操作规程，餐厨废弃物处置管理制度，食品安全突发事件应急处置方案，投诉受理制度以及食品药品监管部门规定的其他制度。食堂应具有合理的设备布局和工艺流程，要防止待加工食品与直接入口食品、原料与成品交叉污染，避免食品接触有毒物、不洁物。餐具、饮具和盛放直接入口食品的容器，使用前应当洗净、消毒，炊具、用具用后应当洗净，保持清洁。

2. 贮存、运输和装卸食品的容器、工具和设备应当安全、无害，保持清洁，防止食品污染，并符合保证食品安全所需的温度等特殊要求，不得将食品与有毒、有害物品一同运输。

3. 直接入口的食品应当有小包装或者使用无毒、清洁的包装材料、餐具。

对超过100人就餐的食堂，每餐次的食品成品应留样。留样食品应按品种分别盛放于清洗消毒后的密闭专用容器内，并放置在专用冷藏设施中，在冷藏条件下存放48小时以上，每个品种留样量应满足检验需要，不少于100克，并记录留样食品名称、留样量、留样时间、留样人员、审核人员等。

4. 食堂从业人员健康管理要求：从业人员在上岗前应取得健康证明；每年进行一次健康检查，必要时进行临时健康检查；患有痢疾、伤寒、甲型病毒性肝炎、戊型病毒性肝炎等消化道传染病，以及患有活动性肺结核、化脓性或者渗出性皮肤病等有碍食品安全疾病的人员，不得从事接触直接入口食品的工作；有发热、腹泻、皮肤伤口或感染、咽部炎症等有碍食品安全病症的人员，应立即离开工作岗位，待查明原因并将有碍食品安全的病症治愈后，方可重新上岗；食品生产经营人员应当保持个人卫生，生产经营食品时，应当将手洗净，穿戴清洁的工作衣、帽；销售无包装的直接入口食品时，应当使用无毒、清洁的售货工具。

5. 食堂用水应当符合国家规定的生活饮用水卫生标准；使用的洗涤剂、消毒剂应当对人体安全、无害，而且应当符合法律、法规规定的其他要求。

【知识点3】食品安全事故处置

1. 发生食品安全事故的单位应当立即予以处置，防止事故扩大。事故发生单位和接收病人进行治疗的单位应当及时向事故发生地县级卫生行政部门和上级税务机关报告。任何单位或者个人不得对食品安全事故隐瞒、谎报、缓报，不得毁灭有关证据。县级以上卫生行政部门和上级税务机关接到食品安全事故的报告后，应当立即会同有关农业行政、质量监督、工商行政管理、食品药品监督管理部门进行调查处理，并采取下列措施，防止或者减轻社会危害。

2. 机关事务管理部门要开展应急救援工作，对因食品安全事故导致人身伤害的人员，卫生行政部门应当立即组织救治，封存可能导致食品安全事故的食品及其原料，并立即进行检验；对确认属于被污染的食品及其原料，责令食品生产经营者予以召回、停止经营并销毁，同时要封存被污染的食品用工具及用具，并责令进行清洗消毒。机关事务管理部门做好信息发布工作，依法对食品安全事故及其处理情况进行发布，并对可能产生的危害加以解释、说明。

3. 发生重大食品安全事故的，上级税务机关应当立即成立食品安全事故处置指挥机构，启动应急预案，依照上述规定进行处置。

六 资产管理

【知识点 1】办公用房的基本知识

1. 党政机关办公用房，是指党政机关占有、使用或者可以确认属于机关资产的，为保障党政机关正常运行需要设置的基本工作场所，包括办公室、服务用房、设备用房和附属用房。

2. 党政机关办公用房管理应当遵循下列原则：

（1）依法合规，严格执行法律法规和党内有关制度规定，强化监督管理；

（2）科学规划，统筹机关办公和公共服务需求，优化布局和功能；

（3）规范配置，科学制定标准，严格审核程序，合理保障需求；

（4）有效利用，统筹调剂余缺，及时依规处置，避免闲置浪费；

（5）厉行节约，注重庄重朴素、经济适用，节约能源资源。

【知识点 2】使用办公用房的基本规定

1. 使用单位应当严格按照有关规定在核定面积内合理安排使用办公用房，不得擅自改变办公用房使用功能，不得调整给其他单位使用。办公用房安排使用情况应当按年度通过政务内网、公示栏等平台进行内部公示。

2. 领导干部办公用房配备情况应当按年度报机关事务管理部门备案，严禁超标准配备、使用办公用房。

3. 领导干部在不同单位同时任职的，应当在主要任职单位安排 1 处办公用房；主要任职单位与兼职单位相距较远且经常到兼职单位工作的，经严格审批后，可以由兼职单位再安排 1 处小于标准面积的办公用房，并在免去兼任职务后 2 个月内腾退兼职单位安排的办公用房。

4. 工作人员调离或者退休的，使用单位应当在办理调离或者退休手续后 1 个月内收回其办公用房。

5. 党政机关办公用房建设必须符合土地利用和城乡规划要求，从严控制用地规模，严格土地审批，节约集约用地，严禁超标准占地、低效利用土地，不得占用耕地，新建项目不得配套建设大型广场、公园等设施。

6. 党政机关办公用房建设应做到庄重、朴素、经济、适用和资源节约，不得定位为城市标志性建筑。外立面不得搞豪华装修，内装修应简洁朴素。

7. 党政机关办公用房的建设规模应根据使用单位的类别和各级别编制定员，按照规定确定建筑面积。严禁超规模、超标准、超投资建设党政机关办公用房。

8. 党政机关办公用房的建设除应符合标准外，还应符合国家关于安全、资源节约、环境保护、卫生、绿色建筑等标准和规范要求。

【知识点3】办公用房控制标准

1. 根据《党政机关办公用房建设标准》（发改投资〔2014〕2674 号），税务系统各级工作人员办公室使用面积不应超过以下规定：

（1）税务总局正司（局）级每人 24 平方米；

（2）税务总局副司（局）级每人 18 平方米；

（3）税务总局处级每人 12 平方米；

（4）税务总局科级以下（含）每人 9 平方米；

（5）省级局正司（局）级每人 30 平方米；

（6）省级局副司（局）级每人 24 平方米；

（7）省级局正处级每人 18 平方米；

（8）省级局副处级每人 12 平方米；

（9）省级局科级以下（含）每人 9 平方米；

（10）市级局正处级每人 24 平方米；

（11）市级局副处级每人 18 平方米；

（12）市级局科级以下（含）每人 9 平方米；

（13）县级局及以下正科级每人 18 平方米；

（14）县级局及以下副科级每人 12 平方米；

（15）县级局及以下科员以下每人 9 平方米。

2. 专业用房的使用面积分别依照下列标准控制掌握，其中：

（1）票证（包括增值税专用发票、普通发票等）库房，按照进驻单位分别计算：

省级局不得超过200平方米；

市级局不得超过80平方米；

县级局及以下不得超过60平方米。

（2）纳税人资料、档案室，按照进驻单位分别计算：

直接管理纳税户在1万户以上的不得超过300平方米；

直接管理纳税户在5000～1万户的不得超过200平方米；

直接管理纳税户在3000～5000户的不得超过150平方米；

直接管理纳税户在3000户以下的不得超过100平方米。

（3）服装（装备）库房按照进驻单位分别计算：

省级局不得超过50平方米；

市级局不得超过50平方米；

县级局及以下不得超过30平方米。

（4）征收服务大厅按进驻单位直接管理纳税户数合计数计算确定：

纳税户数在5000户以上的不得超过600平方米；

纳税户数在3000～5000户的不得超过400平方米；

纳税户数在3000户以下的不得超过200平方米。

3. 附属用房的使用面积，按照下列标准控制：

（1）食堂：食堂餐厅及厨房建筑面积按编制定员计算，编制定员100人及以下的，人均建筑面积为3.7平方米；编制定员超过100人的，超出人员的人均建筑面积为2.6平方米。

（2）停车库：总停车位数应满足城乡规划建设要求，汽车库建筑面积指标为40平方米/辆，超出200个车位以上部分为38平方米/辆，可设置新能源汽车充电桩；自行车库建筑面积指标为1.8平方米/辆；电动车、摩托车库建筑面积指标为2.5平方米/辆。

（3）警卫用房：宜按警卫编制定员及武警营房建筑面积标准计算，人均建筑面积为25平方米。

（4）人防设施：应按国家人防部门规定的设防范围和标准计列建筑面积，本着平战结合、充分利用的原则，在平时可以兼作地下车库、物品仓库等。

七 公务接待与会务保障管理

【知识点1】公务接待管理

1. 国内公务，是指出席会议、考察调研、执行任务、学习交流、检查指导、请示汇报工作等公务活动。

2. 国内公务接待应当坚持有利公务、务实节俭、严格标准、简化礼仪、高效透明、尊重少数民族风俗习惯的原则。

3. 各级税务机关公务接待保障应严格规范执行税务机关国内公务接待制度。公务外出确需接待的，派出单位应当向接待单位发出公函，告知内容、行程和人员。收到对应公函的各级税务机关所属单位为接待单位。机关事务管理部门为机关公务接待保障单位。无公函的公务活动和来访人员一律不予接待。

4. 不得在机场、车站、码头和辖区边界组织迎送活动，不得跨地区迎送，不得张贴悬挂标语横幅，不得安排群众迎送，不得铺设迎宾地毯，地区、部门主要负责人不得参加迎送。严格控制陪同人数，不得层层多人陪同。接待单位安排的活动场所、活动项目和活动方式，应当有利于公务活动开展。安排外出考察调研的，应当深入基层、深入群众，不得走过场、搞形式主义。

5. 公务接待实行审批制度。接待单位一般应填报各级税务机关公务接待审批单，履行审批手续后，凭审批单通知机关事务管理部门具体统筹安排。

6. 接待住宿应当严格执行差旅、会议管理的有关规定，在定点饭店或者机关内部接待场所安排，执行协议价格。出差人员住宿费应当回本单位凭据报销，与会人员住宿费按会议费管理有关规定执行。

7. 接待对象应当按照规定标准自行用餐。确因工作需要，接待单位可以安排工作餐一次，并严格控制陪餐人数。接待对象在10人以内的，陪餐人数不得超过3人；接待对象超过10人的，陪餐人数不得超过接待对象人数的1/3。工作餐应当安排家常菜，不得安排鱼翅、燕窝等高档菜肴和用野生保护动物制作的菜肴，不得提供香烟和高档酒水，不得到私人会所、高消费餐饮场所用餐。

【知识点2】会务保障管理

1. 根据《中央和国家机关会议费管理办法》（财行〔2016〕214号）的

会议分类，税务系统会议分为二、三、四类会议：

二类会议，是指税务总局召开的全国税务工作会议，要求各省、自治区、直辖市和计划单列市税务局主要负责同志参加。

三类会议，是指税务总局及其内设机构召开的专业性会议及各省税务局召开的每年一次的年度工作会议。

四类会议，是指除二、三类会议以外的其他业务性会议，包括税务总局内设机构召开或各省税务局及其下属各单位召开的小型业务会、研讨会、座谈会、评审会等。

2. 二类会议。税务总局按《中央和国家机关会议费管理办法》（财行〔2016〕214 号）规定程序和要求，于每年 12 月底前，将下一年度的会议计划（包括会议名称、召开的理由、主要内容、时间地点、代表人数、工作人员数、所需经费及列支渠道等）送财政部审核会签，经中共中央办公厅、国务院办公厅审核批准后召开。二类会议原则上每年不超过 1 次。

3. 三类会议。建立会议计划编报和审批制度。各单位应于每年 11 月底前将下一年度会议计划（包括会议数量、会议名称、召开理由、主要内容、时间地点、代表人数、工作人员数、所需经费及列支渠道等），提交本单位局长办公会或党委会审批后执行。

4. 四类会议。经本单位分管局领导审核后列入单位年度会议计划。年度会议计划一经批准，原则上不得调整。对党中央、国务院交办等确需临时增加的会议，按规定程序报批。

5. 严格控制会议时间。二、三、四类会议会期均不得超过 2 天，传达、布置类会议会期不得超过 1 天。会议报到和离开时间，二、三类会议合计不得超过 2 天，四类会议合计不得超过 1 天。

6. 严格控制会议规模。二类会议，参会人员不得超过 300 人，其中，工作人员控制在会议代表人数的 15% 以内，一般不邀请中央部门和地方政府负责同志出席；三类会议，参会人员不得超过 150 人，其中，工作人员控制在会议代表人数的 10% 以内；四类会议，参会人员视内容而定，一般不得超过 50 人。

7. 会议实行定点管理。会议应当在四星级以下（含四星）定点饭店召开，按照协议价格结算费用。未纳入定点范围，价格低于会议综合定额标准的单位内部会议室、礼堂、宾馆、招待所、培训中心、税务干部学校，可优先作为会议场所。不得到党中央、国务院明令禁止的风景名胜区召开会议。无外地代表且会议规模能够在单位内部会议室安排的会议，原则上在单位内部会议室召开，不安排住宿。

8. 严禁借会议名义组织会餐或安排宴请；严禁套取会议费设立“小金库”；严禁在会议费中列支公务接待费；严格执行会议用房标准，不得安排高档套房；会议用餐严格控制菜品种类、数量和分量，一般安排自助餐。严禁提供高档菜肴，不安排宴请，不上烟酒；会议会场一律不摆花草，不制作背景板，不提供水果。

9. 不得使用会议费购置电脑、复印机、打印机、传真机等固定资产以及开支与本次会议无关的其他费用；不得组织会议代表旅游和进行与会议无关的参观；严禁组织高消费娱乐、健身活动；严禁以任何名义发放纪念品；不得额外配发洗漱用品。

八 节约型机关建设

【知识点 1】节约型机关的基本知识

1. 在全国税务系统广泛开展“五个绿色”行动，即绿色建筑行动、绿色办公行动、绿色食堂行动、绿色信息行动、绿色文化行动。

2. 倡导“三个力争”工作，即力争在全国税务系统内培育 1000 家单位参与“节约型公共机构示范单位”创建活动、创建 200 家“节约型公共机构示范单位”、1 家“公共机构能效领跑者”单位。

3. 完成“三个下降”目标，即以 2015 年能源资源消费指标为基数，实现人均综合能耗下降 11%、单位建筑面积能耗下降 10%、人均用水量下降 15%。

【知识点 2】节约型机关的主要任务

1. 搭建节能减排组织体系，强化组织保障。各单位要高度重视节能减排工作，成立节能减排工作领导小组，由局领导担任组长，机关服务中心、办公室、财务部门、督察内审部门及重点用能部门负责人参加，领导小组办公室设在机关服务中心或相应机构，统筹做好节能减排工作。税务总局适时召开全国税务系统节能减排工作会议，部署节能减排和“节约型公共机构示范单位”创建工作。

2. 完善节能减排制度体系，加强政策支撑。全面梳理国家节能减排工作有关文件和政策规定，形成节能减排工作制度汇编，印发基层单位，确保各级机关节能减排工作有据可依、有章可循。税务总局将研究制定节能减排专项资金使用管理办法和绿色采购规定，保障节能减排资金的投入和使用。各单位要主动协调有关部门，严格执行节能环保产品政府强制采购制度，将新能源汽车等节能产品纳入政府采购目录；鼓励各级机关使用再生纸张等节能、节水、节材产品，将绿色产品采购情况纳入税务部门政府采购检查的重点内容。

3. 建立能源资源消费统计体系，夯实数据基础。一是强化统计器具配备。按照《中华人民共和国节约能源法》《公共机构节能条例》（中华人民共和国国务院令第 531 号）和《公共机构能源资源计量器具配备和管理要求》（GB/T 29149—2012）的规定，按照“分户彻底、分区规范、分项合理、应配尽配”的原则，配备和使用经依法检测合格的能源计量器具，并对能源资源消耗状况进行实时监测，及时纠正浪费能源现象。二是狠抓能源资源消费统计工作。按照《公共机构能源资源消费统计制度》（国管节能〔2017〕316 号）的要求，指定专人负责能耗统计工作，如实记录能源资源消费统计数据，建立统计台账。应用国家机关事务管理局开发的能耗统计信息系统，加强各级机关能耗数据网上申报统计和数据会审，完善能耗统计报告和分析机制。鼓励各级机关根据税务总局提出的总体建设规划和指导建议，因地制宜地建立能源管理系统。

4. 建立节能减排人才管理体系，培育管理人才。一是在后勤管理人才库中专设节能减排人才子库。立足全国税务系统节能减排工作中长期目标，对节能减排人才发展目标、培养重点和步骤做出符合实际的规划，确定人才储备类型和管理机制。结合全国税务系统后勤人才库建设，着力培养节能减排专业管理人才，2018 年 6 月底前完成各级机关节能减排人才摸底工作，2019 年底前完成省税务机关节能减排人才子库组建工作。二是开展节能减排业务培训。组织分管节能减排工作领导专业培训，进一步丰富领导层节能知识，提高领导工作能力。组织省局联络员、统计员进行操作技能培训，强化承办人员工作能力。三是开展创建示范单位巡回辅导活动。根据“节约型公共机构示范单位”创建工作安排，对确定为“节约型公共机构示范单位”和“公共机构能效领跑者”的单位进行巡回辅导，邀请专家进行专业指导，组织开展初评验收，提高验收的通过率。

5. 强化内部上下联动。建立税务总局全面统筹、省税务机关大力推进、地市税务机关广泛参与的三级联动机制，形成节能减排工作的大格局。倡导节能减排工作与日常税收工作同部署、齐推进，避免节能减排与日常税收工作脱节或相互掣肘，形成双促共赢的工作局面。

6. 扩大外部横向合作。税务总局鼓励和引导各级税务机关与所在地政府机关事务管理部门加强联系，充分发挥地方政府主管部门的专业优势和指导作用，争取地方政府财力进行节能改造，借助培训师资、技改资金、设备资源和奖励政策等，促进全国税务机关与地方部门发展融合。探索后勤服务新机制，积极运用合同能源管理、融资租赁等模式，推进后勤服务市场化管理和节能减排工作的创新发展。鼓励各级税务机关在后勤培训计划中增加节能减排案例教学和经验交流，扩大工作视角，拓宽管理思路。

7. 参与示范单位创建。以实现科学合理消费和提高税务机关能源利用效率为核心，以节电、节水、节油、节气、节约用纸等为主要内容，推动省、地市税务机关参与国家级示范单位创建工作。鼓励参与省级“节约型公共机构示范单位”创建工作，积极开展节约型税务机关创建活动，为创建全国示范单位打下良好基础。

8. 推进绿色食堂创建。推广食堂节能节水餐饮设备，开展食堂节能高效油烟净化改造，降低油烟排放污染；推进餐厨废弃物资源化利用，鼓励机关安装餐厨废弃物就地资源化处理设备。制定绿色食堂评价标准，加强食堂节粮、节能、节水精细化管理，倡导绿色采购方式，努力降低食堂运行成本。

9. 狠抓垃圾分类管理。推进机关办公区生活垃圾分类管理，完善垃圾分类标志，配备标志清晰的分类收集容器。落实生活垃圾分类工作主体责任，完善生活垃圾分类、投放、收运、处置等制度，明确内部管理岗位和职责，建立垃圾分类督导员队伍。

10. 深化数据中心改造。加强新技术、新设备的使用，提高信息技术设备能效利用率，在保持运算和存储能力的前提下，降低设备能耗；加强各级税务机关数据中心运维管理，降低制冷系统、电力供应系统和照明配套设施能耗，切实降低 PUE 值（数据中心总设备能耗/IT 设备能耗）。

【知识点3】节约型税务机关建设的具体措施

1. 建立节能联络员制度。各级税务机关应指定专人负责收集、整理、传递本单位节能工作信息，协调督促按时报送能源资源消费统计情况，分析能耗数据和反馈节能工作动态，提出推进本单位节能工作的意见和建议。

2. 加强节能工作业务培训。各级税务机关应结合实际，组织开展能源统计报送、节能管理、节能法规政策等业务培训，大力普及节能减排知识，宣传国家最新的节能减排政策，提高干部职工节能意识。开展交流，学习借鉴其他单位先进节能技术和管理经验，推进本单位节能减排工作。

3. 细化节能标准和管理要求。从一滴水、一张纸、一滴油、一度电、垃圾分类等环节入手设置节能标准，在重点区域设置提示标识，用严格的制度规范节能工作。加强技术改造，推行无纸化办公等节能措施。

4. 创新节能工作载体。鼓励基层单位以低碳、环保、绿色、共享为理念，组织开展“无车日”“无车周”“无水日”“无电日”、能源紧缺体验等主题实践活动，培养节能习惯，打造节能活动品牌，引领全系统节能减排工作有序开展，营造浓厚的节能工作氛围。

5. 开展绿色系列行动。推动建筑绿色化改造，组织开展节约型办公区建设，实施办公区综合节能评价，有针对性地实施节能节水综合改造，推进办公建筑绿色化改造试点示范。开展绿色办公行动，实行办公环境绿色化，减少使用一次性办公用品。开展绿色出行，推行应用新能源汽车。开展绿色食堂行动，推广食堂节能节水设备、高效油烟净化设施和餐厨垃圾处理设备，促进厨房废弃物资源化利用。开展绿色信息行动，加强数据中心机房节能管理，实施数据中心机房节能改造，提高节能管理水平。开展绿色文化行动，加强节约能源资源和生态文明建设宣传教育，广泛开展“节能宣传周”“中国水周”“全国低碳日”等主题宣传活动，推进机关生活垃圾分类，引导干部职工树立生态文明理念。

6. 强化节水管理。开展水资源利用论证和水平衡分析，建立健全节水管理制度。加强用水指标管理，定期检查维护供水系统，杜绝“跑、冒、滴、漏”现象。

7. 开展示范单位创建工作。推动税务系统开展“节约型公共机构示范单位创建”工作。开展示范单位动态管理，开展经验交流、典型案例推广活动，发挥示范单位效应。

8. 完善资源回收利用长效机制。继续推进废旧电子产品、办公用品等循环综合利用，加强废旧商品、生活垃圾等分类收集，到2020年，废旧商品回收利用率力争达到80%以上。

9. 优先绿色采购。严格执行节能环保产品政府强制采购制度，优先采购节能、节水、节材产品。

10. 提倡绿色办公。推广办公电子化、无纸化，减少纸质文件、资料印发数量，减少使用签字笔、纸杯等一次性办公用品。倡导高峰时段每天少开1小时空调，使用空调时关好门窗，严格执行空调设定温度夏季不低于26摄氏度、冬季不高于20摄氏度。提倡高层建筑电梯分段运行或隔层停开，上下两层楼不乘电梯。开展“零待机”能耗活动，推广节能插座等降低待机能耗的技术产品。

九 机关事务管理社会化改革

【知识点1】社会化改革的主要内容

1. 《机关事务管理条例》（中华人民共和国国务院令第621号）明确规定，各级人民政府应当推进机关后勤服务、公务用车和公务接待服务等工作的社会化改革，建立健全相关管理制度。这是自改革开放逐步推进机关事务改革以来，首次以国务院法规形式对机关事务工作社会化改革提出了明确要求。

2. 机关事务管理社会化，是指机关事务工作要适应社会主义市场经济的特点和要求，充分发挥市场在资源配置中的决定性作用，打破相对封闭的传统管理模式，面向社会有偿购买服务，不断提升机关事务管理能力，满足机关高效有序运转的需求。

3. 政府购买服务，是指通过发挥市场机制作用，把政府直接提供的一部分公共服务事项以及政府履职所需服务事项，按照一定的方式和程序，交由具备条件的社会力量和事业单位承担，并由政府根据合同约定向其支付费用。

4. 政府购买服务的原则：

（1）积极稳妥，有序实施。从实际出发，准确把握社会公共服务需求，充分发挥政府主导作用，探索多种有效方式，加大社会组织承接政府购买服务支持力度，增强社会组织平等参与承接政府购买公共服务的能力，有序引导社会力量参与服务供给，形成改善公共服务的合力。

（2）科学安排，注重实效。突出公共性和公益性，重点考虑、优先安排与改善民生密切相关、有利于转变政府职能的领域和项目，明确权利义务，切实提高财政资金使用效率。

（3）公开择优，以事定费。按照公开、公平、公正原则，坚持费随事转，通过公平竞争择优选择方式确定政府购买服务的承接主体，建立优胜劣汰的动态调整机制。

（4）改革创新，完善机制。坚持与事业单位改革、社会组织改革相衔接，推进政事分开、政社分开，放宽市场准入，凡是社会能办好的，都交给社会力量承担，不断完善体制机制。

5. 政府购买服务的主要内容：

（1）涉及主体。政府购买服务涉及两个主体，即购买主体和承接主体。购买主体即政府购买服务的主体，是各级行政机关和具有行政管理职能的事业单位。承接主体即承接政府购买服务的主体，包括在登记管理部门登记或经国务院批准免予登记的社会组织、按事业单位分类改革应划入公益二类或转为企业的事业单位，依法在工商管理或行业主管部门登记成立的企业、机构等社会力量。

（2）承接主体条件。政府购买服务的承接主体应具备一定条件：依法设立，具有独立承担民事责任的能力；治理结构健全，内部管理和监督制度完善；具有独立、健全的财务管理、会计核算和资产管理制度；具备提供服务所必需的设施、人员和专业技术能力；具有依法缴纳税收和社会保障资金的良好记录；前三年内无重大违法记录，通过年检或按要求履行年度报告公示义务，信用状况良好，未被列入经营异常名录或者严重违法企业名单；符合国家有关政事分开、政社分开、政企分开的要求；法律、法规规定以及购买服务项目要求的其他条件。

（3）购买方式。购买主体应当根据购买内容的供求特点、市场发育程度等因素，按照方式灵活、程序简便、公开透明、竞争有序、结果评价的原则组织实施政府购买服务。购买主体应当按照《政府采购法》的有关规定，采用公开招标、邀请招标、竞争性谈判、单一来源采购等方式确定承接主体。

与政府购买服务相关的采购限额标准、公开招标数额标准、采购方式审核、信息公开、质疑投诉等按照政府采购相关法律制度规定执行。

（4）购买程序。购买主体应当在购买预算下达后，根据政府采购管理要求编制政府采购实施计划，报同级政府采购监管部门备案后开展采购活动。购买主体应当及时向社会公告购买内容、规模、对承接主体的资质要求和应提交的相关材料等相关信息。按规定程序确定承接主体后，购买主体应当与承接主体签订合同，并可根据服务项目的需求特点，采取购买、委托、租赁、特许经营、战略合作等形式。合同应当明确购买服务的内容、期限、数量、质量、价格等要求，以及资金结算方式、双方的权利义务事项和违约责任等内容。购买主体应当加强购买合同管理，督促承接主体严格履行合同，及时了解掌握购买项目实施进度，严格按照国库集中支付管理有关规定和合同执行进度支付款项，并根据实际需求和合同规定积极帮助承接主体做好与相关政府部门、服务对象的沟通、协调。

（5）承接主体的义务。承接主体应当按合同履行提供服务的义务，认真组织实施服务项目，按时完成服务项目任务，保证服务数量、质量和效果，主动接受有关部门、服务对象及社会监督，严禁转包行为。承接主体完成合同约定的服务事项后，购买主体应当及时组织对履约情况进行检查验收，并依据现行财政、财务管理制度加强管理。

【知识点 2】《中华人民共和国劳动合同法》（以下简称《劳动合同法》）的主要内容

1. 中华人民共和国境内的企业、个体经济组织、民办非企业单位等组织（以下称用人单位）与劳动者建立劳动关系，订立、履行、变更、解除或者终止劳动合同，适用劳动合同法。国家机关、事业单位、社会团体和与其建立劳动关系的劳动者，订立、履行、变更、解除或者终止劳动合同，依照《劳动合同法》执行。

2. 用人单位应当依法建立和完善劳动规章制度，保障劳动者享有劳动权利、履行劳动义务。用人单位在制定、修改或者决定有关劳动报酬、工作时间、休息休假、劳动安全卫生、保险福利、职工培训、劳动纪律以及劳动定额管理等直接涉及劳动者切身利益的规章制度或者重大事项时，应当经职工代表大会或者全体职工讨论，提出方案和意见，与工会或者职工代表平等协商确定。

3. 用人单位自用工之日起即与劳动者建立劳动关系。建立劳动关系，应当订立书面劳动合同。订立劳动合同，应当遵循合法、公平、平等自愿、协商一致、诚实信用的原则。已建立劳动关系，未同时订立书面劳动合同的，应当自用工之日起一个月内订立书面劳动合同。用人单位与劳动者在用工前订立劳动合同的，劳动关系自用工之日起建立。用人单位与劳动者协商一致，可以订立固定期限劳动合同、无固定期限劳动合同和以完成一定工作任务为期限的劳动合同。

4. 用人单位与劳动者协商一致，可以订立无固定期限劳动合同。有下列情形之一，劳动者提出或者同意续订、订立劳动合同的，除劳动者提出订立固定期限劳动合同外，应当订立无固定期限劳动合同：①劳动者在该用人单位连续工作满 10 年的；②用人单位初次实行劳动合同制度或者国有企业改制重新订立劳动合同时，劳动者在该用人单位连续工作满 10 年且距法定退休年龄不足 10 年的；③连续订立二次固定期限劳动合同，且劳动者无《劳动合同法》第三十九条和第四十条第一项、第二项规定的情形，续订劳动合同的。

5. 用人单位自用工之日起满 1 年不与劳动者订立书面劳动合同的，视为用人单位与劳动者已订立无固定期限劳动合同。同时，在法律责任中规定：用人单位违反《劳动合同法》规定不与劳动者订立无固定期限劳动合同的，自应当订立无固定期限劳动合同之日起向劳动者每月支付二倍的工资。

6. 劳动合同期限 3 个月以上不满 1 年的，试用期不得超过 1 个月；劳动合同期限 1 年以上不满 3 年的，试用期不得超过 2 个月；3 年以上固定期限和无固定期限的劳动合同，试用期不得超过 6 个月。同一用人单位与同一劳动者只能约定一次试用期。以完成一定工作任务为期限的劳动合同或者劳动合同期限不满 3 个月的，不得约定试用期。

7. 在试用期中，除劳动者有不符合录用条件、有违规违纪违法行为，不能胜任工作等情形外，用人单位不得解除劳动合同。用人单位在试用期解除劳动合同的，应当向劳动者说明理由。同时，在法律责任中规定：用人单位违反《劳动合同法》规定与劳动者约定试用期的，由劳动行政部门责令改正；违法约定的试用期已经履行的，由用人单位以劳动者试用期满月工资为标准，按已经履行的超过法定试用期的期间向劳动者支付赔偿金。

8. 用人单位与劳动者协商一致，可以解除劳动合同。劳动者提前 30 日以书面形式通知用人单位，可以解除劳动合同。劳动者在试用期内提前 3 日通知用人单位，可以解除劳动合同。

9. 用人单位有下列情形之一的，劳动者可以解除劳动合同：①未按照劳动合同约定提供劳动保护或者劳动条件的；②未及时足额支付劳动报酬的；③未依法为劳动者缴纳社会保险费的；④用人单位的规章制度违反法律、法规的规定，损害劳动者合法权益的；⑤因用人单位过错致使劳动合同无效的；⑥法律、行政法规规定劳动者可以解除劳动合同的其他情形。

10. 劳务派遣单位应当与被派遣劳动者订立 2 年以上的固定期限劳动合同，按月支付劳动报酬；被派遣劳动者在无工作期间，劳务派遣单位应当按照所在地人民政府规定的最低工资标准，向其按月支付报酬。劳务派遣单位应当将劳务派遣协议的内容告知被派遣劳动者。劳务派遣单位不得克扣用工单位按照劳务派遣协议支付给被派遣劳动者的劳动报酬。劳务派遣单位和用工单位不得向被派遣劳动者收取费用。

11. 被派遣劳动者享有与用工单位的劳动者同工同酬的权利。用工单位无同类岗位劳动者的，参照用工单位所在地相同或者相近岗位劳动者的劳动报酬确定。劳务派遣一般在临时性、辅助性或者替代性的工作岗位上实施。

12. 劳动者合法权益受到侵害的，有权要求有关部门依法处理，或者依法申请仲裁、提起诉讼。任何组织或者个人对违反《劳动合同法》的行为都有权举报，县级以上人民政府劳动行政部门应当及时核实、处理，并对举报有功人员给予奖励。

>> 习题演练

一 单项选择题

1. 下列各项，不属于与财务管理相关的法律的是（　　）。

A. 《会计法》　　B. 《预算法》

C. 《审计法》　　D. 《行政单位会计制度》

【参考答案】D

【答案解析】选项 A、B、C 是人大制定的法律，选项 D 为部门规章，不属于法律。

2. 向财政部领报经费，并发生预算管理关系的，是税务系统的会计核算主体中的（　　）。

A. 主管会计单位　　B. 二级会计单位

C. 三级会计单位　　D. 基层会计单位

【参考答案】A

【答案解析】直接向财政部领报经费的会计核算主体是税务总局，属于主管会计单位。

3. 以下各项除（　　）之外，均实行独立会计核算，负责组织管理本部门、本单位的全部会计工作。

A. 主管会计单位

B. 二级会计单位

C. 县、市、区级税务局下属的税务分局、税务所

D. 基层会计单位

【参考答案】C

【答案解析】不具备独立核算条件的单位，如县、市、区级税务局下属的税务分局、税务所，实行单据报账制度，作为报账制单位管理。

4. 可以在 1 年以内（含 1 年）变现或者耗用的资产，包括库存现金、银行存款、零余额账户用款额度、财政应返还额度、应收及预付款项、存货等，此类资产属于（　　）。

A. 固定资产　　B. 流动资产　　C. 无形资产　　D. 货币资产

【参考答案】B

【答案解析】题干是对流动资产的概念表述。

5. 净资产是指行政单位资产扣除负债后的余额，不包括（　　）。

A. 财政拨款结转　　B. 财政拨款结余

C. 其他资金结转结余资产基金　　D. 财政应返还额度

【参考答案】D

【答案解析】财政应返还额度属于流动资产。

6. 单位会计管理部门临时保管会计档案最长不超过（　　）年。

A. 1　　B. 2　　C. 3　　D. 4

【参考答案】C

【答案解析】3 年是临时保管会计档案的最长期限。

7. 税务系统推行部门预算改革，遵循的原则不包括（　　）。

A. 稳步推行　　B. 突出重点　　C. 分项实施　　D. 加速推进

【参考答案】D

【答案解析】按照财政部门预算改革的有关要求，税务系统按照稳步推行、突出重点、分项实施的原则，积极推行部门预算改革。

8. 税务系统部门预算编制实行自下而上、逐级编报、层层审核预算，自上而下、逐级批复预算，基本流程是（　　）。

A. "二上二下"　　B. "一上一下"

C. "一上二下"　　D. "二上一下"

【参考答案】A

【答案解析】税务预算编制流程的基本流程是"二上二下"。

9. 税务系统部门预算编制实行"二上二下"的基本流程，自下而上、逐级编报、层层审核预算，自上而下、逐级批复预算。按照实际工作程序，税务系统预算编制程序划分为"准备""一上""一下""二上""二下"五个阶段。"准备"阶段的时间节点为每年（　　）。

A. 4—5 月　　B. 6—7 月　　C. 10—11 月　　D. 11—12 月

【参考答案】A

【答案解析】"准备"阶段的时间节点为每年 4—5 月。这一阶段的工作是结合下一年度预算编制有关要求，完成对上一年度预算单位和预算批复项目的清理，预算基础资料的收集、分析等前期准备工作，是编制好部门预算的基础。

10. 税务系统部门预算编制实行"二上二下"的基本流程，自下而上、逐级编报、层层审核预算，自上而下、逐级批复预算。按照实际工作程序，税务系统预算编制程序划分为"准备""一上""一下""二上""二下"五个阶段。"一下"阶段的时间节点为每年（　　）。

A. 4—5 月　　B. 6—7 月　　C. 10—11 月　　D. 11—12 月

【参考答案】C

【答案解析】“一下”阶段的时间节点为每年10—11月。此阶段的主要任务是落实财政部下达的预算指标控制数。

11. 税务系统部门预算编制实行“二上二下”的基本流程，自下而上、逐级编报、层层审核预算，自上而下、逐级批复预算。按照实际工作程序，税务系统预算编制程序划分为“准备”“一上”“一下”“二上”“二下”五个阶段。“二上”阶段的时间节点为每年（ ）。

A. 4—5月　B. 6—7月　C. 10—11月　D. 11—12月

【参考答案】D

【答案解析】“二上”阶段的时间节点为每年11—12月。各预算单位按上级预算单位下达的预算控制数，对“一上”预算按确保重点、兼顾一般的原则进行调整，并逐级汇总报送，形成部门“二上”预算，报上级预算单位。

12. 税务系统部门预算编制实行“二上二下”的基本流程，自下而上、逐级编报、层层审核预算，自上而下、逐级批复预算。按照实际工作程序，税务系统预算编制程序划分为“准备”“一上”“一下”“二上”“二下”五个阶段。“二下”阶段的时间节点为每年（ ）。

A. 4—5月　B. 6—7月　C. 10—11月　D. 3—5月

【参考答案】D

【答案解析】“二下”阶段的时间节点为每年3—5月。各预算单位在收到上一级预算单位下达的预算批复后，应按照“二上”预算上报数，起草统一的部门预算批复文件和预算批复表格，将上一级预算单位批复的预算分解、下达各所属预算单位，督促各所属预算单位及时批复下属单位预算，并将批复结果报上级主管部门备案。

13. 项目支出预算是指中央部门为完成其特定的行政工作任务或事业发展目标，在基本支出预算之外编制的年度项目计划，包括有关事业发展专项计划、大型购置、大型会议等项目支出。以下各项不属于项目支出内容的是（ ）。

A. 基本建设　B. 专项业务费　C. 大型修缮　D. 日常公用经费

【参考答案】D

【答案解析】基本支出预算是部门支出预算的主要组成部分，是行政事业单位为保障其机构正常运转、完成日常工作任务所必需的开支，包括人员经费和日常公用经费两部分。

14. 固定资产是指使用期限超过 1 年，单位价值在（　　）元以上，并且在使用过程中基本保持原有物质形态的资产。

A. 500　　B. 1000　　C. 1500　　D. 2000

【参考答案】B

【答案解析】固定资产的单位价值要在 1000 元以上。

15. 财政支出支付方式中，由财政部向中国人民银行和代理银行签发支付指令，代理银行根据支付指令通过国库单一账户体系将资金直接支付到收款人或用款单位账户的方式称为（　　）。

A. 财政直接支付　　B. 财政授权支付

C. 财政委托支付　　D. 财政集中支付

【参考答案】A

【答案解析】题干描述属于财政直接支付的概念。

16. 公务卡制度是规范公务消费支出、打造“阳光财政”的一项基础性财政财务管理制度。按照有关规定，公务卡的持卡人是（　　）。

A. 全体干部　　B. 正式在职人员

C. 正式在编人员　　D. 单位财务人员

【参考答案】C

【答案解析】根据《单位公务卡管理办法（试行）》第六条规定，单位公务卡的持卡人应为预算单位正式在编人员。持卡人一人一卡，不允许一人持有多张单位公务卡。

17. 根据《党政机关国内公务接待管理规定》，下列表述不正确的是（　　）。

A. 接待对象应当按照规定标准自行用餐。确因工作需要，接待单位可以按公函行程安排工作餐，并严格控制陪餐人数。接待对象在 10 人以内的，陪餐人数不得超过 3 人；超过 10 人的，不得超过接待对象人数的 1/4

B. 工作餐应当供应家常菜，不得提供鱼翅、燕窝等高档菜肴和用野生保护动物制作的菜肴，不得提供香烟和高档酒水，不得使用私人会所、高消费餐饮场所

C. 国内公务接待的出行活动应当安排集中乘车，合理使用车型，严格控制随行车辆

D. 接待费报销凭证应当包括财务票据、派出单位公函和接待清单。具备条件的地方应当采用银行转账或者公务卡方式结算，不得以现金方式支付

【参考答案】A

【答案解析】根据《党政机关国内公务接待管理规定》关于接待的相关规定，接待人数超过10人的，陪同人数不得超过接待对象人数的1/3。

18. 根据《党政机关厉行节约反对浪费条例》，下列表述不正确的是（　　）。

A. 党政机关应当遵循先有预算、后有支出的原则，严格执行预算，严禁超预算或者无预算安排支出，严禁虚列支出、转移或者套取预算资金

B. 严格控制国内差旅费、因公临时出国（境）费、公务接待费、公务用车购置及运行费、会议费、培训费等支出。年度预算执行中不予追加，因特殊需要确需追加的，由财政部门审核后按程序报批

C. 差旅人员住宿、就餐由接待单位协助安排的，由接待单位按标准结算住宿费。差旅人员不得向接待单位提出正常公务活动以外的要求，不得接受礼金、礼品和土特产品等

D. 公务用车保险、维修、加油等实行政府采购，降低运行成本

【参考答案】C

【答案解析】根据《党政机关厉行节约反对浪费条例》的规定，差旅人员住宿、就餐由接待单位协助安排的，由差率人员自行按标准结算住宿费。

19. 根据《中央和国家机关会议费管理办法》的规定，下列表述不正确的是（　　）。

A. 一类会议会期按照批准文件，根据工作需要从严控制；二、三、四类会议会期均不得超过2天；传达、布置类会议会期不得超过1天。会议报到和离开时间，一、二、三类会议合计不得超过2天，四类会议合计不得超过1天

B. 四类会议参会人员视内容而定，一般不得超过50人

C. 会议费开支实行综合定额控制，各项费用之间不可以调剂使用

D. 各单位应当将非涉密会议的名称、主要内容、参会人数、经费开支等情况在单位内部公示或提供查询，具备条件的应当向社会公开

【参考答案】C

【答案解析】根据《中央和国家机关会议费管理办法》的规定，会议费各项费用之间可以调剂使用。

20. 税务系统倡导节能减排，要求高峰时段每天少开 1 小时空调，使用空调时关好门窗，严格执行空调设定温度夏季不低于（　　）、冬季不高于（　　）摄氏度。

A. 26　20　　B. 25　21　　C. 25　20　　D. 26　19

【参考答案】A

21. 以下说法错误的是（　　）。

A. 税务总局综合业务办公用房新建、购建和改扩建项目，报国家机关事务管理局进行必要性审查后，由国家发展改革委核报国务院审批

B. 省级税务局综合业务办公用房新建、购建和改扩建项目，由税务总局报国家机关事务管理局进行必要性审查后，核报国家发展改革委审批

C. 市级税务局综合业务办公用房以及县级税务局投资总额超过 3000 万元的综合业务办公用房新建、购建和改扩建项目，由省级税务局审批

D. 税务总局综合业务办公用房维修改造项目，由国家机关事务管理局审批。省级税务局和市级税务局投资总额 500 万元以上的综合业务办公用房维修改造项目，由税务总局审批

【参考答案】C

【答案解析】市级税务局综合业务办公用房以及县级税务局投资总额超过 3000 万元的综合业务办公用房新建、购建和改扩建项目，应由省级税务局核报税务总局审批。

22. 结转资金盘活使用是指预算单位支出结转资金的行为，结转资金支出应按照先进先出的原则进行管理，结转资金尚未消化完毕，原则上（　　）

使用当年预算收入列支。

A. 可以　　B. 不得　　C. 有条件　　D. 以上都不对

【参考答案】B

【答案解析】按照财务管理规定，结转资金尚未消化完毕的，原则上还是仅用结转资金，不使用当年预算收入列支。

23. 税务总局对“一上”“二上”经费测算及根据财政部要求临时性测算中财人员经费后，将经费测算结果下发各级单位核对并进行抽查。抽查面应覆盖全部有关省，且不得低于全部单位的（　　）。

A. 1%　　B. 2%　　C. 3%　　D. 5%

【参考答案】C

【答案解析】按照财务管理规定，抽查面应为3%。

24. 每年（　　），代理银行根据财政部的通知，将基层预算单位零余额账户中的剩余额度注销，并向预算单位提供对账单。

A. 12月31日　　B. 1月1日　　C. 5月31日　　D. 6月30日

【参考答案】A

【答案解析】按照财务管理规定，剩余额度在上年度12月31日注销。

25. 属于必须招标范围且超过国家、地方及税务系统政府采购限额标准的项目，应采用的采购方式是（　　）。

A. 竞争性谈判　　B. 竞争性磋商

C. 单一来源采购　　D. 公开招标

【参考答案】D

【答案解析】按照财务管理规定，应选择D选项。超过规定限额，且在必须招标范围的项目，应采用公开招标方式进行采购。

二 多项选择题

1. 财务管理的法律法规体系包括（　　）。

A. 与财务管理相关的法律　　B. 行政法规

C. 部门规章　　D. 规范性文件

【参考答案】ABCD

【答案解析】选项 A、B、C、D 都是与财务管理的法律法规体系中不同层级的内容。

2. 税务系统的会计核算主体可以区分为（　　）。

A. 主管会计单位　　B. 二级会计单位

C. 三级会计单位　　D. 基层会计单位

【参考答案】ABD

【答案解析】会计核算主体没有三级会计单位。

3. 下面关于会计核算的说法，正确的有（　　）。

A. 税务系统收支核算必须服从预算管理的要求

B. 税务系统不进行成本核算，对各项支出的发生情况要进行严格的考核和监督，保证国家预算资金的安全

C. 税务系统各级单位的各项资金和财产，均应纳入本级单位进行会计核算

D. 会计期间分为年度、季度

【参考答案】ABC

【答案解析】会计的期间还包括月度，D 选项表述不全。

4. 税务系统行政单位的会计要素有五个，除支出外，还包括（　　）。

A. 资产　　B. 负债　　C. 净资产　　D. 收入

【参考答案】ABCD

【答案解析】会计要素也称会计报表要素，它是会计反映和核算的具体内容。税务系统行政单位的会计要素有五个，包括资产、负债、净资产、收入和支出。

5. 流动负债是指预计在 1 年内（含 1 年）偿还的负债。行政单位的流动负债包括（　　）。

A. 应缴财政款　　B. 应缴税费

C. 应付职工薪酬　　D. 长期应付款

【参考答案】ABC

【答案解析】行政单位的非流动负债主要是长期应付款，即行政单位发生的偿还期限超过 1 年（不含 1 年）的应付款项。

6. 下面关于预算法的说法，正确的有（　　）。

A. 政府全部收支纳入预算，完善全口径预决算体系

B. 透明预算入法，从源头上防治腐败

C. 规范地方政府债务管理，严控债务风险

D. 勤俭节约入法，硬化预算支出约束

【参考答案】ABCD

【答案解析】选项 A、B、C、D 都是《预算法》规定的内容。

7. 税务系统预算编制程序划分包括（　　）阶段。

A. “一上”　　B. “一下”　　C. “二上”　　D. “二下”

【参考答案】ABCD

【答案解析】按照实际工作程序，税务系统预算编制程序划分为“一上”“一下”“二上”“二下”四个阶段。

8. 下列关于税务预算收入的内容，表述正确的有（　　）。

A. 税务系统部门预算收入是各级税务局编制年度预算时，预计该年度从不同渠道取得的各类收入的总称，是税务系统行政事业单位为履行职能，完成各项工作任务的财力保障

B. 税务系统预算收入包括中央财政收入、事业收入、其他收入及上年结转等，不包括事业单位经营收入

C. 税务系统在预测收入预算时，应本着科学、合理的原则，遵循来源合法合规、内容全面完整、数字真实准确的总体要求，编制收入预算

D. 根据部门的发展规划、行使职能的需要对年度部门收入进行测算、分析，是部门预算编制工作的重要内容

【参考答案】ACD

【答案解析】事业单位经营收入也是税务系统预算收入的内容。

9. 下列关于税务预算基本支出的内容，表述正确的有（　　）。

A. 基本支出预算是部门支出预算的主要组成部分，是行政事业单位为保障其机构正常运转、完成日常工作任务所必需的开支，包括人员经费和日常公用经费两部分

B. 基本支出预算的编制应遵循综合预算、优先保障和定员定额管理的原则

C. 基本支出预算实行定员定额管理原则

D. 中财拨款公用经费最低保障线是指省级以下预算单位正常工作运转所必需的中央财政拨款公用经费

【参考答案】ABC

【答案解析】中财拨款公用经费最低保障线是指县（区）级基层预算单位正常工作运转所必需的中央财政拨款公用经费。此项制度的实行，对进一步深化部门预算改革，优化预算分配结构，落实经费向征管、向基层、向中西部倾斜的分配原则起到了积极推动和保障作用。

10. 测算和编制行政事业单位基本支出预算的重要依据有（　　）。

A. 单位人员编制情况　　B. 资产占有情况

C. 定额标准　　D. 单位规模

【参考答案】ABC

【答案解析】基本支出预算实行定员定额管理原则。单位人员编制情况、资产占有情况、定额标准是测算和编制行政事业单位基本支出预算的重要依据。

11. 下列关于预算执行管理的说法，正确的有（　　）。

A. 预算执行管理是指对预算由计划变为现实的具体实施过程的管理

B. 预算执行管理是预算实施的关键环节，以预算为目标，通过目标实施、反馈和调整逐步接近预算目标，最终实现预算目标

C. 预算执行管理就是指预算指标拆解

D. 预算管理岗应对年度已批复及调整的预算按资金性质和功能分类进行汇总，并提供给其他财务管理岗

【参考答案】ABD

【答案解析】预算执行管理包括预算指标拆解和年度预算指标对账。年度预算指标对账是指年度终了后，税务系统上下级预算单位间对预算批复及调整数据进行核对的过程，也是预算执行管理的内容。

12. 下列关于财政拨款结转和结余资金管理的说法，正确的有（　　）。

A. 结转和结余资金是预算单位年度各项收入与支出相抵后的余额资金

B. 按资金来源不同，结转结余资金分为中央财政拨款结转结余资金和其他收入结转资金

C. 财政拨款结余资金是指按年度结算后尚未列支的项目支出预算资金

D. 财政拨款结转资金是指预算未执行完，下年需按原用途继续使用的预算资金

【参考答案】ABD

【答案解析】财政拨款结余资金是指项目实施周期已结束、项目目标完成或项目提前终止，尚未列支的项目支出预算资金。

13. 税务系统行政单位固定资产实行分类管理，一般分为六类：包括房屋及构筑物；文物和陈列品；图书、档案；家具、用具、装具等。还包括（　　）。

A. 通用设备　　B. 专用设备

C. 特殊设备　　D. 特种设备

【参考答案】AB

【答案解析】按照固定资产的分类，应选择选项A、B。

14. 某市税务局特邀专家学者召开税收工作研讨会，会后，大家一起共进晚餐。负责接待工作的钟秘书根据领导指示和惯例，安排桌次座位，这次宴会共设5桌，由于条件限制，需分别安排在两个不同的场所进行。甲厅可放3桌，乙厅可放2桌（圆桌）。甲厅呈长方形，钟秘书决定，中间为主桌，编号1；主桌的左手边为次桌，编号2；主桌的右手边为第3桌，编号3。乙厅亦为长方形，钟秘书以门面为据，左边设为1号桌，右边设为2号桌。在上述过程中，相关安排及做法不正确的有（　　）。

A. 甲厅居中为上

B. 甲厅中间为主桌，主桌的左手边为次桌，主桌的右手边为第3桌

C. 乙厅以门面为据

D. 乙厅左边设为1号桌，右边设为2号桌

【参考答案】BD

【答案解析】中式宴会的桌次安排原则：如果一厅有3桌，居中为上。主桌的右手为上，左手为下，即右高左低。如果一厅有2桌，以右为上，当餐桌分为左右时，以面门为据，居右之桌为上。以里为主，当餐桌分为里外时，以正门为据，里侧之桌为主。

15. 政府采购供应商参加政府采购活动应当具备的条件包括（　　）。

A. 具有独立承担民事责任的能力

B. 具有良好的商业信誉和健全的财务会计制度

C. 具有履行合同所必需的设备和专业技术能力

D. 在经营活动中从未有重大违法记录

【参考答案】ABC

【答案解析】供应商参加政府采购活动应当具备下列条件：具有独立承担民事责任的能力；具有良好的商业信誉和健全的财务会计制度；具有履行合同所必需的设备和专业技术能力；有依法缴纳税收和社会保障资金的良好记录；参加政府采购活动前 3 年内，在经营活动中没有重大违法记录；法律、行政法规规定的其他条件。

16. 预算年度开始后，各级预算草案在本级人民代表大会批准前，可以安排的支出包括（　　）。

A. 上一年度结转的支出

B. 参照上一年同期的预算支出数额安排必须支付的本年度部门基本支出、项目支出，以及时下级政府的转移性支出

C. 法律规定必须履行支付义务的支出，以及用于自然灾害等突发事件处理的支出

D. 本年度结转的支出

【参考答案】ABC

【答案解析】根据新《预算法》第五十四条规定，预算年度开始后，各级预算草案在本级人民代表大会批准前，可以安排下列支出：上一年度结转的支出；参照上一年同期的预算支出数额安排必须支付的本年度部门基本支出、项目支出，以及对下级政府的转移性支出；法律规定必须履行支付义务的支出，以及用于自然灾害等突发事件处理的支出。根据前款规定安排支出的情况，应当在预算草案的报告中作出说明。

17. 加强车辆维护保养和检修，认真执行出车前、行驶中和返回后的“三检”制度，做到（　　）情况不出车。

A. 机械故障　　B. 制动系统不灵

C. 油料不足　　D. 身体和情绪状况不好

【参考答案】ABCD

【答案解析】选项 A、B、C、D 都是不出车的情形。

18. 下列安全巡查表述正确的有（　　）。

A. 重点要害部位检查频率要高于一般部位，检查区域要完整，不能留有空白地段

B. 检查内容要全面，应包括治安、消防、保密等各个方面

C. 对检查中发现的问题、隐患能整改的要立即整改。一时难以整改的要采取临时防范措施，并及时报告有关部门和领导，抓紧进行整改

D. 在检查中，遇有突发性的紧急事件，巡检人员要及时报告，并按照应急突发事件处置预案采取果断措施，尽最大可能避免突发事件造成的损失和危害

【参考答案】ABCD

【参考答案】选项 A、B、C、D 都是安全巡查的基本规定。

19. 下列节能管理表述正确的有（　　）。

A. 各级税务机关负责人对本单位节能工作全面负责。税务机关的节能工作实行目标责任制和考核评价制度，节能目标完成情况应当作为对税务机关负责人考核评价的内容

B. 税务机关应当实行能源消费计量制度，区分用能种类、用能系统实行能源消费分户、分类、分项计量，并对能源消耗状况进行实时监测，及时发现、纠正用能浪费现象

C. 税务机关应当在能源消耗定额范围内使用能源，加强能源消耗支出管理；超过能源消耗定额使用能源的，应当向上级人民政府管理机关事务工作的机构作出说明

D. 应当设置能源管理岗位，实行能源管理岗位责任制。重点用能系统、设备的操作岗位应当配备专业技术人员

【参考答案】ABD

【参考答案】超过能源消耗定额使用能源的，应当向本级人民政府管理机关事务工作的机构作出说明。

三 判断题

1. 向主管会计单位或上一级会计单位领报经费，并发生预算管理关系，有下一级会计单位的，为基层会计单位。（　　）

【参考答案】错误

【答案解析】会计核算主体中有下级会计核算单位的是二级会计单位。（　　）

2. 向上一级会计单位领报经费，并发生预算管理关系，没有下级会计单位的，为基层会计单位。（　　）

【参考答案】正确

【答案解析】会计核算主体中没有下级会计核算单位的是基层会计单位。包括没有下级会计单位的省级税务局及地、市级税务局也属于基层会计单位。

3. 税务系统会计核算基础是权责发生制，各类经济业务和事项都应当按规定采用权责发生制核算。（　　）

【参考答案】错误

【答案解析】收付实现制是会计核算的基础，特殊业务才使用权责发生制。

4. 税务系统资金运动是单向的，以拨款方式从财政部门取得经费来源，不需要偿还；办理公务过程中发生的资金支出，不求资金回报，呈单向运动状态。（　　）

【参考答案】正确

【答案解析】只有支出，没有回报，单向运动，是行政机关资金运动的基本特点。

5. 税务系统的会计记录应当使用中文，少数民族地区应使用本民族文字。（　　）

【参考答案】错误

【答案解析】少数民族地区是可以同时使用民族文字，而不是应使用。

6. 固定资产是指使用期限超过 1 年（含 1 年），单位价值在规定标准以上，并且在使用过程中基本保持原有物质形态的资产。（　　）

【参考答案】错误

【答案解析】固定资产的使用期限一般在一年以上，不包括一年。

7. 行政单位的负债按照流动性，分为流动负债和固定负债。 （ ）

【参考答案】错误

【答案解析】非流动负债和流动负债才是按照流动性对负债进行的分类。

8. 行政单位的收入一般应当在收到款项时予以确认，并按照实际收到的金额进行计量。 （ ）

【参考答案】正确

【答案解析】行政单位采用收付实现制。

9. 政府的全部收入和支出都应当纳入预算管理。 （ ）

【参考答案】正确

【答案解析】《预算法》规定：各级政府、各部门、各单位应当按照本法规定，将所有政府收入全部列入预算、不得隐瞒、少列。

10. 《预算法》首次以法律形式明确了我国公共财政预算收支中的绩效管理要求，并将绩效的思维贯穿于预算编制、预算执行、决算以及预算审查的各个环节之中。 （ ）

【参考答案】正确

【答案解析】预算绩效入法，强化预算绩效管理是预算法的特点之一。

11. 预算调整包括结转资金的调整和当年预算资金的调整，结转资金调整是指上级预算单位根据工作需要，对下级单位当年预算资金的再分配；或下级单位根据本单位的工作需要，申请调整本单位当年预算资金的过程。

（ ）

【参考答案】错误

【答案解析】结转资金调整是指上级预算单位根据工作需要，对下级单位结转资金的再分配的过程。当年预算资金调整是上级预算单位根据工作需要，对下级单位当年预算资金的再分配；或下级单位根据本单位的工作需要，申请调整本单位当年预算资金的过程。

12. 基本支出定员定额管理是部门预算管理的重要组成部分，其主要内容包括：确定基本支出定员定额的项目，确定制定定员定额标准的依据，明确定员定额标准的一般程序和方法，建立定员定额标准体系，明确定员定额标准调整的情形等。 （ ）

【参考答案】正确

【答案解析】以上表述是基本支出定员定额管理的主要内容。

13. 财政拨款结转资金是指预算未执行完，下年可以由原单位自由使用的预算资金。（　　）

【参考答案】错误

【答案解析】财政拨款结转资金是指预算未执行完，下年需按原用途继续使用的预算资金。

14. 结转结余资金管理包括结转结余资金划分、结转结余资金上报、结余资金上缴三个环节。（　　）

【参考答案】错误

【答案解析】结转结余资金管理包括结转结余资金划分、结转结余资金上报、结转资金盘活使用、结余资金上缴四个环节。

15. 对存有故障尚未排除的车辆，对身体状况不佳驾驶员，均不能派遣出勤。（　　）

【参考答案】正确

【答案解析】存在故障尚未排除的车辆，身体状况不佳的驾驶员，都是不能派遣出勤的情况。

16. 根据机关工作的实际需要，采取招标等政府采购方式，通过市场选择加油站点定点服务以利于实现总量控制，规范操作。（　　）

【参考答案】正确

【答案解析】按照规定，加油要通过市场选择，加油站点定点服务。

17. 无论是哪一种灾害，无论是哪一种类型的突发事件，也无论是多么紧急的状态，在处置应急情况时，都要突出以人为本，各种措施、方案、决策，都要把确保人的生命安全放在首位。（　　）

【参考答案】正确

【答案解析】以人为本是突发事件应对的首要要求。

18. 附属用房包括食堂、停车库、设备用房、人防设施和警卫用房等。

（　　）

【参考答案】错误

【答案解析】设备用房是办公用房。

19. 通常所说的车辆维护主要包括：车辆大修、总成大修、车辆小修和零星修理四种情况。（　　）

【参考答案】错误

【答案解析】通常所说的车辆维护主要包括：日常维护、一级维护、二级维护和季节性维护。

20. 重要设备、材料等货物的采购，单项合同估算价在200万元人民币以上，必须招标。（　　）

【参考答案】正确

【答案解析】财务管理规定，单项合同估算价200万元以上的必须进行招标。

21. 基本建设项目建设期间形成的会计档案，由基建会计按会计档案管理要求整理装订，在基本建设项目办理竣工财务决算后必须办理交接手续，交单位档案管理部门集中保管。（　　）

【参考答案】错误

【答案解析】因工作需要确需推迟移交的，可由财务部门或基建办临时保管1年，再移交单位档案管理部门。经单位档案管理部门同意，临时保管会计档案最长不超过3年。

22. 各省级税务局和市级税务局是所属单位预算公开的主体，基层单位是本单位预算公开的主体。（　　）

【参考答案】正确

【答案解析】根据规定，省、市级税务局负责本系统的预算公开，基层单位负责本单位的预算公开，因此，题干表述正确。

23. 自上年度4月1日至本年度3月31日止，因相关信息发生变化，需调整中央部门预算管理系统有关信息的预算单位，应按照上级有关要求收集整理变更信息的相关资料逐级汇总上报省级税务局，省级税务局在每年6月30日前向税务总局提出申请。（　　）

【参考答案】错误

【答案解析】省级税务局应在每年的3月31日前向税务总局提出申请。

24. 预算编制包括“一上”“一下”“二上”和“二下”四个阶段。

（　　）

【参考答案】正确

【答案解析】根据《税务系统财务管理规范（2.0 版）》的相关规定，目前，税务系统预算编制分为题干中表述的四个阶段。

四 简答题

1. 中财拨款公用经费最低保障线制度是什么？有什么意义？

【参考答案】中财拨款公用经费最低保障线是指县（区）级基层预算单位正常工作运转所必需的中央财政拨款公用经费。此项制度的实行，对进一步深化部门预算改革，优化预算分配结构，落实经费向征管、向基层、向中西部倾斜的分配原则起到了积极推动和保障作用。在编报下一年“一上”部门预算时填报，中财拨款公用经费最低保障线一经批复，必须严格执行。

2. 可以采用竞争性磋商方式采购的情形有哪些？

【参考答案】政府购买服务项目；技术复杂或者性质特殊，不能确定详细规格或者具体要求的；因艺术品采购、专利、专有技术或者服务的时间、数量事先不能确定等原因不能事先计算出价格总额的；市场竞争不充分的科研项目，以及需要扶持的科技成果转化项目；按照《招标投标法》及其实施条例必须进行招标的工程建设项目以外的工程建设项目。

3. 预算编制包括“一上”“一下”“二上”和“二下”四个阶段。其中：“一上”阶段是指什么？

【参考答案】“一上”阶段是指各级预算单位根据本单位事业发展需要和上级单位及财政部门的要求，使用中央部门预算管理系统上报本单位年度预算需求及三年支出规划建议数的过程。具体内容包括：编制基础信息数据库、规范津贴补贴经费测算相关数据、项目支出三年规划、新增资产配置及住房改革支出预算等，并层层审核汇总上报至财政部门。

五 案例题

某市税务局召开年度税收工作会议，由办公室小李负责其中部分事项。小李主要做了以下几项工作：①会前拟好了《会议须知》，《会议须知》内容包括：会务组房号、电话，会议日程、会场地点，就餐时间及地点，娱乐项目等。②按照以下标准选择了会议场所，有能容纳全体会议的会场，有足够的分组讨论场所，有足够的会后活动场所，有便捷的交通和停车场，有足够的住宿房源，有合适的餐厅。③在会议期间，注意精简会议内容、控制会议时间，还悬挂了欢迎标语，在就餐区摆放酒水、摆放水果鲜花。其中不妥的地方有哪些？

【参考答案】一是不能安排娱乐项目，更不能体现在会议须知中。二是会后活动场所不是选择会议场所要考虑的条件。三是会议期间，不能悬挂欢迎标语，不能在就餐区摆放酒水、水果、鲜花等。

《行政管理》调查问卷

感谢您抽出宝贵时间，协助我们完成本次问卷调查。本次问卷旨在了解本书的使用情况，为后续修改完善本书内容，提高编写质量提供参考。感谢您的大力支持！

填写人姓名：	联系电话：
单位及所从事岗位：	
电子邮箱或其他联系方式：	

一、请对本书作出整体评价（请在相应选项后打“√”）。

A. 非常满意　　B. 满意　　C. 一般　　D. 不满意

二、请列出具体错漏及需要修订的部分（可另附页）。

三、对本书内容、结构方面有何意见或建议？

四、请列出本书再版修订时需要注意的问题。

五、请列出其他有助于本书改进提高的意见或建议。

请将您对本书的意见和建议发送至邮箱：ywnlcs@163.com，或与QQ：2676857559联系。